13~14세기 고려·몽골 관계 연구

한국중세사학회 연구총서 7

13~14세기 고려·몽골 관계 연구

정동행성승상 부마 고려국왕, 그 복합적 위상에 대한 탐구

이 명 미 지음

혜안

책머리에

　이 책은 필자의 박사학위논문인 「고려-몽골 관계와 고려국왕 위상의 변화」(2012, 서울대학교 국사학과)를 수정하고 보완한 것으로, 13~14세기 고려·몽골 관계의 특징과 그 영향을 주로 권력구조의 문제를 중심에 두고 정치사적 관점에서 설명하고자 한 것이다. 구체적으로는 전통적인 '고려국왕'의 위상에 정동행성승상(征東行省丞相), 부마(駙馬)와 같은 위상들이 부가됨으로써 이들이 몽골·몽골황제와의 관계에서 갖는 속성들이 '고려국왕권'에 이입되는 과정을 밝히고, 그로 인해 이루어진 세 가지 위상의 총체로서의 고려국왕 위상 변화의 내용을 분석하여 그 맥락과 의미를 밝히고자 하였다.

　13세기 중반, 반세기에 가깝게 지속되던 몽골과의 전쟁이 종식된 이후, 다시 14세기 중반까지 100여 년에 걸쳐 지속되었던 몽골과의 관계는 고려가 이전에 경험했던 중국 대륙 왕조들과의 관계와는 다른, 이질적이고도 강렬한 것이었다. 몽골이 주도하는 새로운 관계 및 질서 속에서 고려인들은 나름의 방식으로 적응하며 자기 존립 기반을 구축하였고, 이질적인 두 질서는 충돌하면서도 조율되어 또 하나의 질서와 구조를 만들어내었다.

　이러한 경험과 그로 인한 변화는 고려 사회 전반에 걸쳐 이루어졌다. 그러나 몽골이 다른 정치단위와 관계를 형성하고 유지하는 방식이 주로 대상 정치단위의 수장을 매개로 한 측면이 컸기에, 그러한 경험과 변화 역시 주로 고려국왕권을 둘러싼 조건과 환경들에서 이루어졌다. 그 결과, 매우 급격한 환경의 변화 속에서 고려국왕의 위상은 변화하였다. 몽골과의 관계 형성 이전, 고려라는 정치단위 안에서 자체적인 논리에 기반해 최고권으로 존재하고 기능했던 고려국왕이 몽골과의 관계 속에서 '정동행성승상 부마 고려국왕'이라는 복합적 위상을 갖게 된 것이다. 고려·몽골 관계가 유지되었던 시기가 고려 말·조선 초의 정치·사회변동 과정에 선행하는 시기라는 점, 그리고 전통시대 정치적·사회적 구심점으로서의 국왕 위상을 고려할 때, 위와 같은 변화는 단지 국왕 위상의 변화에 그치는 것이 아니라 그로부터 파생되는 여타의 정치적·사회적 변동의 시발점이자 중심점으로서 중요한 의미를 가진다.

필자가 고려·몽골 관계에 관심을 갖게 된 것은 대학원 진학을 마음에 두면서부터였다. 고려의 국왕과 종실이 몽골에 가서 숙위생활을 하고 국왕은 자주, 장기간 나라를 비우기도 하며 몽골공주와 혼인해 황실의 부마가 되고. 고려에는 몽골의 지방행정기관인 행성이 두어지고 국왕은 그 승상에 임명되며, 국왕과 종실이 몽골의 제왕위(諸王位)를 갖기도 하고 국왕이 몽골황제에 의해 폐위되었다가 복위되는 상황. 이러한

'이상한' 상황들이 어디에서 비롯된 것인지에 대한, 그러한 '독특한' 관계가 고려사회에는 어떻게 받아들여졌을 것인지에 대한 매우 일반적인 관심이었다. 이러한 관심이 몽골이라는 대상 및 그와의 관계가 보여주는 이질성에 대한, 그리고 이질적인 요소들 간의 상호작용이 어떻게 이루어졌으며 그러한 경험이 한 사회의 역사 전개에 어떤 변화와 영향을 가져왔을지에 대한 학문적 관심으로 이어지고 학위논문으로 결실을 이루어 책으로 출판되기까지, 많은 분들의 도움이 있었다.

먼저 지도교수이신 노명호 선생님은 한국사 연구자로서 가져야 할 문제의식이 어떤 것인지 스스로 생각하고 깨우칠 수 있게 해 주셨고, 끊임없이 스스로의 글과 생각을 되돌아볼 수 있도록 해주셨다. 아직 부족한 점이 많지만, 앞으로 연구를 해가면서 늘 가슴에 새겨야할 가르침이다. 깊이 감사드린다. 필자가 몽골이라는 세계제국을 시야에 넣고 고려·몽골 관계의 그림을 그릴 수 있었던 데에는 서울대학교 동양사학과 김호동 선생님의 도움이 절대적이었다. 몽골에 대해 그야말로 아무것도 몰랐던 석사 1학기 때 용감하게 수강했던 선생님의 수업 이후, 늘 큰 문제의식을 던져주시고 격려를 아끼지 않으셨던 선생님께 항상 감사드린다. 학위논문 심사위원장이셨던 노태돈 선생님은 학위논문의 문제의식을 보다 확장시킬 수 있도록 아낌없는 조언을 해주셨다.

남동신 선생님은 학문을 하는 자세를 일깨워주시며 격려해주셨고, 이익주 선생님은 필자의 거칠고 부족한 논문이 정제되고 균형잡힌 모습을 갖출 수 있도록 세세하게 가르침을 주셨다. 진심으로 감사드린다.

함께 자료를 읽고, 서로의 생각을 읽고 이야기하며, 조언과 격려를 아끼지 않았던 여러 선후배님들과의 시간은 지지부진한 논문 작성 과정에 의욕을 잃어가던 필자에게 더할 수 없는 힘이 되었다. 그리고 그들과의 관계는 지금도 여전히 필자에게 큰 지적 자극과 힘을 주고 있다. 고마운 마음을 전한다.

운이 좋게도 필자는 학위논문을 작성하고 이후 연구를 진행하는 과정에서 많은 지원을 받을 수 있었다. 먼저, 학위논문을 작성하는 과정에서 서울대학교 역사연구소의 세광펠로우쉽을 통해 연구공간을 비롯해 많은 지원을 받았고, 덕분에 안정적으로 논문 집필에 집중할 수 있었다. 현재 연구펠로우로서 지원을 받고 있는 서울대학교 인문대학의 박완서기금 역시, 필자가 학위논문을 책으로 출판하는 데에, 그리고 학위논문에서의 문제의식을 더욱 확장하고 심화하여 후속연구를 진행하는 데에 더할 나위없는 연구 환경을 제공해주고 있다. 진심으로 감사드린다. 그리고 한국사 학위논문이라는 인기 없는 책의 출판을 선뜻 맡아주신 도서출판 혜안 관계자 여러분께도 감사드린다.

마지막으로, 가족들. 공부하는 딸의 모습을 늘 자랑스럽게 바라보시며 물심양면으로 지원을 아끼지 않으시는 부모님께 깊은 사랑과 감사의 마음을 전한다. 제대로 하는 것 없는 며느리를 늘 따뜻하게 대해주시고 편하게 공부에 전념할 수 있게 해주시는 시부모님께도 항상 죄송하고 감사할 따름이다. 함께 공부를 하면서도 항상 자신의 일보다 아내와 가족의 일을 우선시하는 남편이 아니었다면, 학위논문의 제출도, 이 책의 출판도 불가능했을지 모르겠다. 마음만큼 챙겨주지 못했는데 어느새 훌쩍 커버린 수하와 우영. 공부하는 엄마를 잘 이해해주고 항상 밝은 모습으로 힘이 되어준다. 남편과 아이들에게 미안함과 고마움, 그리고 특별한 사랑을 전한다.

차 례

표 목차

1. 연구의 목적 : 연구동향 및 문제 제기

13~14세기 고려·몽골/원 관계, 혹은 이 시기의 정치사와 관련해서는 이미 많은 연구 성과들이 제출되어 있다. 최근에는 몽골사 분야에서도 이 주제와 관련한 연구들이 다수 이루어지고 있어, 이 문제를 다양한 각도에서 바라볼 수 있는 연구 환경이 조성되고 있기도 하다. 이러한 연구 관심과 연구 상황은 기존에 어느 정도 정리되었던 고려·몽골 관계 및 이 시기 정치사 이해와 관련해 새로운 문제의식을 던져주고 있다. 이에 이 책에서는 다소 대립되는 관점에서 다양하게 제기되고 있는 관련 연구 성과들의 문제의식을 수렴하여, 13~14세기 고려·몽골 관계와 그에 연동된 고려의 정치·권력구조와 관련하여 크게 두 가지 문제에 대해서 이야기하고자 한다.

고려·몽골 관계의 복합성
: 동아시아적 관계 형성 방식과 몽골적 관계 형성 방식의 조율

먼저, 최근 들어 특히 다양한 견해들이 제기되고 있는 고려·몽골 관계의 성격 논쟁과 관련하여, 이 관계가 갖는 복합성 자체의 양상에 대해서 설명하고자 한다. 이것은 이질적인 두 가지의 관계 형성 방식이 충돌하고 조율되어 하나의 관계를 이루어내는 과정과 양상에 대한 설명이 될 것이다.

13~14세기 고려·몽골 관계는 책봉-조공 관계로 표현되는 국가 간 관계를 중심에 둔 동아시아적 관계 형성 방식과 통혼 등으로 표현되는 개인 간·지배가문 간 관계를 중심에 둔 몽골적 관계 형성 방식이 상호작용하면서 유기적으로 결합되어 이루어진 것이었다. 고려·몽골 관계에 두 가지 관계형성방식이 공존하고 있었다는 사실에 대해서는 기존의 연구들도 기본적으로 동의하고 있는 것으로 보인다. 그러나 기존 연구들은 그러한 공존의 결과인 관계의 복합성 자체의 양상을 규명하기보다는 상이한 두 가지 관계의 요소 가운데 어느 것이 보다 규정적인 것인가를 밝히는 데에 집중하는 경향성을 보여 왔다.

고려·몽골 관계를 규정할 수 있는 핵심적 요소를 무엇으로 볼 것인지와 관련해서, 기존 연구들의 논의는 크게 두 갈래로 나누어지고 있다. 이러한 차이는 고려의 외교 대상국의 '몽골'로서의 성격에 보다 강조점을 두는지, '원(元)'으로서의 성격에 보다 주목하는지의 차이에서 비롯되는 것으로 보인다.

우선 한 가지 논의는 고려·몽골/원 관계를 동아시아의 전통적 국가 간 관계 형성방식인 책봉-조공관계를 중심에 두고 이해하고자 하는 것으로, 이른바 '세조구제론(世祖舊制論)'의 연장선상에서 제시되고 있는 논의이다.[1] '세조구제론'이란 몽골의 쿠빌라이 카안, 즉 세조의 치세(고려의 원종·충렬왕대)에 고려와 몽골/원 사이에 양국관계의 틀이 합의되었으며, 이때 합의된 내용 가운데 고려의 풍속을 변경하지 말라는 '불개토풍(不改土風)'의 원칙에 근거해서 고려는 독립국으로 유지되면서 몽골/원의 정치적 간섭을 강하게 받는 이중성을 갖게 되었음을 이야기한 것이다. 이러한 것이 가능했던 데에는 몽골제국이 분열하는 세조대 이후부터 한지(漢地)를 주 통치대상 지역으로 삼게 된 몽골/원 정권이 급격히 한화(漢化)한 것이 중요한 배경으로 작용했다고 이야기된다. 몽골/원은 한지를 통치하기 위해 한법(漢法)을 적극 수용했고, 그 연장선상에서 한문화권에 속하는 정복지를 지배하는 데에도 이전 중국왕조들이 택했던 책봉-조공관계의 방식을 채택했으며, 그것이 고려에 적용되었다는 것이다.

책봉-조공 관계를 중심에 두고 고려·몽골/원 관계를 바라보는 논의에서는 동아시아 외교질서에서 통시적으로 존재했던 책봉과 조공이라는 형식이 고려·몽골 관계에도 작용하였음을 중요시한다. 이에 비해 일반적인 책봉-조공 관계와 차이를 보이는, 혹은 그러한 관계에서는 보이지 않는 고려·몽골/원 관계의 독특한 양상들, 예컨대 고려와 고려국왕의 제후국·제후로서의 위상이 실질화한 점 및 국왕의 친조, 왕실 간 통혼, 몽골의 6사(六事) 요구와 같은 관계의 요소들은 이 시기 고려·몽골/원

---

[1] 대표적으로 이익주의 연구들을 들 수 있다. 이익주, 1996, 「高麗·元 관계의 構造와 高麗後期 政治體制」, 서울대학교 국사학과 박사학위논문 ; 2009, 「고려·몽골 관계사 연구시각의 검토 : 고려·몽골 관계사에 대한 공시적, 통시적 접근」『한국중세사연구』27 ; 2011(a), 「고려·몽골관계에서 보이는 책봉-조공 관계 요소의 탐색」『13-14세기 고려·몽골관계 탐구』(동북아역사재단, 경북대학교 한중교류연구원 엮음) ; 2011(b), 「세계질서와 고려·몽골관계」『동아시아 국제질서 속의 한중관계사-제언과 모색』, 동북아역사재단.

간 책봉-조공 관계가 갖는 시기적 특징으로 설명한다. 즉, 고려·몽골 관계에 일반적인 책봉-조공 관계와는 다른 양상들이 보이는 것은 사실이지만, 이들은 다른 시기 책봉-조공 관계들이 갖는 시기별 특징과 같은 수준에서 이해할 수 있는 것으로 이 관계에서는 부차적인 것이었으며, 이러한 시기적 특징을 중심에 두고 관계를 규정하는 것보다는, 책봉과 조공이라는 통시적 관계의 형식을 중심에 두고 이 관계를 바라보는 것이 몽골/원의 고려에 대한 영향력을 필요 이상으로 강조하지 않으면서 양국 관계를 설명할 수 있다는 점에서 유효하다고 보는 것이다.

고려·몽골 관계에 책봉-조공 관계의 요소가 존재했고, 그것이 이 관계에서 중요한 비중을 차지하고 있었음은 사실이다. 그러나 이러한 관점에서 고려·몽골 관계를 바라볼 경우, '고려와 몽골 상호 간'에 매우 중요한 의미를 가졌다고 생각되는 요소들, 대표적으로 통혼이나 숙위, 친조와 같은 요소들은 부차적인 것으로 이야기되고, 고려 입장에서 중요했던 왕조체제의 유지라는 측면만이 주로 부각되어 관계를 일방적인 시각에서 보게 될 가능성이 있다. 그러나 통혼, 숙위, 친조를 통해 형성되는 관계-몽골적 관계는 단지 부차적이고 개별적인 관계가 아닌, 유목사회에서 관계를 형성하고 유지하는 방식으로서 관련한 제도가 마련되어 있는, 그 자체로 구조적인 하나의 관계 방식이었다. 따라서 이러한 면을 '부차적'인 것으로만 설명해서는 이 관계의 총체적 면모를 파악하기 어렵다. 또한 통시적 측면을 강조함으로 해서 이 시기 고려·몽골 관계가 갖는 특수성이 잘 드러나지 않는 면도 있다. 책봉과 조공이라는 통시적 형식을 통해 고려·몽골 관계를 설명한다고 하더라도, 이 시기 책봉-조공 관계의 시기적 특징이라고 이야기되고 있는 숙위, 국왕 친조, 왕실 통혼과 같은 요소들이 고려·몽골 간의

'책봉-조공 관계'에서 갖는 의미와 역할을 보다 적극적으로 이야기할 필요가 있다.

 고려·몽골 관계의 성격과 관련한 또 다른 논의는 통혼 등으로 표현되는 개인 간·가문 간 관계를 중심으로 하는 몽골적 관계 형성 방식에 근거한 요소들이 이 관계에서 갖는 중요성에 보다 강조점을 두는 논의이다. 이는 몽골제국의 전체적인 구조에 대한 인식을 바탕으로 그 안에서 고려의 위치를 파악하려는 연구동향으로, 최근 몽골제국사에 대한 연구가 심화한 결과이기도 하다.

 몽골제국의 성격과 관련하여, 기존에는 칭기스칸에 의해 성립된 몽골제국이 세조 쿠빌라이의 즉위와 함께 '분열'되었고, 분열 이후 쿠빌라이와 그 후계자에 의해 통치되었던 제국 일부로서의 '원(元)'은 상당부분 한화한 것으로 이해해왔다. 그런데 최근 위와 같은 제국 구조의 변화를 '분열' 보다는 '변용'이라고 보는 새로운 관점과 함께, 1271년에 제정된 '대원(大元)'이라는 국호는 '예케 몽골 울루스[Yeke Mongol Ulus]'의 동의어로 대몽골제국 전체를 가리키는 한자식 국호일 뿐이며, 몽골제국은 중국의 '원조(元朝)', 즉 카안의 직접 지배를 받는 카안 울루스뿐 아니라 러시아와 중동지역의 여러 울루스들, 이른바 4대 칸국[Khanate] 등을 아우르는 것이었다는 견해가 제시되었다.[2]

 이러한 관점에서의 연구들은 고려의 외교 상대국을 한화한 '원'이 아닌 '몽골'로 볼 것을, 몽골제국의 전체적 국가체제 안에서 고려의 정치적 위상을 살필 것을 제안한다. 즉, 고려·몽골 관계에 책봉-조공 관계의 요소는 있으나 그것으로 양자 관계를 규정할 수는 없으며,

---

 2) 김호동, 2002, 「몽골제국사 연구와 '集史'」 『경북사학』 25.

오히려 몽골적 관계의 요소들이 양자 관계에서 보다 핵심적인 요소였다
는 것이다.

구체적으로 고려국왕이 몽골황실의 부마였다는 점에 주목, 고려가
몽골제국의 국가체제에서 부마들이 통치하는 정치단위인 투하령(投下
領)으로서의 성격을 가졌을 가능성을 제시하는 연구가 이루어진 바
있다.3) 이외에도 국내 몽골사 연구자들을 중심으로 고려를 몽골제국의
속국(屬國)이자 속령(屬領)으로 보고자 하는 논의가 제기되었다.4) 속국
이란 몽골제국의 정치적 종주권을 인정하면서도 외연적으로 존재하며
토착군주의 지배를 받는 국가라는 의미로, 모든 사람들을 카안의 지배
에 복종하는 속민(屬民, il irgen)과 그렇지 않은 역민(逆民, bulga irgen)으로
양분했던 몽골인들의 이원론적 세계관에 근거한 것이다. 속령이란
몽골제국에 내포적 존재인 제왕(諸王), 부마(駙馬) 등에 의해 지배되는
정치단위를 의미한다. 고려의 경우, 원종대의 강화를 통해 외연적
관계인 속국관계가 성립되었지만, 제국의 '변용' 과정을 거친 후 쿠빌라
이와의 사이에서 이루어진 통혼관계를 통해 내포적 관계가 성립됨으로
해서, 고려는 몽골의 속국이자 속령으로서의 이중적 성격을 갖게 되었
다는 것이다.5) 이렇게 다른 정치 단위가 몽골제국에 '복속'했음을

---

3) 森平雅彦, 1998(a), 「駙馬高麗國王の成立 : 元朝における高麗王の地位についての豫備的考察」
　　『東洋學報』79-4 ; 1998(b), 「高麗王位下の基礎的考察-大元ウルスの一分權勢力としての高
　　麗王家」『朝鮮史研究會論文集』第36集 ; 2008(b), 「事元期 高麗における在來王朝體制の保
　　全問題」『北東アジア研究』別冊1. 이상 森平雅彦의 연구들은 최근 고려·몽골 관계와
　　관련한 필자의 다른 논문들과 함께 책으로 출판되었다.(森平雅彦, 2013,『モンゴル覇權
　　下の高麗 : 帝國秩序と王國の對応』, 名古屋大學出版會) 이 책에서 인용된 森平雅彦의 논
　　문들은 모두 2013년의 책에 포함되어 있다. 아래에서는 책에서 수정되거나 추가된
　　내용을 참고한 부분을 제외하고는 초간연도를 밝히는 의미에서 기간논문만을
　　전거로 제시하도록 하겠다.
4) 김호동, 2007, 『몽골제국과 고려』, 서울대학교출판부, 83~120쪽.
5) 이러한 관계는 각기 전자는 분열 혹은 변용 이전 단계에서의 대몽골 울루스

상호 간에 확인하는 과정에서 중요한 것이 정치 단위 수장의 '조근(朝覲)' 혹은 '친조(親朝)'이다.

즉, 이상의 논의들은 외교 문서를 통해 이루어지는 국가 간 관계만이 아닌 직접적인 대면을 통해 이루어지는 수장들 사이의 개인 간 관계, 나아가 통혼과 같은 지배 가문들 간의 관계를 통해서 정치단위들 간의 관계가 형성되고 유지되는 몽골적 관계 형성·유지 방식이 고려·몽골 관계에서 갖는 중요성에 비중을 두고 있는 설명방식이라고 하겠다.

고려·몽골 관계에서 몽골적 관계의 요소가 중요했다는 점, 오히려 핵심적인 요소였다는 점에 대해서는 충분히 공감하지만, 이를 통해 양자의 관계를, 고려의 위상을 규정하는 것이 현재 상황에서 어디까지 가능할 것인지는 의문이다. 대표적인 논의가 고려국왕의 부마로서의 위상에 주목해 고려를 부마고려국왕의 투하령으로 보는 논의이다.[6] 부마, 정동행성승상이라는 고려국왕의 위상이 고려·몽골 관계에서 중요한 의미를 가지며 그 특수성을 잘 보여주는 중요한 요소임은 분명하다. 그러나 이미 많이 언급되었다시피 고려에 보이는 부마 위하(位下)로서의 요소들 자체가 온전한 형태를 띠고 있지 않을 뿐더러,[7] 그러한 불완전한 요소들조차도 몽골이 애초에 고려를 부마고려국왕의 투하령으로 규정한 위에 그 체계를 갖추기 위해 설치한 것은 아니었다. 이는 충렬왕이 자신의 필요에 따라 여러 투하관(投下官) 가운데 일부를 선택해서 몽골에 요청한 것을, 그의 부마 지위에 근거해 몽골 측에서 승인해준 것일 뿐이었다. 또한 그러한 형식적인 측면 외에 몽골제국의

전체에 대한 관계, 후자가 분열 혹은 변용 이후 단계에서의 제국의 일부인 카안 울루스와의 관계라고 한다.(김호동, 2007, 위 책, 116~117쪽)

6) 森平雅彦, 1998(a), 앞 논문 ; 1998(b), 앞 논문.

7) 김호동, 2007, 위 책.

다른 부마들이 어느 정도의 위상을 갖고 어떻게 존재했는지, 그들의 투하령은 어떻게 운영되었는지 등 몽골제국 부마의 존재양태와 관련한 구체적인 내용들이 거의 밝혀지지 않은, 혹은 소개되지 않은 상황에서 이러한 요소를 중심에 두고 양자 관계를 규정하는 것은 이른 감이 있다. 이러한 점은 고려를 몽골제국의 속국이자 속령으로 보는 견해에 대해서도 마찬가지로 이야기할 수 있다.

요컨대, 이상과 같은 논의들은 고려·몽골 관계의 중요한 측면들을 설명하는 데에 큰 기여를 했음에도 불구하고, 어느 한 측면을 중심으로 이 관계를 규정하고자 함으로써 고려·몽골 관계의 가장 중요한 특징인 '복합성' 자체는 충분히 설명하지 못하는 한계를 가질 수밖에 없었다.

이에 이 책에서는 그러한 기존 연구의 한계에 착목하여, 동아시아적 관계 요소와 몽골적 관계 요소가 고려·몽골 관계 내에서 유기적으로 결합하고 있는 양상 자체를 '정동행성승상 부마 고려국왕'이라는, 일반적으로는 함께 하기 어려운 상이한 위상들을 동시에 갖고 있었던 몽골 복속기 고려국왕의 위상 변화를 통해서 살펴보고자 한다.[8]

이러한 연구는 우선 동아시아적 관계와 몽골적 관계 사이에서 선택적인 문제로서 주로 다루어지던 고려·몽골 관계의 성격 논쟁을 한 단계 진전시켜 그 복합성 자체의 양상과 의미에 주목하게 하는 데에 중요한 기여를 할 수 있을 것으로 생각된다. 또한 한국사 이해에 중요한 고려·몽골 관계의 특성을 이해하는 것을 넘어서 몽골제국의 관계 형성 방식에

---

8) 고려국왕의 표기법과 관련하여, 이 책에서는 별도의 표기를 하지 않은 몽골 복속기 고려국왕은 '정동행성승상 부마 고려국왕'의 총체로서의 고려국왕을 지칭하는 것으로 하며, 문장부호를 통해 별도 표기한 '고려국왕'은 총체로서의 고려국왕권을 구성하는 한 요소, 즉 정동행성승상, 부마와 병렬되는 한 요소로서의 '고려국왕'을 지칭하는 것으로 할 것이다.

보이는 특징을 이해하는 데에도 직간접적으로 기여하는 측면이 있을 것으로 기대된다. 몽골제국은 고려 이외에도 다양한 문화권으로부터의 정치단위들과 관계를 형성하고 있었으며, 이러한 관계들은 대상 정치단위들의 정치·문화적 특성에서 비롯된 특수성을 갖는 한편으로 몽골이라는 공통분모에서 비롯된 보편성을 함께 갖고 있었다. 따라서 이 연구는 몽골이라는 요소가 13~14세기 고려라는 환경 속에서 어떻게 수용되어 기능하면서 영향을 미쳤는지에 대한 구체적인 연구 성과로서, 몽골제국이 상당부분 유지하고 있던 유목국가로서의 속성이 통치 대상인 현지 사회의 질서와 충돌·조율하고 있는 양상을 이해하는 한 사례로서도 중요한 의미를 가질 수 있을 것이다.

몽골 복속기 권력구조
: 유기적으로 연동되어 하나의 구조를 이룬 고려 후기 대외관계와 정치

다음으로, 몽골 혹은 몽골황제권이 고려·고려 정치에 대해 가졌던 영향력을 보다 구조적으로 이해하고 설명하고자 한다. 이것은 관계사와 정치사를 유기적으로 결합시켜 이 시기 고려의 권력구조를 이해하고자 하는 시도이며, 몽골 복속기의 경험이 이후 시기 고려의 정치 변동 과정에 미친 영향을 구조적·총체적으로 이해하기 위한 것이기도 하다.

몽골 복속기 고려의 정치사와 관련한 기존 연구들은 크게 두 가지 주제를 중심으로 이루어져왔다. 한 가지는 이 시기 몽골과의 관계로부터 발생한 독특하고 다양한 정치적 사건들과 관련해 그 경과 및 맥락과 의미를 밝힌 연구들이다. 구체적으로는 중조(重祚) 문제 및 심왕(瀋王) 옹립운동 등 몽골 복속기 내내 거듭되었던 국왕위 계승을 둘러싼 분쟁과 그에 따른 정치세력 분열에 대한 연구가 있고,[9] 고려 국체와 관련해서도 고려 내에 존재하며 기능했던 몽골의 행정기관인 정동행성 (征東行省)과 관련한 연구 및 그와 연계하여 수차례 제기되었던 입성론(立 省論)과 관련한 연구들이 있다.[10] 또 다른 한 가지로는 이 시기에 수차례 행해진 개혁조치들에 대해서도 일련의 연구들이 이루어졌다.[11] 이러 한 연구들은 몽골과의 관계에서 발생한 정치적 사건 및 주제들에 대해 다양한 각도에서 분석하여 이 시기 정치사 이해에 큰 도움을

---

9) 국왕위 중조의 문제는 전론으로 다루어지기 보다는 이 시기를 다루는 논문들에서 기본적으로 언급되고 있다. 심왕옹립운동 및 심왕과 관련해서도 많은 논문들이 있는데, 주로 다음을 참조할 수 있다. 北村秀人, 1973, 「高麗時代の藩王についての一考察」 『人文研究』 24-10, 大阪市立大 ; 김당택, 1993, 「고려 충숙왕대의 심왕옹립운동」 『역 사학연구』 12집 ; 김혜원, 1999, 「고려후기 藩王 연구」, 이화여자대학교 대학원 사학과 박사학위논문 ; 이익주, 2000, 「14세기 전반 고려·원 관계와 정치세력 동향-충숙왕대의 심왕옹립운동을 중심으로」 『한국중세사연구』 9, 한국중세사학 회 외 다수.

10) 정동행성과 관련한 대표적 연구로는 다음의 연구들이 있다. 고병익, 1961·1962, 「麗代 征東行省의 연구」(上)·(下) 『역사학보』 14·19 ; 北村秀人, 1964, 「高麗における征東 行省について」 『朝鮮學報』 32 ; 장동익, 1994, 『고려후기외교사연구』, 일조각. 입성론과 관련해서는 주로 다음을 참조할 수 있다. 北村秀人, 1966, 「高麗末における 立省問題について」 『北海道大學文學部紀要』 14-1 ; 김혜원, 1994, 「원 간섭기 立省論 과 그 성격」 『14세기 고려의 정치와 사회』, 민음사.

11) 몽골 복속기 개혁조치들에 대한 연구는 1970년대 이래, 그를 통해 일부 국왕들의 '반원적'인 성향을 추출해내려는 시도가 이루어지다가(이기남, 1971, 「충선왕의 개혁과 詞林院의 설치」 『역사학보』 52) 1990년대 들어와서는 이 시기 고려국왕들의 국정운영이 '반원적'일 수 없었음을 지적하는 연구들이 다수 이루어져 현재 통설을 이루고 있다.(박종기, 1994, 「총론 : 14세기의 고려사회-원 간섭기의 이해 문제」 ; 이익주, 1994, 「충선왕 즉위년(1298) 관제개편의 성격」 ; 권영국, 1994, 「14세기 전반 개혁정치의 내용과 그 성격」 ; 김기덕, 1994, 「14세기 후반 개혁정치 의 내용과 그 성격」. 이상 『14세기 고려의 정치와 사회』, 민음사) 한편, 최근에는 개혁조치를 포함한 이 시기 고려국왕의 정책이 몽골의 정책들을 상당부분 참조하 면서 이루어지고 있었음이 이야기되고 있기도 하다.(이강한, 2008(a), 「고려 충선왕 의 정치개혁과 元의 영향」 『한국문화』 43 ; 2008(b), 「高麗 忠宣王·元 武宗의 재정운용 및 정책공유」 『동방학지』 143 ; 2010(a), 「1325년 箕子祠 祭祀 再開의 배경 및 의미」 『한국문화』 50 ; 2010(b), 「고려 충숙왕대 과거제 정비의 내용과 의미」 『대동문화연 구』 71 등)

주고 있다.

　몽골 복속기 정치사와 관련한 연구들은 다양한 주제들에 걸쳐 이루어져 왔기에, 관련한 기존 연구들의 구체적 내용은 본문 내 해당 부분에서 소개하도록 하고, 여기에서는 이러한 연구들이 공유하고 있는 관점을 중심으로 연구동향을 검토하고 문제 제기를 하고자 한다.

　최근에 들어와 새로운 관점에서 연구가 이루어지고 있기도 하며 세부적 차이가 있기도 하지만, 이 시기 고려의 관계사 및 정치사와 관련한 기존 연구들은 그 주제와 해석의 다양성에도 불구하고 한 가지 관점을 공유하고 있는 것으로 보인다. 이 시기 몽골의 고려에 대한 영향력 행사를 압제 혹은 간섭으로 보고, 이에 대한 고려의 일반적 대응을 저항과 극복으로 보는 관점이 그것이다. 구체적으로 몽골의 정치적 간섭이 고려에 대한 지배를 공고히 하기 위해 상당히 의식적으로 이루어졌으며 점차 강화되었고, 일부 정치세력, 이른바 부원배들이 이에 적극적으로 호응하면서 여러 가지 문제들이 발생하는 가운데 고려의 자주성은 손상되고 고려국왕권은 약화되었지만, 대다수 고려 신료들은 이에 적극적으로 저항하였고, 이로써 고려의 자주성 혹은 독자성이 유지될 수 있었다는 것이다. 이러한 관점은 더 나아가면, 몽골과의 관계 속에서 발생했던 혹은 심화되었던 여러 가지 폐단과 문제들은 몽골과의 관계가 청산되면서, 이전부터 이어졌던 개혁의 과정에서 성장한 정치세력인 신흥유신들이 주도한 고려 말의 개혁 과정을 통해서 극복되었으며, 이러한 고려 후기 이래로의 폐단을 개혁 하는 과정이 곧 조선 건국의 과정이었다고 보는 관점과 연결된다.

　위와 같은 관점을 다소간 공유하고 있는 기존 연구들은 고려 후기 관계사와 정치사 이해에 매우 중요한 한 측면을 이야기해주고 있다. 다만, 이 시기 관계사와 연동되어 있던 고려의 정치사를, 그리고 그러한 고려 후기 정치사와 이어지는 고려 말·조선 초 정치적 변동과정 간 연결성을 총체적·구조적으로 이해하기 위해서는 조금은 다른, 혹은 보완된 관점에서 설명되어야 할 부분이 있는 것으로 생각된다.[12] 두 가지 문제로 나누어 살펴보도록 하자.

첫째, 이 시기 몽골·몽골황제권의 고려·고려 국왕권에 대한 영향력 행사, 이른바 '압제' 혹은 '간섭'이 어떤 논리와 구조 속에서 이루어진 것이었으며, 고려국왕과 신료들은 이를 어떻게 받아들이고 있었는가 라는 문제이다. 구체적으로, 압제 혹은 간섭과 그에 대한 저항이라는 이분법적 구도의 한계에 대한 문제이다.

몽골의 고려 정치에 대한 영향력 행사는, 그것이 기존의 국가 간 관계에서는 이루어지지 않았던 것이라는 점에서 '간섭'이며, 그것이 몽골의 군사력을 배경으로 했다는 점에서 '압제'라고 할 수 있다. 그러나 기존의 연구에서 몽골의 간섭이나 압제로 이야기되는 사례들 가운데에는 물론 몽골에 의해 강요된 상황이 있기도 했으나, 고려국왕 이나 신료의 움직임이 선행한 사례들이 다수 포함된다는 점에 주목할 필요가 있다. 이러한 고려 내 정치적 문제에 대한 몽골 측 개입을 '요청'했던 고려국왕 혹은 신료들 가운데에는 국왕·종실을 포함하여, '불순'한 정치적 의도를 가졌던 '부원배'뿐 아니라 몽골의 '간섭'에 저항했을 것으로 상정되는 '일반 신료'도 포함되었다. 그리고 이러한 사례들에는 몽골이 고려에 무언가를 '강제'하기 위한 경우도 있었지

---

12) 13~14세기 고려·몽골(원) 관계 및 관련한 고려의 역사상을 다루는 기존 연구들이 공유하고 있는 몽골의 간섭과 고려의 저항이라는 일반적 관점에 대해서는 이미 국내외에서 문제 제기가 이루어진 바 있어 참조가 된다. 이강한, 2010(c), 「'친원'과 '반원'을 넘어서 : 13~14세기사에 대한 새로운 이해」 『역사와 현실』 78 ; 森平雅彦, 2013, 『モンゴル覇權下の高麗 : 帝國秩序と王國の對応』, 名古屋大學出版會, 序章.

만 고려 내에서 발생한 분쟁을 조정하기 위한 사안인 경우도 다수 포함되어 있었다. 또 한 개인의 행적도 저항이나 부원, 어느 한 측에 한정되지 않아, 경우에 따라서는 '불순'한 정치행위를 하기도 하고, 경우에 따라서는 매우 '온당한', 혹은 '저항적'인 정치행위를 하는 사례 역시 확인된다.

이러한 현상들이 다기하게 발생하고 있던 고려·몽골 간의 정치적 관계를 기존 연구가 이 시기를 바라보는 간섭/압제와 저항/부원이라는 이분법적 구도로 설명하고자 할 경우 발생할 수 있는 문제는 두 가지 정도로 이야기할 수 있을 것이다. 한 가지는 관점이 선행하여 실제 그것이 당시에 가졌던 것과는 다른 의미와 모습으로 설명되는 경우이며, 다른 한 가지는 해당 구도에서 벗어난 사안들은 연구대상이 되지 못하거나 혹은 다른 사안들과의 연결선상에서 일관성을 갖고 설명되지 못하고 개별 사안으로서만 다루어지는 경우이다. 요컨대, 간섭/압제와 저항/부원이라는 이분법적 구도만으로는 당시 몽골과의 관계와 연동되어 있던 고려의 정치사를 총체적·구조적으로 설명하기 어렵다.

표면적으로 요동하며 다기한 양상을 보이던 이 시기 고려·몽골 관계와 그에 연동된 고려의 정치적 사건들을 총체적·구조적으로 설명하기 위해서는 그러한 상황의 중심에 있던 정치주체들의 행동과 반응을 가능하게 했던 정치·권력구조에 주목할 필요가 있다. 이를 위해서는 이 시기 몽골·몽골황제권의 고려 정치에 대한 영향력 행사의 맥락을 좀 더 열린 관점에서 바라볼 필요가 있으며, 그와 연동되어 있던 고려 정치의 외연을 확대시켜 바라볼 필요가 있다. 이렇게 볼 때, 몽골과의 관계 후반기로 갈수록 더욱 심각한 양상을 보이는 고려 정치의 혼란상은 더욱 '강화'된 몽골의 '간섭'으로 인한 것이었다기보다는, 초기 단계에 고려의 정치·권력구조에 들어온 몽골황제권이라는 존재에 대한 고려국왕과 신료들 나름의 정치적 인식과 활용이 더욱 진전되어가는 과정에서, 즉 변화한 권력구조 속에서 발생한 것으로 보이기도 한다.

관계사와 정치사가 유기적으로 연동된 몽골 복속기의 권력구조에 대해 주목하는 것, 다시 말해서 주어진 상황 속에서이기는 하지만 이 연동 과정에서의 고려국왕과 신료들의 주체적 움직임에 주목하는 것은 당대의 정치사를 구조적으로 이해하기 위해서도, 그것이 이어지는 고려 말 정치적 변동 과정에 남긴 여파를 살피기 위해서도 중요한 부분이다. 이는 기존의 연구 관점이 갖는 두 번째 문제로 이어진다.

둘째, 몽골 복속기라는 한국사에서 매우 독특한 시기의 경험이 이후 시기 정치적 변동 과정에 미친 영향을 계기적, 총체적으로 설명하는 문제이다.

고려 말의 대외관계와 정치사는 그것이 조선의 건국으로 이어지는 과정이었다는 점에서 주목을 받아왔고, 관련한 다수의 연구들이 이루어졌다. 이러한 연구들은 당시 대외관계가 고려 정치에 미친 영향을 주로 관계사적 맥락에서 설명하고, 권력구조의 측면에서는 몽골에서 명으로의 대외관계 변화로 인한 단절적인 변화에만 주로 주목하고 있는 것으로 보인다. 이는 고려국가 외부의 권위가 고려 내정에 직접적으로 영향을 미쳤던 몽골 복속기의 상황은 몽골과의 관계 단절과 함께 '종식'되었다고 보는, 따라서 그 여파에 대해서는 그다지 주목하지 않았던 고려·몽골 관계 연구의 관점 및 동향과 관련된다.

몽골과의 관계가 단지 외교에 그치지 않고 고려의 정치·권력구조와 깊이 연계되어 있었던 만큼, 몽골에서 명으로 고려의 외교 대상국이 변화한 것은 권력구조 변화와도 직결되는 문제였다. 이러한 변화는 물론 단절적인 측면을 가지며, 고려-명 관계 및 이 시기 권력구조가 고려·몽골 관계 및 그와 연동되었던 권력구조와 차이를 보인다는 점은 분명하다. 그러나 명은 몽골과 차이를 보이면서도 그를 계승하는 측면 역시 갖고 있었으며, 이 시기 고려의 정치세력들 역시 몽골 복속기 권력구조의 경험을 안고 있었기에, 원·명 교체로 인한 권력구조의 변화는 몽골 복속기 권력구조와 단절되는 측면 뿐 아니라 그것이 다른 형태로 변모하여 지속되는 측면을 함께 갖고 있었다. 예컨대, 고려 말 정쟁의 과정에서 황제권이 운위되고 작용하는 양상은 고려 전기에는 보이지 않는 현상으로 고려 말의 특징적인 면모라고 할 수 있다. 이는 몽골 복속기의 상황과는 차이를 보이면서도 당시 황제권이 고려의 내정에 매우 실질적이고 강력하게 작용했던 경험의 여파로서, 혹은 그 경험을 활용하여 이루어진 측면을 갖는다고 생각된다. 이에 고려 말 정치·권력구조를 이해하기 위해서는 그러한 양 측면에 대한 총체적 검토가 필요할 것인데, 이를 위해서는 몽골 복속기 관계사와 정치사를 보다 유기적인 관점에서 살펴볼 필요가 있다.

고려와 몽골의 관계는 정치, 사회, 경제, 문화 등 다양한 층위에서 이야기될 수 있고, 어떤 층위에서 이 관계를 이야기하는가에 따라 다양한 결론이 도출될 수 있을 것이다. 그러나 최소한 정치·권력구조의 측면에서 고려·몽골 관계는 그 경계가 상당 부분, 거의 형해화한 상태로 나아가고 있었다고 생각되며, 이러한 점은 당대의 고려 정치를 이해하는 문제 뿐 아니라 몽골과의 관계가 청산되고 난 이후의 고려 말 조선 초 정치·권력구조를 이해하는 데에도 매우 중요한 시사점을 제공한다. 그러나 기존의 연구들은 국가 간 관계에서 마땅히 존재해야만 한다고 상정되는 고려·몽골 간 정치·권력구조 면에서의 '경계'와 그것을 지켜낸 부분, 혹은 지켜내어야 한다는 점에 주로 주목함으로 해서, 그러한 경계가 상당부분 형해화한 상태에서 새롭게 구성된 정치·권력구조와 그것이 갖는 역할과 의미에는 충분히 주목하지 못해 온 것으로 보인다.

이에 관계사와 정치사가 유기적으로 연동된 고려 후기 대외관계와 정치에 주목하는 이 책은 몽골과의 관계라는 경험이 고려의 정치·사회에 미친 영향을 보다 총체적·구조적으로 이해하는 데에, 나아가 그것이 이후 시기의 정치·권력구조에 남긴 여파를 총체적·계기적으로 이해하는 데에 중요한 단서를 제공할 수 있을 것으로 기대된다.

한편, 이러한 검토는 기존 연구들에서 일반적으로 '약화'라고 이야기해 온 몽골 복속기 고려국왕권의 변화의 구체적 내용과 양상을 이해하는 데에도 기여할 수 있을 것으로 생각된다. 대체로 몽골 복속기 고려국왕권의 변화는 몽골의 압제나 간섭에 의한 약화로 설명되고 있다. 이러한 설명이 틀린 것은 아니지만, 그러한 설명 방식이 '설명'해줄 수 있는 것은 매우 제한적이다. 이는 국왕권의 '강화'라는 설명 방식에도 마찬가지로 적용된다. 일관된 기준을 상정하기 어려운 '약화', 혹은 '강화'라는 용어로 국왕권을 이야기하기보다는 '고려국왕'에 정동행성 승상, 부마와 같은 새로운 위상들이 부가되는 과정, 그리고 각 위상들이 갖는 속성이 고려국왕권에 이입됨으로써 발생한 고려국왕 위상의 '변화', 그로 인한 황제권과 국왕권, 신료의 관계, 즉 권력구조에 대해 검토함으로써 몽골 복속기 고려국왕권 '약화'의 양상과 시기별 차이를 구체적으로 '설명'할 수 있을 것으로 생각된다.

2. 연구의 방법 및 구성

이 책은 동아시아적 관계 형성 방식과 몽골적 관계 형성 방식이 유기적으로 상호작용하며 성립·유지되었던 13~14세기 고려·몽골 관계의 복합성과 그러한 관계와 유기적으로 연동되어 형성되었던 몽골 복속기 고려의 권력구조를, 이 관계와 권력구조의 중심에 있었던 몽골 복속기 고려국왕의 위상 변화를 통해 살펴보고자 하는 연구이다.

아래에서는 상술한 연구목적과의 연관선상에서, 이 책에서 몽골 복속기 고려국왕 위상에 접근하는 방법을 관점과 사료, 두 가지 측면에서 설명하고, 마지막으로 어떤 내용을 통해 이를 풀어갈 것인지와 관련해 책의 구성을 소개하도록 하겠다.

1) 접근방법

관점1. '정동행성승상 부마 고려국왕'
: 세 가지 위상의 총체로서의 몽골 복속기 고려국왕

몽골 복속기 고려국왕의 위상을 정동행성승상(征東行省丞相), 부마(駙馬), '고려국왕(高麗國王)' 각 요소들 간의 상호작용으로 형성된 '정동행성승상 부마 고려국왕'이라는 새로운 복합적 위상으로서 살펴볼 것이다.

기존의 논의들은 이 세 가지 위상을 분리해서 이해하고, 그 가운데 어느 것이 보다 핵심적인 요소였는가를 가리는 데에 중점을 두는 경향을 보이고 있다. 이는 앞서 언급한 바, 이질적 관계 형성 방식이 유기적으로 결합되어 있던 고려·몽골 관계를 그 가운데 어느 한 요소를 중심으로 규정하려 하는 기존 논의의 경향과도 맞닿아 있다. 이러한 요소들을 분리해서 검토하는 것은 매우 중요하다. 이들 각각의 위상이 내포하고 있는 고려·몽골 관계, 혹은 고려국왕과 몽골황제의 관계, 그리고 각각의 의미와 기능은 분명 구별되며 명확한 차이가 있는 것이었기 때문이다.

그러나 이러한 상이한 위상들이 현실에서는 한 개인에게 중첩되어 있었다는 점 또한 매우 중요한 부분이다. 몽골 복속기 고려국왕의 '국왕'으로서의 위상과 관련하여 주목해야 할 점은 그것이 계속 유지되었다는 측면에만 있는 것이 아니라, 기존에는 그 자체만으로 국왕권을 구성했던 '국왕'이라는 요소가 이 시기에는 다른 위상들과 공존하고 상호작용하며 국왕권을 구성하게 되었다는 점에도 있다. 부마, 정동행성승상과 같은 몽골적 관계의 요소에서 파생된 위상들이 고려·몽골 관계에서, 고려국왕권에서 갖는 의미 및 역할과 관련해서는 그러한 위상들이 새롭게 생겨났다는 점 뿐 아니라, 이들이 '고려국왕'을 대체한 것은 아니라는 점, 그러한 위상들도 결국 '고려국왕'을 통해 존재하고 기능했다는 점에도 주목해야 한다. 이들이 고려·몽골 관계에서 갖는 의미와 역할은 그 자체가 몽골에서 갖는 의미와 기능에 대한 설명을 통해서만이 아니라, 그것이 '고려국왕'과 상호작용함으로써 발생한 고려국왕 위상의 변화를 통해 이야기되어야 할 것이다.

이에 이 책에서는 몽골과의 관계 속에서 새롭게 부가된 정동행성승상, 부마 등의 위상이 전래의 '고려국왕'이라는 위상과의 상호작용을 통해 총체로서의 고려국왕 위상을 변화시키는 측면에 중점을 두어 서술할 것이다. 전통적인 '고려국왕권'에서는 이질적인 정동행성승상이나 부마와 같은 요소들이 어떤 과정을 거쳐, 어떤 맥락에서 '고려국왕'과 상호작용하여, 기존에 '고려국왕'으로서만 존재하던 고려국왕권을

'정동행성승상 부마 고려국왕'으로서의 고려국왕권으로 변화시키는
지, 그렇게 해서 생겨난 변화가 어떤 것이며 어떤 의미를 갖는지의
문제에 주목할 것이다.

관점2. 속성의 이입과 결합을 통한 고려국왕 위상의 '변화'

몽골 복속기 고려국왕의 위상을 '정동행성승상 부마 고려국왕'이라
는 복합적 위상으로 보는 가운데에서도, 그 복합성을 형식적인 측면에
서의 결합을 통해서만 볼 것이 아니라 각 위상이 갖는 속성의 결합이라
는 차원에서 볼 필요가 있다. 기존 연구들에서도 고려국왕의 여러
위상들이 '일체화'하는 양상들이 검토되었다. 부마고려국왕인(駙馬高
麗國王印)을 통한 부마고려국왕(駙馬高麗國王)의 성립이나[13] 정동행성승
상과 '고려국왕'의 '일체화'로 인한 외교문서 서식 변화를 밝힌 것[14]
등이 그러한 예이다. 특히 후자의 경우는 그러한 '일체화'로 인한 변화상
이 몽골 복속기에만 그치는 것이 아니라 이후 시기까지 지속된다는
점에서 중요한 의미를 갖는다고 생각된다.

다만 이러한 논의들이 주로 형식적·제도적 측면에서만 이야기되고
있는 점은 보완의 여지가 있다. 부마, 정동행성승상과 같은 요소는
물론 몽골 복속기에도 온전한 형식을 갖추지 못했으며 이후에는 외형적
으로 고려국왕의 위상에서 배제되지만, 각기 통혼이라는 특별한,
그러나 변동 가능한 관계를 가진 일가문(一家門)으로서의 속성과 관료
로서의 속성을 고려국왕과 고려왕실에 부가함으로써 몽골 복속기

---

13) 森平雅彦, 1998(a), 앞 논문 ; 1998(b), 앞 논문.
14) 森平雅彦, 2007, 「牒と咨のあいだ－高麗王と元中書省の往復文書」『史淵』第144輯.

고려의 정치와 고려국왕의 위상에서 중요한 역할을 한 것으로 생각되기 때문이다.

'국왕'과 부마, 정동행성승상의 결합을 주로 형식적·제도적인 측면에서만 검토하는 논의의 한계는 크게 두 가지로 이야기할 수 있다. 첫째, 형식적 측면에서의 결합은 최초에 결합이 이루어지는 순간을 보여줄 뿐, 그 강화 과정을 세밀하게 보여주기는 어렵다. 형식적인 측면에서 세 가지 위상의 결합을 보는 것은 그러한 결합의 존재를 확인하기에는 용이하다. 그러나 형식적인 측면에서 확인되는 결합이 곧 양 위상의 '일체화'를 의미하지는 않는다. 이러한 위상들이 결과적으로 '일체화'했다 하더라도 그에 이르는 과정이 필요하다.

둘째, 각 위상의 결합을 형식적인 측면에서만 볼 경우, 그러한 결합이 고려국왕권과 고려 정치에 어떤 영향을 어떻게 주었는지에 대해서는 이야기하기 어렵다. 세 가지 위상의 결합이 고려국왕권과 고려 정치에 미친 영향은 이들이 함께 고려국왕 위상을 구성하게 되면서 생겨난 변화를 통해 이야기할 수 있다고 생각된다. 이러한 고려국왕 위상의 변화는 세 가지 위상 간 상호작용을 추동한 여러 가지 사건들을 거치면서 단계적으로 이루어진 것이었으며, 그 과정은 상술한 속성의 이입 과정이기도 했다. 이에 부마, 정동행성승상과 같은 위상들이 고려국왕권, 고려 정치에 미친 영향은 시기별로 그 양상이 달라지는데, 형식적인 측면에서만 각 위상의 결합을 볼 경우 그 영향의 시기적 변화 양상을 세밀하게 파악하기 어렵다.

이에 이 책에서는 세 가지 위상의 총체로서의 고려국왕 위상 변화를 형식적인 측면에서의 결합 뿐 아니라 속성의 이입과 상호작용이라는 측면에 주목하여 살펴보도록 하겠다.

관점3. '원 간섭기/압제기'를 대체하는 시대용어로서의 '몽골 복속기'

이 책에서는 고려와 몽골이 관계를 형성한 시기를 몽골 복속기로 지칭하고, 일반적 시기구분에 따라 고려·몽골 간 강화가 이루어진 1259년에서 공민왕대 '반원개혁'이 이루어진 1356년까지를 이에 포함시키도록 하겠다. 현재, 이 시기를 지칭하는 용어로는 원 간섭기가 일반적으로 통용되는 가운데 원 복속기, 원 압제기, 사원기(事元期) 등이 사용되고 있으며, 이들은 각기 이 시기를 바라보는 나름의 관점을 반영하고 있다.

이 시기 몽골로 인한 고려, 고려국왕권의 경험과 변화는 최초의 단계에서는 몽골과의 관계에서 반강제적으로 주어진 측면이 있지만, 무신집권기 권력구조를 경험한 고려국왕이 국왕권을 재구축하는 과정에서 반자발적(半自發的)으로 몽골의 권력과 권위를 도입, 활용한 결과로서의 측면도 강하다. 또한 고려 내에서 실질적으로 존재하고 기능하던 몽골황제의 권력과 권위는 고려국왕 뿐 아니라 고려의 신민(臣民)들에게도 상당부분 인정받고 있었다. 따라서 고려사회 및 고려국왕권의 몽골질서에의 편입, 혹은 몽골질서의 도입은 일방적, 강압적으로 이루어진 것으로 보기만은 어렵다. 또한 몽골과의 관계에 기반한 이 시기 정치·권력구조는 도입 단계에서 뿐 아니라 그 질서가 내면화하는 과정에서도 고려 나름의 방식으로 해석된 측면이 있고, 그러한 점은 이 시기의 경험이 몽골과의 관계 이후에 고려의 정치 및 대외관계에 남긴 여파를 이해하는 데에도 매우 중요한 부분이다. 이에 현재 사용되고 있는 용어들 가운데에서는 '간섭기', '압제기'와 같이 외세의 강압적 측면을 부각시키는 용어보다는, 그러한 측면과 더불어 고려국왕과 신료들의 반자발적인 몽골 질서 도입이라는 측면까지도 내포할 수 있는 '복속기'라는 용어가 보다 적합하다고 판단했다. 물론 이 역시 이 시기 양자 관계를 온전히 표현하는 용어라 하기는 어려운 면이 있어, 향후 보다 적합한 용어에 대한 고민이 필요할 것이다.

또 한가지, 몽골 복속기는 어법상 주술구조의 용어이다. 그러나 이 용어는 현재까지 고려와 몽골이 관계를 형성한 시기를 지칭하는 용어로 많이 사용되어 왔고, 이 책에서 이 시기를 보는 관점과도 부합되는 면이 있기에, 이를 '고려가 몽골에 복속한 시기'를 표현하는 의미로 사용하도록 하겠다.

사료. 한문이 아닌 언어로 쓰여진 몽골 측 사료의 적극적 활용 : 관계의 몽골적 맥락 이해

몽골 복속기 고려국왕 위상의 문제를 다루기 위해 활용할 수 있는 사료군은 크게 두 가지로 나누어볼 수 있다. 『고려사(高麗史)』, 『고려사절요(高麗史節要)』 등 연대기 사료와 문집자료로 구성된 고려 측 사료, 그리고 몽골 측 사료이다. 몽골 측 사료는 다시 한문사료군과 비한문사료군의 두 가지로 나누어진다. 몽골 측 한문사료군에는 『원사(元史)』를 비롯한 연대기류와 한인(漢人) 학자들의 문집자료 등이 포함되며, 비한문사료군에는 『몽골비사』와 같이 몽골어로 쓰여진, 즉 몽골인에 의해 쓰여진 사료와 『집사(集史)』와 같이 페르시아어로 쓰여진, 즉 카안 울루스 이외의 영역에서 쓰여진 사료가 포함된다.[15]

---

15) 이러한 사료들은 이미 국내에서도 역주작업이 이루어져 있는 상태이다. 『몽골비사』는 한국어 역주본이 있지만(유원수 역주, 2004, 『몽골비사』, 사계절) 역사학적인 관점에서 역주작업이 이루어진 것은 아니다. 역사적 관점에서는 일본에서 출판된 역주본이 도움이 된다(村上正二 譯註, 1970(1~2권), 1976(3권), 『モンゴル秘史』 1~3, 平凡社).

이 사료들은 각기 고려·몽골 관계를 바라보는, 그 안에서의 고려국왕의 위상을 바라보는 고려와 몽골 양자의 시각을 보여주고 있으며, 현재 고려·몽골 관계사 연구들은 주로 고려에서 서술된 사료들을 기본으로 몽골 측의 한문사료들을 활용하고 있다. 고려 측, 몽골 측 한문사료들은 그 양이 방대하기도 하거니와 내용 면에서도 매우 구체적인 내용들을 담고 있어 고려·몽골 관계 및 고려국왕권과 관련한 구체적인 내용들을 확인하기에 용이한 측면이 있다. 또한 문집 자료들은 이 시기 고려·몽골 관계 및 고려국왕권과 관련한 당대 지배층, 문인들의 인식을 보여준다는 점에서 매우 중요한 사료라 할 수 있다. 다만 이들은 대원(大元)의 대몽골제국[Yeke Mongol Ulus]으로서의 모습보다는 한화(漢化)한 정복왕조로서의 모습만을 주로 반영하고 있다는 한계를 가진다.16) 이는 이러한 사료들이 동아시아문화권에서 쓰여진 한문사료라는 특성에 기인한 것으로 보인다. 이에 이런 자료들을 통해서는 이 시기 고려·몽골 관계, 그리고 고려국왕권과 관련해 중요한 의미를 가졌던 통혼, 국왕 친조(親朝) 등과 같은 요소들이 갖는 몽골적 의미를 읽어내기에 어려움이 있다.

이러한 한문사료들의 한계는 몽골 측 비한문사료들을 통해 보완할

『집사』는 몽골제국기 이란 지역에 자리했던 훌레구 울루스의 재상 라시드 앗딘에 의해 쓰여진 사료이다. 이는 그 집필 시기인 14세기경까지의 몽골 군주들의 연대기를 종합해 서술했을 뿐 아니라, 몽골 이외 중국, 인도, 아랍, 투르크, 유럽, 유태 등 여러 민족들의 역사까지 집대성한 것으로 '최초의 세계사'라고 칭해지기도 한다. 페르시아어로 작성된 원문은 현재 영어, 러시아어, 중국어 등으로 번역되어 있으며 일부가 한국어로도 번역되어 있다.(라시드 앗딘 저, 김호동 역주, 2002, 『부족지』; 2003, 『칭기스칸기』; 2005, 『칸의 후예들』, 이상 모두 사계절) 한국어로 역주작업이 이루어지지 않은 일칸국의 역사에 해당하는 부분은 영문본을 참조할 수 있다.(W.M. Thackston, 1998, *Compendium of Chronicles*, Harvard University)

16) 김호동, 2009, 「元代의 漢文實錄과 蒙文實錄 : 『元史』「本紀」의 中國中心的 一面性의 解明을 위하여」『동양사학연구』 109.

수 있다. 여기에는 몽골제국의 '몽골'로서의 특징이 한문사료들에 비해 잘 드러나고 있기 때문이다. 이들은 고려·몽골 관계와 관련된 구체적인 내용은 거의 담고 있지 않지만, 몽골이 제국 내, 한자문화권에 속하지 않은 다른 정치단위들과 형성했던 관계에 대한 내용이 풍부하게 담겨 있으며, 이는 그러한 관계들이 몽골에서 갖는 의미에 대해 한문사료들이 보여주지 못하는 부분들을 보여주고 있다.

앞서 언급했다시피 몽골 복속기 고려국왕 위상의 변화는 상위 권위로서의 실질적인 황제권의 존재, 그리고 고려국왕이 그와 형성했던 몽골적인 관계에 의해 추동된 측면이 강하다. 그리고 이러한 관계들은 몽골이 다른 정치단위와 형성했던 관계들과 유사한 맥락을 띠고 있는 경우가 많았다. 이에 이 책에서는 고려·몽골 관계에 보이는 몽골적 관계 요소들이 갖는 몽골적 맥락과 의미를 이해하기 위해서 몽골 측 비한문사료들도 적극적으로 활용하도록 할 것이다.

2) 구성

몽골 복속기 권력구조의 성립, 인식과 활용, 변화와 여파

고려·몽골 관계를 구성하고 있던 이질적 요소들−동아시아적 관계 형성 방식에 기반한 요소와 몽골적 관계 형성 방식에 기반한 요소− 간의 상호작용을 통한 결합, 그러한 관계에 기반한 몽골 복속기 권력구조의 형성과 고려 사회에의 수용은 고려·몽골 관계의 성립과 동시에 이루어진 것은 아니었다. 고려·몽골 관계가 전개되는 과정 속에서 고려국왕과 신료들은 그 관계의 이질성과 그로 인한 권력구조의 특징을 단계적으로 인지하고 활용했고, 이에 따라 고려·몽골 관계 및 몽골 복속기 권력구조가 고려의 정치와 사회에 미친 영향 역시 시기별 차이를 보이게 되었다.

이것은 전통적 고려국왕의 위상이 몽골과의 관계 속에서 '정동행성 승상 부마 고려국왕'으로 변화해가는 과정이기도 했는데, 이 과정은 몇 가지 사건을 기점으로 했던 것으로 보인다. 첫 번째 1269년의 원종 폐위와 복위, 두 번째는 1298년 충렬·충선 간 중조(重祚), 세 번째는 1321년 심왕옹립운동(瀋王擁立運動)과 그 연장선상에서 이루어진 3·4차 입성론(立省論), 네 번째는 1340년 기황후 책립(이후 기씨일가의 성장), 다섯 번째는 1356년 공민왕의 개혁, 그리고 여섯 번째는 1362년 기황후 세력의 공민왕 폐위 시도이다.

국왕위와 관련한 논란들이 중심이 되는 이러한 기점들은 이질적 속성의 이입을 통해 고려국왕 위상의 변화를 가속화하는 동시에 그러한 변화의 단계별 양상을 잘 드러내고 있다. 이는 달리 말하면, 몽골 복속기 권력구조가 성립되는 과정, 그것이 고려국왕과 신료들에게 단계적으로 인지되고 활용되는 과정, 그리고 몽골과의 관계가 변화함에 따라 그에 기반했던 권력구조가 변화하면서도 그 여파를 남기는 양상들을 보여주는 것이다. 또한 이러한 과정은 이전 시기에 분리되어 있었던 고려의 '외교'와 '정치(내정)'가 유기적으로 연동되어 가는 양상과 그 여파를 보여주고 있기도 하다. 이에 이러한 기점들을 기준으로 책의 본문을 구성하고, 다음과 같은 내용을 담고자 한다.

본문의 첫 번째 장인 제2장에서는 몽골 복속기 권력구조가 성립되는 과정을 고려와 몽골의 관계가 형성되는 시기인 원종대부터 충렬왕대 전반기까지의 고려국왕권 문제를 통해 살펴볼 것이다.

먼저 1269년 원종이 임연(林衍)에 의해 폐위되었다가 몽골에 의해 복위되는 과정을 통해 원종의 폐위가 어떤 권력구조 아래에서 이루어졌으며 그것이 복위 이후 어떻게 변화하는지, 그리고 그러한 권력구조 안에서 원종의 국왕권은 어떤 위상을 갖고 있었는지에 대해 살펴볼 것이다. 이어 고려국왕권에 부마, 정동행성승상이라는 새로운 요소들이 본격적으로 부가되기 시작하는 충렬왕대 전반기, 부마, 정동행성승상 각각의 요소들을 매개로 고려왕실·국왕과 몽골황실·황제가 형성한 관계의 구체적 내용과 의미 및 전래의 '고려국왕' 위상이 몽골과의 관계에서 변화한 측면을 검토하고, 그 총체인 '정동행성승상 부마 고려국왕'으로서의 고려국왕의 위상 변화에 대해 살펴볼 것이다.

제3장에서는 몽골 복속기 권력구조가 고려국왕과 신료들에게 단계적으로 인지되고 활용되는 과정을 충렬왕대 후반에서 충혜왕대에 이르는 시기에 거듭되었던 고려 국왕위 계승 분쟁 및 관련 논의의 추이와 그로 인한 고려국왕과 왕실의 위상 변화를 통해 살펴볼 것이다.

먼저 충렬왕~충선왕대 중조의 과정을 통해 몽골황제권을 정점에 둔 가운데 고려 내에서 다시 권력의 정점이 이원화함으로써 이루어진 고려국왕의 위상 변화에 대해 살펴볼 것이다. 구체적으로 중조 이후 정치세력의 분열양상과 한 차례의 폐위 이후 복위한 충선왕의 정치를 통해, 변화한 고려국왕의 위상에 대한 신료들과 국왕 스스로의 인식 및 대응양상을 검토할 것이다. 이어 충숙왕대, 심왕(藩王)을 옹립하기 위한 시도들이 적극적으로 제기되는 양상 및 그 의미를 살펴보고, 그 연장선상에서 이루어진 입성론의 제기 양상이 변화해간 양상 및 의미를 검토할 것이다. 그리고 충혜왕대 7차 입성론이 충혜왕의 국정운영 문제 및 기씨일가의 등장과 맞물리면서 충혜왕 폐위라는 결과를 이루어내는 과정을 통해, 몽골과의 관계에서 변화한 '고려국왕'의 위상에 관료로서의[정동행성승상], 그리고 하나의 가문으로서의[부마가문] 속성이 적극적으로 이입되며 고려국왕·왕실의 위상을 변화시키고 국왕과 신료의 관계를 변화시킨 양상에 대해 살펴볼 것이다.

마지막으로 제4장에서는 공민왕대, 몽골의 쇠퇴가 가시화하면서 고려·몽골 관계가 변화하고 몽골 복속기 권력구조가 청산되어 가는 과정 속에서의 고려국왕권에 대해 검토할 것이다. 구체적으로 1356년 (공민왕 5) 개혁의 발단으로서 몽골 복속기 권력구조 속에서 상대화한 고려국왕의 위상을 살펴보고, 개혁의 결과로 그러한 권력구조가 청산되어 가는 과정에 대해 살펴볼 것이다. 그리고 1362년 시작된 기황후 세력의 공민왕 폐위 시도의 과정과 결과, 그리고 공민왕이 명(明)과의 관계에서 보였던 일종의 강박관념과도 같은 친명(親明) 정책이 어디에서 비롯된 것인지에 대한 검토를 통해 고려국왕권이 몽골황제권의 강제력으로부터 탈피해가는 한편으로, 몽골 복속기 권력구조가 여전히 고려국왕권의 한 단면으로 남아 있는 모습, 트라우마로 남아서 공민왕대 후반 대외관계 및 정치적 결정에 여파를 남기고 있는 모습에 대해 살펴보는 것으로 책을 마무리하도록 할 것이다.

몽골 복속기 권력구조의 성립

제2장에서는 원종대~충렬왕대 초반, 고려·몽골 관계가 정착되어 가는 과정과 그러한 관계에 기반하여 몽골 복속기 권력구조가 성립되는 초기 상황에 대해 살펴볼 것이다. 구체적으로 제1절에서는 원종대 강화(講和) 이후 불안정했던 고려·몽골 관계와 무신정권 후반기의 고려 권력구조가 서로 맞물리며 발생한 원종 폐위·복위 사건을 계기로 몽골 복속기 권력구조가 성립되는 과정과 양상에 대해 살펴볼 것이다. 제2절에서는 충렬왕대 초반, 몽골과의 관계 속에서 국왕권을 재구축하는 과정에서 부마, 정동행성승상의 위상이 '고려국왕' 위상에 부가되어 총체로서의 고려국왕 위상이 변화하게 되는 문제를 살펴볼 것이다. 이를 통해 몽골 복속기 권력구조가 형성되는 과정과 그것이 고려사회에 수용되는 초기 양상을 이해할 수 있을 것이다.

1. 원종대 고려·몽골 관계와 권력구조의 변화

원종대는 그의 즉위에 즈음하여 몽골과의 강화(講和)가 추진, 성립되는 한편으로 최씨정권이 종식되었고, 그 후반기에는 그의 폐위·복위 과정을 통해 다시 한번 고려·몽골 관계 및 고려의 권력구조가 변화하게 되는 등 대외관계의 측면에서도, 국내 정치의 측면에서도 매우 중요한 변화들이 발생한 시기였다. 이에 이 시기 고려·몽골 관계 및 권력구조 변화에 대해서는 다양한 관점에서 많은 연구들이 이루어져 이 시기를 이해하는 데에 큰 도움을 주고 있다.[1] 연구의 관점에 따라 구체적인 부분에서 차이가 있기는 하지만, 원종대 고려·몽골 관계 및 권력구조와

---

[1] 이 시기 권력구조 변화의 문제와 관련해서는 정수아, 1985, 「김준세력의 형성과 그 향배-최씨무인정권의 붕괴와 관련하여-」『동아연구』6 ; 1993, 「무신정권의 붕괴와 그 역사적 성격」『한국사』18(국사편찬위원회 편) ; 이익주, 1988, 「고려 충렬왕대의 정치상황과 정치세력의 성격」『한국사론』18, 서울대학교 국사학과 ; 1996, 「高麗·元 관계의 構造와 高麗後期 政治體制」, 서울대학교 국사학과 박사학위논문 ; 홍승기 편, 1995, 『고려무인정권연구』, 서강대학교출판부 ; 강성원, 1995, 「원종대의 권력구조와 정국의 변화」『역사와 현실』17 ; 성봉현, 1997, 「林衍政權에 관한 硏究」『林衍·林衍政權 硏究』(신호철 편), 충북대학교 출판부 ; 김당택, 1999, 『高麗의 武人政權』, 국학자료원 등을 참조할 수 있다.
원종 복위 과정을 통해 발생한 고려·몽골 관계 변화와 관련해서는 김성준, 1958, 「麗代 元公主出身王妃의 政治的位置에 對하여」『한국여성문화논총』 ; 김혜원, 1989, 「麗元王室通婚의 성립과 특징」『이대사원』24·25合 ; 정용숙, 1992, 「元공주출신 왕비의 등장과 정치세력의 변화」『고려시대의 后妃』, 민음사 ; 森平雅彦, 1998(a), 「駙馬高麗國王の成立-元朝における高麗王の地位についての豫備的考察-」『東洋學報』79-4 ; 1998(b), 「高麗王位下の基礎的考察-大元ウルスの一分權勢力としての高麗王家」『朝鮮史研究會論文集』第36集 ; 2008, 「事元期 高麗における在來王朝體制の保全問題」『北東アジア研究』, 別冊1 (이상, 森平雅彦의 논문들은 2013, 『モンゴル覇權下の高麗 : 帝國秩序と王國の對応』, 名古屋大學出版會에 재수록) ; 이명미, 2003, 「고려·원 왕실통혼의 정치적 의미」『한국사론』49, 서울대학교 국사학과 ; 윤용혁, 2011, 「대몽항쟁기(1219~1270) 여몽관계의 추이와 성격」『13-14세기 고려·몽골 관계 탐구』, 동북아역사재단·경북대학교 한중교류연구원 엮음 등을 참조할 수 있다.

관련한 기존 연구들은 대체로 몽골과의 강화 추진과 함께 최씨정권이 종식된 이후에도 김준(金俊)에서 임연(林衍)으로 이어지는 무신집권자가 존재했다는 점에서 한계를 갖고 있었던 1258년(高宗 45)의 '왕정복고(王政復古)'가 원종 복위의 과정을 통해 완성되지만, 그 과정이 몽골에 의존해 이루어짐으로 해서 이후 고려국왕권은 몽골의 간섭과 영향을 강하게 받게 된 것으로 이해하고 있는 것으로 보인다. 이러한 기존 연구의 관점과 해석은 타당한 것으로 생각되지만, 이 시기 고려·몽골 관계와 고려 권력구조 간 관계에 대해서는 보다 유기적인 설명이 필요하다.

이에 이 절에서는 원종대 강화와 원종 폐위·복위의 과정 등을 통해 이루어진 고려·몽골 관계 및 권력구조 변화를 통해 몽골 복속기 권력구조가 성립되는 과정과 그것이 고려사회에 수용되는 초기 양상에 대해 살펴보고자 한다. 이를 위해 크게 세 가지 문제를 검토할 것이다. 먼저 1259년(고종 46) 강화 이후 고려·몽골 관계의 불안정성이 이 관계에 대한 양자 간 인식 차이에서 비롯되었음을 검토할 것이다. 다음으로 고려·몽골 관계 및 그에 부수되는 고려 권력구조에 대한 양자 간 인식 차이의 문제가 원종 폐위사건과 이것이 몽골의 적극적 개입에 의한 원종 복위로 이어지는 과정에서 중요한 하나의 요인으로 작용했음에 대해 살펴볼 것이다. 마지막으로 원종 복위의 과정을 통해 고려국왕 및 신료들이 몽골과의 관계가 갖는 이질성 및 그러한 관계 속에서의 고려 권력구조, 국왕 위상 변화의 한 측면을 인지하게 되는 과정, 즉 몽골 복속기 권력구조가 성립되는 과정에 대해 검토할 것이다.

1) 1259년, 서로 다른 강화(講和)와 불안정한 관계

전쟁 장기화와 피해의 심화로 강화론(講和論)이 부상하는 가운데 최씨정권이 종식되었고,[2] 1259년 태자 왕전(王佺, 뒤의 元宗)이 강화를 위해 몽골에 입조(入朝)했다.[3] 그러나 헌종(憲宗) 뭉케[蒙哥]가 남송(南宋) 정벌을 위한 이동 과정에서 사망하였고, 왕전은 뭉케의 동생들로 카안 위 경쟁을 앞두고 있던 아릭부케와 쿠빌라이[忽必烈, 뒤의 世祖] 가운데 후자를 만나[4] 양자 간에 강화가 성사되었다.[5]

후대의 사료는 이 강화를 통해 고려·몽골 관계가 안정되었다고 기술하고 있지만, 이 시기 양국 관계는 안정적이었다고 보기 어렵다.[6] 양국 관계의 불안요소로 작용했던 것은 고려가 정복국에 대한 몽골의 요구사항인 '6사(六事)'를 이행하지 않은 점, 강화도에서 나와 개경으로 환도하는 것[出陸還都]을 미루고 있는 점, 일본을 초유(招諭)하는 데에 미온적이었던 점 등을 들 수 있다. 고려가 출륙환도를 미루고 있었던 것은 무신집권자의 존재 때문이었을 수 있다. 그러나 몽골의 다른 요구사항에 대한 고려의 불이행 혹은 미온적 태도는 강화 이후 양국 관계에 대한 고려·몽골 간 인식 차이, 혹은 양자가 강화를 통해 형성하고

---

2) 『高麗史』 卷24, 高宗 45年 3月 丙子.

3) 『高麗史』 卷24, 高宗 46年 4月 甲午.

4) 『高麗史』 卷25, 元宗 元年 3月. 이때 태자 일행과 쿠빌라이의 만남과 관련한 『高麗史』의 기록은 태자가 어느 정도 정세를 분석한 위에 쿠빌라이를 선택했을 가능성을 보여준다. 최근 이들의 이동 경로 등에 대한 분석을 통해 양자의 만남이 우연이었을 가능성이 제기되기도 했다.(김호동, 2007, 앞 책, 83~87쪽)

5) 『元高麗紀事』 世祖 中統 元年 6月 ; 『高麗史』 卷25, 元宗 元年 8月 壬子.

6) 기존 연구들 가운데에는 고려의 몽골에 대한 복속은 개경환도가 단행되는 원종 11년(1270)에 이르러 이루어지며, 이에 고종 46년(1259) 강화 이후 양국관계에 보이는 상황적 변화는 인성하되, 원종 11년까지를 '대몽항쟁기'로 보는 경우도 있다. 관련한 대표적 연구로는 윤용혁, 2011, 앞 논문.

자 했던 관계의 차이에 기인한 것이었다고 생각된다.[7]

몽골은 질자(質子)를 보내는 것[納質], 우역(郵驛) 설치, 호적을 작성해서 제출하는 것[供戶數籍], 군사를 보내어 협조하는 것[助軍], 군량의 조달, 다루가치[達魯花赤] 설치 등 이른바 '6사(六事)'의 시행을 정복국에 요구했다.[8] 이는 정복지에 대한 지배권을 기존 지배자에게 인정해주더라도 군사, 경제, 정치 등 여러 방면의 실질적 국가 운영과 관련한 사항을 '6사'를 통해 몽골이 관할함으로써 정복지의 복속을 분명히 하기 위한 것이었다.[9] 이 가운데 고려는 고종 28년(1241) 영녕공(永寧公) 왕준(王綧)을 질자로 보내어[10] 납질(納質)의 항목을 수행했을 뿐이었다.

---

7) 최근 한 연구는 고종 6년(1219) 고려·몽골 간 형제맹약 이후의 양국 관계와 관련해, 고려와 몽골이 이 맹약을 통해 형성된, 혹은 이후 구축해가야 할 서로간의 관계에 대해 상호 다른 이해를 하고 있었음을 밝히고 있어 주목된다(이개석, 2011, 「여몽관계사 연구의 새로운 시점-제1차 여몽화약과 지배층의 통혼관계를 중심으로-」 『13-14세기 고려·몽골 관계 탐구』, 동북아역사재단·경북대학교 한중교류연구원 엮음) 이 연구에서는 그러한 관계에 대한 인식 차이가 고종 46년 강화를 계기로 해소되는 것으로 이해하고 있지만, 그러한 인식 차이는 이후에도 상당부분 지속되며 고려·몽골 관계와 고려의 권력구조에 영향을 미쳤던 것으로 생각된다.

8) 구체적인 내용에서 조금씩 차이가 있지만 대체로 6사에는 위의 내용들이 포함되며 고려의 경우는 우역(郵驛) 설치 대신 국왕 친조(親朝)가 들어간 예가 있다.(고병익, 1969, 「蒙古·高麗의 형제맹약의 성격」 『백산학보』 6) 한편 최근 몽골이 정복지들에 요구했던 사항이 반드시 여섯 가지에 한정되지는 않았음을 논하며 이를 6사라 표현하는 것에 대한 문제 제기가 이루어진 바 있다.(森平雅彦, 2008, 앞 논문) 그러나 이는 이미 정복지에 대한 몽골의 요구사항을 가리키는 용어화한 측면이 있기에 이를 '6사'로 표기하도록 한다.

9) 이러한 '6사'는 기본적으로 정치, 군사, 경제적인 측면에서의 요구사항들로, 몽골은 정복지에 대해 종교나 법제, 풍속 등 사회, 문화적 제도 전반을 몽골식으로 바꿀 것을 요구하지는 않았다. 몽골은 제국 내 여러 집단들이 고유의 풍속과 법제, 즉 '본속(本俗)'을 따르도록 하는 '본속법(本俗法)'을 제국 말기까지 유지했다. 강화(1259) 당시 고려의 "의관(衣冠)은 본국의 풍속을 따를 것"을 허가한 것 역시 몽골의 본속법에 따른 것이라 할 수 있다. 이후 고려가 몽골의 간섭 강화에 대해 쿠빌라이가 약속했던 '불개토풍(不改土風)'을 들어 대응한 것이나 그것이 설득력을 가질 수 있었던 것은 정복지에 대한 몽골의 기본 정책이 본속법이었기 때문에 가능한 측면도 있었다.(김호동, 2007, 앞 책, 96~97쪽)

이에 몽골은 고려가 몽골의 요구사항을 잘 이행하지 않거나 반역의 기미가 보여 고려와의 관계에 불안을 느끼면, 해당 사안에 대해서뿐 아니라 고려가 '6사'를 이행하지 않은 것에 대해 문제를 제기했다. 관련하여 원종대 초반 고려와 몽골 사이에 오고 간 조서와 표문의 내용이 주목된다. 다소 많은 내용이지만, 일부 인용해보도록 하겠다.

(가) 우리가 간고하던 시기에 국경을 넘어와 우리를 따라왔으므로 나는 당신을 특히 새로이 국왕으로 승인하고 본국으로 돌려보냈으며 요청하는 것이 있으면 모두 들어주었다. (중략) 어찌 뜻을 주지 않고 걸핏하면 제멋대로 기만하는 행동을 하리라고 생각했겠는가? 저번에는 진귀한 새매를 바칠 것을 허가했더니 약속을 어겼고 얼마 전에는 동화(銅貨)를 내라 했더니 다른 말을 꾸며댔으며 육자양(陸子襄)은 객지에 있는 사람인데 (중략) 그 가족을 찾아오라 했더니 거역했다. (중략) 작은 일들[小事]에서 이러하니 큰 예절[大節]에서 어김이 없으리라고 볼 수 있겠는가? 무릇 멀고 가까움을 막론하고 새로 귀속한 나라들에 대하여는 우리의 조상들 때부터 제정된 규정이 있는바 그것은 곧 반드시 볼모를 보내고 국민의 호적을 작성하며 우역을 설치하고 군대를 내며 군량을 운반하고 군비의 저축을 협조하게 하는 것이다. 그런데 지금 당신은 볼모를 보냈을 뿐 나머지는 다 실행하지 않았다. 스스로 알아서 처리해야할 것이니 마땅히 충분히 토의하여 말한 것을 실행하도록 할 것이다. (『高麗史』卷25, 元宗 3月 12月 乙卯)

(나) (전략) 이번에 이렇게 된 데 대해 어떤 사람은[或者] 이것이 육자양의 처자를 보내지 않은 탓이라 합니다. 그러나 제가 어찌 당신의 명을 어기고 그들을 보내지 않았겠습니까? 유헌(劉憲)이 사신으로 왔을 때 처음에는 그런 명령이 없다가 갑작스럽게 그런 전달이 있었기에 이내 그 명령을 받들어 사람을 보내어 찾아오게 하였는데, 육자양의 처는 이미 다른 곳에 시집가서 아이를 하나 낳았고 또 한 아이를 임신하고 있었습니다. (중략) 그런데 이

---

10) 『高麗史』卷90, 平壤公 王基 附 王綧傳.

사실을 가지고 나를 심히 꾸짖으니 다만 황공할 뿐입니다. 우정(于琔)의 처는 비록 조서에서 언급하지 않았으나 (중략) 이번에 함께 보냅니다.(『高麗史』 卷25, 元宗 3年 12月 丁卯)

(다) 고예(高汭)가 몽골에서 돌아와 말하기를 "몽골 중서성에서 이르기를 '황제께서는 앞서 보낸 조서 내용 중에 우역을 설치하며 호적을 작성하고 군대를 내며 군량을 운반해 오는 등의 문제들에 대해서는 아무런 보고도 하지 않은 것에 노하여 회답조서를 주지 않았다'고 했습니다."(『高麗史』 卷25, 元宗 4年 3月 甲午)

(라) (전략) 이른바 우역을 설치하는 일은 비록 백성들이 피폐하여 아직도 소생되지 못하였지만 당신의 명을 실행하여 일찍이 북쪽 국경지방까지 설치하였습니다. (중략) 그밖에 함께 명한 일들은 역시 제때에 알맞게 처리하고 보고하려 했으나, 다만 우리 백성이 (중략) 조그마한 초가집 아래에서 사는 모양이 강물 속의 고기가 가뭄에 다 마른 강바닥에서 서로 물을 끼얹고 있는 형편과 같습니다. 이러한 때에 그들을 호적에 등록한다면 어리석은 백성들이 (중략) 더욱 놀라고 의심할 것이라 생각되기에 실행하지 못했습니다. (중략) 군대를 내며 군량을 운반해 오라는 문제들에 대해서는 전란 이후 기근이 연거푸 일어나 백성이 살아남은 자가 100명에 2~3명밖에 안되며 토지에서 생산되는 식량 기타의 산물을 거두는 것이 10에 8~9가 없어졌으니 늙은이와 어린이를 다 합해도 군대 징발에 부족합니다. 무엇으로 군대를 보내어 당신 군대의 징용을 도우며 아침저녁의 끼니도 오히려 어려운데 어떻게 천 리나 먼 곳에 군량을 제공하는 일을 감당해 내겠습니까? (중략) 백성들의 재산이 부유해지는 것을 기다려서, 또는 경작지가 점차 늘어가는 것을 기다려서 그 뒤에 명령대로 집행하도록 하여, 당신의 만백성을 사랑하는 마음을 길이 보여주시기 바랍니다.(『高麗史』 卷25, 元宗 4年 夏4月 甲寅)

(마) 내가 앞서 조그마한 일로 당신의 마음이 아직 미덥지 않음을 보았기 때문에 지적과 책망을 주었던 것인데, 이제 또다시 와서 간청하기를 백성들이 차차 편안하게 되는 것을 기다려 그 뒤에 모든 것을 명령대로 실행하겠다고 하였으니, 그 사연의 뜻이 간곡하고 진실하다. 그러므로 떳떳이 승낙하는 것이니 보고한 모든 일들의 실천 여부는 당신의 성의에 달렸다. 당신은

힘써 수행하도록 하시오.(『高麗史』卷25, 元宗 4年 8月 甲子)

(가)의 조서는 원종 3년(1262) 12월의 것인데, 이에 앞서 같은 해 9월, 몽골에서는 사신을 보내어 새매와 동화(銅貨)를 보낼 것을 요구한 바 있었다.[11] 함께 기록되어 있지는 않지만, 이때 몽골 사신들은 이전 해에 몽골에 투항한 고려 도병마녹사 육자양(陸子襄)의 가족을 찾아 보내라는 요구도 전했던 것으로 보인다. 이에 대해 고려에서는 새매와 동화 등을 보내면서 그러한 물품 및 그 수량을 몽골의 요구대로 보내는 것이 쉽지 않은 일임을 전하는 표문을 함께 보냈다.[12]

이에 쿠빌라이는 (가)의 조서에 보듯이, 새매, 동화 등을 요구한 양을 채워 제대로 바치지 않고 핑계를 댄 일, 육자양의 가족을 찾아 보내지 않은 일을 힐책하는 조서를 보내면서, 고려가 '6사'를 제대로 이행하지 않았음을 질책했다. 여기에서 쿠빌라이는 이때 문제를 야기한 실질적인 사안들에 대해서는 "작은 일들[小事]"이라 하고, '6사' 관련 사안을 나라 간의 "큰 예절[大節]"이라 하며 그 중요성을 언급했다. 이에 고려는 육자양의 처자와, 그와 함께 투항했던 우정(于琔)의 처자를 몽골로 보내면서 이 사안의 실행이 늦어진 이유에 대해 변명하는 표문 (나)를 보냈으나, (다)에서 보듯 쿠빌라이는 고려의 표문에 '6사'와 관련한 언급이 없다하여 회답조서를 내리지 않았다.

이에 원종 4년(1263) 4월, 고려에서는 (라)의 표문을 보내어 고려의 사정을 들어 '6사' 시행에 시일을 더 줄 것을 요청했고, 쿠빌라이는 (마)의 조서를 보내어 이를 허락했다. '6사' 시행 연기를 허락하는 쿠빌라이의 조서에서 확인되듯이 이때 쿠빌라이가 '6사'를 언급하며 질책한

---

11) 『高麗史』卷23, 元宗 3年 9月 庚午.
12) 『高麗史』卷25, 元宗 3年 9月 庚辰.

것은 "조그마한 일로[細事]" 원종의 "마음이 미덥지 않음"을 보았기 때문이었다.[13] 쿠빌라이가 "조그마한 일"에도 그 일 자체에 문제를 제기하는 것에 그치지 않고 고려의 귀부에까지 의심을 가졌던 것은 몽골의 입장에서 고려와의 관계 안정을 위해 기본적으로 이행되어야 할 '6사'가 제대로 이행되고 있지 않은 상황 때문이었다. 이후에도 일본 초유에 대한 고려의 미온적 태도가 계속되는 가운데, 쿠빌라이는 고려가 일본과 통교한다는 참소에 분노하여 이를 힐책하면서 더하여 몽골에 귀부한 나라가 마땅히 행해야 할 '6사'를 고려가 이행하고 있지 않음을 들어 고려의 귀부에 대한 불신을 강하게 표명하였다.[14] 즉, 몽골에게 '6사'는 물론 그 구체적 사안 하나하나가 현실적으로 중요한 의미를 갖기도 했지만, 관계에서의 신뢰를 구축하고 확인하는 수단으로서도 중요한 의미를 가졌음을 보여준다.

이에 비해 고려에서는 몽골이 '6사'에 부여하고 있는 의미와 중요성을 적극적으로 인식하고 있지는 못했던 것으로 보인다. 쿠빌라이의 조서 (가)는 분명 '6사'의 문제를 지적하고 있음에도 그에 대한 표문 (나)에서 고려는 '6사'에 대한 언급은 없이 쿠빌라이의 질책이 "육자양의 처자를 보내지 않은 탓"이라 판단하고 그 송환이 늦어진 것에 대해서만 변명했다. 이러한 판단은 "어떤 사람[或者]"의 견해라 제시되고 있지만 그 내용이 표문 내에 실려 있으며 표문의 내용이 '6사' 관련 내용은 없이 이 문제에 대한 해명이 주를 이루고 있었던 것으로 볼 때, 고려 조정에서도 이 "어떤 사람[或者]"의 의견을 받아들이고 있었던 것으로 보인다.

고려에서 표문에 '6사'에 대해 언급하지 않았던 것은 당장 이를

---

13) 『高麗史』 卷25, 元宗 4年 8月 甲子.
14) 『高麗史』 卷26, 元宗 9年 2月 壬寅 ; 3月 壬申 ; 卷130, 趙彝傳.

이행하기 어려운 현실을 고려한 전략적 행위였을 수 있다. 그러나 그렇다 하더라도, 고려가 의식적으로 '6사' 문제에 대한 대답을 회피했다는 것 자체가 이 시기 고려가 '6사'에 대해 몽골과는 다른 인식을 갖고 있었음을 보여준다. 고려 측이 몽골과의 관계에서 '6사'가 갖는 비중과 의미를 몽골과 같은 방식으로 인지하고 있었다면, 설령 그것을 실행하기 어려운 상황이라 하더라도 이후의 표문 (라)에서와 같이 그러한 상황에 대한 해명과 그에 대한 몽골의 이해를 청해야 했을 것이다. 즉 당시 고려에서는 '6사'를 몽골의 고려에 대한 불만을 발생시킨 근본적인 문제가 아닌, 실제적인 불만을 표현하는 과정에서 부수된 문제로 받아들이고 있었던 것으로 보인다.

이러한 양자 간의 미묘한 엇갈림은 몽골의 고려국왕 친조(親朝) 요구에 대한 고려 신료들의 대응에서도 확인할 수 있다. 원종 5년(1264) 5월, 쿠빌라이는 원종의 조근(朝覲)을 요구했다.[15] 이에 고려 조정에서는 재상회의를 소집해 이 문제를 의논하였는데, 모든 신료들이 의심스러워하며 국왕의 조근에 반대했으나, 이장용만이 화친을 명분으로 국왕의 친조를 주장했다고 한다. 결국 이장용의 의견에 따라 친조가 결정되었으나, 원종 역시 친조에 그다지 적극적이지 않았던 것으로 보인다. 그는 친조를 결정하고도, 곧 "삼랑성(三郞城) 신니동(神泥洞)에 가궐(假闕)을 짓고 오성도량(五星道場)을 베풀면 몽골에 조회하는 것을 멈출 수 있을 것"이라는 백승현의 말에 따라 4개월 동안이나 삼랑성 가궐에서 대불정오성도량(大佛頂五星道場)을 베풀었기 때문이다.[16] 물론 이때 백승현은 오성도량을 통해 몽골에의 조회를 중지시키는 것 외에도 삼한(三韓)이 변해 진단(震旦)이 되어 대국(大國)의 조회를 받을

---

15) 『高麗史』 卷26, 元宗 5年 5月 辛巳.
16) 『高麗史節要』 卷18, 元宗 5年 5月.

수 있을 것이라고 하기도 했다. 그러나 당시 국왕 친조가 현안이었던 상황에서 백승현의 건의가 받아들여진 데에는 전자, 즉 몽골에의 조회 중지 문제가 더 중요하게 작용했을 것으로 생각된다.

몽골에서 조근은 제왕(諸王)·봉군(封君)이 카안에게 신복(臣服)하는 상징이었으며 이를 거부하는 것은 배반으로 인식되었다. 카이두가 쿠빌라이의 쿠릴타이에 병을 핑계로 3년 동안 참석하지 않았던 것은 사실상 쿠빌라이에 대해 신복하지 않은 것이나 다름없으며, 1310년 카이두의 아들 차파르가 패전 후 무종(武宗) 카이샨에게 친조한 것은 방침을 바꾸어 신복했음을 의미하는 것이다.[17] 몽골에서 수장 간의 직접적 관계가 정치단위 간 관계에서 중요한 의미를 가졌던 것은 전쟁을 통해 세력의 규합과 분열이 반복되었던 유목사회의 특성, 그리고 분봉(分封)을 통해 구성되었던 몽골 국가체제의 분립적·분권적 성격과 관련되는 것이라고 할 수 있다. 이에 몽골에서 전쟁 중에 있던 국가 혹은 정치단위와 강화를 맺기 위해서는 그 국왕, 혹은 수장과의 직접적인 관계[개인 간·가문 간 관계] 성립이 중요했고, 그를 표현하는 수단이 곧 수장들이 황제를 직접 면대하여 복속을 표하는 친조였다. 또한 이러한 관계가 지속적으로 유지되기 위해서는 같은 맥락에서 수장 가문의 자제를 몽골에 보내어 케식[怯薛, kešig]에 들어가게 하는 투르칵[禿魯花, turɣaɣ] 파견이 필요했으며,[18] 필요에 따라 수장의 친조,

---

17) 우구데이 울루스의 수장인 카이두와 쿠빌라이의 관계에 대해서는 다음을 참조할 수 있다. Michal Biran, 1997, *Qaidu and the Rise of the Independent Mongol State in Central Asia*, Curzon. 한편 조근(朝覲)은 이를 통해 술직(述職)이나 왕작(王爵)의 승출(昇黜)도 이루어져, 제왕·봉군의 지위, 권력과도 밀접한 관계가 있었다. 몽골에서의 조근과 관련한 자세한 내용은 다음을 참조할 수 있다. 李治安, 1989, 『元代分封制度硏究』, 天津古籍出版社, 297~299쪽.

18) 이러한 투르칵[禿魯花] 요구는 '납질'이라는 '6사'의 한 항목으로 고려에 요구되었다. 이는 관계의 유지를 담보하기 위한 '인질'로서의 일방적인 의미만을 갖는

즉 조근도 지속적으로 이루어져야 했다. 즉, 몽골 입장에서 고려국왕의 조근은 이미 '강화'가 맺어진 고려와의 관계에서 당연하게 이루어져야 할 것이었다고 할 수 있다.

그러나 이때 재상회의에 참석했던 고려의 신료들은 그들 대부분이 고종 말 이후 고위직에 있으면서 몽골과의 강화를 주장했던 자들이었음에도 불구하고[19] 국왕 친조를 반대했다. 이들이 국왕 친조에 반대했던 것은 일차적으로 국왕의 안전에 대한 의심 때문이었을 것이며, 국왕의 친조가 중국왕조와의 관계에서 전례 없는 일이라는 점도 크게 작용했을 것이다.[20] 그런데, 물론 국왕과 태자라는 차이가 있기는 하지만, 원종은 이미 태자 시절에 몽골에 친조한 바 있었기에 안위나 전례의 문제는 고려의 신료들이 몽골의 조근 요구에 대해 "의심하여 불가하다" 하기에 충분한 이유가 되기는 어렵다고 생각된다. 당시 고려 신료들의 국왕 친조에 대한 반응은 위와 같은 이유에 더하여 일정 부분 이들이 몽골이 다른 정치단위와 관계를 형성하는 방식에 대해, 국왕 친조가 몽골과의 '강화' 관계 유지에서 필수적인 것이라는 점에 대해 충분히 인식하지 못하고 있었던 데에 기인한 것이 아닌가 한다.

'6사'를 둘러싼 고려·몽골 간 갈등, 혹은 인식 차이는 '6사'의 한 조항인 조군(助軍) 문제를 둘러싸고 더욱 극명하게 나타났다. 몽골은

것은 아니었고, 몽골제국과 내포적·외연적 관계로 맺어진 정치단위들이 그 지배층의 자제를 보내어 몽골의 지배층으로 훈도되는 과정이기도 했으며, 이들이 제국 중심부에 있으면서 형성한 여러 정치적 관계들은 그들이 본국으로 돌아왔을 때 정치적 기반으로 중요한 의미를 갖기도 했다. 투르칵과 관련해서는 森平雅彦, 2001, 「元朝ケシク制度と高麗王家－高麗·元關係における禿魯花の意義について」『史學雜誌』第110編 第2號(2013, 『モンゴル覇權下の高麗：帝國秩序と王國の對応』, 名古屋大學出版會 재수록)을 참조할 수 있다.

19) 이익주, 1996, 앞 논문, 46쪽.
20) 민현구, 1980, 「李藏用小考」『한국학논총』 3, 80쪽.

원종 7년(1266) 11월, 일본을 초유(招諭)하기 위한 사신을 보내면서 고려에게 그를 인도하도록 했다.[21] 그러나 고려는 거제도 송변포에 이르러 풍파가 험함을 구실로 돌아왔고, 일본과 통호한 적이 없음을 구실로 초유 중단을 청했다.[22] 쿠빌라이는 다시 질책하며 고려가 직접 몽골의 공문을 갖고 일본에 가도록 했으나, 이 역시 별 성과를 거두지 못했다.[23]

원종 9년(1268) 3월, 몽골은 남송을 정벌하는 데에 필요한 군사·병선을 내고 군량을 저축할 것을 명했다.[24] 이에 대한 고려의 표문을 들고 몽골에 간 이장용에게 쿠빌라이는 몽골 사신과 함께 고려로 가서 군사의 실제 수효를 조사해 보고하도록 하는 한편으로,[25] 이전에 서하(西夏) 국왕이 칭기스칸과의 강화 약속을 지키지 않아 정벌 당했던 일을 언급하며 강경한 자세를 보였다.[26] 이는 당시 몽골 조정의 분위기와도 관련된 것이었다.

『원고려기사(元高麗紀事)』에는 세조 지원(至元) 6년(원종 10, 1269) 11월에 몽골에서 원종 폐위사건과 관련해 고려 정벌 문제를 논의했음이 기록되어 있는데, 여기에는 이전에도 고려 정벌 논의가 이루어진 바 있음이 함께 기록되어 있다.[27] 이미 "초 5월 사이에" 마형(馬亨)이 몽골의 요구사항을 제대로 시행하고 있지 않은 고려에 대해 "고려의 길을 빌려 일본을 취한다는 것을 명분으로 삼아 형세를 타서 고려를 습격해 군현(郡縣)을 정하고 그 백성을 안무"하기를 청했던 것이다. 마형의

---

21) 『高麗史』 卷26, 元宗 7年 11月 癸丑.

22) 『高麗史』 卷26, 元宗 8年 正月.

23) 『高麗史』 卷26, 元宗 8年 8月 丙辰朔, 丁丑 ; 9年 秋7月 丁卯.

24) 『高麗史』 卷26, 元宗 9年 3月 壬申.

25) 『高麗史節要』 卷18, 元宗 9年 6月.

26) 『高麗史節要』 卷18, 元宗 9年 6月 ; 『元高麗紀事』 世祖 至元 6年 5月 29日.

27) 『元高麗紀事』 世祖 至元 6年 11月 2日.

이 건의는 원 세조 지원 6년(1269) 11월의 기록에서 언급되고 있어 같은 해 5월에 있었던 것으로 보이기도 하지만,[28] 이는 전년인 지원 5년(1268) 5월의 건의였던 것으로 보인다. 그가 고려의 귀부(歸附)를 의심한 이유 가운데 일부를 인용해 보자.

> "<고려는> 지금 비록 내조(來朝)했지만 그 마음은 헤아리기 어렵습니다. 일찍이 지(旨)를 내려 힘을 헤아려 육지로 나와 살게 했으나 아직까지 나오지 않고 있습니다. 지난해[去歲] 사신을 보내어 일본과 화호(和好)하여 어진 이를 가까이 하고 이웃과 우호하는 도리를 행했는데, 지금 고려는 거짓된 말을 하여 황제의 명을 어기고 있습니다. (하략)"[29] (『元高麗紀事』 世祖 至元 6年 11月 2日)

이에 따르면 마형의 고려 정벌논의가 있었던 "초 5월" 이전, 몽골에서 일본에 사신을 보내어 화호(和好)하고자 했는데, 이와 관련해 고려가 거짓을 고하며 황제의 명을 따르지 않았다고 한다. 관련한 사실을 정리해 보면 다음 <표 1>과 같다.

몽골은 원종 7년(1266) 11월의 사행을 시작으로, 8년(1267) 8월과 9년(1268) 12월 한 차례씩 모두 세 번에 걸쳐 일본에 사신을 보냈다.[30]

---

28) 필자 역시 이와 같이 이해한 바 있으나(이명미, 2003, 앞 논문, 19쪽) 여기에서 수정하도록 한다.

29) 원문은 다음과 같은데, "今雖來朝, 其心難測. 竊聞先曾有旨, 令量力出居陸地, 至今不出. 去歲遣使和好(日：森平雅彦)本, 爲親仁善鄰之道, 今高麗謀稱飾辭, 有違上命. (하략)" 여기에는 '日'이 포함되어 있지 않으나, 森平雅彦은 이 부분에서 '日'이 결락된 것으로 보았다. 이 부분에서 '日'이 결락되었음은 같은 글의 뒷부분, 마형(馬亨)이 원종 폐립사건 이후 고려 처리 문제를 논하면서 일본의 경우와 비교한 부분("所歲遣於日本, 爲親仁善鄰之道, 亦是此意.")을 통해 확인할 수 있다.(森平雅彦, 1998(a), 앞 논문)

30) 『高麗史』 卷26, 元宗 7年 11月 癸丑, 丙辰 ; 8年 8月 丙辰朔, 丁丑 ; 9年 11月 丁卯, 12月 庚辰.

〈표 1〉 일본 초유 관련 사건 일람

〈표 1〉 일본 초유 관련 사건 일람

날짜(연/월)	사건
원종 7(1266)/11	몽골이 고려에 대해 일본 초유에의 원조를 요구. 송군비(宋君斐), 김찬(金贊) 등으로 하여금 몽골 사신과 함께 일본에 가게 함.
원종 8(1267)/01	몽골사신을 수행해 갔던 송군비, 김찬 등이 거제 송변포에 이르러 풍파가 험한 것을 이유로 돌아와 몽골에 보고.
원종 8(1267)/08	쿠빌라이가 크게 힐책하며 다시 사신을 보낼 것을 요구, 기거사인 반부(潘阜)를 일본에 보내 몽골의 국서와 고려의 국서를 전하도록 함.
원종 9(1268)/07	반부가 사행을 마치고 돌아와 핍박받고 돌아왔음을 몽골에 보고.
원종 9(1268)/11	다시 일본 초유에 원조할 것을 요구.
원종 9(1268)/12	신사전(申思佺), 진자후(陳子厚), 반부(潘阜)를 흑적(黑的), 은홍(殷弘)과 함께 일본으로 보냄.
원종 10(1269)/03	신사전, 흑적 등이 대마도에 이르러 왜인(倭人) 2명을 데리고 돌아옴.
원종 10(1269)/04	신사전을 흑적과 함께 왜인 2명을 데리고 몽골로 보냄. 쿠빌라이가 기뻐하며 "고려왕이 나의 명을 공경히 받아 (중략) 충절이 칭찬할 만하다"라 하고 비단을 후하게 줌.
원종 10(1269)/07	몽골사신 우루대(于婁大)의 무리가 왜인을 보내 돌아가게 함.

*전거 : 『高麗史』, 『高麗史節要』

이 가운데 처음 두 번의 사행은 별 성과를 거두지 못했으나 원종 9년(1268)의 사행은 나름의 성과를 거두었다. 이때 사행을 갔던 신사전(申思佺)은 이듬해(1269) 3월 왜인들을 데리고 귀국한 후[31] 4월, 몽골에 가서 세조 쿠빌라이로부터 칭찬을 듣고 비단을 선물로 받아왔다.[32]

마형의 고려 정벌논의가 있었던 5월을 원 세조 지원 6년(1269) 5월이라 한다면, 이는 고려의 일본 초유 원조가 나름의 성과를 거두었고 쿠빌라이 또한 그를 인정한 시점이라는 점에서, "고려는 거짓된 말을 하여 황제의 명을 어기고 있다"는 마형의 언급과 모순된다. 이에 마형의

---

31) 『高麗史』 卷26, 元宗 10年 3月 辛酉.

32) 『高麗史』 卷26, 元宗 10年 夏4月 戊寅 ; 秋7月 甲子. 이때의 사행이 나름의 성과를 낸 것은 앞선 사행 이후 쿠빌라이가 서하(西夏)의 사례를 들어 정벌 가능성을 언급한 것이 작용한 결과일 수 있다.

고려 정벌논의는 한 해 앞선 지원 5년(1268) 5월의 논의였던 것으로 생각된다. 이 시점에서 고려는 이미 한차례 몽골의 일본 초유 원조 요구에 거짓으로 대응한 바 있고, 2차 사행 역시 시일이 지체되고 있어 몽골의 입장에서는 고려가 핑계를 대고 있는 것으로 여길 수 있는 시점이었기 때문이다.[33] 즉, '6사'의 한 조항이기도 한 조군 요구-초유에 대한 원조 포함-에 대한 고려의 미온적 태도가 거듭되는 가운데 고려·몽골 관계는 몽골이 고려 정벌을 논의할 정도로 악화되었던 것이다.

몽골이 고려와의 관계에서 "작은 일"에서의 문제에도 '6사' 불이행을 들어 그 귀부를 의심하고, 거듭되는 '6사' 불이행에 고려 정벌까지 생각했던 것은 몽골이 경험해 온 관계의 성격에 비추어 강화 이후 고려·몽골 관계를 고려가 몽골의 속국(屬國)으로 존재하는 관계로 보고 있었기 때문이었던 것으로 생각된다. '6사'가 속국들에 대한 몽골의 일반적 요구사항이었던 점을 볼 때도 그러하다.

몽골의 요구 사항들에 대해 고려가 거듭해서 미온적 태도를 보인 배경은 크게 두 가지로 이야기할 수 있을 것으로 생각된다. 우선 한 가지는 고려가 그러한 요구 사항들을 적극적으로 이행할 수 없는 현실적인 상황이다. 고려의 표문들에서 보이듯이 전쟁을 막 끝낸 상황에서 고려는 몽골의 요구 사항들을 실행할 수 있는 실제적 여력이 없었을 수 있다. 국왕 친조 문제도 국왕의 안위를 보장할 수 없다는 실질적인

---

33) 일본 초유와 관련해서만 본다면 마형의 고려 정벌 논의 시기는 세조 지원 4년(1267) 5월도 가능하다. 그러나 그가 언급한 고려의 출륙환도 지체의 문제를 함께 고려한다면, 이는 세조 지원 5년(1268) 5월로 보는 편이 타당할 듯하다. 고려의 출륙환도는 원종 복위 이후에야 이루어지기 때문에 그때까지 계속 문제가 되었던 것이지만, 이와 관련한 쿠빌라이의 강한 힐책이 지원 5년(1268) 3월에 보내 온 조서에 담겨 있기 때문이다.(『高麗史節要』卷18, 元宗 9年 3月)

이유가 있었으며, 일본 초유 역시 일본이 초유에 응하지 않으리라는 예상, 그리하여 초유가 정벌로 이어질 경우 고려가 감당해야 할 실질적 부담의 문제가 있었다.[34] 그러나 국왕 친조나 조군 등 몽골의 요구에 대한 충렬왕대 고려의 대응과 비교할 때, 위와 같은 현실적인 이유만으로 원종대 고려의 미온적 대응을 설명하기는 어렵다.

충렬왕은 재위기간 동안 중요한 문제가 발생할 때마다 자청하여 빈번하게 친조했을 뿐 아니라 1278년(충렬왕 4)의 친조를 앞두고 "조근은 제후가 위를 섬기는 예절"이라 한 바 있기도 하다.[35] 또한 1287년(충렬왕 13) 몽골에서 종왕(宗王) 나얀[乃顔]의 난이 발생하자, 몽골의 요구가 있기 전에 먼저 군대를 보낼 것을 몽골에 청하고 충렬왕이 직접 군대를 이끌고 출정을 준비하기도 했다.[36] 쿠빌라이의 친정(親征)이 성공하여 이때의 고려군 출정은 이루어지지 않았지만, 이후 나얀 잔당의 반란 소식이 전해졌을 때에도 고려는 군대를 내어 토벌을 돕는 것을 마땅한 도리로 여긴 위에 관련 대책을 마련하고 있었다.[37]

이렇게 볼 때, 몽골의 요구에 대한 원종대 고려의 미온적 대응에는 위와 같은 현실적 이유에 더하여 고려가 몽골의 요구 사항들을 개별적인 사안으로 받아들일 뿐, 몽골과 고려의 총체적인 관계의 맥락에서 받아들이지는 않고 있었던 것도 한 가지 배경으로 작용했던 것으로

---

34) 『高麗史節要』 卷18, 元宗 8年 8月. 최근 연구에 따르면 당시 일반적인 대일(對日) 외교 창구는 김주(金州), 즉 김해였으며 고려정부는 일본과 통교한 증거를 없애기 위해 김해에 설치했던 왜인 접대용 관사를 파괴했다고 한다. 즉 고려 조정에서 몽골 사신을 거제도로 인도한 것은 고려와 일본의 관계를 숨기기 위한 조치였을 수 있다는 것이다.(모리히라 마사히코, 2011, 「제국 동방 변경에서 일본을 막는다」 『13-14세기 고려·몽골 관계 탐구』, 동북아역사재단·경북대학교 한중교류연구원 엮음)

35) 『高麗史』 卷28, 忠烈王 4年 3月 己亥.

36) 『高麗史』 卷30, 忠烈王 13年 5月 壬寅 ; 秋7月 庚寅.

37) 『高麗史』 卷30, 忠烈王 14年 2月 辛酉.

생각된다. 이는 고려가 강화 이후 몽골과의 관계를 자신의 경험 속에서, 어느 정도 그 연장선상에서 바라보고 있었던 데에 기인한 것으로 보인다. 즉, 몽골이 강화 이후 고려와의 관계를 속국 관계로 보고 그를 관철시키고자 했던 것에 비해, 고려는 이 관계를 상당부분 고려가 그간 경험해 왔던 중국왕조에 대한 사대관계의 연장선상에서 보고 있었던 것이 아닌가 하는 것이다.[38] 그러기에 고려는 몽골이 거듭 조서를 통해 질책했음에도 불구하고, 그러한 요구들에 적극적으로 응하지 않는 것이 양자 간 '강화' 관계 자체에 문제를 발생시킬 수 있다는 것에 대해서는 적극적으로 의식하지 못했고, 살펴본 바와 같은 대응을 보였던 것이다. 이러한 고려의 인식과 태도는 물론 고려 스스로의 경험에 따른 것이기도 하지만, 쿠빌라이가 강화 이후 원종을 '책봉'하고 역(曆)을 하사하는 등, 기존 책봉-조공 관계에서의 형식들을 차용했다는 점도 한 요인으로 작용했을 것으로 생각된다.

이처럼 강화 이후에도 고려·몽골 관계가 안정되지 못한 데에는 고려와 몽골의 상이한 경험에 기인한, 양자가 생각했던 '강화' 및 이후 상호 관계의 성격 차이가 한 가지 요인으로 작용했던 것으로 보인다. 그 결과, 몽골이 자신이 구상한 관계 속에서 당연하게 고려에 요구했던 사항들은 모두 실질적인 부담을 야기하는 사안들이었고, 이러한 것들이 고려의 입장에서는 그러한 실질적 부담을 지면서까지 행해야 할 만큼 양자 관계에서 당연하고도 필수적인 것은 아니었다는 점에 이 관계가 불안정하게 유지되었던 요인이 있었다. 이렇게 양자 간 상이한 경험과 인식 속에서 유지되었던 고려·몽골 관계는 임연(林衍)에 의한

---

38) 다른 연구를 통해서도 고종 말부터 강화를 주장했던 자들이 염두에 두고 있었던 고려·몽골 관계는 고려 전기의 사대관계와 대동소이한 것이었을 가능성이 이야기된 바 있다.(이익주, 1996, 앞 논문, 44, 53쪽)

원종 폐위사건이 발생한 한 가지 배경이 되었다.

2) 1269년 원종 폐위사건과 고려·몽골 관계

원종 10년(1269) 6월, 임연은 재추들을 모아놓고 원종이 자신을 죽이려 하니 "큰일을 행하고자 한다"라 하며 원종 폐위에 대한 재추들의 의견을 물었다. 이에 대해 유천우(兪千遇)가 몽골에 입조해 있던 세자가 돌아오기를 기다려 결정하자는 의견을 제시했을 뿐 대부분의 재추들은 적극적으로 반대하지 않았고, 이장용(李藏用)은 손위(遜位)를 제안했다.[39] 임연은 재추회의에서 원종 폐위를 결정하지 못했다. 그러나 다음날 저녁, 그는 전 장군 권수균(權守鈞), 대경(大卿) 이서(李敍), 장군 김신우(金信祐)를 잡아 모두 다른 죄를 씌워 베어 여러 사람의 마음을 위협했고,[40] 이어서 삼별초(三別抄), 6번 도방(都房)을 거느리고 나타나 원종을 폐위시킨 뒤 원종의 동생인 안경공(安慶公) 왕창(王淐)을 옹립하여 왕으로 삼았다.[41]

회의 당시 재추들의 대응은 일차적으로, 그리고 결정적으로 이 과정에서 임연이 대동한 군사력에 위압된 결과였을 것이다. 그는 재추회의가 있던 날 구정(毬庭)에 삼별초와 6번 도방을 집결시켰으며,[42] 얼마 전에는 왕의 측근으로 김준(金俊) 처단 과정에서 공을 세웠던 최은, 김경 등을 죽이고, 왕의 친신(親信)을 받으며 이들에게 아부했던 어사대부 장계열(張季烈), 대장군 기온(奇蘊) 등을 유배 보낸 바 있었다.[43] 이에

---

39) 『高麗史節要』 卷18, 元宗 10年 6月 壬辰.

40) 『高麗史節要』 卷18, 元宗 10年 6月.

41) 『高麗史』 卷26, 元宗 10年 6月 乙未.

42) 『高麗史節要』 卷18, 元宗 10年 6月 壬辰.

군사력을 대동한 채 의견을 물어오는 임연에 대해 재추들이 반대의사를 표명하기는 쉽지 않았을 것이다. 그러나 김준이 집권할 당시의 사례들을 볼 때, 원종 폐위 당시 재추들의 대응을 단지 임연의 군사력에 위압된 결과로만 보기는 어렵다. 여기에는 군사권을 포함한 정치권력의 상당부분을 여전히 무신집권자가 장악하고 있는 가운데 국왕이 국정에서나 신료들과의 관계에서 주도권을 장악하지 못했던 상황에 더하여, 몽골과의 관계에 대한 고려 신료들의 인식 문제가 중요한 한 가지 요인으로 작용하고 있었던 것으로 생각된다.[44]

관련하여, 김준 집권시의 사례가 주목된다. 1259년(고종 46) 원종이 태자로서 강화를 위해 몽골에 입조한 사이 고종이 사망했을 때, 재추들은 왕창을 세우려는 김준에 반대해 태자를 기다려 국왕위를 계승하게 하도록 한 바 있었다.[45] 이때 김준은 1269년(원종 10) 당시의 임연처럼 군사를 대동하고 있지는 않았지만 상당한 군사력을 장악하고 있었으며, 사후에라도 그 군사력을 기반으로 보복할 수 있는 가능성은 있었다. 그러나 이때 몽골과의 강화를 원했던 신료들은 그들이 옳다고, 혹은 그래야 한다고 생각하는 명분을 굽히지 않았다. 강화를 위해 몽골에 입조한 태자를 두고 다른 왕실을 국왕으로 세울 경우 몽골과의 강화가 무산될 가능성이 있었기 때문이었다.

1268년(원종 9), 몽골과의 관계 악화로 황제의 소환을 받은 김준이 몽골 사신들을 죽이고 섬으로 도망하려 했을 때에도 양부(兩府)의 재추

---

43) 『高麗史』卷26, 元宗 10年 6月 辛卯.
44) 재추회의 당시 재추들의 미온적 태도와 관련해서는 몽골과의 관계에 대한 원종과 재추간 의견 불일치에 기인한 측면(김당택, 1999, 앞 책), 당시 정치세력들의 이해관계 차이에 기인한 측면이 추가로 이야기되기도 했다.(강성원, 1995, 앞 논문)
45) 『高麗史』卷24, 高宗 46年 6月 壬寅.

들은 그의 결정에 동의하지 않았고, 도병마녹사 엄수안(嚴守安)이 김준의 동생인 김충(金冲)을 설득하여 그를 통해 김준의 계획을 무위로 돌렸다.[46] 황제의 사신을 죽이는 것은 몽골과의 관계에서 문제가 될 수 있는 것이었기 때문이다. 즉, 김준 집권시 고려의 신료들은 김준의 결정이 몽골과의 관계에서 문제를 야기할 가능성이 있다고 판단될 경우, 음으로든 양으로든 자신들의 의사를 김준에게 전달하여 그의 결정을 무마시켰다.

임연이 원종 폐위 문제를 논의하기 위해 소집한 재추회의에서도 재추들이 그의 제안에 동의했던 것은 아니다. 그러나 유천우가 소극적인 반대의사를 표명하고 이장용이 "차선책이자 최선책"으로 선위(禪位)를 제안했을 뿐,[47] 원종 폐위에 반대하는 논의는 음으로든 양으로든 이루어지지 않았다. 이장용의 제안은 임연의 원종 폐립이 몽골과의 관계에서 문제를 일으킬 수 있는 가능성을 최소화하기 위한 것이었다고 볼 수도 있지만,[48] 그는 회의의 과정에서든 다른 통로를 통해서든 이러한 문제를 표면화시켜 폐위를 막으려는 시도를 하지는 않았다.[49]

원종 폐위가 발생한 시점은 고려·몽골 관계가 매우 불안하게 전개되고 있던 시기였다. 세조 쿠빌라이는 원종 폐위사건이 발생하기 1년 전인 원종 9년(1268) 6월, 당시 몽골에 있던 이장용에게 일본 초유에 적극적으로 협조하지 않는 고려의 태도를 힐책하는 한편으로 서하(西夏)의 사례를 들어 고려에 대한 공격 가능성을 언급했고, 이는 고려에도 전해졌다. 이듬해 2월에는 하정사(賀正使)로 몽골에 갔던 이순익(李淳益)

---

46) 『高麗史節要』卷18, 元宗 9年 3月.

47) 『高麗史節要』卷18, 元宗 10年 6月 壬辰.

48) 민현구, 1980, 앞 논문.

49) 이때 이장용과 최영이 손위를 제안했던 것과 관련, 이들과 임연의 인척관계가 이야기되기도 했다.(성봉현, 1997, 앞 논문)

이 돌아와, 고려가 배를 만들어 깊이 도망가기를 도모하고 있다고 쿠빌라이에게 고한 자들이 있었음을 전했다.[50] 이 무고와 그에 따른 쿠빌라이의 의심은 이순익의 적절한 대처로 큰 문제를 일으키지 않고 무마되었으나, 고려 입장에서 이는 고려의 귀부에 대한 몽골의 의심이 계속되고 있음을 재확인시켜준 것이었다고 할 수 있다. 고려·몽골 관계가 이렇게 불안정한 상황이었음에도 불구하고, 원종 폐위가 논의되었을 당시 몽골의 공격 가능성, 최소한 문제 제기의 가능성에 대해서도 논의가 이루어지지 않았음이 주목된다.

김준 집권 당시의 사례에서 보인 신료들의 반응과 원종 폐위사건 당시 신료들의 반응 간에 보이는 위와 같은 차이에는 다른 요인들도 있겠지만, 몽골·몽골황제권이 고려의 권력구조에서 갖는 의미와 비중에 대한 당시 고려 신료들의 인식과 관련된 측면이 있는 것으로 생각되며, 이는 이들이 고려·몽골 관계를 어떻게 바라보고 있었는지의 문제와 연결된다.

김준이 집권할 당시에도, 임연이 원종을 폐위시키려 한 당시에도, 고려에게 몽골은 매우 중요한 외교 대상국이었다. 그런데 앞서 이야기한 바와 같이, 이 시기 고려의 신료들은 강화 이후 몽골과의 관계를 상당부분 이전 시기 중국왕조에 대한 사대관계의 연장선상에서 바라보고 있었고, 이러한 관계에 대한 인식 속에서 고려 신료들은 몽골황제권과 고려국왕권의 관계 역시 고려 전기 외교질서 상에서의 그것과 대동소이한 것으로 인식했던 것으로 보인다. 고려 전기 외교질서 속에서 고려국왕은 황제의 책봉을 받는 제후였지만, 이러한 제후로서의 대외적 위상이 국내에서의 국왕 위상에 작용하는 비중과 의미는 제한적

---

50) 『高麗史節要』 卷18, 元宗 10年 2月.

이었다. 양자는 상당부분 단절적으로 작용하여 고려국왕은 고려 내에서는 황제를 칭하기도 했고 황제국의 제도를 사용하기도 했다.[51] 또한 황제에 의한 국왕 책봉은 사후 승인으로서의 성격이 큰 것으로, 실제 고려국왕위의 계승은 고려 국내의 질서와 상황에 따라 이루어졌다. 이에 고려 전기는 물론이거니와 무신집권기, 무신집권자에 의한 국왕 폐위가 외교관계에서 문제를 일으킨 적은 없었다.[52] 즉, 이전의 경험에

---

51) 고려 전기 외교질서 속에서의 국왕 위상과 국내에서의 국왕 위상 사이의 관계와 관련해서는 다음의 연구들을 참조할 수 있다. 奧村周司, 1979, 「高麗における八關會的 秩序と國際環境」『朝鮮史研究會論文集』16 ; 노명호, 1997, 「동명왕편과 이규보의 다원적 천하관」『진단학보』83 ; 1999, 「고려시대의 다원적 천하관과 해동천자」『한국사연구』105 ; 추명엽, 2002, 「고려전기 '번'의식과 '동·서번'의 형성」『역사와 현실』43 ; 박재우, 2005, 「고려군주의 국제적 위상」『한국사학보』20. 한편, 고려전기 고려국왕의 칭제(稱帝)를 비롯한 황제국 제도 사용이 단지 고려 내부에 한정되는 문제만은 아니었던 점도 주목할 필요가 있다. 당시 고려가 사대(事大)했던 송(宋), 요(遼), 금(金)에서도 고려의 칭제 사실을 알고 있었을 뿐 아니라 고려국왕의 절일(節日)에 요의 축하사절이 온다거나 금에서 고려국왕을 황제로 칭한 국서를 보낸 사례들도 있었기 때문이다. 또한 고려에서 송, 요, 금의 사신을 맞이한 의례의 형식은 국신관계(國信關係)와 사대관계(事大關係)의 의례가 절충된 형식을 취하고 있기도 했다.(奧村周司, 1984, 「使節迎接禮より見た高麗の外交姿勢－11·12世紀における對中關係の一面」『史觀』110 ; 노명호, 2009, 『고려국가와 집단의식』, 서울대학교출판문화원, 138~140쪽)

52) 물론 형식적이든 어떻든 책봉과 조공이라는 형식으로 구성되어 있던 중국왕조와의 관계에서, 권신에 의한 고려국왕 교체는 외교적으로 문제를 발생시킬 수밖에 없었다. 이에, 무신집권기에는 실제로는 국왕 '폐위'가 단행되었으나 대외적으로는 국왕이 '선위'하는 형식을 취했다. 1170년 무신란을 일으킨 정중부 등이 의종을 폐위시키고 명종을 왕으로 세운 후, 그리고 1197년 최충헌이 명종을 폐위시키고 신종을 즉위시켰을 때, 이어 1211년 희종을 폐위시키고 강종을 즉위시켰을 때, 고려에서는 당시 책봉국이었던 금에 전왕의 선위 표문과 즉위한 왕의 표문을 함께 보냈다. 희종의 경우, 희종의 선위 표문은 없으며 왕위를 계승한 강종이 희종의 선위 의사를 담은 표문만 기록되어 있다.(『高麗史』卷19, 明宗 卽位年 10月 庚戌 ; 卷21, 神宗 卽位年 冬10月 丙子 ; 康宗 卽位年 2月 庚辰) 이에 대해 금에서는 의종과 명종 폐위 당시 선위의 사실 여부를 의심하여 순문사를 보내기도 했지만, 실제 순문이 이루어지거나 국왕을 폐위시킨 사실이 금과의 관계에서 문제를 발생시키지는 않았다. 한편, 1010년 거란의 2차 침입은 현종 즉위 과정에서 발생한 강조의 정변을 구실로 한 것이었다.(『高麗史』卷4, 顯宗 元年 5月 甲辰) 그러나

비추어, 이 시기 고려의 신료들에게 몽골은 매우 중요한 외교 대상국이었지만, 그가 고려의 내정(內政) 문제에 직접적으로 개입할 가능성을 상정하기는 어려운 존재였다.

김준이 집권할 당시 전쟁을 종식시키고 강화를 체결하기 위해 몽골에 입조해 있는 태자를 두고 다른 종실을 왕으로 세우는 것은 단지 고려 내정의 문제에 그치는 것이 아닌 외교의 문제였다. 이러한 점은 이후 김준이 몽골의 사신을 죽이려했던 상황에 대해서도 마찬가지이다. 그러기에 당시 고려의 신료들은 몽골과의 관계를 불안정하게 할 수 있는 김준의 결정에 대해 적극적으로 반대의사를 표명했다. 그러나 임연에 의한 원종 폐위는, 당시 고려 신료들의 인식 속에서, 외교의 문제이기보다는 내정의 문제였다. 즉, 원종 폐위사건 당시 신료들이 그에 대한 몽골의 반응을 적극적으로 고려하지 않은 것은 이들이 국왕 폐립은 고려 내정 문제로 이것이 몽골과의 관계에서 문제를 일으킬 소지가 없는 것으로 인식하고 있었던 데에 한 가지 요인이 있었던 것이 아니었나 한다.

이러한 점은 임연에 대해서도 마찬가지로 이야기될 수 있다. 임연은 원종을 폐위시키고 안경공 왕창을 옹립한 후, 중서사인(中書舍人) 곽여필(郭汝弼)을 통해 선위(禪位)에 관한 표문을 몽골에 보냈다.[53] 그러나 곧이어 귀국 중이던 세자가 몽골로 돌아가 군대와 통혼을 청했고,[54]

이는 전쟁의 구실로서의 성격이 강했고, 강조의 정변 자체가 근본적인 문제가 되었던 것이라 보기는 어렵다.(최규성, 1995, 「거란 및 여진과의 전쟁」, 『한국사』 15, 국사편찬위원회) 이상, 고려 전기 및 무신집권기 국왕 폐위 사례에서 책봉국이 가졌던 위상 및 의미에 대해서는 이명미, 2015, 「고려 말 정치·권력구조의 한 측면-위화도 회군 이후 창왕대 정국에서의 황제권 작용 양상을 중심으로-」 『동국사학』 58, 91~95쪽 참조.

53) 『高麗史』 卷26, 元宗 10年 1月 辛亥.

54) 『高麗史』 卷26, 元宗 10年 7月 丁卯. 임연은 이것도 예상하지 못했던 것으로 보인다.

쿠빌라이는 사신을 보내 신하가 마음대로 왕을 폐립한 죄를 묻고 원종의 복위를 명했다.[55] 임연이 원종을 폐위시킨 후, 세자가 몽골로 갔다는 소식을 듣기 전까지는 자신의 결정에 시비를 걸 사람이 없을 것으로 생각했다는 기록이나,[56] 몽골이 군대를 국경 지역에 파견해 두고 원종과 안경공 왕창, 임연의 입조를 명하며 질책했을 때 재추들과 이를 논의하는 과정에서 임연이 눈물을 흘리고[57] 걱정 끝에 결국 병으로 죽은 것을 보면,[58] 그는 원종 폐위를 결정할 당시 그에 대한 몽골의 강경한 대응을 충분히 예상하지 못했던 것으로 보인다. 즉, 당시 임연의 원종 폐위는 자신의 무신집권자로서의 권력에 기반해, 그 권력을 유지하기 위해 단행된 것이었지만, 이는 또 다른 한편으로 그가 고려국왕과 몽골황제의 관계를 고려 전기 외교질서 상에서의 국왕-황제 관계와 유사하게 보았기 때문에 가능한 측면이 있었다고 생각된다.

　그러나 몽골의 입장에서 몽골황제와 고려국왕의 관계는 단절적이지 않은, 직결된 관계였고, 이는 그들이 구상한 '강화' 이후 고려·몽골 관계가 속국관계였던 점과 관련된다. 1260년, 쿠빌라이는 입조해 있던 태자 왕전(王倎)을 국왕으로 책봉해 군사로 호위해서 보낸 후, 그가 서경(西京)에서 8~9일간 머물러 있다는 소식에 변고를 의심해 고려에 글을 보냈다. 여기에는 "고려에서 만일 또다시 감히 계속 반란을 일으키고 국왕을 반대하는 자가 있다면, 이는 다만 자기의 왕을 반대하는 것이 아니라 곧 나의 법전을 문란케 하는 자이니, 나라의 기본법전이

---

55) 『高麗史』 卷26, 元宗 10年 8月 戊戌 ; 11月 壬子, 壬戌.
56) 『高麗史』 卷130, 林衍傳.
57) 『高麗史節要』 卷18, 元宗 10年 11月.
58) 『高麗史節要』 卷18, 元宗 11年 2月.

있을진대 누구든지 그러한 자를 잡아 죽여도 좋다."라는 내용이 담겨 있었다.[59] 이는 몽골에서 몽골황제가 '책봉'한 고려국왕에 대한 도전을 곧 황제에 대한 도전으로 보고 있음을 보여준다. 이러한 점은 이후 임연에 의한 원종 폐위사건 당시 이 사건을 고려의 몽골에 대한 반란으로 받아들였던[60] 몽골의 태도를 통해서도 확인할 수 있다.

이러한 황제권-국왕권 관계에 대한 고려·몽골 간 인식의 차이는 임연에 의해 원종 폐위가 단행될 수 있었던, 그리고 뒤이은 복위의 과정에 몽골이 개입했던 한 가지 배경이 되었던 것으로 생각된다. 또한 원종 폐위·복위의 과정은 고려·몽골 관계 및 그에 부수되는 황제권-국왕권 관계에 대한 양자 간 이해의 차이를 상호 간에 분명히 확인하는 계기가 된 한편으로, 그것이 향후 일정 정도 공통된 이해를 전제로 하는 방향으로 전개되는 계기가 되었다.

3) 원종 복위의 과정과 권력구조의 변화

1269년(원종 10), 세자 왕심(王諶)은 몽골에 조회하고 돌아오던 중 부왕(父王)의 폐위소식을 들었다. 그는 곧 몽골로 돌아가 군대를 요청하고 "천척(天戚, 황제의 일가)과의 혼인을 청했다."[61] 원종의 복위를 위해 고려에 사신으로 왔던 흑적(黑的)이 양 왕실 간 혼인이 이미 결정된 듯한 언급을 하고 있고,[62] 두련가(頭輦哥) 국왕[63]이 이끄는 몽골군대가

---

59) 『高麗史』 卷25, 元宗 元年 夏4月 丙午.

60) 『元高麗紀事』 世祖 至元 6年 11月 2日.

61) 노명호 외, 2000, 「鄭仁卿功臣敎書」 『韓國古代中世古文書硏究』(上), 서울대학교 출판부, 28~31쪽.

62) 『高麗史』 卷26, 元宗 10年 11月 癸亥.

63) 두련가(頭輦哥) 국왕은 무칼리[木華黎] 가문의 후손으로 잘라이르부를 이끄는 수장

고려국경까지 접근해 있었던 상황을 볼 때,[64] 세자의 요청들은 긍정적인 대답을 얻은 것으로 생각된다.

세자 왕심의 청혼은 고려가 경험해 온 동아시아의 전통적 외교관계에서는 일반적이지 않은 관계를 형성하고자 한 것으로, 그 배경과 관련해서는 그간의 연구들을 통해 다양한 각도에서 설명이 이루어졌다. 세자 왕심의 청혼은 고려와 고려국왕이 처한 국내외적 상황 속에서 두 가지 의도를 갖고 이루어졌던 것으로 보인다. 한 가지는 임연에 의해 원종이 폐위된 상황에서 통혼이라는 몽골황실과의 특별한 관계를 통해 국왕권에 권위를 더해 주어 무신세력을 제압하기 위한 의도이다.[65] 이는 원종 폐위사건의 과정에서 표면화된 바, 고려국왕의 최고권으로서의 위상에 대해 그다지 적극적인 인식을 갖고 있지 않았던 것으로 보이는 고려의 신료들을 의식한 것이기도 했다. 살펴본 바와 같이, 다른 요인들도 있었지만, 당시 고려의 신료들은 임연의 원종 폐립을 사실상 방관했다.

원종을 복위시키는 몽골황제의 조서를 전하기 위해 고려에 사신으로 왔던 흑적(黑的)은 세자가 황제의 딸과 혼인을 약속했음을 들어 상좌(上座)를 사양했고, 결국 원종과 동서로 대면해 앉았다.[66] 그간 고려 조정과 국왕에 대해 위압적인 태도를 견지해왔던 몽골의 사신이 고려국왕과

이었다. 그의 '국왕' 칭호는 한 국가의 군주라는 의미는 아니며, 무칼리 가문이 화북지역에서의 정벌전을 이끄는 과정에서 최고권자라는 의미로 차용된 용어라고 할 수 있다. 이러한 '국왕' 칭호는 몽골에서는 무칼리가와 동방3왕가의 옷치긴[幹赤斤] 울루스의 수장에 대해 사용되었는데, 몽골제국기에 사용된 '국왕' 칭호와 관련해서는 다음을 참조할 수 있다. 김호동, 2007 앞 책, 99~100쪽 ; 구범진, 1999, 「蒙元帝國期 '國王'의 政治的 位相」『서울대 동양사학과논집』 23.

64) 『高麗史』 卷26, 元宗 10年 11月 壬子.
65) 김성준, 1958, 앞 논문 ; 김혜원, 1989, 앞 논문 ; 정용숙, 1992, 앞 논문 외 다수.
66) 『高麗史』 卷26, 元宗 10年 11月 癸亥.

상좌를 서로 양보하는 모습을 보인 것은, 그를 목도한 고려신료들에게 복위한 고려국왕의 위상이 이전과 같지 않음을 분명히 인지시키는 역할을 했을 것으로 생각된다. 현재의 고려국왕이 이전 무신집정들과 공존하던 시기의 그것과는 달리 이제 몽골황실의 부마, 그리고 그 아버지로서의 권위까지 함께 지닌 존재임을 모든 신료들이 모여 있는 자리에서 분명히 보여줄 수 있었던 것이다.

한편, 세자의 청혼은 이와 함께 이루어진 군대의 요청을 허락받기 위해 몽골황실과 유대관계를 형성하려 한 것이기도 했다. 당시 상황에서 세자 왕심과 고려왕실에게 가장 필요한 것은 몽골의 군사력이었다. 임연의 원종 폐위가 그의 군사력에 기반해 이루어진 만큼, 임연을 제압하기 위해서는 그의 군사력을 능가하는 몽골의 군사력이 필요했다. 그러나 이미 1268년(원종 9)부터 고려·몽골 관계가 불안하게 전개되고 있던 상황에서 고려국왕 복위를 위해 몽골 군대의 지원을 받기 위해서는 이전까지의 불안하던 고려·몽골 관계를 고려왕실이 주체가 되어 안정시킬 필요가 있었다. 이에 세자 왕심은 몽골에 고려왕실에 대한 신뢰를 주기 위해 청혼한 것이었다고 생각된다. 왕심은 이를 통해 몽골이 고려에 대해 갖고 있던 불만 내지는 불안을 확실하게 해소시킴으로써 원종 복위를 위한 몽골황제의 군사력과 권위 양면의 원조를 모두 받을 것을 의도한 것이다.[67]

한편 몽골이 황실 통혼의 전례에 비추어 탐탁찮은 고려왕실과의

---

67) 당시 고려 정벌까지 논의되고 있던 몽골 내부 상황에 착안, 세자의 청혼이 몽골에 대한 적극적인 복속, 친화의 자세를 보여주고 부마로서의 지위를 얻음으로써 위기에 처해있던 고려왕가를 보전하고자 한 것이라고 이해하기도 한다.(森平雅彦, 1998(a), 앞 논문) 타당한 이해라고 생각되지만, 당시 몽골 조정에서의 고려 정벌 논의는 기습적인 고려 정벌 구상을 보여주고 있어, 그러한 논의를 고려 세자가(몽골에 있었다고는 하지만) 알 수 있었을지 분명하지 않은 점이 있다.

통혼을 허락한 것은[68] 원종 폐위사건이 준 위기감에 기인한 바 크다. 이미 고려 정벌론이 제기된 바 있을 정도로 불안하게 양국 관계가 전개되던 상황에서 발생한 이 사건은 몽골에 매우 심각한 사안으로 인식되었던 것으로 보인다. 몽골황제가 임명한 고려국왕을 고려의 신료들이 마음대로 폐위시킨 것은 몽골이 생각하고 있던 고려·몽골 관계에서는 황제권에 대한 도전이었기 때문이다. 이에 몽골에서는 다시 한번 고려 정벌 문제가 논의되었다. 그러나 당시 몽골의 입장에서 고려 정벌은 쉽게 선택하기 어려운 것이었다. 앞서 고려 정벌론을 제기했던 마형(馬亨)도 "이미 틈이 벌어진 상황에서" 군대를 동원하는 것이 어려움을 이야기했으며, 마희기(馬希驥) 역시 정벌이 불가함을 이야기했다.[69]

또한 몽골 입장에서는 주력하고 있던 남송 정벌의 경과가 지지부진한 가운데 남송과 고려의 통교의혹이 제기되고, 초유에 난항을 겪고 있던 일본과 고려의 통교의혹 역시 제기되고 있던 상황도[70] 부담이 되었을 것이다. 더욱이 군대를 동원해 '반란'을 진압한다 하더라도 고려와의 관계가 확실히 정리되지 않는 이상 '반란' 이전과 마찬가지로 그 귀부를 확신할 수 없는 상황은 지속될 수 있었다. 이에 쿠빌라이는 고려왕실과

---

68) 1270년 원종이 복위 후 친조하여 재차 세자의 혼인을 청했을 때, 쿠빌라이는 "이후 사신을 보내 청하면 … 친자식은 모두 시집보냈으니 형제들과 의논해서 결정하겠다."(『高麗史』 卷26, 元宗 11年 2月 甲戌)라 했다. 이후 충렬왕과 통혼한 쿠틀룩켈미쉬 공주가 쿠빌라이의 친딸이었음을 볼 때, 이때 쿠빌라이의 언급은 일반적인 황실의 통혼대상으로는 적합하지 않은 고려왕실과의 통혼을 재고하려는 것이었다고 생각된다. 쿠빌라이가 이미 허락한 통혼에 대해 애매한 태도를 보인 것은 양국관계에서 매우 큰 위기로 인식되었던 임연의 원종 폐위 사건이 예상외로 빨리 해결되었기 때문인 듯하다. 그러나 곧이어 삼별초 난이 일어나면서 양자 간 통혼이 실행되었다.(김호동, 2007, 앞 책, 107~108쪽)

69) 『元高麗紀事』 世祖 至元 6年 11月 2日.

70) 『高麗史』 卷26, 元宗 11年 12月 乙卯.

의 통혼이라는, 기존 몽골의 일반적 관행에서는 파격적이라 할 수 있는 고려의 제안을 받아들이게 되었던 것으로 보인다. 이에 더하여 쿠빌라이가 통혼을 허락하는 과정에서 고려했던 사안들 가운데에는 당시 제국 동부에서 큰 세력을 형성하며 쿠빌라이의 중앙정권과 협력 및 긴장관계에 있었던 동방3왕가에 대한 고려도 작용했던 것으로 생각된다.[71]

세자 왕심의 청혼과 군대 요청이 몽골의 허락을 받음으로써, 원종은 폐위 5개월 만에 몽골의 권력과 권위에 기반해 복위했다.[72] 이러한 원종 복위의 과정을 통해 몽골황제권을 정점으로 하는 새로운 권력구조가 도입됨으로써, 그 안에서 고려국왕의 위상은 변화했다. 우선, 고려국왕은 무신집권자와의 공존 관계를 청산하고 정치의 구심점에 설 수 있게 되었다. 이는 개경환도의 과정에서 보이는 왕명(王命)이 갖는 강제력, 규정력 변화에서 확인할 수 있다. 원종은 복위 후 귀국하면서 "국가의 존망이 이 사업에 달렸으니 마땅히 각자 있는 힘을 다해야 할 것"이라 하며 개경으로의 환도(還都)를 명했다.[73] 아버지 임연의 교정별감(敎定別監) 지위를 이어받았던 임유무(林惟茂)는 이를 꺼려하여 그 요속(僚屬)들에게 의논하게 했지만, 모두 "군주의 명령[君命]이니 어찌 감히 좇지 않겠는가"라 하며 그의 뜻을 따르지 않았다.[74] 그럼에도

---

71) 동방3왕가는 칭기스칸에 의한 분봉 당시 그의 막내동생 테무게 옷치긴[鐵木哥斡赤斤]이 8개 천호(千戶), 셋째 카치운[哈赤溫]의 아들 엘지데이[按只吉歹]가 3개 천호, 둘째 카사르[哈撒兒]가 1개 천호를 분봉받아 흥안령 서쪽에 자리잡아 제국 서반부에서 각기 4개 천호씩을 분봉받은 칭기스칸 아들들(조치, 차가다이, 우구데이)의 울루스와 대칭을 이루고 있었다. 이들 세력과 몽골 중앙정권의 관계가 고려·몽골 간 왕실통혼이 성립하는 과정에서 중요한 한 가지 고려 요소가 되었을 가능성에 대해서는 이명미, 2003, 앞 논문 참조.
72) 『高麗史』 卷26, 元宗 10年 11月 壬戌.
73) 『高麗史』 卷26, 元宗 11年 5月 庚戌.
74) 『高麗史節要』 卷18, 元宗 11年 5月. 같은 내용을 전하는 『高麗史』 열전의 기록에

불구, 임유무는 야별초를 모아 환도를 저지하려 하다가 휘하의 홍문계(洪文系), 송송례(宋松禮) 등에 의해 처단되었고,[75] 개경으로의 환도가 실행되었다.[76]

강화 이후, 몽골은 계속해서 개경으로의 환도를 요구했다. 이는 원종이 태자로서 몽골에 입조해 강화를 성사시킬 당시 쿠빌라이와 약속한 바이기도 했다. 이에 원종 원년(1260) 3월, 고종 사후 감국(監國)하고 있던 태손(太孫, 뒤의 충렬왕)이 환도를 위해 출배별감(出排別監)을 임명했으나 환도는 이루어지지 않았다.[77] 1268년(원종 9), 원종은 쿠빌라이의 힐책을 받고 개경에 출배도감(出排都監)을 두어 다시 환도를 추진하고자 했으나, 이 역시 이루어지지 않았다.[78] 국왕이 외교적으로 결정하고 실행을 위해 명령을 내렸음에도 실행되지 못했던 개경으로의 환도가[79] 이때에 이르러 실행될 수 있었던 것은 왕명이 갖는 강제력, 규정력이 변화한 결과인 것으로 생각된다. 이는 임유무가 개경으로 환도하라는 "왕명을 거역하려 하자 안팎이 물 끓듯 했다"[80]는 기록이나, 결국 그 수하들이 임유무를 처단했음을 통해서도 확인할 수 있다. 이때 신료들의 태도는 얼마 전, 임연이 원종을 폐위하려 했을 때의 그것과 큰 대조를 이룬다. 또한 임유무를 처단한 그의 수하들이 국왕

따르면 이때의 논의는 임유무의 요속들 사이에서 공개적으로 이루어진 것이 아니라, 비밀투표 방식으로 이루어졌다고 한다.(『高麗史』卷130, 林衍傳 附 林惟茂傳)

75) 『高麗史』卷26, 元宗 11年 5月 癸丑.

76) 『高麗史』卷26, 元宗 11年 5月 壬戌, 丙寅.

77) 『高麗史』卷25, 元宗 元年 3月 戊辰朔.

78) 『高麗史』卷26, 元宗 9年 3月 庚申.

79) 1270년 이전에 개경환도가 이루어지지 못했던 것은 몽골과의 강화에 대한 고려국왕 및 신료들의 이해의 문제일 수 있으나 보다 결정적 요인은 무신집권자의 존재였던 것으로 생각된다.

80) 『高麗史節要』卷18, 元宗 11年 5月 癸丑.

휘하로 들어가고 있음은 이전 시기 김준과 임연이 각기 최의와 김준을 처단한 후 스스로 정권을 장악했던 것과도 차이를 보인다.

원종 복위 이후 확인되는 왕명이 갖는 규정력 변화의 요인은 두 가지로 이야기할 수 있다. 한 가지는 최씨정권 종식으로 정치의 일부가 왕에게 되돌아간—'복정우왕(復政于王)'[81] 이후 무신집권자의 권력이 유지되는 가운데에서도 변화한 점, 그리고 국왕권이 무신집권자의 권력에 의해 제약받는 가운데에서도 상당부분 신장되었던 점이다. 다른 한 가지는 원종 복위의 과정을 통해 고려·몽골 관계 및 그에

---

81) 고종 45년(1258) 3월, 최의를 살해하여 최씨정권을 종식시킨 정변 주도자들은 정치를 왕에게 되돌렸다.(『高麗史』 卷24, 高宗 45年 3月 丙子, "大司成柳璥別將金仁俊等 誅崔竩, 復政于王.") 기존 연구들에서 이 사건은 '왕정복고(王政復古)'라는 용어로 표현된다. 이는 무신집권자를 실질적 권력의 정점으로 한 정치구조가 어느 정도 청산되고 국왕을 정점으로 한 정치구조로 회복되었음을 의미하는 것으로 생각된다. 그런데 이러한 상황 변화에 대해 '왕정복고'라는 표현이 타당한지 의문이다. 우선, 이 시기 정치체제의 변화를 '왕정'의 복고라고 한다면, 무신집권기의 정치체제는 '왕정'이 아닌가라는 문제가 제기된다. 무신집권자들은 정치의 과정에서 거의 전권(全權)을 행사함으로써 국왕권을 무력화시키고 국왕위를 좌지우지할 정도의 권력을 행사했으나 그들이 국왕의 신하라는 양자 간 위계는 유지되고 있었으며, 이는 무신정권이 유지되는 데에도 매우 중요한 역할을 했다. 이는 무신집권체제의 정치기구가 왕정의 그것을 대체하기보다는 온존시킨 채 별도로 구성되어 있었던 점을 통해서도 확인할 수 있다.(김상기, 1948, 「高麗 武人政治 機構考」 『東方文化交流史論攷』, 을유문화사 ; 김윤곤, 1993, 「고려 무신정권」 『한국사』, 국사편찬위원회 편 ; 홍승기 편, 1995, 앞 책, ; 김창현, 1998,『고려후기 정방연구』, 고려대학교 민족문화연구원 ; 김당택, 1999 앞 책 외 다수) 즉, 더 궁구해볼 여지가 있으나 정치체제 면에서 본다면 무신집권기에도 정도의 차이는 있으되 그것을 '왕정'이 아니었다고 보기는 어렵지 않을까 한다. 그렇다면 국왕권이 정치에 작용하는 '정도' 변화의 문제를 통해 이 시기 변화를 '왕정복고'라고 표현할 수 있는가의 문제를 생각해볼 필요가 있는데, 기존 연구들도 인정하다시피 최씨정권 종식은 물론 정치의 과정에 국왕권이 다시 작용하게 되는 데에 중요한 계기가 되기는 했으나 이를 통해 국왕의 정치력이 온전히 회복된 것은 아니었다. 그런 점에서 이때의 변화를 '왕정복고'라는 용어로 표현하는 것에는 재고의 여지가 있다. 이에 이 책에서는 사료상에 등장하는 표현이자 국왕이 정치의 영역에 다시 들어서게 되었음을 보다 가감없이 표현할 수 있는 '복정우왕(復政于王)'이라는 용어를 통해 1258년의 변화를 지칭하고자 한다.

연결되는 고려국왕-몽골황제의 관계가 변화한 점이다.

첫 번째 문제부터 살펴보자. '복정우왕' 이후에도 무신집권자들은 권력을 유지하고 있었지만, 국왕이 정치력을 갖게 되고 그 정치력이 신장되는 과정 속에서 그들의 권력도 상당부분 변화를 겪었다.[82] 이들 권력의 가장 중요한 기반인 군사권 장악 상태는 그러한 측면을 잘 보여준다. 김준은 최씨 일가의 사병집단 가운데에서도 가노(家奴)들을 중심으로 한 가병(家兵)만을 통수했던 만큼 이외의 군사력을 스스로 완전히 장악하기는 어려웠다. 김준 정권의 군사적 기반 가운데 상당 부분이 다수의 무인(武人) 공신들에 의해 점유되었고, 김준 정권은 그 가운데 하나인 임연의 세력에 의해 무너졌다. 이러한 점은 임연 정권의 경우에서도 마찬가지로, 임연의 뒤를 이은 임유무 정권의 종식은 그 군사적 기반의 중요한 부분을 구성하고 있던 송송례에 의해서 이루어졌다.[83]

또 한 가지 주목할 것은 국왕권의 신장이다. '복정우왕' 이후에도 국왕은 여전히 정치의 확고한 구심점으로 존재하지는 못했지만 정치의 과정에서 배제되었던 무신집권기 국왕들과는 차이가 있었다. 무신집권자와의 관계에서 보이는 단적인 변화로, 무신정권을 몰락시킨 주체가 곧 국왕이었다는 점은 매우 중요한 부분이다.[84]

최씨정권의 종식과 뒤이은 '복정우왕'의 과정에서 국왕 고종이 주체적으로 행한 것은 거의 없었다. 몽골과의 강화 과정에서 태자가 중요한 역할을 한 것은 사실이지만, 강화론이 급부상한 가운데 몽골에서 국왕

---

82) 김준의 집권자로서의 위상은 최씨일가의 그것에 비해 전체적으로 약화되었고, 이는 임연으로 이어지면서 더 심화되었다.(정수아, 1993, 앞 논문, 119~121쪽)
83) 『高麗史』 卷130, 林衍傳 附 林惟茂傳.
84) 정수아, 1993, 앞 논문, 120~121쪽.

혹은 태자의 친조를 요구했기 때문에 태자가 친조를 통해 강화를 이루어낸 것이었지 그 과정을 국왕과 태자가 직접 계획하여 이루어낸 것은 아니었다. 오히려 당시 국왕이었던 고종은 마지막까지 태자의 친조에 미온적이었다.

이에 비해 김준 정권과 임연·임유무 정권이 종식되는 과정에서는 국왕의 역할이 매우 중요하게 작용했다. 홍문계와 송송례가 임유무를 처단한 것은 이들이 임유무에 대해 갖고 있던 불만 때문이기도 했지만, 원종이 그를 유도한 측면도 있었다. 임유무가 개경으로 환도하라는 왕명을 따르지 않으려 했던 날 밤, 원종은 이분성(李汾成)을 홍문계에게 보내어 자신의 뜻을 전함으로써 이들의 임유무 처단을 유도했다.[85] 군사권을 회복하지 못한 상황에서 원종은 김준 정권의 종식을 위해 임연이라는 또다른 무신세력의 힘을 빌려야 했고, 임유무 정권의 종식은 다시 그 휘하 군지휘관의 힘을 빌려야 했다. 그러나 이는 고종이 최씨정권의 종식과 '복정우왕'을 맞이했던 상황과는 분명한 차이를 보이는 것이었다. 국왕은 이제 무신집권자 휘하에서 불만을 가진 군지휘관들을 회유할 수 있을 정도의 정치력을 갖게 된 것이다.

임연의 원종 폐위는 최씨정권 종식 이후 변화와 지속이 공존하던 권력구조 속에서 주로 이전 시기의 권력구조가 지속된 측면에 기대어 발생한 사건이었다. 이에 몽골의 도움을 받아서이긴 하지만 원종이 복위한 후에는 원종 폐위사건이 묵과됐던 '복정우왕' 이후 이루어진 변화의 측면들이 더욱 부각되어 나타났으며, 복위 후 원종은 고려 내 정치의 확고한 구심점으로 설 수 있게 되었다.

다음으로, 복위 후 원종의 국왕권에 나타난 변화의 두 번째이자

---

85)『高麗史』卷26, 元宗 11年 5月 癸丑.

결정적 요인은 몽골황제와 고려국왕의 관계가 변화했다는 점이었다. 앞서 살펴본 바와 같이, 임연의 원종 폐위는 임연을 포함한 고려 신료들이 고려·몽골 관계, 나아가 고려국왕-몽골황제의 관계를 고려 전기 책봉-조공 관계와, 그리고 그러한 관계에서의 국왕-황제 관계와 대동소이한 것으로 본 가운데 일어난 사건이었다. 원종 복위를 위해 몽골이 군대를 파견하고 사건과 관련된 자들을 몽골로 소환하면서까지 개입해오는 과정을 통해, 고려 신료들은 몽골황제권이 고려 내정에까지 직접 개입할 수 있는 존재임을, 그리고 고려국왕권과 몽골황제권이 직결되어 있음을 인지하게 되었다. 원종 즉위 당시, "국왕을 반대하는 것은 다만 국왕을 반대하는 것이 아니라 곧 나의 법전을 문란케 하는 자이니, (중략) 누구든지 그러한 자를 잡아 죽여도 좋다"라[86) 했던 쿠빌라이의 말이 원종 복위의 과정을 통해 사실로 확인된 것이다. 이러한 고려국왕과 몽골황제의 관계는 고려왕실과 몽골황실 간 통혼이 성사됨으로 해서 더욱 분명하고 가시적인 것이 되었다. 몽골황실 부마로서의 고려국왕의 권력과 권위는 곧 몽골황실, 황제의 권력과 권위와 직결되어 그에 의지할 수 있게 된 것이다.

이러한 권력구조의 변화는 세자 왕심에 의해 적극적으로 활용되었다. 원종 복위 후 몽골황실과의 통혼을 허락받고 귀국한 세자는 몽골인들의 머리모양인 변발(辮髮)을 하고 그들의 의복인 호복(胡服)을 입었다.[87) 그는 스스로 변발과 호복을 한 것에 그치지 않고 신료들에게도 이를 강요했다. 원종 15년(1274) 5월, 왕심은 몽골에서 쿠빌라이의 딸 쿠틀룩켈미쉬[忽都魯揭里迷失] 공주와 혼인한 후,[88) 곧이어 원종이 사망

---

86) 『高麗史』 卷25, 元宗 元年 夏4月 丙午.

87) 『高麗史』 卷27, 元宗 13年 2月.

88) 『高麗史』 卷27, 元宗 15年 5月 丙戌.

함에 따라 홀로 고려에 귀국하여 즉위했다.[89] 이후 고려에서 공주를 맞이하게 된 상황에서, 충렬왕은 마중나온 신료들 가운데 개체(開剃), 즉 변발을 하지 않은 자들이 있음을 책망하고[90] 개체한 자들만 자신을 수행하도록 했다.[91] 이후 충렬왕은 모든 신료들에게 개체하도록 했으며,[92] 1278년(충렬왕 4)에는 전국에 명을 내려 모두 몽골의 의복과 관(冠)을 쓰도록 했다.[93] 이러한 충렬왕의 행동은 인공수(印公秀)가 몽골의 제도에 따라 변발과 호복을 시행할 것을 누차 권했음에도 "하루아침에 조상 전래의 가풍(家風)을 바꾸지 못하겠으니 내가 죽은 뒤에 그대들이나 그렇게 하라"고 했던 원종의 태도와는 상반된다.[94]

충렬왕이 스스로, 그리고 신료들에게도 변발과 호복을 강요했던 것은 물론 몽골을 의식한 부분도 있겠으나 고려 내 신료들을 의식한 부분이 더 컸다고 생각된다.[95] 세자 왕심, 즉 충렬왕의 변발과 호복은 국왕을 폐위시킬 수 있을 정도의 권력을 가진 무신집권자와 그러한 상황을 목도하고 있었던 신민들에 대해, 자신이 무신집권자의 권력을 압도할 수 있는 몽골황제의 인정을 받은, 그리고 그와 매우 특별한 관계를 형성한 국왕, 혹은 세자라는 점을 한눈에 강조할 수 있는 것이었다. 고려국왕과 신료들이 모두 변발과 호복을 하고 몽골황제를 정점으

---

89) 『高麗史』 卷28, 忠烈王 卽位年 8月 戊辰, 己巳.
90) 『高麗史』 卷28, 忠烈王 卽位年 冬10月 辛酉.
91) 『高麗史』 卷28, 忠烈王 卽位年 冬10月 甲子.
92) 『高麗史』 卷28, 忠烈王 卽位年 12月 丁巳.
93) 『高麗史』 卷28, 忠烈王 4年 2月 丙子.
94) 『高麗史』 卷28, 忠烈王 卽位年 12月(이전 비교기사).
95) 세조 쿠빌라이는 고려에서 조서를 맞이하거나 명절을 축하할 때 외에는 몽골식 옷과 모자를 사용한다는 보고에 대해 자신은 고려 의복을 입는 것을 금지한 바가 없음을 이야기한 바 있다.(『高麗史』 卷28, 忠烈王 4年 秋7月 甲申) 고려에서의 변발과 호복은 그 구체적인 양상을 확인하기는 어렵지만 이후에도 공민왕 원년(1252)까지 계속 유지되었던 것으로 보인다.(『高麗史』 卷72, 志26, 輿服1)

로 하는 하나의 질서 안에 실질적으로 포함되었음을 상호 인지함으로써, 고려 내에서 그 정점에 가장 가깝게 다가가 있었던 국왕의 권위 역시 고려 내에서는 최고임을 상호 인지할 수 있었다.[96] 새로운 권력구조 안에서 고려국왕이 고려 내 최고의 위치에 있음은 그가 '책봉'을 통해 고려의 최고 통치권자로서의 지위를 몽골황제로부터 인정받았다는 점, 그리고 그가 당시의 시점에서는 여타 고려 정치세력들은 범접하지 못하는 황실과의 통혼이라는 관계로 황제권과 연결되어 있었음을 통해 내외(內外)에 확인되었다.

원종 복위의 과정을 통해 성립된 몽골 복속기 권력구조는 몽골황제의 권력과 권위가 정점에 존재하는 가운데 몽골황제권과의 다양한 '관계들'을 통해, 그 관계의 공고함과 긴밀함의 정도에 따라 권력이 부여되는 것이었다. 이러한 '관계들'에는 물론 고려국왕이 '국왕'으로서 몽골황제의 '책봉'을 받는다는, 국가 간 관계에서 파생된 관계도 포함되지만, 그와 함께 몽골황제·황실이 다른 정치단위의 수장 및 그 지배가문들과 형성했던 개인 간·가문 간 관계 역시 중요한 비중을 차지하고 있었다. 몽골 복속기 고려국왕은 '국왕'으로서 '책봉'을 받기 위해서, 그리고 그 국왕위를 유지하고 국왕권을 행사하기 위해서 상당부분 몽골황제·황실과의 개인 간·가문 간 관계에 의존할 필요가 있었다. 통혼은 이러한 개인 간·가문 간 관계의 가장 대표적인 형태였으며, 국왕의 친조 역시 동아시아 외교전통에서 제후의 조근(朝覲)으로서의 의미도 갖지만 카

---

96) 이명미, 2011, 「공민왕대 초반 군주권 재구축 시도와 奇氏一家－1356년(공민왕 5) 개혁을 중심으로－」『한국문화』 53, 20쪽. 변발과 호복 외에도 충렬왕은 즉위 초, 국왕권 구축 과정에서 자신이 몽골황제·황실과 형성한 관계를 적극적으로 활용했다. 이와 관련해서는 다음 절에서 살펴볼 것인데, 관련한 최근 연구 성과들로 다음을 참조할 수 있다. 이정란, 2012, 「忠烈王妃 齊國大長公主의 冊封과 그 의미」 『한국인물사연구』 제18호 ; 김보광, 2012, 「고려 충렬왕의 케시크(怯薛, kesig) 제도 도입과 그 의도」『사학연구』 제107 외.

안과 그에 신복한 정치단위 수장 간의 개인 간 관계 형성의 매개로서의
의미도 강하게 갖는 것이었다.

원종 복위의 과정을 통해 고려·몽골 관계 및 그에 기반한 고려의
권력구조는 질적인 변화를 보이게 되었으며, 새로운 권력구조 아래에
서 국왕 위상은 변화했다. 우선 국왕은 몽골황제권과 직결되며 그
권력과 권위에 기반해 정치의 구심점에 설 수 있게 되었다. 그러나
몽골 복속기 권력구조 아래에서는 이전 시기에 주로 외교적 질서
상에서만 상위 권위로 존재하던 황제권이 고려 내에서도 실질적 의미를
갖게 되면서, 고려국왕의 제후로서의 위상이 고려 내 권력구조에서도
현실적 의미를 갖게 되었다.

한편, 몽골 복속기 권력구조 아래에서 고려국왕권은 황제권이라는
상위 권력과의 관계에서 뿐 아니라, 황제권과의 관계를 통해 권력을
부여받은 권력주체들과의 경쟁관계 속에서도 제약받게 되었다. 이는
그때그때의 정치적 상황에 기인한 바도 있지만, 그보다는 몽골황제권
이 실질적인 정점에 위치한 가운데 황제권과의 관계와 그 관계에
기반한 권력이 고려국왕에게로 일원적으로 이어지지 못하는 상황이
발생할 수밖에 없는 구조적인 상황에 기인한다고 할 수 있다. 고려국왕
이외에 몽골황실과의 관계를 통해 권력을 행사하는 권력주체가 고려왕
실 내외에서 반복적으로 등장하는 가운데 고려내 권력의 '정점'이
불분명한 상태가 반복되었기 때문이다. 이러한 점은 권력을 수반하는
몽골황제권과의 관계가 국왕이 황제로부터 '책봉'을 받는 것과 같이
1 : 1로 형성되는 관계뿐 아니라, 1 : 다(多)로 형성될 수 있는 개인 간·가
문 간 관계를 포괄하는 것이었다는 점, 그리고 1 : 1의 관계가 1 : 다의
관계로부터 영향을 받았다는 점에 기인한다.

이러한 몽골 복속기 권력구조는 원종 복위의 과정을 통해 성립되었

다. 그러나 이때 고려국왕과 신료들이 인지한 것은 국왕권이 황제권에 직결되어 그 권력과 권위에 기반할 수 있다는, 몽골 복속기 권력구조의 한 측면에 한정되었다. 이에 이 시기 고려국왕, 특히 충렬왕은 몽골황제 권과의 다양한 '관계들'을 통해 여타의 정치세력, 혹은 권력주체들을 제압하고 고려의 정치세력 가운데 최고의 위치를 점하고자 시도했고, 이러한 시도들의 결과로 고려국왕은 '정동행성승상(征東行省丞相) 부마 (駙馬) 고려국왕(高麗國王)'으로 탈바꿈하게 되었다.

2. 충렬왕대 전반기 국왕 위상의 변화

1274년(원종 15), 원종이 사망하고 충렬왕이 즉위했다. 충렬왕은 즉위 전, 원종 복위 과정에서 몽골황실에 청혼하여 통혼을 성사시킴으로써 몽골의 권력과 권위를 고려국왕권에 도입하는 데에 핵심적인 역할을 한 바 있었다. 즉위를 전후하여 충렬왕이 당면했던 과제는 미처 청산되 지 않은 무신집권기의 권력구조를 온전히 청산하는 것, 그리고 그의 역할을 통해 새롭게 형성된 몽골 복속기 권력구조 속에서 고려국왕의 위상을 확고히 하는 것이었다.

이를 위해 충렬왕은 당대부터 '정동행성승상(征東行省丞相) 부마(駙馬) 고려국왕(高麗國王)'이라는 고려국왕의 복합적 위상의 일부가 된 '정동 행성승상', '부마' 등의 위상을 적극적으로 활용했던 것으로 보인다. 이러한 노력들은 초기에는 상당한 성과를 거두었으나, 이후 몽골과의 관계가 전개되는 가운데, 몽골황실·황제와의 관계 속에서 형성된 이러 한 위상들로 인해 기존에 독자적, 자기완결적인 존재였던 고려국왕의 위상은 외부적인 요인들에 의해 크게 영향을 받게 되었다. 또한 전통적

'고려국왕'의 위상 역시 몽골과의 관계 속에서 이전과는 다른 위상을 갖게 되었다. 하지만 즉위 초의 충렬왕은 정동행성승상, 부마와 같은 위상들이 국왕권을 제약하는 측면에 주목하고 그를 극복하기 위해 노력하기보다는, 오히려 그러한 위상들을 적극적으로 부각시키고 확대, 정형화하여 활용하려는 경향을 보였다.

여기에서는 먼저 정동행성승상, 부마와 같은 고려국왕권에 부가된 새로운 위상들이 몽골과의 관계에서 갖는 의미 및 전통적 '고려국왕'의 위상이 몽골과의 관계에서 보인 변화 및 그 의미에 대해 살펴볼 것이다. 그리고 이러한 새로운 위상들 및 전통적 '고려국왕' 위상의 총체로서의 고려국왕권이 어떤 변화를 보였는지에 대해 살펴보도록 하겠다.

1) 세 가지 위상

(1) 부마가문(駙馬家門)으로서의 고려왕실

원종 15년(1274) 5월, 고려의 세자 왕심(王諶, 뒤의 충렬왕)과 몽골 세조(世祖) 쿠빌라이의 딸 쿠틀룩켈미쉬[忽都魯揭里迷失] 공주의 혼인이 이루어졌다.[97] 고려왕실과 몽골황실 간의 통혼은 그간 불안하던 양자관계를 일변시키는, 애매한 강화와 귀부가 이루어진 채 불안하게 유지되던 양자관계를 가족관계라는 확실한 끈으로 엮어주는 계기가 되었다.[98]

---

97) 『高麗史』卷27, 元宗 15年 5月 丙戌.

98) 제국 성립기, 혹은 초기 단계의 통혼과 제국 성립 후 칭기스칸가의 황실로서의 위상이 상당부분 확고해진 시기의 통혼은 그 성격을 구분해서 살펴볼 필요가 있나. 초기의 통혼이 물론 어느정도 상하관계가 있지만 주로 거의 대등한 정치세력들 간의 동맹, 그야말로 정치적 제휴를 공고히 하기 위한 성격이 강한

어느 사회에서나 황실의, 지배층의 통혼은 정치적 의미를 갖기 마련이지만, 몽골제국에서 통혼은 특히 정치적 제휴로서의 의미를 강하게 내포하고 있었다. 아직 안정된 정치체제가 미비하고 국가도 형성되지 못한 몽골제국 초기의 상황에서 칭기스칸은 여러 가지 방식으로 다른 정치집단[異族]들과 동맹을 맺었다. 통혼은 그러한 동맹의 형식 가운데 중요한 한 가지였다. 통혼은 정치세력 간의 불안정한 제휴관계를 보다 끈끈한, 개인적이고 가족적인 관계로 전환시킴으로써 원래는 구분되어 있던 둘 이상의 집단을 장기적으로 혼일(混一)시키는 기능을 했으며, 특히 정치집단 수장(首長) 간 통혼의 경우 이러한 의미는 더욱 강해진다. 이렇게 통혼을 통해 연결된 관계, 즉 사돈관계를 형성한 집단 혹은 그 성원을 몽골에서는 '쿠다(quda)'라고 칭했다.

칭기스칸은 통혼 이외에도 다양한 방식으로 다른 집단과 동맹관계를 형성했는데, 그 가운데에는 상호 맹약을 통해서 의형제를 맺는, 즉 '안다(anda)'의 관계를 형성하는 방식이 있었다.[99] 이외에도 칭기스칸은

통혼이었다면, 이후의 통혼은 그러한 정치적 제휴관계를 가족적 유대관계로 전환시켜 그 정치적 관계를 보다 공고히 한다는 통혼의 의미도 물론 유효했지만, 그와 더불어 보다 분명해진 상하관계 아래에서 주로 솔선귀부한 공로에 대한 포상의 의미로 황실과의 통혼이 이루어지고 있었다고 할 수 있다. 또한 제국의 규모가 어느 정도 안정된 이후에는 정치적 제휴라고 하는 것도 카안위 계승과정에서, 혹은 카안의 중앙집권적 통치에 협력하는, 내지는 반기를 들지 않는 차원에서의 정치적 제휴로 그 의미가 축소 혹은 변화하였다.

한편 특정 집단과 세대를 거듭해 통혼이 이루어지는 경우에도 통혼이 시작되는 시점에서의 정치적 의미는 그러한 통혼이 세대를 거듭해가는 과정에서 여러 가지 요인들에 의해 일정정도 변화하기도 하였다. 최초 통혼의 성립단계에서 적극적으로 부각되었던 정치적 의미 및 기능이 차츰 상징적인 것으로 변화하면서 양자 간 통혼도 어느정도 관례화하는 경향을 보인다고 하겠다. 고려왕실과 몽골황실의 통혼 역시 이와 같은 관점에서 볼 수 있는데, 이에 대해서는 관련부분에서 서술하도록 하겠다.

99) 몽골제국 초기의 사료에는 칭기스칸 가문과 이합집산한 여러 정치세력들을 언급하는 가운데 안다, 쿠다라는 표현이 빈번히 등장한다. 그런데 이 안다, 쿠다라는

다른 집단과 '누케르(nöker)', 즉 '친구, 벗, 동무'라는 연맹 형식을 통해, 그리고 애초에 주인과 노비라는 주종관계로 맺어지는 '보골(boghol)'과 같은 형식을 통해 관계를 형성했다.[100]

이러한 관계들은 매우 개인적인 관계로 보이지만 단순히 개인적인 차원에서의 교류나 관계에 그치는 것은 아니었다. 이러한 관계를 형성한 가문들은 천호제(千戶制), 친위병 등 제국을 구성하고 유지하는 근간이 되었던 제도들의 주된 구성원이 되었고, 이를 통해 그들의 사적인 관계는 제국의 공적인 체제와 영역으로 편입, 재편되었다. 통혼관계 역시 그러하여, 황실의 부마들은 제왕(諸王)으로서 몽골황실의 구성원이 되어 제국의 구성과 운영에 중요한 부분을 담당하고 있었다. 이러한 관계들은 여러 수위의 정치단위들로 구성된 몽골제국의 구성과 유지에 근간이 되는 것이었다.

아래에서는 고려왕실과 몽골황실의 통혼이라는 가문 간 관계가 고려국왕권에 미친 영향을 고려국왕권에 기반이 된 측면과 제약이 된 측면으로 나누어 살펴보도록 하겠다.

① 국왕권 구축에 기반이 된 측면

통혼을 통해 형성된 몽골황실과의 관계가 고려국왕권에 기반이

용어는 물론 따로 쓰이는 경우도 없지는 않았지만 많은 경우 하나의 복합어를 이루며 사용되고 있었는데 이는 안다 관계와 쿠다 관계가 많은 경우 동시에 이루어졌을 가능성을 보여준다. 카불칸의 부인인 쿵크라트 출신의 코알쿠의 형제 사인테긴에 대해 '카불칸의 아들들은 사인테긴과 안다-쿠다 관계였기 때문에'라고 서술되고 있는 것이나(라시드 앗딘 저, 김호동 역주, 2002, 『부족지』, 사계절, 153쪽) 칭기스칸가의 인족이 된 옹구트의 알라쿠시 일족에 속하는 센구이 [鎭國]를 안다쿠다[按達忽沓]라 불렸다는 기록(『元文類』 卷23, 「駙馬高唐王忠憲碑」, 臺灣商務印書館印行) 등이 보인다. 이상 안다, 쿠다와 관련해서는 김호동, 2010, 『몽골세국과 세세사의 탄생』, 돌베개, 96~98쪽 참소.

100) 김호동, 2010, 위 책, 98~100쪽.

되었던 측면은 크게 두 가지로 나누어 이야기할 수 있다. 한 가지는 그러한 관계 자체가 국왕권에 기반이 된 측면이며, 다른 한 가지는 충렬왕이 국왕권 구축 과정에서 자신의 부마로서의 지위를 적극적으로 활용한 측면이다. 첫 번째 측면부터 살펴보도록 하겠다.

통혼을 통한 몽골황실과의 관계는 그 자체로서 고려국왕권에 기반이 되었는데, 고려왕실의 몽골 근각(根脚)으로서의 성격과 국왕 친조(親朝) 양상의 변화라는 두 가지 문제를 통해 이를 살펴보겠다.

우선 근각이란 칭기스칸 가문과의 관계의 역사적 연원, 혹은 그러한 연원이 깊은 가문 및 그에 속한 인물에 대한 지칭이다. 이는 시원(始原), 출신, 가족, 계급 등의 의미를 갖는 몽골어 'hujaur'를 번역한 것으로, 몽골 귀족사회의 특성을 매우 잘 보여주는 존재이자 용어라고 할 수 있다.[101] 몽골이 다른 정치단위와 다양한 방식으로 관계를 형성했음은 앞서 살펴보았다. 이렇게 형성된 관계들은 각각의 내용이 중요한 의미를 갖기도 했지만, 그러한 관계의 연원, 깊이도 매우 중요한 가치와 효용성을 갖고 있었다.

고려왕실의 경우, 몽골황실과의 통혼이 칭기스칸 당시부터 시작된 것은 아니며, 칭기스칸대에 복속이 이루어진 것도 아니므로, 엄밀한 의미에서 몽골의 근각이라 하기는 어렵다. 그런데 후대의 기록들이 칭기스칸대 몽골과 고려가 고려 강동성(江東城)에 웅거한 거란족을 협공한 것을 고려의 솔선귀부(率先歸附)로 보고, 이 솔선귀부와 공로의 결과로 고려왕실과 몽골황실의 통혼이 이루어진 것처럼 기록하고 있음이 주목된다.[102] 장기간의 전쟁에도 불구하고 고려가 칭기스칸과

---

101) 村上正二, 1970,『モンゴル秘史』1, 平凡社, 8쪽 ; 蕭啓慶, 1983,「元代四大蒙古家族」『元代史新探』, 新文豊出版公司, 142쪽.
102) 대표적으로 다음의 글을 들 수 있다. 李齊賢,「同崔松坡贈元郎中書」『益齋亂藁』卷6.

의 최초 접촉을 솔선귀부로 언급한 사례는 1294년(충렬왕 20), 즉위 직후의 몽골 성종(成宗) 테무르가 한 질문에 충렬왕이 답하는 과정에서 처음으로 보인다.

> 황제가 일찍이 한림학사(翰林學士) 살라만[撒剌滿]을 시켜 고려가 원에 귀부한 연월을 물으니, 왕[충렬왕 : 필자주]이 정가신(鄭可臣)으로 하여금 상서(上書)하여 회답하게 하여, "태조(太祖) 성무황제(聖武皇帝)께서 처음 삭방에서 일어나셨을 때 (중략) 금산왕자(金山王子)라는 자가 그 국호를 '대요(大遼)'라 스스로 칭하고 중도(中都) 등지에서 자녀와 옥백을 약탈하고 동쪽으로 강동성(江東城)으로 도망가 <황제의 명을> 거역하고 지키고 있으니, 조정에서 합진(哈眞)·찰랄(扎剌)을 보내어 추격하여 토벌하게 하셨습니다. 이때 바야흐로 눈이 깊이 쌓이고 길이 험하여 군량이 이어지지 않으니, 고왕[高王, 고종 : 필자주]이 이를 듣고 조충(趙冲)과 김취려(金就礪)로 하여금 군사를 인솔하여 가게 하여 황제의 군대에 식량을 공급하고 그 무리들을 섬멸하였습니다. 인하여 표문을 올려 동번(東藩)이 되기를 청하여, 태조께서 경도호사(慶都虎思)를 보내시어 도타이 조서를 내리시고 크게 칭찬하고 상을 주시었으니, 이제 76년이 되었습니다."라고 하였다.(『高麗史』卷31, 忠烈王 20年 5月 甲寅)

이러한 서술은 물론 역사적 사실에 부합하는 것은 아니다.[103] 특히 인용문에 보이는, 성종의 질문에 대해 충렬왕이 칭기스칸대 강동성 전투 당시의 몽골과의 접촉을 솔선귀부로 대답한 것은 세조 쿠빌라이가 사망한 후, 성종 테무르와 새롭게 관계를 정립해야 하는 상황에서 이루어진 정치적 언급이었을 수 있다. 그러나 이후에도 계속해서 보이

고려의 솔선귀부와 관련한 고려, 몽골의 후대 기록과 관련해서는 다음 논문에 잘 정리되어 있다. 森平雅彦, 1998(a), 「駙馬高麗國王の成立 : 元朝における高麗王の地位についての豫備的考察」『東洋學報』79-4, 244~251쪽.

103) 森平雅彦, 1998(a), 앞 논문.

는 이러한 서술을 단순히 당시 고려인들이 정치적 목적을 위해 사실을 왜곡한 것이었다고만 보기는 어렵다. 혹은 고려·몽골 관계의 시작을 칭기스칸대로 보는 언급이 시작 단계에서는 정치적 의도가 있었더라도, 이러한 언급 및 인식은 고려·몽골 관계가 거듭되어 가는 과정에서 상당부분 사실에 근거한 것으로서 자리잡았을 가능성도 있다. 고려왕실의 통혼을 칭기스칸대에 형성된 고려·몽골 관계의 연장선상에서 보는 서술은 이후의 몽골 측 서술에서도 나타나고 있기 때문이다.

1310년(충선왕 2), 몽골 무종(武宗) 카이샨은 충선왕의 3대 조상에게 작위를 추증하면서 충렬왕에 대해 "그 선조가 태조에게 공이 있어 황실과 혼인하게 되었으며 세조가 가장 사랑하던 막내딸을 그에게 시집보냈다."라고[104] 하였다. 1323년(충숙왕 10), 유청신 등의 입성론(立省論)에 대한 반대 상소를 올린 몽골의 전 통사사인(通事舍人) 왕관(王觀) 역시 "고려가 의(義)를 사랑하고 덕화(德化)를 향해 성조(聖朝)를 섬긴 지 100여 년이 되었습니다. 대대로 이어받아 신하로서의 예절을 잃지 않았으므로 세조께서 그 충성을 가상히 여겨 황제의 딸을 하가(下嫁)하게 하였습니다."라 하여[105] 칭기스칸대 이래로 고려·몽골 관계가 지속적으로 유지되었고, 그 공으로 충렬왕의 통혼이 가능했음을 이야기하고 있다. 이로써 볼 때, 양자 관계가 상당히 진전된 이후 어느 시점부터는 그러한 양자 간의 유구한 관계가 마치 사실인 듯 상호 간에 인식되고 있었을 수 있다. 그리고 이러한 유구한 관계는 그러한 언급이 이루어질 당시까지 지속되어 온 몽골황실-고려왕실 간 통혼이 증명해주고 있었다.

즉 몽골황실과의 통혼은 고려왕실이 몽골의 근각으로 존재했음을

---

104) 『高麗史』 卷33, 忠宣王 2年 秋7月 乙未.
105) 『高麗史節要』 卷24, 忠肅王 10年 正月.

보여주는 관계로서, 시시각각 부침을 겪는 정치적 관계와는 차별성을 가지며 고려국왕권에 중요한 기반이 되었다. 그런데 몽골공주와의 통혼은 고려·몽골 관계 및 고려국왕위 계승에서 매우 중요한 요소이긴 했지만,[106] 그것이 몽골의 입장에서나 고려의 입장에서나 시종 일관되게 동일한 정도의 정치적 의미와 효용을 가졌다고 보기는 어렵다. 오히려 중조(重祚)의 양상 및 국왕위 계승 논란에서 보듯이 황실과의 통혼 여부와는 별개로 몽골의 주요 정치세력과 형성한 관계가 고려국왕의 정치적 입지에 더 직접적인 영향을 미치고 있었던 것으로 보이기도 한다. 이러한 양상은 성종 즉위 당시부터 보이기도 하지만 단적으로 충선왕이 유배되는 시점부터 시작하여 충숙왕과 심왕 간의 정쟁, 충혜왕과 엘테무르[燕帖木兒]·바얀[伯顔] 간 관계 등에서 잘 나타난다.[107]

그러나 이러한 정치적 관계들은 당대의 효용성이 큰 반면 시시각각 변화하는 양상을 보일 수밖에 없는 측면이 있다. 고려인 가운데에서도 직접 황제의 권위에, 혹은 몽골의 주요 정치세력에 연결되어 세력을 행사하는 고려인들이 생길 수 있는 구조 속에서, 고려왕실과 몽골황실

---

106) 충렬왕, 충선왕, 충혜왕, 공민왕은 즉위 전에, 충숙왕은 즉위 후에 몽골공주와 통혼했으며 충목왕과 충정왕은 어린 나이에 즉위해 곧 사망한 관계로 즉위 후에도 통혼은 이루어지지 않았다. 이러한 선후관계를 따질 때 공주와의 통혼이 고려국왕위 계승에 필수적인 전제조건이었다고 하기는 어려울 수 있다. 그러나 고려국왕위 계승이 몽골의 정치상황에 따라 좌지우지되고 몽골에 의한 고려국왕위 중조가 빈발하는 상황에서, 고려의 세자, 국왕들은 고려국왕위에 오르기 위해, 그리고 그 지위를 유지하기 위해 몽골제국 내에서의 자신의 입지를 분명히 할 필요가 있었을 것이며, 이에 공주와의 통혼을 선택하지 않을 수 없었을 것이다. 이러한 점은 공민왕의 통혼에서 단적으로 보인다. 공민왕의 통혼과 관련해서는 이명미, 2003, 앞 논문 참조.

107) 이와 관련해서는 김광철, 1996, 「14세기초 元의 정국동향과 충선왕의 토번유배」 『한국중세사연구』 제3집 ; 이익주, 2000, 「14세기 전반 고려·원 관계와 정치세력 동향─충숙왕대의 심왕옹립운동을 중심으로」 『한국중세사연구』 9 ; 권용철, 2014, 「大元帝國 末期 政局과 고려 충혜왕의 즉위, 복위, 폐위」 『한국사학보』 56 등 참조.

86

의 세대를 거듭한 통혼은 시시각각 부침을 겪는 정치적 관계들과는 차원을 달리하며, 고려왕실과 몽골황실 간의 관계가 상대적으로 매우 깊은 역사적 연원을 갖는 것임을 보여주는 역할을 했던 것으로 보인다. 이는 당시로서는 여타의 고려인들이 형성하기 어려운 관계이기도 했다. 그런 점에서 몽골공주와의 통혼, 즉 부마로서의, 혹은 부마가문으로서의 지위는 양자 간 통혼이 갖는 정치적 비중이 상대적으로 축소된 이후에도 고려국왕권에 여전히 중요한 의미를 갖고 있었다고 할 수 있겠다.[108]

다음으로, 통혼을 통해 형성된 관계가 국왕권에 기반이 된 측면은 국왕 친조(親朝) 양상의 변화를 통해서도 살펴볼 수 있다. 몽골에의 국왕 친조는 원종대 처음 시작되었다. 그러나 원종대와 충렬왕대의 국왕 친조 간에는 친조 이후 국왕의 행적 면에서 큰 차이가 확인된다. 우선 원종의 경우, 재위기간 동안 1264년(원종 5)과 1269년(원종 10), 두 차례 몽골에 친조했는데,[109] 그 과정에서 직접 세조 쿠빌라이와 면대하여 양국 간 현안을 논의한 흔적은 보이지 않는다. 물론 이때에도 몽골 중서성을 통해, 혹은 표문을 통해 최탄 등의 처리문제나 세자의 청혼문제, 무신정권 전복을 위한 파병문제 등의 현안이 논의되기는 했다. 그러나 국왕이 몽골에 들어가 있는 상태에서도 이러한 현안들이 국왕과 황제 간의 직접 면대를 통해 논의되지는 않았다.

이에 비해 충렬왕은 대부분의 중요한 현안들을 쿠빌라이와의 면대를 통해 해결하고 있어 주목된다.[110] 충렬왕은 재위기간 동안 중요한

---

108) 변화가 급격한 정치적 관계와 대비되는 근각의 의미 및 효용과 관련해서는 다음을 참조할 수 있다. 蕭啓慶, 1983, 앞 논문, 142쪽.

109) 『高麗史』卷26, 元宗 5年 8月 癸丑 ; 10年 12月 庚寅.

110) 쿠빌라이대, 충렬왕 재위 중에 이루어졌던 7차례의 친조 가운데 사료상 직접 대면여부가 확인되지 않는 1287년의 친조사례를 제외한 나머지 6차례의 친조에서

문제가 발생할 때마다 자청하여 빈번하게 친조했고,[111] 충렬왕의 친조
는 매번 소기의 목적을 달성했던 것으로 평가된다.[112] 물론 황제와의
면대 방식이 아니라 하더라도 중서성을 통해, 기관들 사이의 문서
행이를 통해 현안들이 해결될 수는 있다. 그러나 당시 매우 다양한
경로를 통해 양국 간에 문서가 행이되던 상황에서 최종 결정권자들이
직접 면대하여 현안을 해결하는 방식은 양국 간의 복잡한 현안들을
일괄적, 효율적으로 해결할 수 있는 방안이었다.[113]

원종대에는 이루어지지 못했던 몽골황제와 고려국왕의 면대를 통한
현안 해결이 충렬왕대에 와서 이루어지게 된 데에는 여러 다른 요인들
이 있겠으나, 몽골황제와 고려국왕의 관계가 변화한 것도 한 가지
요인으로 작용한 것으로 생각된다. 이는 1270년(원종 11), 원종이 복위
후 세자와 함께 입조했을 당시 "한 나라의 군주[一國主]"인 원종에게는
황태자 알현이 허용되지 않은 반면, 공주와 혼약하여 부마가 될 가능성
이 있었던 세자에게는 그것이 허용되었던 사례의 연장선상에 있는
것이었다.[114]

는 모두 충렬왕이 직접 쿠빌라이를 면대(面對)하여 주요 정치사안을 논의했으며
모두 긍정적인 결과를 얻은 것으로 확인된다.(김혜원, 1986, 「충렬왕 입원행적의
성격」『고려사의 제문제』, 삼영사 ; 정동훈, 2010(a), 「고려 元宗·忠烈王代의 親朝
외교」 한국역사연구회 발표문)

111) 충렬왕은 즉위 전에도 수차례 몽골에 입조한 바 있지만(『高麗史』卷25, 元宗 2年
   4月 己酉 ; 卷26, 元宗 10年 4月 乙未 ; 11年 8月 戊辰, 卷27, 元宗 12年 6月 己亥 ; 13年
   12月 丁亥) 재위 중에도 11차례에 걸쳐 친조했다. 이 가운데 쿠빌라이 재위시
   이루어진 7차례의 친조는 2차례를 제외하고는 모두 고려에서 먼저 청하거나
   자의로 입조한 경우였다. 이외에도 고려에서 입조를 청했지만 몽골에서 중단토록
   하여 무산된 사례도 자주 있었다.(『高麗史』卷28, 忠烈王 2年 4月 ; 卷29, 忠烈王
   7年 9月 乙亥 ; 卷30, 忠烈王 12年 正月 丁酉 ; 17年 9月 등)

112) 김혜원, 1986, 앞 논문.

113) 정동훈, 2010(a), 앞 발표문.

114) 『元史』卷7, 世祖 至元 7年 2月 乙未, "高麗國王王禃來朝, 求見皇子燕王, 詔曰, '汝一國主也,

이때 충렬왕이 황제와의 직접 면대를 이루어내고 그를 통해 당대의 현안들을 해결했던 것은 전통적인 '제후의 조근'과 같은 맥락에서[115] 그와 같은 방식으로 이루어진 것도 아니었으며, 그렇다고 해서 변화한 '외교'의 방식에 따라 이루어진 것이었다고 보기도 어렵다. 이는 오히려 중국왕조의 전통적인 상조(常朝)와는 달리, 몇몇 주요 대신들이 주요 사안에 대해 주(奏)를 올리고 그에 대한 논의가 이루어진 후 황제가 직접 그 가부(可否)를 결정하는 방식으로 이루어졌던 몽골의 어전주문(御前奏聞) 형식에 따른 것으로[116] 볼 수 있다. 즉 충렬왕은 부마로서 몽골에서 국정이 논의되고 결정되는 주요한 의사 결정의 과정에 참여하고 있었던 것이다.

고려·몽골 관계에서 중요하고 민감한 현안을 국왕이 황제와 면대해 논의하여 해결할 수 있는 상황은 그를 이루어낸 국왕의 고려 내에서의 위상을 한층 공고하게 했다. 이는 친조에서 이루어낸 구체적 성과 자체에 의한 측면도 있고, 그러한 상황으로 인해 신료들과의 관계에서 국왕의 정책결정권이 갖는 위상이 확고해짐으로써 이루어진 측면도 있다.

충렬왕 4년(1278) 4월, 충렬왕은 김방경 무고사건을 해결하기 위해

見朕足矣.' 禃請以子懼見, 從之." 이는 원종의 국왕이라는 지위를 존중한 처우라 할 수도 있으며 '국주(國主)'와 '부마'라는 몽골과의 관계의 차이에 따른 처우라고 볼 수도 있다.

115) 1264년, 몽골은 기존 중국왕조와 고려 관계에서 존재하지 않았던 조근의 의무를 이행할 것을 요구하면서 "조근(朝覲)은 제후(諸侯)의 대전(大典)이다."라고 한 바 있으며(『高麗史節要』 卷18, 元宗 5年 5月) 충렬왕 역시 동왕 4년(1278)의 친조를 앞두고 "조근은 제후가 위를 섬기는 예절"이라 한 바 있다.(『高麗史』 卷28, 忠烈王 4年 3月 己亥)

116) 몽골의 '어전주문(御前奏聞)'과 관련해서는 李治安, 2003, 『元代政治制度硏究』, 人民出版社, 1~31쪽을 참조할 것. 고려국왕들의 친조, 특히 충렬왕의 친조가 몽골의 '상조(常朝)' 형식을 따르고 있음과 관련해서는 정동훈, 2010(a), 앞 발표문을 참조.

몽골에 친조했다.[117] 이때의 친조에서 충렬왕은 쿠빌라이를 면대하여 김방경 무고사건을 해결했을 뿐 아니라, 홍차구(洪茶丘)[118] 군대의 소환을 청해 흔도(忻都)의 군대 및 고려에 두었던 다루가치까지 몽골로 소환할 것을 허락받는 등의 성과를 거두었다.[119] 이러한 성과들은 우선, 그간 고려 내에서 국왕 이외의 권력으로 존재하면서 고려와 충렬왕에게 부담이 되었던 몽골 관리 및 부원세력을 몰아낼 수 있었다는 점에서 그 자체로 충렬왕의 국왕권 구축에 도움이 되었다.[120] 이에 더하여, 이미 황실과의 통혼을 통해서도 확인된 바이지만, 이 친조의 과정과 성과는 충렬왕에 대한 쿠빌라이의 신뢰와 지원을 다시 한번 분명하게 확인시키는 역할을 함으로써, 충렬왕이 국왕권을 구축하는 데에 중요한 기반이 되었다.

충렬왕대 초, 흔도(忻都), 홍차구 등은 황제의 임명을 받은 관리로서 고려에 와서 몽골제국 군사(軍事)의 일부로서 고려 내정에 개입했다.

---

117) 『高麗史』 卷28, 忠烈王 4年 夏4月 甲寅朔.

118) '洪茶丘'는 기존의 대부분의 연구들에서 '홍다구'로 음독해왔다. 『元史』 열전의 기록에는 洪茶丘가 1290년 요양등처행상서성우승(遼陽等處行尚書省右丞)으로서 카단[哈丹]의 무리를 막으라는 황제의 명을 받은 사실이 기록되어 있다. 이 사실은 『元史』 본기를 통해서도 확인할 수 있는데 여기에는 그의 이름이 '洪察忽'이라 기록되고 있어 주목된다.(『元史』 卷16, 世祖 至元 27년 12월 乙未, "詔諸王乃蠻帶, 遼陽行省平章政事薛闍干, 右丞洪察忽, 摘蒙古軍萬人分戍雙城及婆娑府諸城, 以防合丹兵.") 이때의 '察忽'은 그 음가가 [ʧaku]로 여겨지므로 '洪茶丘'는 '홍다구'보다는 '홍차구'로 읽는 것이 본래의 음가에 더 부합하는 것으로 생각된다. 이상 '洪茶丘'의 음독과 관련해서는 다음을 참조했다. 여원관계사연구팀 편, 2008, 『譯註 元高麗紀事』, 선인, 111~112쪽.

119) 『高麗史』 卷28, 忠烈王 4年 7月 甲申 ; 丙申. 1278년 친조외교의 성과와 의미에 대해서는 이익주, 1996, 앞 논문, 59~65쪽 참조.

120) 고려 내 정치세력과 관련해서도, 충렬왕은 친조 후 홍차구와 연계되어 있던 자들을 처벌했다. 이에 대해 홍차구가 몽골에 호소하여 사신이 파견되자, 충렬왕은 다시 친조하여 쿠빌라이와의 면대를 통해 이 문제를 해결했다.(『高麗史節要』 卷20, 忠烈王 4年 10月 ; 12月 ; 5年 正月)

이러한 개입은 구체적 내용들이 일일이 황제의 명령을 받아 이루어진 것은 아니었으며 그들이 위임받은 군사(軍事)의 일부로서 자체적 판단에 따라 이루어지는 것이었다. 그러나 충렬왕의 입장에서는 이들이 황제의 임명을 받은 몽골의 관리들이기에 그들의 개입에 적극적으로 대응하기가 쉽지 않았다. 그런데 충렬왕 4년(1278) 친조의 과정과 성과는 쿠빌라이가 충렬왕과의 관계와 신뢰를 바탕으로 그의 고려 내 최고통치권자로서의 위상을 적극적으로 인정하고 지원함을 분명히 보여주었다. 이에 이후 충렬왕은 고려 내정과 관련한 정책 결정 과정에서 그에 대한 황제의 직접적 결정 사항이나 번복 요구가 없을 경우, 최고결정권자로서의 위상을 확고히 할 수 있었다. 이는 몽골 관리, 부원세력과의 관계에서 뿐 아니라 고려 신료들과의 관계에서도 중요한 의미를 가졌다. 충렬왕이 친조 후 귀국하여 비체치[必闍赤, bichêchi]를 설치했을 때, 많은 신료들이 그를 불만스럽게 여기면서도 반대의사를 표명하지 못했던 것은[121] 신료들이 국왕의 정책 결정에 대해 쉽게 반대하지 못하게 된 당시의 상황을 보여주는 한 사례이다.[122]

한편, 충렬왕은 즉위 후 국왕권을 구축하는 과정에서 통혼을 통해 형성된 몽골황실과의 관계, 부마로서의 지위를 적극적으로 활용했다. 이는 크게 두 가지 방면, 몽골과 관련된 세력—관리·사신 등—을 대상으로 하는 측면과 고려 내 신료들을 대상으로 하는 측면으로 나누어진다.

---

121) 『高麗史』 卷28, 忠烈王 4年 10月 辛未.
122) 1280년, 재상들이 응방의 폐해를 제거해주기를 청했을 때 충렬왕이 황제가 친신(親信)하는 회회인(回回人)을 청해 와서 재상들이 다시 말하지 못하게 하려 했다는 것 또한 이러한 측면을 보여주는 것이 아닌가 한다.(『高麗史節要』 卷20, 忠烈王 6年 3月) 같은 시기 감찰사에서 응방의 폐해 등을 간언했을 때 감찰시사 심양을 국문하는 등 강력하게 대응하여 이후 간언의 길이 막혔다는 것 역시 긍정적인 방향으로의 왕권 행사는 아니지만 강력한 왕권의 행사를 보여주는 사례라 할 수 있다.(『高麗史節要』 卷20, 忠烈王 6年 3月)

먼저, 충렬왕이 몽골 관리·사신들과의 관계에서 우위를 점하기 위해 부마로서의 지위를 활용했던 측면들을 살펴보겠다.

충렬왕 원년(1275) 5월, 충렬왕은 서문(西門) 밖에 나가 조사(詔使)를 맞이했다. 그런데 이와 관련한 기사에는 다음과 같은 내용이 있어 주목된다.

> 왕[충렬왕 : 필자주]이 공주와 혼인한 뒤로는 조사(詔使)가 오더라도 성을 나가 맞이한 적이 없었는데, 통역관 김태(金台)가 몽골에 가니 중서성 관원이 말하기를 "부마왕(駙馬王)이 조사를 맞이하지 않는 것은 그러한 예가 없는 것은 아니지만, 왕은 외국의 군주[外國之主]이니, 조서가 이르면 맞이하지 않을 수 없다."라 하여 이때에 와서 비로소 맞이하였다.(『高麗史節要』卷19, 忠烈王 元年 5月)

즉 이때 충렬왕이 서문 밖으로 나가 조사를 맞이한 것은 그의 "외국 군주[外國之主]"로서의 위상 때문이라는 것인데, 이와 함께 여기에서 주목되는 것은 충렬왕이 몽골공주와 통혼한 이후 이때까지 조사를 성 밖에서 맞이하지 않았으며, 그것은 그의 부마로서의 지위에 근거한 것이라는 점이다. 몽골 측에서 문제를 제기함으로써 오래 지속되지는 못했지만, 이는 충렬왕이 몽골공주와 통혼한 후 자신의 부마로서의 지위를 활용해 몽골 사신과의 관계에서 우위를 점하고자 했음을 보여준다. 이러한 행위는 고려 신료들에게 스스로의 부마로서의 위상을 부각시키는 기능도 했다.

충렬왕이 몽골 관료들과의 관계에서, 그와의 연장선상에서 고려 신료들을 의식하여 부마의 위상을 활용하고자 한 또다른 사례로, 충렬왕 6년(1280) 11월, 그가 행성의 업무를 맡게 해 줄 것과 함께 공문격식을 정해줄 것을 몽골에 청하고 있는 글의 내용이 주목된다.

> 요즈음 행성에서 공문을 보낼 때 '위와 같이 고려국왕에게 자문을 보낸다
> [右咨高麗國王]'라 하고, 봉한 데에는 '국왕에게 도착하면 열어볼 것[到國王開
> 坼]'이라고 적는다. 중서성(中書省)에서 보내 온 공문들을 살펴보니 글자를
> 조심해서 썼고 종이는 두터우며 매 첩(牒)마다 '청하건대 잘 받아보시라.
> 삼가 첩(牒)함[請照驗謹牒]'이라 되어 있으니, 행성의 공문은 무슨 체례(體例)인
> 가. 내가 생각건대, 행성은 국왕에 대해 이미 의구하거나 기탄할 바가 없으니,
> 비록 자(咨), 관(關), 차부(箚付)라 하더라도 괜찮지만, 만약 부마에게 부득이
> 공문을 보내야 할 경우에는 어떤 체례를 써야 하는가. 예전에 독련가(禿輦哥)
> 국왕은 나의 부왕(父王)에게 직접 공문을 보내지 않고 반드시 다루가치에게
> 보냈다. 서로 간에 왕래하는 공문의 격식을 정해 회보해주기 바란다.[123]

이에 따르면, 몽골 중서성이 고려국왕에게 보낸 공문들이 외국 군주
에 대한 공문형식인 첩(牒)식 문서로 예의를 갖추었음에 비해, 행성에서
보낸 공문들은 동급관부에 대한 공문형식인 자(咨)식 문서로 어구 역시
예의를 갖추고 있지 않았다고 한다. 이때의 행성은 충렬왕 6년(1280)
8월에 설치된 정동행성으로, 흔도(忻都)와 홍차구가 우승(右丞)으로 임명
되어 있었다.[124] 행성과 중서성은 동급 관부이기에 그들이 고려국왕에
게 보내는 문서양식이 서로 간에 다를 이유는 없었다. 행성에서 이때에
이르러 국왕에게 자(咨)식 문서를 보낸 이유를 분명히 알 수는 없지만,
이는 당시 충렬왕이 정동행성승상에 임명되었던 사실과 관련되었던

---

123) 『高麗史』卷29, 忠烈王 6年 11月 己酉, "今有行省文字云, '右咨高麗國王', 封云, '到國王開坼'.
　　竊審中書省行來文字, 字謹紙厚, 每牒云, '請照驗, 謹牒'. 未詳行省文字是何體例. 予忖得行省
　　於國王旣無疑忌, 雖咨關箚付可也. 若諸駙馬處有不得已行移文字, 當用如何体例. 昔禿輦哥
　　國王於我父王未嘗直行文字, 必行下達魯花赤. 伏望定奪彼此往還文字格式回示."
124) 『元史』卷11, 世祖 至元 17年 8月 戊戌 ; 『高麗史』卷29, 忠烈王 6年 9月 丙辰.

것으로 생각된다.[125] 이 시점에는 아직 이 임명 사실이 충렬왕에게 전해지지 않았으나, 몽골에서는 이미 세조 지원(至元) 17년(1280, 충렬왕 6) 10월에 충렬왕의 정동행성승상 취임이 결정되어 있었기 때문이다.[126] 당시 충렬왕의 입장에서, 이 시점 행성에서 자신에게 보낸 문서양식의 변화는 자신을 어떤 위상으로 상정한 가운데 발생한 변화인지의 여부 자체보다도, 그 문서를 보낸 행성, 즉 정동행성의 우승이 홍차구였다는 점에서 더욱 민감하게 반응할 수밖에 없는 일이었을 것으로 생각된다.

홍차구는 이미 1차 일본원정 당시에도 그 사령관으로서 충렬왕에게 큰 부담이 되었던 인물이기에, 새롭게 원정 준비가 진행되는 상황에서 그의 존재가 충렬왕에게 부담이 되었을 것은 충분히 예상할 수 있다. 몽골에서는 세조 지원 17년(1280, 충렬왕 6) 6월경부터 일본정벌과 관련한 논의가 시작된 것으로 보이며,[127] 같은 시기에 충렬왕이 박의(朴義)를 원에 보내어 동정(東征)의 일은 자신이 입조하여 이야기하겠다는 뜻을 전한 것으로 볼 때,[128] 이때 고려 측에도 관련한 준비 명령이 전해진 것으로 보인다.[129] 이 친조 요청이 받아들여져 이루어진 같은 해 8월의 친조에서, 충렬왕은 동정과 관련한 7개 사안과 함께 홍차구의 직임을 더 높여주지 말 것과 자신이 도리첩목아(闍里帖木兒)와 함께 정동성 사업을 관할하게 해 줄 것을 청했다.[130] 자신에 앞서 일본원정

---

125) 森平雅彦, 2007, 「牒と咨のあいだ－高麗王と元中書省の往復文書」『史淵』第144輯.

126) 『元史』卷11, 世祖 至元 17年 10月 癸酉.

127) 『元史』卷11, 世祖 至元 17年 6月 壬辰.

128) 『高麗史節要』卷20, 忠烈王 6年 6月.

129) 앞서 같은 해 5월에 원에서 돌아온 류비가 고려의 군사로 왜적을 방어하라는 황제의 명령을 선날했다고 한다.(『高麗史』卷29, 忠烈王 6年 5月 甲戌)

130) 『高麗史』卷29, 忠烈王 6年 8月 乙未.

94

임무를 받은 홍차구를 경계한 것으로, 충렬왕에게 그의 존재가 부담이 되었음을 잘 보여준다.

이때 충렬왕이 요청한 내용은 대개 받아들여졌으며, 『원사』에는 같은 해(1280) 10월에 충렬왕에게 '개부의동삼사 중서좌승상 행중서성사(開府儀同三司 中書左丞相 行中書省事)'를 더해주었다고 되어 있으나,[131] 이 결정이 곧 고려에 전해지지는 않았던 것으로 보인다. 11월, 충렬왕이 조인규와 인후를 통해 몽골 중서성에 전한 글에, 왕이 일전에 황제에게 행성의 일을 맡아볼 것을 청했는데 아직 명확한 지시를 받지 못했으니, 관련한 결정을 신속히 내려줄 것을 청하고 있기 때문이다.[132] 위에 인용한 공문격식 관련 글은 이 요청에 이어지는 내용으로, 이러한 요청이 이루어진 배경 역시 행성업무와 관련한 충렬왕의 요청과의 연관선상에서 홍차구 등이 우승으로 있었던 행성과 국왕권의 관계 문제와 관련되어 있었다고 생각해볼 수 있다.

충렬왕에게 이 문제는 단지 홍차구와의 관계에 그치는 것이 아니라 고려 내 국왕의 권위와 관련한 문제이기도 했다. 행성으로부터, 혹은 몽골의 다른 기관으로부터 국왕에게 오는 공문의 격식 격하는 고려 신료들의 국왕 권위에 대한 인식에도 영향을 줄 수 있는 것이었기 때문이다. 위 인용문에서 충렬왕은 이러한 행성의 공문격식에 대해 개의치 않는다고 이야기하고 있지만, 공문격식의 변화 상황을 일일이 지적하며 그 연유를 묻고 있음은 그가 그러한 변화를 매우 의식하고 있음을 보여준다.

그런 점에서 주목되는 것은, 이때 충렬왕이 행성에서 국왕에게 보내는 공문의 격식을 분명하게 정해줄 것을 요청하는 가운데, 일종의

131) 『元史』 卷11, 世祖 至元 17年 10月 癸酉.
132) 『高麗史』 卷29, 忠烈王 6年 11月 己酉.

'사례'로서 행성에서 부마에게 문서를 보낼 경우 그 격식이 어떠한지를 물어보고 있다는 점이다. 또한 원종대의 사례로서 삼별초 진압을 위해 고려에 왔던 독련가(禿輦哥) 국왕[133]은 왕에게 직접 문서를 보내지 않고 다루가치에게 보냈다는 점을 들고 있기도 하다. 즉, 충렬왕은 당시 공문격식과 관련하여 행성과의 관계에서 발생한 문제를 해결하기 위해 자신의 부마로서의 위상을 활용하고자 한 것이다.

　이러한 공문격식과 관련한 충렬왕의 요청에 대한 몽골 측의 회답은 확인하기 어려우나, 몽골에서는 직후인 충렬왕 6년(1280) 12월, 충렬왕 을 '개부의동삼사(開府儀同三司) 중서좌승상행중서성사(中書左丞相行中 書省事)'로 봉하고 해당 인장을 보냈다.[134] 이 인장을 받은 이후 이듬해 2월, 충렬왕은 다시 자신의 선명(宣命)을 고쳐 '부마' 두 글자를 더해줄 것을 요청했으며,[135] 다음달인 3월, '부마국왕(駙馬國王)'의 선명(宣命)과 정동행중서성인(征東行中書省印)을 받았다.[136] 그리고 1282년(충렬왕 8) 에는 변경된 선명에 따라 "부마국왕금인(駙馬國王金印)", 혹은 "부마국왕 인(駙馬國王印)"을 받았다.[137]

---

133) 잘라이르 무칼리 가문의 인물로, 『高麗史』에는 "頭輦哥"로 기록되어 있다. 동경행성 의 업무를 맡아 보았으며, 1269년 임연의 원종 폐립사건 당시, 고려 세자 왕심(王諶, 뒤의 충렬왕)의 요청에 따라 군대를 거느리고 고려에 온 바 있었다.

134) 『高麗史』 卷29, 忠烈王 6年 12月 辛卯.

135) 『元史』 卷11, 世祖 至元 18年 2月 辛未.

136) 『高麗史』 卷29, 忠烈王 7年 3月 乙卯 ; 『高麗史節要』 卷20, 忠烈王 7年 3月.

137) 『高麗史』 卷29, 忠烈王 8年 9月 甲子 ; 『高麗史節要』 卷20, 忠烈王 8年 9月. 기존의 연구에서는 이러한 '부마국왕' 선명과 '부마국왕인'을 통해 기존에 분리되어 있었던 고려국왕의 '부마'로서의 위상과 '국왕'으로서의 위상 간 일체화가 이루어 졌다고 보기도 한다.(森平雅彦, 1998(a), 「駙馬高麗國王の成立 : 元朝における高麗王の地 位についての豫備的考察」, 『東洋學報』 79-4 참조) 의미있는 지적이라고 생각되지만, 제도적인 측면에 한정한 검토와 의미 부여라는 점을 감안하더라도 다소 과한 해석이 아닌가 한다. 고려국왕이 부마가 된 이후 나타나는 세도적인 측면에서의 변화들은 두 위상의 제도들 간에 '일체화'가 이루어진 것이라기보다는 고려국왕,

충렬왕이 이때 자신의 선명에 '부마'를 더해줄 것을 요청한 데에는 다른 여러 이유들이 있었을 수 있지만, 이 시점이 제2차 일본원정과 관련한 준비가 이루어지고 있던 시기였고, 살펴본 바와 같이 행성과의 공문격식과 관련해 자신의 부마로서의 위상을 통한 재조정을 시도한 이후였다는 점이 주목된다. 당시 충렬왕은 정동행성승상에 임명됨으로써 일본원정 실무 면에서 흔도, 홍차구 등과의 위계 문제는 어느 정도 정리할 수 있었지만, 공문격식과 관련해서는 명확한 답변을 받지 못한 상황이었다. 이러한 가운데, 충렬왕은 이후 여타의 몽골 관인 및 관부 등과 문서 행이를 하게 될 경우 자신의 부마로서의 위상을 내세우기 위한 방안으로서 이러한 요청을 했던 것이 아닌가 한다. '부마국왕' 선명과 직결되는 '부마국왕' 인장의 용도가 문서와 관련된다는 점에서도 그런 측면을 엿볼 수 있다. 국왕으로서는 이미 행성으로부터 '자식 문서'를 받은 바 있는 상황에서, 앞서 조사(詔使) 영접과 관련한 사례에서 보듯 국왕으로서의 격식과 부마로서의 격식이 선별적으로 적용될 수 있는 가능성을 배제하기 위한 것이 아니었나 하는 것이다.

살펴본 바, 몽골 관인 및 관부를 대상으로 '부마'의 위상을 활용한 사례들이 갖는 의미는 그 자체로 고려 내 신료들에 대한 국왕 위상 문제와도 관련되어 있다. 이에 더하여, 아래에서는 충렬왕이 몽골 관인들보다는 고려 내 신료들을 주대상으로 하여 부마의 지위를 활용했던 사례들에 대해 살펴보도록 하겠다. 이러한 사례는 여러 가지가 있겠지만,[138] 대표적으로 충렬왕이 도입한 몽골식 관부들을 통해 확인

특히 충렬왕의 필요에 의해 부마의 제도들 가운데 일부가 선별적으로 국왕의 제도에 부가되었던 것으로 보인다. 이에 대해서는 뒤에서 일부 상술하도록 하겠다.
138) 충렬왕이 고려신료들과의 관계에서 부마라는 지위를 활용했음은 그가 고려 내에서 신하에게 내리는 문서에서도 '정동행성승상(征東行省丞相) 부마(駙馬) 고려국왕(高麗國王)'이라는, 몽골로부터 부여받은 고려국왕의 칭호를 굳이 다 적시하고 있었음

할 수 있다. 먼저 충렬왕대 초반 충렬왕과 신료들의 관계에 대해 살펴보고, 이어서 그가 도입한 몽골식 관부들에 대해 살펴보도록 하겠다.

즉위 초 충렬왕과 일반 신료들의 관계는 상호 간의 소통과 신뢰가 부재했던 것으로 보인다. 충렬왕 원년(1275) 5월, 당시 충렬왕의 신임을 받던 응방(鷹坊) 관료인 오숙부(吳淑富) 등과 이들의 세력 행사를 못마땅하게 여긴 지방관 안전(安戩), 신좌선(辛佐宣) 등 사이에 갈등이 생겨, 전자의 참소로 후자가 파직되는 상황이 발생했다. 이후 승선(承宣) 이분성(李汾成)이 왕의 결정이 잘못되었음을 고하자, 충렬왕은 자신이 오숙부의 참소를 의심하기는 했지만 우선은 안전 등이 와서 왕에게 고하는 것이 순서였음을 이야기하고, 안전의 자리에 임명했던 노경륜(盧景綸)을 불러 왕명을 빙자해 불법을 행하는 자가 있으면 바로 고할 것을 명했다.[139] 이는 당시 충렬왕의 국정 운영이 측근들을 중심으로 이루어지고 있었던 상황, 그리고 일반 관료층과 국왕 사이의 신뢰가 부재했던 상황을 잘 보여준다.

위의 사건에서 충렬왕은 오숙부 등 측근의 권력 행사를 묵인할 생각은 없었던 것으로 보이지만, 안전, 신좌선 등은 측근들의 행위를 "미워하고 예로써 대하지 않았고"[140] 그들의 폐단을 왕에게 고하여 해결하려 하지는 않았다. 이는 안전, 신좌선 등 신료들에게 국왕에 대한, 그리고 국왕과의 공적인 의사소통 과정의 효용성에 대한 신뢰가 부재함을 보여준다. 충렬왕의 입장에서 이러한 신료들의 행위는 그들

을 통해서도(노명호 외, 2000, 「鄭仁卿功臣敎書」, 「金汝盂功臣敎書」『韓國古代中世古文書硏究』(上), 서울대학교 출판부, 28~34쪽) 확인할 수 있다. 애초에 충렬왕의 청혼은 원종의 폐려라는, 신료들의 확고한 지지를 확보하지 못한 고려국왕권의 문제를 해결하기 위한 방편으로 이루어진 측면을 갖는 것이기도 했다.

139) 『高麗史節要』卷19, 忠烈王 元年 5月.
140) 『高麗史節要』卷19, 忠烈王 元年 5月.

이 자신의 명에 "항거하려는 것"처럼 인식되었고, 오숙부 등의 말이 참소임을 직감하면서도 그를 따르는 결과를 가져왔다. 충렬왕에게도 일반 신료층에 대한 신뢰가 부재했던 것이다. 즉위 초 충렬왕의 측근정 치는 그가 즉위 전 장기간 몽골에 체류함으로써 고려 내에서 정치적 기반을 형성하지 못한 결과인 측면과 함께[141] 국왕과 신료 간 신뢰의 부재라는, 원종대 후반 상황의 연장선상에서 이루어진 결과로서의 측면도 갖는 것이었다고 생각된다.

관료들과의 관계가 불안정한 상황에서 충렬왕은 친신(親臣) 중심의 정치를 제도화하고자 했다. 이와 관련해서 주목되는 것이 비체치[必闍 赤, bichêchi]의 설치이다.[142] 충렬왕 4년(1278) 10월, 충렬왕은 김주정(金周 鼎)의 건의에 따라 비체치와 신문색(申聞色)이라는 관직을 새롭게 두었 다.[143] 이 가운데 비체치는 몽골에서 문서 관련 업무를 담당한 관직이었 다. 비체치는 카안 직속 친군(親軍)인 케식[怯薛, kešig]에 포함되는 것인 데, 카안 이외에도 제왕(諸王), 부마(駙馬), 공주(公主), 후비(后妃)의 위하(位 下)에 배치되었던 것으로 확인되며 특히 제왕과 부마는 그들의 왕부(王

---

141) 충렬왕을 비롯한 몽골 복속기 국왕들이 숙위기간에 호종했던 신료들을 중심으로 정치를 이루어갔던 이러한 양상은 측근정치로 규정되어 이 시기를 특징짓는 중요한 정치형태로 이야기되고 있다.(김광철, 1991, 『高麗後期 世族層 硏究』, 동아대 학교출판부 ; 이익주, 1996, 앞 논문)

142) 비체치[必闍赤]와 관련해서는 많은 연구들이 있으나 전론으로는 박용운의 연구가 유일하며, 여기에는 그간의 비체치와 관련한 연구성과들이 잘 정리되어 있어 참고가 된다.(박용운, 1994, 「고려후기의 必闍赤(필자적, 비칙치)에 대한 검토」 『李基白先生古稀紀念韓國史學論叢(上)-古代篇·高麗時代篇』) 그간의 연구들에서는 1278년 설치된 비체치가 정방비체치[政房必闍赤]인지, 왕부비체치[王府必闍赤]인 지와 관련해 논란이 있었다. 그 조직 면에서 비체치가 어느 쪽과 관련이 있는지의 여부는 차치하고 그 성격 면에서 볼 때, 비체치는 정방, 부마고려국왕의 왕부 모두와 연관성을 가지는 것으로 보인다. 관련한 내용은 후술할 것이다.

143) 『高麗史』 卷28, 忠烈王 4年 10月 辛未. 신문색은 내료들 가운데 일정 인원을 선발해 국왕에게 사무를 전달, 보고하는 일을 전담하게 한 것이다.(『高麗史』 卷77, 百官志 2, 掖庭局 忠烈王 4年)

府) 아래에 케식을 두고 있었다.[144)]

1278년(충렬왕 4)의 비체치 설치는 재추가 너무 많아 정사를 도모하는 데 주관자가 없는 상황에서 기무(機務)를 맡기기 위한 것이었으며, 이후 이들은 항상 금중(禁中)에 모여서 기무를 결정하는 데에 참여하였으므로, '별청재추(別廳宰樞)'라 칭해졌다고 한다.[145)] 그 초기 구성원은 대체로 신진세력이라 할 수 있는 인물들로 국왕과 긴밀한 관계를 유지했거나 특별히 능력을 인정받은 사람들이었다.[146)] 즉 비체치는 재추들이 많아 정책 결정이 쉽지 않은 상황, 그리고 국왕 주도의 정책 결정 방식, 혹은 그를 위한 기구가 필요했던 고려 내부적 상황에서 도입된 것이었다고 할 수 있다.

그러한 기구가 필요하다면 기존의 정방(政房)을 활용할 수도 있었을 것인데,[147)] 충렬왕은 왜 굳이 "조종(祖宗)의 제도"가 아니므로 많은 이들이 좋아하지 않을[148)] 몽골식 제도인 비체치를 도입했을까. 여기에는 우선, 정방을 그대로 활용하기가 어려운 상황이 하나의 요인으로 작용하고 있었다.

무신집권기 이래 정방에서 전주(銓注)가 행해지면서 과거 문·무의

---

144) 森平雅彦, 1998(b),「高麗王位下の基礎的考察－大元ウルスの一分權勢力としての高麗王家」『朝鮮史研究會論文集』第36集. 종왕, 부마들의 투하령 관부로서의 왕부(王府)와 그 속관(屬官)들에 대해서는 다음을 참조할 수 있다. 李治安, 1989,『元代分封制度研究』, 天津古籍出版社, 220~230쪽.

145)『高麗史節要』卷20, 忠烈王 4年 10月.

146) 초기 설치 당시 비체치 구성원에 대한 분석은 다음을 참조할 수 있다. 이기남, 1971,「충선왕의 개혁과 사림원의 설치」『역사학보』52 ; 김광철, 1985,「고려 충렬왕대 정치세력의 동향」『창원대학논문집』7-1 ; 이익주, 1996, 앞 논문, 82~86쪽.

147) 정방은 전주(銓注)를 주로 담당한 기관이었지만, 일시적인 것이었다 하더라도 기무 처결 기능을 담당하기도 했던 것으로 보인다.(『高麗史』卷105, 柳璥傳, "璥既誅竩, 奏置政房于便殿側, 掌銓注凡國家機務皆決焉.")

148)『高麗史節要』卷20, 忠烈王 4年 10月, "新置必闍赤. (중략) 以非祖宗舊制, 人皆不平之."

전주를 총괄했던 이부(吏部)와 병부(兵部)의 판사(判事)들, 즉 그를 겸임하고 있던 재추들은 전주의 과정에서 소외되었다. 그러나 최씨정권 종식후, 나아가 무신정권 종식 후에는 국왕 뿐 아니라 고위 재상들도 정방에 대한 영향력을 강화해 나가고 있었다.[149] 정방에 치중되어 있던 인사 영역에 대한 재추들의 영향력 강화 움직임이 계속되고 있는 가운데, 역으로 엄연히 재상회의에서 주관하고 있던 기무 처리의 영역에까지 정방의 기능을 확대하는 것은 반발을 가져올 수도 있는 것이었다. 일본원정 문제 등으로 해서 극렬하게 표출되고 있지는 않았지만 국왕의 측근 중심 정치운영에 대한 관료층의 불만이 상존하고 있던 상황에서, 정방 확대를 통한 국왕의 정권 장악력 확대는 재추와 신료들의 강한 불만과 반발을 초래할 수 있었다. 또한 이후에도 정치 개혁 때마다 그 혁파가 언급되었던 것에서 보듯이 정방이라는 기구는 애초 최씨정권의 사적 정치기구로서 설치된 것으로, 그 정치적 기능을 확대하여 국왕이 정권을 장악하고자 하는 시도는 명분 면에서도 매우 취약한 것이었다.

이에 충렬왕은 별도의 기구를 설치할 필요가 있었을 것인데, 비체치는 그러한 충렬왕의 상황과 목적에 부합했던 것으로 보인다. 우선, 비체치는 상조(常朝)가 존재하지 않고 '어전주문(御前奏聞)'의 형식으로 정책 결정이 이루어졌던 몽골의 정책 결정 과정에서 항상 배주(陪奏)하여 그 과정에 참여하고 있었다. 이러한 점은 재추회의를 대신해 친신 중심의 정책 결정 방식을 원했던 충렬왕의 의도에 잘 부합하는 것이었다.[150]

---

149) 김창현, 1998, 앞 책.

150) 이러한 측면에서 이개석은 충렬왕의 비체치 설치를 몽골의 정책결정방식을 본뜨기 위한 것이라고 이해한 바 있다. 그는 비체치의 설치가 왕권강화와 관련되어 있다는 기존의 견해에 대해서는 비판적 입장을 취하고 있다.(이개석, 2004, 「《高麗史》元宗·忠烈王 世家 중 元朝關係記事의 註釋研究」『東洋史學研究』88)

한편 몽골에서 이러한 케식으로서의 비체치는 앞서 언급했다시피 황제 이외에는 제왕, 부마, 공주, 후비의 위하(位下)에 설치될 수 있는 것으로 충렬왕은 자신의 부마 지위에 근거해 이를 도입하는 것이 가능했다. 몽골에서도 고려에 두어졌던 비체치를 비롯한 케식에 대해 알고 있었던 것으로 확인되므로, 이는 고려에서 단순히 몽골의 제도를 모방한 것이라기보다는 그 부마의 지위에 근거해 확보된 것이라 할 수 있다.[151] 또한 이는 충렬왕의 몽골황실 부마라는 지위에 근거해 두어진 관직인 만큼, 그것이 갖는 사적 정치기구로서의 성격에도 불구하고[152] 그에 대한 고려신료들의 불만을 무마하는 것도 가능했다. 비체치가 설치된 후, 많은 이들이 보였던 불평은 비단 그것이 "조종의 제도가 아니기 때문"만은 아니었을 것이다. 기존 재추회의의 영역에 해당하는 국정운영의 핵심 업무를 국왕을 중심으로 한 소수의 친신들이 주관하겠다는 시도 자체에 대한 불평도 상당부분 존재했을 것이다. 그러나 충렬왕은 비체치라는 몽골의 제도, 더욱이 자신의 몽골황실 부마로서의 지위에 근거한 제도의 도입을 통해 자신의 의지를 실현시켰고, 이에 신료들의 '불평'은 구체적인 정치행위로 표출될 수는 없었던

---

151) 森平雅彦, 1998(b), 앞 논문.

152) 비체치는 재추회의가 엄존하는 가운데 국왕과 친밀한 관료들을 중심으로 구성된 별도 조직을 통해 기무를 처결하기 위한 기구였다는 점에서 상당부분 정방으로 상징되는 무신집권기 이래의 사적 정치 운용방식과 연결되어 있었다. 이러한 점은 설치 초기에는 비체치의 구성원과 정방의 구성원이 상당부분 중복되고 있는 사실(김창현, 1998, 『고려후기 정방연구』, 고려대학교 민족문화연구원, 78쪽) 등을 통해 나타났으며 14세기 중후반에 이르면 정방과 비체치가 일체화하는 양상으로 나타났다.(박용운, 1994, 앞 논문) 더하여 최근 森平雅彦은 비체치 뿐 아니라 순군(巡軍)이나 케식과 같은 몽골의 제도를 통해 고려국왕들이 인사(人事)에서 군사(軍事)에 이르는 제 분야에서 무신정권의 정치방식을 '합법적으로' 답습할 수 있었다는 견해를 제시하기도 했다.(森平雅彦, 2011, 『モンゴル帝國の覇權と朝鮮半島』, 山川出版社, 58~62쪽)

것이 아닌가 한다. 즉, 비체치 설치는 즉위 후 충렬왕이 국정장악력을 확대해가는 과정에서 몽골이라는 권위를, 그리고 자신의 부마라는 지위를 적극적으로 활용한 결과인 것이다.

한편, 비체치와 같은 부마 위하(位下)의 케식이 고려에 설치된 것은, 기존의 연구에서 고려를 부마고려국왕의 투하령(投下領)으로 보는 근거로 제시되기도 했다.[153] 이는 제도적인 측면에 한정된 검토라고 그 의미를 제한한다고 하더라도, 두 가지 면에서 과한 해석이 아닌가 한다. 우선 왕부(王府)가 제대로 운영되기 위해서는 필수적이라 할 수 있는 왕부(王傅), 부위(府尉), 사마(司馬) 등의 관직은 보이지 않는 점, 또다른 투하관(投下官)인 왕부단사관(王府斷事官) 역시 그 구체적인 업무가 확인되지 않고 있는 점은 고려의 투하령으로서의 위상에 한계를 설정하고 있다.[154] 다음으로, 이러한 투하관 설치가 고려국왕의 부마로서의 지위에 근거해 황제의 승인을 받아 설치되었던 것은 사실이지만, 그 설치의 과정 및 맥락은 몽골에서 애초에 고려를 부마고려국왕의 투하령으로 규정하고 투하관의 설치를 명하여 체계를 갖추어 설치가 이루어진 것이 아니라 고려국왕이 여러 투하관 가운데 일부를 선택해서 요청한 것을 들어준 것이라는 점 또한 주목할 필요가 있다. 앞서 언급한 바, 왕부가 갖추어야 할 관부들이 온전히 두어지지 않았던 점은 그러한 투하관 설치가 고려국왕의 필요에 의해 선별적으로 이루어진 데에 기인한 바도 있을 것이다.

고려에 비체치가 설치된 시기는 충렬왕이 김방경 무고사건을 이른바 '친조외교(親朝外交)'를 통해 해결하고 난 직후였다. 즉, 충렬왕은 자신의

---

153) 森平雅彦, 1998(b), 앞 논문.
154) 김호동, 1997, 앞 책, 113쪽 ; 이개석, 2007, 「大蒙古國-高麗 關係 연구의 재검토」 『史學硏究』 88.

부마라는 지위를 적극 활용, 세조 쿠빌라이를 친조하여 김방경 무고사건을 해결하고 홍차구와의 경쟁구도를 정리한 직후, 그 여세를 몰아 고려 내정에서도 역시 부마로서의 위상을 활용하고 몽골의 권위를 내세워 국왕 주도의, 그리고 친신 위주의 정국운용방식을 이루어낸 것으로 생각된다.

충렬왕은 비체치 이외의 몽골 케식관들도 도입했는데, 이 역시 자신의 부마로서의 지위에 근거한 것이었다. 이 가운데 충렬왕대 초반에 나타나는 코르치[忽赤, qorči], 시바우치[昔寶赤, 時波赤, sibauči : 鷹坊]와 같은 케식관들은 충렬왕의 국왕권을 밑받침하는 친위부대로서 기능했던 것으로 보여 주목된다.[155] 충렬왕은 즉위 후, 의관자제(衣冠子弟)로서 몽골에 투르칵[禿魯花, turɣaɣ], 즉 질자(質子)로 수행했던 자들을 선발해 코르치로 삼았다.[156] 고려의 코르치는 몽골의 케식과 유사한 방식으로 운용되었던 것으로 보인다.[157] 카안의 케식은 4번(番)으로 나뉘어 3일 교대로 숙위를 했는데, 충렬왕은 이를 3번으로 개편했던 듯하다. 이들은 또한 3일 교대로 숙위했는데, 이는 "중조(中朝)의 체례(體例)", 즉 몽골의 케식제도와 같은 것이었다.[158] 한편, 고려에서 시바우치, 즉 응방은 그 정확한 설치시기를 알 수는 없으나, 그 존재는 충렬왕 원년(1275) 5월의 기사에서 처음 확인되며,[159] 역시 황제에게 요청해서 설치한 것이었다.[160] 응방은 매를 공급하고 사육하는 기관 혹은 사람이었지만,

---

155) 이들 외에도 우달치[于達赤], 수구르치[速古赤] 등의 케식관도 고려에 설치되었던 것으로 확인되지만, 이러한 것들이 충렬왕대부터 존재했는지는 분명하지 않다. 고려에 설치되었던 케식관과 관련해서는 森平雅彦, 1998(b), 앞 논문 참조.

156) 『高麗史』 卷82, 兵志2, 宿衛, 元宗 15年 8月, "忠烈王卽位, 以衣冠子弟嘗從爲禿魯花者分番宿衛, 號曰忽赤."

157) 森平雅彦, 1998(b), 앞 논문.

158) 『高麗史』 卷82, 兵志2, 宿衛, 忠烈王 元年 正月 ; 8年 5月.

159) 『高麗史節要』 卷19, 忠烈王 元年 5月.

"코르치[忽赤]·응방(鷹坊) 3품 이하로 하여금 활과 화살을 갖고 차례를 번갈아 입직(入直)하도록 했다."라는 기록을 볼 때,[161] 이들 역시 코르치 와 함께 국왕의 친위부대로서 기능하고 있었던 것으로 보인다.

이들은 왜구의 침입에 대비하기 위한 군사력으로 동원되기도 하여[162] 대외 방비를 위한 군사력으로 존재하기도 했지만, 국왕의 친위부대로서 왕위 계승 분쟁 등 정쟁의 과정에서나, 국왕에 반대하는 세력들을 제압하는 과정에서 사적 물리력으로 동원되기도 했다.[163] 즉 충렬왕은 즉위 초 국왕권을 구축하는 과정에서 그의 국왕권을 밑받침할 수 있는 물리력으로서 코르치, 시바우치와 같은 케식을 도입, 운용했던 것이라 할 수 있다. 이들은 이후에도 국왕의 친위부대로서 국왕권에 중요한 기반 가운데 하나가 되었다.

② 국왕권에 제약이 된 측면

한편 몽골황실의 부마라는 지위는 고려국왕권에 제약이 되기도 했다. 우선 이야기할 수 있는 것이 공주와 그 수종세력이 하나의 정치세력으로서 국왕권을 제약한 경우이다. 공주가 직접적인 정치세력으로

---

160) 『高麗史節要』 卷20, 忠烈王 9年 5月.

161) 『高麗史』 卷82, 兵志2, 宿衛, 忠烈王 13年 閏2月. 응방과 관련해서는 다음 논문들이 참조된다. 이인재, 2000, 「고려후기 응방의 설치와 운영」 『한국사의 구조와 전개-河炫綱교수정년기념논총』 ; 박홍배, 1986, 「고려응방의 폐정 : 주로 충렬왕대를 중심으로」 『경주사학』 제5집.

162) 『高麗史』 卷29, 忠烈王 6年 5月, "倭賊入固城漆浦擄漁者而去. 遣大將軍韓希愈防守海道. 又選忽赤巡馬諸領府等二百人, 分守于慶尙全羅道." ; 卷38, 恭愍王 元年 3月 己未, "倭船大至. 金暉南兵少不能敵, 退次西江告急, 調發諸領兵及忽赤, 分遣西江甲山喬桐以備之."

163) 森平雅彦, 2011, 앞 책, 59쪽. 1339년 조적의 난 당시 충혜왕은 조적 등을 제압하는 한편으로 그와 연계했던 심왕(瀋王)도 잡으려 했는데 이때 충혜왕이 동원했던 군사력이 코르치, 응방이었다.(『高麗史節要』 卷25, 忠惠王 卽位年 8月, "前王遣鷹坊忽赤六十餘騎於平壤府, 欲止瀋王, 不及而還.")

서 고려국왕권에 영향을 미친 것은 초기의 상황에 국한된다. 충렬왕대 제국대장공주(齊國大長公主)의 경우, 세조 쿠빌라이의 딸이라는 점이 작용, 공주에 의한 직접적인 정치개입이 이루어질 정도로 그 권력이 막강했다. 공주와 그 수종세력들은 중요한 정치세력으로 활동하면서 충렬왕의 국왕으로서의 위상에 중요한 기반 혹은 제약으로 작용했다. 그러나 이후의 공주들은 충혜왕비인 덕녕공주(德寧公主) 정도가 충혜왕 사후 어린 왕들이 즉위한 상황에서 정치적인 역할을 했을 뿐, 다른 몽골공주들은 특별히 세력을 형성하거나 정치활동을 하지는 않았다. 충선왕비 계국대장공주(薊國大長公主)의 경우 무고사건 및 충렬-충선왕 의 갈등 과정에서 정치적으로 그 존재가 활용되기는 했지만, 스스로 정치세력을 형성해 정치활동을 하지는 않았다.

보다 근본적인 차원에서 부마라는 지위가 고려국왕권을 제약한 것은 고려국왕권이 부마라는 지위를 통해 형성된 몽골황실·황제와의 관계에 상당부분 의존하게 됨으로 해서 발생한 문제였다. 이는 다시 두 가지로 살펴볼 수 있다. 한 가지는 국가 최고권으로 존재해야 할 국왕권이 황제의 존재를 적극적으로 의식해야 하게 됨으로 해서 발생하 는 문제이며, 다른 한 가지는 고려왕실이 몽골황실과의 통혼을 통해 일가문(一家門)으로서 관계를 형성함으로써 발생한 문제이다.

첫 번째 문제부터 살펴보자. 고려국왕의 부마라는 지위는 몽골황제 의 권위에 가장 근접해 있는 것이기는 했지만, 역으로 몽골황제의 존재를 적극적으로 인정하는 가운데에서만 가능한 지위였다. 그런데 고려국왕들이 국왕위의 계승과 국왕권 행사를 위해 몽골황실·황제와 의 관계에 상당부분 의존해야 하게 됨으로 해서, 고려국왕권은 국가의 주권이자 최고권으로서의 위상에 큰 손상을 입을 수밖에 없었다. 뒤에 살펴볼 중조(重祚)를 비롯한 국왕위 계승분쟁은 단지 통혼의 문제에만 기인한 것은 아니었지만, 고려국왕권이 통혼을 비롯한 몽골황제·황실과의 관계에 의존하게 된 데에 기인한 것이었다고 할 수 있다. 정치세력들 역시 국왕권에 작용하고 있는 황제권의 존재를 적극적으로 인식하고 있었기 때문에, 이들은 국왕권을 중심으로 결집하여 그 국정운영을 보좌하기 보다는, 국왕 혹은 다른 권력주체가 몽골황제·황실과 형성한 관계를 중심으로 이합집산하는 경향성을 강하게 보였다. 이러한 점들은 고려국왕권이 몽골황제·황실과의 관계에 의존하게 된 결과로, 고려국왕권 자체에 대해서 뿐 아니라 국왕이 국정운영의 방향을 결정하고 수행하는 데에도 큰 제약이 되었다.[164]

다음으로 고려왕실이 몽골황실과의 통혼을 통해 일가문(一家門)으로서 관계를 형성함으로써 발생한 문제를 살펴보자. 이는 통혼을 위시한 몽골제국의 다른 집단과의 관계 형성 메커니즘 속에 고려왕실이 포함되면서 발생한 문제였다고 할 수 있다. 이 문제를 이야기하기 위해서는 먼저 몽골, 몽골황실이 다른 정치집단을 인식하고 관계를 형성, 유지하는 방식에 대해 살펴볼 필요가 있다.

일반적으로 몽골을 포함한 유목사회는 그간 부족사회 혹은 씨족사회라고 상정되어 왔다.[165] 최근 이에 대한 비판적 견해가 제기되었는데, 이에 따르면 그간 씨족 혹은 부족이라고 명명해왔던 집단은 국가에

---

164) 몽골 복속기 수차에 걸쳐 이루어졌던 개혁들이 결과적으로 별다른 성과를 보일 수 없었던 것은 이와 관련된 것이었다고 할 수 있다. 이 시기 개혁과 관련해서는 다음을 참조할 수 있다. 이익주, 1994, 「충선왕 즉위년(1298) 관제개편의 성격」 ; 권영국, 1994, 「14세기 전반 개혁정치의 내용과 그 성격」 ; 김기덕, 1994, 「14세기 후반 개혁정치의 내용과 그 성격」. 이상 『14세기 고려의 정치와 사회』, 민음사 외 다수.

165) 이는 유목사회와 그 구성을 바라보는 전통적인 관점으로 매우 일반적으로 받아들여져 온 관점이다. 블라디미르초프 저, 주채혁 역, 1990, 『몽골사회제도사』, 대한교과서주식회사 외 다수.

선행하는 단계에서 자연적으로 존재했던 사회조직이었다기보다는 국가에 의해 규정되고 '만들어진' 조직이었으며, 이러한 집단들은 사실상 혈연관계가 아닌, 어떤 가족(family) 혹은 종족(lineage)의 지배를 받는가에 따라 구성된 하나의 정치·문화·경제 단위로 그 구성은 계보적이기보다는 정치적인 것이었다고 한다. 따라서 이러한 집단들은 중앙집권적 국가가 부재한 상황에서도 국가와 유사한 정치적 관계에 의해 작동되었다. 이러한 상황을 David Sneath는 "머리없는 국가(the headless state)"라고 명명하고 유목사회를 구성하는, 혹은 그 정치를 운용해가는 기본 단위로서 역사적 현실과 동떨어진(그리고 그 용어에 덧씌워진 전통적 관념과 혼동될 수 있는) 씨족, 부족과 같은 용어 대신 '가문(house)' 이라는 개념을 도입할 것을 제안했다.166) 이렇게 기존의 '부족' 혹은 '씨족' 단위에 대신하여 '가문'을 단위로 당시 사회를 이해하고자 하는 시도는 몽골사회를 이해하는 데에 있어 기존의 부족관념으로만은 설명되지 않는 부분들을 세밀하게 설명할 수 있다는 점에서 매우 유효한 관점인 것으로 생각된다.167)

당시 몽골인들은 다른 정치집단을 인식하고 관계를 형성할 때에도 그 집단의 수장이 속한 가문과 가문 대 가문으로서 관계를 형성하고 지배가문과의 정치적 결합을 통해 그 통치를 받는 정치집단을 제국질서에 통합시켰던 것으로 보인다. 이때 몽골은 대상 집단의 지배가문과

---

166) David Sneath, 2007, *The headless state : aristocratic orders, kinship society, & misrepresentations of nomadic inner Asia* (New York, Columbia University Press). '가문', 즉 house라는 용어의 도입은 David Sneath가 레비스트로스의 이론 가운데 하나인 'house society'로 부터 힌트를 얻은 용어라 한다. 당시 사회의 구성단위를 분석하는 개념으로서의 '가문(house)'의 적절성과 관련해서는 David Sneath, 2007, *ibid.*, pp.111~112 참조.
167) 김호동은 그의 책에서 위에 언급된 David Snearh의 새로운 견해와 관련해 그 대체를 정리, 소개하고 그러한 새로운 관점이 역사적 현실에 보다 부합하는 것이었을 수 있음을 언급한 바 있다.(김호동, 2010, 앞 책, 83~86쪽)

그들의 지배를 받는 집단 구성원들의 관계에 대해서는 기본적으로 기존의 지배-피지배관계를 인정해주었지만, 그들 간의 관계가 혈연적인 관계가 아닌 정치적 관계인 이상, 이 관계를 고정불변의 것으로 보지는 않았던 듯하다. 다시 말하면 지배가문이 몽골황실과 형성한 관계의 변화상황에 따라 해당 지배가문과 그의 지배를 받아왔던 집단 간의 관계도 변화할 수 있다는 것이다.[168)]

이러한 관계의 형성은 앞서 살펴본 바와 같이 여러 가지 방식을 통해 이루어졌지만 대표적인 방식이 통혼이었다. 그리고 고려와 고려왕실은 고려국왕과 몽골공주의 통혼을 통해, 즉 고려왕실이라는 단위 정체성을 내세워 몽골과 관계를 형성하고 그를 통해 몽골제국 질서에 편입되어 있었다.[169)] 이러한 관계는 통혼 양상에도 반영되어 고려에서

168) 정치집단의 지배가문과 몽골황실의 관계 변화에 따라 해당 지배가문이 그 지배를 받던 피지배집단에 대한 지배권을 상실한 사례로 칭기스칸과 테르게 에멜의 쿵크라트 본족(本族), 데이세첸의 보스쿠르의 관계에 대한 사례를 들 수 있다.(라시드 앗딘 저, 김호동 역, 2002, 『부족지』, 사계절, 267~268쪽 ; 村上正二 譯註, 1970, 『モンゴル秘史』1, 平凡社, 319쪽 ; 1970, 『モンゴル秘史』2, 平凡社, 154쪽 ; 『金史』卷93, 宗浩 ; 이명미, 2010, 「奇皇后세력의 恭愍王 폐위시도와 고려국왕권 : 奇三寶奴 元子 책봉의 의미」『역사학보』206, 20~21쪽) 이뿐 아니라 칭기스칸대에 임명된 천호장(千戶長)의 명단은 이러한 관계의 변화를 잘 보여준다. 칭기스칸은 1206년 95개의 천호를 조직하고 이를 지휘할 88명의 천호장을 임명했다.(유원수 역주, 2004, 『몽골비사』, 사계절, 202절) 그런데 이때 천호장으로 임명된 인물들의 명단을 보면 이전 시기 칭기스칸의 군대를(13翼) 지휘했던 인물들 가운데 단 2명만이 여기에 포함되어 있을 뿐 나머지 86명의 천호장들은 모두 이전까지 몽골초원에서 주도권을 발휘하던 지배가문들에 속했던 사람들이 아니라 칭기스칸을 도와 싸웠던 누케르와 보골들이었음을 확인할 수 있다.(本田實信, 1991, 『モンゴル時代史研究』, 東京大學出版會 ; 김호동, 2004, 「칭기스칸의 子弟分封에 대한 再檢討 : 『集史』千戶一覽의 分析을 중심으로」『중앙아시아연구』제9호 ; 2010, 앞 책)

169) 森平雅彦, 1998(a), 앞 논문 ; 1998(b), 앞 논문 ; 김호동, 2007, 앞 책. 고려·몽골관계의 성격을 파악하기 위해 고려해야 할 요소들은 여러 가지가 있지만 그 가운데 중요한 하나가 고려왕실과 몽골황실 간의 지속적인 통혼관계였다. 충렬왕과 쿠틀룩 켈미쉬 공주의 통혼이 성립되는 단계에서 양 왕실 간의 세대를 거듭한 통혼이 약속되어 있었는지는 확인하기 어렵다. 그러나 결과적으로 고려·몽골 관계가 청산

몽골황실의 통혼대상은 고려왕실에 한정되었으며 왕실 이외 유력가문 인물과의 통혼은 예외적으로 이루어졌다.[170] 이러한 통혼관계의 유지는 양국·양가문 간의 관계가 부침, 변화를 겪으면서도 지속될 수 있었던 중요한 한 요소가 되었고, 나아가 몽골이 고려와의 관계에서 선택한 가문이 고려왕실이었음을, 고려 내에서 몽골황실과 그 권위에 가장 근접해 있는 존재가 고려왕실이었음을 반복적이고 지속적으로 확인시켜 주었다.

이러한 점은 앞서 살펴본 바와 같이 무신집권기 이후 상당부분 훼손되어 있던 국왕권을 재구축하는 과정에서 고려국왕들에 의해 적극적으로 활용되기도 했지만, 고려국왕권을 제약하는 측면도 있었다. 우선, 고려왕실과 몽골황실의 통혼은 세대를 거듭해 계속되기는 했지만 후대로 갈수록 공주와 황제의 혈연 거리 및 공주 아버지의 정치 공헌도 면에서 그 격이 점차 떨어지고 있는 경향을 보였다.[171] 이를 정리해 보면 <표 2>와 같다.

되기 전까지, 양 왕실 간에는 세대를 거듭한 통혼이 이루어졌고, 이러한 통혼을 통해 고려국왕은 부마로서 몽골제국의 질서에 편입되었다고 할 수 있다.

170) 몽골황실의 다른 통혼 가문들에서도 이러한 경향을 확인할 수 있다. 즉 몽골황실은 쿵크라트, 오이라트, 이키레스 등과 세대를 거듭한 통혼관계를 유지했지만 이들 집단 출신 누구나가 정치적인 의미를 가진 통혼의 대상이 되었던 것은 아니었다. 그 가운데에서도 특정 가문, 예를 들자면 쿵크라트의 수장 데이세첸 계열, 오이라트의 수장 쿠투카 베키의 가문, 이키레스의 수장 쿠투쿠레겐 가문의 인물들이 몽골황실의 배우자자격을 얻고 있을 뿐이었다.

171) 김혜원, 1989, 앞 논문 ; 이명미, 2003, 앞 논문.

〈표 2〉 몽골공주 출신 고려왕비의 몽골황제와의 관계

고려국왕/ 종실(*)	몽골공주	공주 부친	통혼 당시 몽골황제	몽골황제- 공주 간 혈연 거리
충렬왕	제국대장공주 (齊國大長公主)	세조(世祖) 쿠빌라이	세조(世祖) 쿠빌라이	1촌
충선왕	계국대장공주 (薊國大長公主)	진왕(晋王) 감말라 : 황제의 형	성종(成宗) 테무르	3촌
심왕 왕고(王暠*)	눌룬공주 (訥倫 公主)	양왕(梁王) 숭샨 : 감말라의 장자	인종(仁宗) 아유르바르와다	5촌
충숙왕 (1)	복국장공주 (濮國長公主)	영왕(營王) 에센테무르 : 쿠빌라이 다섯째 아들 운 남왕(雲南王) 쿠게치의 아들	인종(仁宗) 아유르바르와다	6촌
충숙왕 (2)	조국장공공주 (曹國長公主)	위왕(魏王) 아모가 : 인종의 이복형	태정제(泰定帝) 이순테무르	5촌
충숙왕 (3)	경화공주 (慶華公主)	위왕(魏王) 아모가 : 인종의 이복형	문종(文宗) 톡 테무르	4촌
충혜왕	덕녕공주 (德寧公主)	진서무정왕(鎭西武靖王) 초 팔(焦八) : 쿠빌라이 일곱째 아들 오 크룩치의 손자	문종(文宗) 톡 테무르	8촌
공민왕	노국대장공주 (魯國大長公主)	위왕(魏王) 볼라드 테무르 : 위왕(魏王) 아모가의 아들	순제(順帝) 토곤테무르	6촌

우선 충렬왕과 충선왕이 각기 몽골황제의 딸, 조카와 통혼한 이후, 고려왕비가 된 몽골공주들과 통혼 당시 몽골황제의 혈연거리는 멀어졌던 것으로 보인다. 특히 공주와 황제의 혈연거리가 가장 멀었던 충혜왕대는 고려 출신 기씨(奇氏)가 순제(順帝) 토곤테무르의 제2황후로 책립되었던 시기라는 점에서 주목된다.

한편, 충숙왕의 두 번째, 세 번째 통혼 및 공민왕의 통혼은 공주와 몽골황제와의 혈연거리가 그다지 가깝지 않았던 점 뿐 아니라, 그 공주의 아버지가 몽골에서 별다른 정치력을 갖고 있지 않은 인물이었다는 점에서 주목된다. 조국장공주(曹國長公主) 금동(金童)과 경화공주(慶華公主)의 아버지인 위왕(魏王) 아모가[阿木哥]는 쿠빌라이의 아들 친킴[眞金]의 둘째 아들이자 성종 테무르의 둘째 형인 다르마발라[答剌麻八剌-追尊 順宗]의 서장자(庶長子)이며 무종 카이샨과 인종(仁宗) 아유르바르와다의 이모형(異母兄)이다. 무종은 즉위 후 그를 위왕에 봉했고, 인종은 수차례 하사품을 내리는 등 배려를 보였다. 그러나 몽골 인종 연우(延祐) 5년(1318)에 그는 죄에 연루되어 고려로 유배당했고, 유배 중 난을 도모하다가 발각되어 왕부인(王傅印)까지 빼앗겼다.[172] 공민왕비 노국대장공주(魯國大長公主)의 아버지 위왕 볼라드 테무르[孛羅帖木兒]는 위왕 아모가의 아들로, 충숙왕비 조국장공주 및 경화공주와는 남매 간이다. 그는 아버지를 이어 위왕에 봉해지기는 했으나, 당시 몽골황실에서 특별한 활동을 보이지 않았다. 통혼 대상을 통해 볼 때, 충렬·충선왕대의 통혼이 몽골황제와의 직접적 관계 속에서 이루어졌던 것에 비해 충숙왕·공민왕의 통혼은 이들과 공주의 아버지인 위왕(魏王) 일가의 개별적 관계 속에서 이루어졌던 것으로 보이기도 한다. 충숙왕의 두 번째 통혼에는 충숙왕의 비부(妃父) 위왕 아모가가 충숙왕 5년(1318) 이후 7년여 간 고려에서 유배생활을 했다는 점이 영향을 미쳤던 것으로 생각된다. 그리고 공민왕의 통혼은 충정왕 즉위 후 국왕위 계승 자격을 갖추기 위해 적극적으로 통혼을 추진할 필요가 있었던, 그리고 자신의 통혼이 부왕(父王)인 충숙왕의 통혼을 계승한다는 측면을 부각시켜 자신이 충숙왕을 이어 국왕위를 계승할 자격이 있음을 드러내고자 했던 왕기(王祺)가 전대(前代) 위왕 가문과 형성되었던 관계를 활용했던 것이라고 생각된다.[173]

---

172) 『元史』 卷26, 仁宗 延祐 5年 6月 乙巳 ; 7月 癸酉.
173) 이명미, 2003, 앞 논문, 58~60쪽.

이렇게 고려국왕과 통혼한 몽골공주의 가문이 당대 몽골황제와의 관계 면에서나 몽골 내 정치적 위상 면에서 점차 그 격이 떨어져가는 양상을 보였던 것의 배경은 두 가지 측면에서 이야기할 수 있다. 한 가지는 고려가 몽골과 강화를 맺고 고려왕실이 몽골황실과 통혼관계를 형성한 이후 수십년이 지나는 동안 고려와 고려왕실이 점차적으로 더욱 '친원화'해 감으로써 그 존재가 몽골에 위협이 될 수 있는 여지가 거의 없어졌던 점에 기인한 측면이다. 또다른 한 가지는 후대가 되면서 통혼 성립 당시 주요 배경이 되었던 제국 동변의 정세가 상당 부분 안정되었던 측면이다. 남송은 정벌되었고 일본정벌은 사실상 중단되었으며, 동방3왕가의 세력 역시 상당히 약화됨으로써 몽골 제국 동변에서의 고려의 정치적 중요성도 그만큼 약화되었다. 고려왕실과 몽골황실 간 통혼관계의 양상 변화는 이러한 측면들이 반영된 결과인 것으로 보인다.[174]

그런데 고려왕실과 몽골황실 간 통혼관계 양상이 이러한 변화를 보이는 한편에서 국왕 이외의 고려왕실 내외 인물들이 몽골황실 혹은 유력한 몽골귀족들과 통혼을 통해 관계를 형성하고 이를 바탕으로 자신들의 정치적 기반을 확고히 하는 경우가 다수 생겨나고 있음이 주목된다. 심왕(瀋王) 왕고(王暠)의 경우와 같이 직계 왕위 계승자 이외의 고려왕실 구성원이 몽골공주와 통혼하여 정치력을 갖게 된 경우도

---

174) 한편, 최근 森平雅彦은 고려왕실과 통혼한 몽골 종왕가가 모두 몽골제국 변방에서 진수(鎭守)를 담당한 출진(出鎭) 종왕가였다는 점에 주목하여 고려왕실과 몽골황실 통혼의 의미를 파악하였는데(森平雅彦, 2008(a), 「高麗王家とモンゴル皇族の通婚關係に關する覺書」 『東洋史研究』 67-3), 충분히 수긍할 수 있는 논의라고 생각된다. 통혼의 의미를 이렇게 파악한다면 몽골제국 변방을 진수하는 세력으로서의 고려왕실의 위상이라는 면에서는 후기까지도 변화가 없는 것으로 볼 수 있지만, 그럼에도 당대 몽골 황제와의 혈연 거리 및 그와 관련된 정치적 거리가 멀어지고 있었던 것 또한 사실이라고 할 것이다.

있었지만,[175] 후기로 갈수록 고려왕실 이외의 고려인 가문들 가운데에서도 몽골황실 혹은 몽골귀족가문과 통혼관계를 맺고 그를 배경으로 그 가문의 인물들이 고려에서 행세하는 경우가 다수 생겨나기 시작했다. 그 절정이 바로 기황후를 배태해낸 기씨일가의 경우이다.

물론 이러한 사례들은 주로 고려여인들이 몽골남성과 혼인한 경우였으며 몽골황실과 고려왕실의 통혼처럼 정치적인 의미를 갖고 세대를 거듭해 이루어지는 통혼은 아니었다. 하지만 이러한 통혼사례의 증가는, 초기에는 고려 내에서 유일무이하게 몽골황실과 통혼관계를 형성해 그 관계의 상징성 및 권위 역시 유일무이했던 고려왕실-몽골황실 통혼의 의미를 일정부분 무색하게 하는, 혹은 '상대화'시키는 기능을 했다. 더욱이 고려왕실이 통혼을 통해 몽골황실과 형성한 관계는 황제와의 관계라는 면에서 그 혈연적, 정치적 거리가 점차 멀어지고 있는 가운데, 새롭게 몽골황실과 통혼하고 그것을 정치적으로 활용하는 고려 내 다른 가문들의 관계는 대개 황제와의 거리가 매우 가까웠다는 점에서 이러한 가문들이 등장하고 성장해가는 상황은 고려국왕권에 큰 부담으로 작용할 수밖에 없었다.

(2) 몽골관료로서의 정동행성승상(征東行省丞相)

① 충렬왕의 정동행성승상(征東行省丞相) 겸직

충렬왕 6년(1280) 8월, 고려에 1차 정동행성이 설치되었고 같은 해 12월, 충렬왕은 중서좌승상 행중서성사(中書左丞相行中書省事)에 임명되

---

175) 심왕에 대한 대표적인 연구성과로는 다음을 들 수 있다. 北村秀人, 1973, 「高麗時代の藩王についての一考察」 『人文研究』 24-10, 大阪市立大 ; 김혜원, 1999, 「고려후기 藩王 연구」, 이화여자대학교 대학원 사학과 박사학위논문.

었다.176) 이후 고려국왕의 위호는 '개부의동삼사(開府儀同三司) 정동행성승상(征東行省[左右]丞相) 부마(駙馬) 고려국왕(高麗國王)'이 되었다.177) 정동행성은 '정동(征東)', 즉 일본정벌을 위해 설치된 군전행성(軍前行省)으로서의 성격을 가지는 전기 정동행성과 일본정벌이 사실상 중단된 이후의 후기 정동행성으로 크게 대별된다.178) 전기 정동행성도 3차에

176) 『高麗史』 卷29, 忠烈王 6年 12月 辛卯.

177) 충렬왕은 1274년 즉위와 함께 고려국왕에 책봉된 이후 수차례 가책(加冊) 받았다. 1280년에는 개부의동삼사(開府儀同三司) 중서성좌승상(中書省左丞相) 행중서성사(行中書省事)에 봉해졌고, 이듬해 여기에 부마(駙馬)가 더해졌다. 충렬왕의 최종적인 책봉호는 순성수정추충선력정원보절공신(純誠守正推忠宣力定遠保節功臣) 태위(太尉) 개부의동삼사(開府儀同三司) 정동행중서성우승상(征東行中書省右丞相) 상주국(上柱國) 부마(駙馬) 고려국왕(高麗國王)이었다.(『高麗史』 卷33, 忠宣王 2年 7月 乙未) 충선왕은 1298년 즉위시 개부의동삼사(開府儀同三司) 정동행중서성좌승상(征東行中書省左丞相) 부마(駙馬) 상주국(上柱國) 고려국왕(高麗國王)에 책봉되었다.(『高麗史』 卷31, 忠宣王 卽位年 正月 甲辰) 충숙왕은 즉위시 금자광록대부(金紫光祿大夫) 정동행중서성좌승상(征東行中書省左丞相) 상주국(上柱國) 고려국왕(高麗國王)에 책봉되었다가(『高麗史』 卷34, 忠肅王 卽位年 3月 甲寅) 동왕 3년(1316) 통혼 이후 개부의동삼사(開府儀同三司) 부마(駙馬) 고려국왕(高麗國王)을 가책(加冊) 받았다.(『高麗史』 卷34, 忠肅王 4年 11月 辛卯) 즉위시 통혼을 하지 않았던 충혜왕, 충목왕은 부마(駙馬)의 작호(爵號)를 제외한 개부의동삼사(開府儀同三司) 정동행중서성좌승상(征東行中書省左丞相) 상주국(上柱國) 고려국왕(高麗國王)에 봉해졌다.(『高麗史』 卷36, 忠惠王 卽位年 2月 壬午 ; 卷37, 忠穆王 卽位年 5月 甲午) 충혜왕이 통혼 이후 부마(駙馬) 작호(爵號)를 더 받았는지는 확인되지 않는다. 충정왕, 공민왕은 책봉 기사가 확인되지 않지만 전례대로 개부의동삼사(開府儀同三司) 정동행중서성좌승상(征東行中書省左丞相) 상주국(上柱國) 고려국왕(高麗國王)에 책봉되었을 것으로 생각된다. 즉, 통혼 여부에 따라 부마(駙馬)의 작호는 출입이 있었지만 몽골 복속기 고려국왕들은 대개 정동행성승상(征東行省丞相), 부마(駙馬), 고려국왕(高麗國王)의 관작(官爵)이 포함된 책봉호를 받았다. 한편, 몽골에서 고려국왕에 내린 책봉호는 이전 시기 중국왕조의 책봉 형식을 계승하여 '국왕'이라는 작호 외에도 문산계, 무산계, 검교직, 훈직, 공신호 등을 포함하고 있었다. 이에 비해 명대의 고려·조선 국왕에 대한 책봉호는 '국왕' 이외의 요소들이 모두 사라진다는 점에서 큰 차이를 보인다. 몽골 복속기를 포함, 고려국왕들이 중국왕조로부터 받은 책봉과 관련해서는 다음을 참조할 수 있다. 심재석, 2002, 『고려국왕책봉연구』, 혜안.

178) 정동행성과 관련한 대표적인 연구로는 다음과 같은 논문들이 있다. 고병익, 1961·1962, 「麗代 征東行省의 연구」(上)·(下) 『역사학보』 14·19 ; 北村秀人, 1964, 「高麗に於ける征東行省について」 『朝鮮學報』 32 ; 장동익, 1994, 『고려후기외교사연구』, 일

걸쳐 치폐가 이루어졌는데[179] 그 가운데 1280년 1차 정동행성이 설치되면서 충렬왕도 행성의 승상으로 임명되었다. 강요된 상황이 있기는 했지만, 이는 충렬왕의 적극적인 의사 표명에 따라 이루어진 것이었다. 충렬왕은 홍차구 등 부원세력을 제압하기 위해 행성 업무를 맡아볼 것을 자청했고, 소기의 목적을 달성했다.

정동행성이 설치되기 이전인 충렬왕 즉위년(1274) 10월, 몽골은 1차 일본원정을 개시한 바 있다.[180] 이때 정벌을 담당했던 주무기관은 동정도원수부(東征都元帥府) 혹은 정동도원수부(征東都元帥府)로, 도원수(都元帥) 흔도(忻都), 우부원수(右副元帥) 홍차구(洪茶丘), 좌부원수(左副元帥) 유복형(劉復亨)이 그 수뇌부를 구성하고 있었다. 충렬왕은 세자 시절 일본원정에 대한 원조를 약속하여 그 약속을 이행했지만, 1차 일본원정에서 충렬왕의 역할은 부마로서, 혹은 '속국의 군주'로서 조군(助軍) 의무를 수행한 것으로, 일본원정과 관련한 별도의 관직에 임명되지는 않았다. 도원수 흔도(忻都)는 1271년(원종 12) 고려김주등처경략사(高麗金州等處經略使)로 파견되어 온 이후 삼별초 진압에 참여했으며, 우부원수 홍차구는 홍복원(洪福源)의 아들로 요동에서 고려군민총관(高麗軍民總管) 직책을 띠고 흔도(忻都)의 예하에서 활약하다가 1277년(충렬왕 3) 동정도원수부가 두 개 부(府)로 나뉠 때 도원수로 승진했다.[181]

조각. 전기행성이 일본원정을 위해 세워진 것임에 비해, 후기행성은 1287년 나얀의 난을 계기로 설치된 이후 쿠빌라이의 사망과 함께 일본 정벌이 사실상 포기되면서, 군전행성의 기능은 상실했지만, 몽골-고려 간의 연락기관, 혹은 내정간섭기구로서 존재했다는 것이 일반적인 견해이다.(장동익, 1994, 위 책)

179) 3차례에 이르는 征東行省의 치폐시기는 1차가 1280년 8월~1282년 1월, 2차가 1283년 1월~1284년 5월, 3차가 1285년 10월~1286년 1월경으로 이 가운데 3차 정동행성은 충렬왕이 행성관으로 임명되지 않았다.(北村秀人, 1964, 위 논문 ; 장동익, 1994, 위 책)

180) 『高麗史』 卷28, 忠烈工 卽位年 10月 己巳.

181) 『元史』 卷154, 洪福源傳 附 洪俊奇傳.

이 가운데 특히 홍차구는 원종대부터 고려국왕에게 배례(拜禮)를 행하지 않을 뿐 아니라 고려를 무고하여 고려 조정을 곤란에 빠트리기도 했던 이 시기 대표적 부원세력 가운데 한 명이었다.[182] 충렬왕대에 들어와서도 홍차구는 몽골의 일본원정이 개시되고 정동도원수(征東都元帥)에 임명되면서 그와 같은 시기에 일어났던 김방경 무고사건을 빌미로 고려를 모함했다.[183] 충렬왕은 1278년(충렬왕 4), 이 사건과 관련해 몽골에 입조하여 쿠빌라이에게 홍차구가 "군사(軍事)에 관계되는 일만 처리하면 그뿐인데 국가사업에 이르기까지 모두 제 마음대로 전제하려 합니다."라고 하고 "홍차구와 고려군을 모두 조정에 소환"해줄 것을 청했다.[184]

원종대부터 충렬왕대 초에 이르는 시기, 고려와 고려국왕에 대한 홍차구의 태도가 큰 변화를 보이지 않고 있음은 그 사이에 변화한 고려국왕의 위상, 즉 몽골황실 부마로서의 지위가 더해진 위상으로도 충렬왕이 그를 제압하지 못했음을 보여준다. 이는 홍씨일가의 몽골 내 위상과도 관련된 것으로 생각된다. 홍씨일가는 이미 1218년(고종 5) 몽골-고려군의 강동성 공격 당시 홍복원의 아버지 홍대순(洪大純)이 몽골 군중에 나가 항복함으로써 칭기스칸 당대부터 몽골과 돈독한 관계를 형성하고 있었다.[185] 이들은 칭기스칸 가문과 유구한 역사를 가진, 몽골제국의 근각(根脚)이었던 것이다.[186] 따라서 몽골황실의 부마

---

182) 『高麗史』 卷130, 洪福源傳.

183) 『高麗史』 卷104, 金方慶傳.

184) 『高麗史』 卷28, 忠烈王 4年 7月 甲申.

185) 『高麗史』 卷130, 洪福源傳. 이후 고종 18년, 살릭타이[撒禮塔]의 고려 공격 당시에도 홍복원이 나가 그 군문(軍門)에 항복한 바 있다.

186) 필자가 확인한 범위 내에서는 홍씨일가를 근각(根脚)이라고 지칭한 경우를 확인하기는 어렵지만 이들이 칭기스칸 당시부터 몽골과 관계를 형성해 왔고 그를 근간으로 황실의 케식으로서 엘리트 그룹에 접근할 수 있었으며, 행성의 업무들을 담당함으

가 된 지 얼마 되지 않은 충렬왕이 그 지위와 관계를 내세워 칭기스칸대 이래로 몽골황실과 돈독한 관계를 형성해 온 홍씨일가를 제압하기는 어려웠던 것으로 보인다.[187]

충렬왕은 즉위 이전 쿠틀룩켈미쉬 공주와의 통혼을 통해 몽골황실의 부마가 되었지만, 이후에도 얼마간은 몽골에서 온 관리들과의 관계에서 그 지위를 기반으로 한 우위를 온전하게 향유하지는 못했던 것으로 보인다. 관련하여 즉위년(1274) 8월, 충렬왕이 즉위 후 조사(詔使)에게 연회를 베푸는 과정에서의 일화가 주목된다. 당시 사신은 왕이 주는 술을 받으며 절을 하였으나, 다루가치[達魯花赤]는 서서 술을 받아 마시고 절을 하지 않았고, 이에 사신이 왕이 황제의 부마임을 들어 그 무례함을 지적하였으나, 다루가치는 충렬왕이 부마이기는 하지만 그 자리에 공주가 없고, 이렇게 하는 것이 선왕대부터의 예라고 대답했다.[188] 즉 몽골의 사신은 충렬왕을 부마로서 예우하였음에도 다루가치는 그리 하지 않았고, 그에 대한 나름의 근거를 들고 있는 것으로 보아 이러한 양상은 이후에도 어느 정도 지속되었을 것으로 생각된다. 이러한 점은 앞서 살펴본 동왕 원년(1275) 5월 조사(詔使)를 맞이하는

로써 요동의 고려인 사회 뿐 아니라 요동 자체의 지배에까지 그 활동영역을 확대했음을 본다면 이들을 근각으로 볼 수 있지 않을까 한다. 이 시기 몽골제국에서 홍씨일가의 활약 및 그들의 존재에 대한 중국인들의 관념과 관련해서는 다음을 참조할 수 있다. David M. Robinson, 2009, *Empire's Twilight : Northest Asia Under the Mongols*, Cambridge and London. Harvard University Press, pp.29~32.

187) 홍씨일가의 사례는 아니지만 1292년(忠烈王 18), 고려에서 반란을 일으킨 후 몽골에 투탁했던 한신 등을 세자 왕장(뒤의 충선왕)에게 넘겨주며 쿠빌라이가 "이 자는 비록 그대의 나라에 있어서는 반역자이지만 조정에 대해서는 충성심이 있었으니 과히 꾸짖지 말라"고 당부했던 사례는(『高麗史』 卷30, 충렬왕 18년 3월 丁未) 고려의 입장에서 이른바 '부원배' 혹은 '반역자'로 규정되는 인물들이 몽골에서 갖는 존재의미에 대해 다시 생각해보게 한다. 홍씨일가의 경우 그들이 몽골조정에 대해 갖는 존재의미는 더욱 컸을 것이다.

188) 『高麗史』 卷28, 忠烈王 卽位年 8月 己巳.

의례에서 충렬왕이 부마가 아닌 '외국 군주'의 예를 써야 한다는 몽골 중서성 측 언급을[189] 통해서도 확인할 수 있다.

이에 비해 홍씨일가는 몽골황실의 오랜 '근각'이었고, 더욱이 홍차구는 동정(東征)이라는 구체적인 업무를 매개로 부여받은 지위를 통해 군사(軍事)의 일부로서 김방경 사건 등에 개입하고 있었다. 물론 앞서 인용한 충렬왕의 말대로 그 과정에서 군사 업무의 범위를 넘어서는 개입도 이루어졌지만, 큰 범주에서 보자면 이 역시 군사상의 문제를 해결하기 위한 것이었다고 할 수 있다. 즉, 당시 충렬왕으로서는 명분상으로나 형세상으로나 홍차구 등을 제압하기가 쉽지 않은 상황이었다.

충렬왕은 1278년(충렬왕 4)의 친조에서 홍차구 등의 군대 철수를 청해 허락받았다. 그러나 동왕 6년(1280) 8월, 다시 일본원정을 위해 행성이 설치되고 1차 일본원정을 주도했던 흔도(忻都), 홍차구 등이 우승으로 임명되자, 앞서와 같은 홍차구 등의 전횡이 다시 발생할 것을 우려한 충렬왕은 친조하여 홍차구의 직임을 더 높여주지 말 것을 청하는 한편으로 스스로 행성의 업무를 맡아볼 것을 청해 허락받았다.[190] 이에 같은 해 12월, 몽골에서는 충렬왕을 '중서우승상 행중서성사'로 임명하고 해당 인장을 보내왔다.[191] 흔도(忻都)와 홍차구는 이미 정동행성 우승에 임명되어 있었던 만큼, 충렬왕의 승상 임명으로 이들 간에는 자타부정할 수 없는, 그리고 최고권위를 몽골황제에 둔 정동행성 내에서의 위계질서가 성립되었고, 이를 통해 충렬왕은 홍차구 등을 제압할 수 있었던 것으로 보인다.

---

189) 『高麗史節要』 卷19, 忠烈王 元年 5月.
190) 『高麗史』 卷29, 忠烈王 6年 8月 乙未.
191) 『高麗史』 卷29, 忠烈王 6年 12月 辛卯.

이러한 점은 정동행성승상으로서의 충렬왕과 우승 흔도(忻都), 홍차구의 자리배치를 통해서도 확인할 수 있다. 충렬왕이 정동행성승상에 임명되고 난 다음해(1281) 3월, 흔도(忻都)와 홍차구가 고려에 와서 왕과 더불어 사업을 논의했다. 이때 왕은 남면하고 흔도(忻都) 등은 동면하여 앉았는데, 이것은 그간 고려국왕과 몽골사신이 동서로 대면하던 관례를 깬 최초의 사례였다고 한다.[192]

이때의 충렬왕과 흔도(忻都), 홍차구 간 자리배치 변화와 관련해서는 이 일이 있기 직전에 고려국왕이 황제로부터 '부마국왕(駙馬國王)'의 선명(宣命)을 받음으로써 부마와 '국왕'의 지위가 '일체화'한 결과였다고 이해하기도 한다.[193] 이러한 자리배치의 변화가 '부마국왕' 선명을 받은 직후에 발생하였다는 점에서 이러한 이해도 가능할 것으로 생각된다. 다만, 그간 이미 부마이기도 하고 국왕이기도 했던 고려국왕의 위상이 '부마국왕'이라는 선명을 통해 즉시 '일체화'하였고, 그 결과가 행성 관리들과의 자리배치에도 즉시 반영되었다는 설명은 선뜻 납득하기 어렵다. 이러한 설명이 설득력을 갖기 위해서는 '부마국왕' 선명 이후에 그간 선별적으로 적용되었던 부마와 국왕의 지위가 적어도 의례적인 측면에서는 부마의 그것으로 정리되었음이 확인되어야 할 것이다. 그런데 사신을 영접하는 의례를 살펴보면, 충렬왕이 '부마국왕' 선명을 받은 이후에도 이전과 같은 양상을 보이고 있음이 확인된다. 예컨대, 부마와 국왕의 지위가 선별적으로 적용되었던 사례로서 제시되었던 충렬왕 원년(1275) 5월 사신 영접 관련 일화에 보이는 바, 국왕이 조사(詔使)를 어디에서 맞이할 것인가의 문제는 당시 부마의 예가 아니라 "외국 군주"의 예에 따라 성 밖, 즉 선의문 밖에 나가 맞이하는

---

192) 『高麗史』 卷29, 忠烈王 7年 3月 丙辰.
193) 森平雅彦, 1998(a), 앞 논문.

것으로 정리되었는데, 이는 충렬왕이 '부마국왕' 선명을 받은 1281년 이후에도 그대로 유지되었다.[194]

한편, 당시 흔도(忻都) 등과의 자리배치에서 변화가 있었던 만남의 자리는 충렬왕이 '부마국왕'로서의 선명을 받은 후 최초의 만남이기도 했지만 그가 '정동행성승상'에 임명된 이후 최초로 이루어진 만남이기도 했다. 따라서 이때의 자리배치 변화의 계기는, 물론 '부마국왕' 선명의 취득을 계기로 한 양 위상 '일체화'와 관련되어 있었을 가능성도 없지는 않겠으나, 오히려 충렬왕의 정동행성승상 취임으로 인해 충렬왕과 흔도(忻都), 홍차구 등이 서로 엮여있었던 정동행성 내에서 실질적인 상·하 위계가 형성된 결과가 아니었을까 한다.[195]

194) 고려국왕이 선의문 밖, 혹은 교외에서 몽골 사신을 영접하거나 전송한 사례는 다수 확인되는데,(『高麗史』 卷28, 忠烈王 元年 10月 庚戌 ; 卷29, 忠烈王 6年 12月 辛卯 ; 卷30, 忠烈王 12年 7月 癸酉 ; 卷31, 忠烈王 24年 11月 丙戌 ; 卷33, 忠烈王 24年 6月 丁丑 ; 卷35, 忠肅王 後2年 6月 戊子 ; 後8年 11月 丙辰 ; 卷36, 忠惠王 3年 6月 己未 ; 卷37, 忠穆王 3年 正月 丁巳, 甲申 ; 卷39, 恭愍王 5年 2月 辛未 등) 최근 한 연구는 이러한 몽골 복속기 고려 측 사신 영접 의례가 몽골 내에서 외로(外路) 관원, 즉 지방관이 조서나 사면령을 가지고 오는 중앙의 사신을 맞이하던 의례와 동일한 양상을 띠고 있었다는 점을 지적하였다.(정동훈, 2015, 「고려시대 사신 영접 의례의 변동과 국가 위상」 한국역사연구회 발표회 발표문)

195) 森平雅彦은 충렬왕이 정동행성 승상직에 서임된 이후 이미 수차례 몽골 사신이 고려에 방문했다는 점을 들어, 이때의 좌차 변화의 요인은 정동행성승상직 서임보다는 '부마국왕' 선명을 통한 양 위상 일체화에 있었음을 다시 논하였다.(森平雅彦, 2013, 「駙馬高麗國王の誕生 : 元朝における高麗王の地位についての豫備的考察」『モンゴル覇權下の高麗 : 帝國秩序と王國の對応』, 名古屋大學出版會, 58쪽, 각주 54.(森平雅彦, 1998(a), 앞 논문을 수정하여 수록)) 물론 충렬왕은 이미 전년(1280) 10월에 정동행성 승상에 임명되었으며, 그 이후 몇 차례 몽골의 사신이 고려에 온 바는 있었다. 그러나 같은 해 11월에 충렬왕이 몽골 측에 정동행성 업무 담당과 관련한 명확한 지시를 요청하고 있는 사례를 통해서 볼 때, 12월에 그 책명과 인장을 받기 이전에는 그의 정동행성승상직은 실질적인 의미를 갖기 어려웠던 것으로 생각할 수 있다. 이후 흔도와 홍차구 이전에 몽골에서 사신이 온 사례는 충렬왕 7년(1281) 정월의 두 차례가 있는데, 한 사례는 신년에 수시력과 관련한 조서를 반포하기 위해 온 사신이었기 때문에 부마로서든 정동행성승상으로서든 고려국왕이 우위에 설 수 있는 상황은 아니었으며(『高麗史』 卷29, 忠烈王 7年 正月 戊戌朔), 다른

이와 관련하여 앞서 언급한 충렬왕 원년(1275) 5월, 사신 영접과 관련한 사례에서 충렬왕이 성 밖에 나가서 조사(詔使)를 맞이해야 하는지 여부가 문제되었을 당시 몽골 중서성 관리가 "부마왕으로서 조서를 가진 사신을 맞이하지 않는 것이 그 예가 없지는 않다"라고 한 점이[196] 주목된다. 이는 수사적 표현이었을 수도 있지만, 이 시기 부마와 황제의 사신 간 관계의 유동성을 보여주는 것이 아닌가 한다. 동일한 경우는 아니지만 종왕(宗王)의 사신과 중앙의 관리 간 관계와 관련한 일화를 통해 이러한 측면을 확인할 수 있다. 다음 기록을 살펴보자.

> 사국왕(嗣國王) 두련가(頭輦哥)가 행성을 맡아 요양(遼陽)을 진(鎭)하였는데, 그가 요민(擾民)하여 불편하게 한다는 말이 있었다. 11년(世祖 至元 11년, 1274)에 조서를 내려 <렴>희헌(廉希憲)을 북경행성(北京行省) 평장정사(平章政事)로 삼았다. (중략) 황제가 말하기를 " … 요습(遼霫)은 호(戶)가 수만이 넘고, 제왕(諸王)·부마(駙馬)의 분지(分地)가 있는 곳이다. 저들이 모두 평소에 경의 능력을 알고 있으므로 경으로 하여금 가서 진(鎭)하게 하는 것이니, 짐의 이러한 뜻을 잘 알아 행하라."라고 했다. 요동에는 친왕(親王)이 많아 <친왕의> 사신들이 영지(令旨)를 전하면 관리들이 서서 들었는데 <렴>희헌이 이르러 비로소 그를 고쳐 바로잡았다.(『元史』 卷126, 廉希憲傳)

이는 『원사』에 실린 렴희헌(廉希憲)의 열전 내용 가운데 일부인데, 이와 동일한 내용이 원호문(元好問)의 「평장정사렴문정왕신도비(平章政事廉文正王神道碑)」에도 실려 있다. 후자를 통해 인용문의 마지막에 보이

한 사례는 일본원정 업무와 관련한 사신이기는 했으나 동녕부의 만호와 종왕이 보낸 사신으로 정동행성과 직접 관련되어 있지 않은, 그 안에서 어떤 위계를 갖고 있었던 자들은 아니었다는 점에 주목할 필요가 있지 않을까 싶다.(『高麗史』 卷29, 忠烈王 7年 正月 丁巳)

196) 『高麗史節要』 卷19, 忠烈王 元年 5月.

는 "요동(遼東)의 친왕(親王)" 가운데 대표적인 경우가 동방3왕가의 타가차르[塔察兒]였음을 확인할 수 있다. 위에 보이는 바, 렴희헌이 당시의 상황을 고쳐 바로잡았다는 것은, 타가차르의 사신이 지(旨)를 전하면 국왕, 즉 행성관이었던 두련가(頭輦哥)는 서서 들었는데, 렴희헌은 그대로 앉아서 "대신(大臣)은 제왕(諸王)을 위하여 일어나지 않는다"라고 했음을 가리킨다.[197] 즉 이때 쿠빌라이가 렴희헌을 행성관으로 임명해 요동으로 보낸 것은, 기존의 행성관인 두련가의 문제도 있었지만, 이 지역의 종왕 세력들을 제압하기 위한 것으로, 이 시기에 추진되고 있었던 쿠빌라이의 중앙집권화 정책의 일환이었을 가능성이 있다.[198] 종왕의 사신이 황제의 대신(大臣)인 행성관보다 의례적인 면에서 우위를 점하고 있었던 요동지방의 상황을 바로잡음으로써, 렴희헌은 쿠빌라이의 뜻을 실행했던 것이다.

이 기록을 통해서 볼 때, 쿠빌라이대 중반까지도 종왕 혹은 부마와 황제의 사신 혹은 관리 사이의 관계는 명확하게 규정된 위계질서에 따르기 보다는 해당 종왕 혹은 부마의 실제적인 세력과 당대 황제의

---

197) 『元文類』 卷65, 元好問, 「平章政事廉文正王神道碑」, "塔察兒使者傳旨, 國王(頭輦哥 : 필자주)立聽. 王(廉希憲 : 필자주)坐自如曰, '大臣無爲諸王起也.'"

198) 동방3왕가에 대해서는 이미 태종 우구데이 치세부터도 견제가 이루어져 왔다(김호동, 1998, 「구육(定宗)과 그의 時代」 『近世 東아시아의 國家와 社會』, 지식산업사) 위에 언급된 타가차르[塔察兒]는 동방3왕가의 하나인 옷치긴 울루스의 수장으로, 쿠빌라이가 동생 아릭부케를 제압하고 카안위에 오르는 과정에서 결정적인 역할을 한 인물이다. 이러한 공로를 계기로 한 타가차르 울루스의 성장은 쿠빌라이 정권에 부담이 되었고 이로 인한 양자 간의 긴장관계가 결국 1287년(원 세조 至元 24) 나얀[乃顏]의 난이 발생한 배경이 되었다고 이해하기도 한다. 쿠빌라이와 동방3왕가의 관계와 관련해서는 다음을 참조할 수 있다. 海老澤哲雄, 1972, 「モンゴル帝國の東方三王家に關する諸問題」 『埼玉大學紀要 教育學部』 21 ; 杉山正明, 1982, 「クビライ政權と東方三王家」 『東洋學報』 54 ; 堀江雅明, 1982, 「モンゴル=元朝時代の東方三ウルス研究序說」 『小野論集』 ; 1985, 「テムゲ・オッチギンとその子孫」 『東洋史苑』 24·25 ; 1990, 「ナヤンの反亂について」 『東洋史苑』 34·35(龍谷大) ; 윤은숙, 2010, 『몽골제국의 만주 지배사—옷치긴 왕가의 만주 경영과 이성계의 조선 건국』, 소나무.

군주권 간 역관계에 따라 결정된 측면이 있었던 것이 아닌가 한다. 충렬왕대 초반, 충렬왕과 홍차구 간의 관계 역시 이러한 측면에서 이해할 수 있다. 즉, 이 시기 홍차구의 전횡은 충렬왕과 홍차구 사이에 자타 부정할 수 없는 분명한 위계질서가 존재하지 않았던 데에 기인한 것이었을 수 있다. 이에 홍차구의 전횡은 충렬왕이 정동행성승상에 임명되어 양자가 모두 포함된 몽골 관직체계상에서의 분명한 질서가 형성됨으로써 제압될 수 있었던 것이다.

한편, 몽골에서 충렬왕을 정동행성승상으로 임명한 것은 충렬왕의 요청을 받아들인 것이지만, 이후 일본원정이 사실상 종료된 후에도 정동행성을 유지시킨 것은 당시 몽골제국의 역학구도와도 관련된 것이었다고 생각된다.

우선, 1280년(충렬왕 6) 당시 몽골에서 충렬왕을 정동행성승상으로 임명한 것은 충렬왕과 고려의 일본원정에 대한 참여도를 높이기 위한 것이었다고 할 수 있다. 고려는 일본에 가장 인접한 지역이었던 만큼, 정동행성이 일본원정을 준비하는 과정에서 고려의 역할은 매우 중요한 것이었다. 충렬왕과 행성 수뇌부 사이의 갈등은 원정 준비과정에 차질을 빚을 수 있었다. 이러한 상황에서 충렬왕이 스스로 행성 업무를 맡아볼 것을 요청한 이상, 몽골 입장에서는 이를 받아들이지 않을 이유가 없었을 것이다.

한편 2차 일본원정 실패 이후 사실상 정동행성이 정동행성으로서 담당해야할 업무, 혹은 사무가 존재하지 않았던 시기에도 고려국왕은 '국왕'에 책봉됨과 동시에 정동행성승상에도 임명되었다.[199] 정동행성

---

199) '부마'라는 책봉호는 국왕책봉 당시 국왕의 통혼 여부와 관련해 함께 주어지기도 하고 그렇지 않기도 했지만 '정동행성승상'의 지위는 항상 국왕책봉과 함께 이루어졌다.(이익주, 2011(a), 「高麗-몽골 관계에서 보이는 冊封-朝貢關係 요소의 探究」

을 내지화(內地化)하지 않으면서도[200] 몽골이 굳이 이러한 체제를 유지시켰던 데에는 두 가지 이유가 있었던 것으로 생각된다.

첫째, 애초 정동행성의 업무였던 일본과 관련된 측면이다. 사실상 일본원정이 포기된 이후에도 '정동' 혹은 일본방어는 정동행성의 존재 이유였을 가능성이 있다. 쿠빌라이의 사망으로 일본 정벌 계획이 종료된 이후에도, 일본 방어를 포함하여 제국의 동변을 진수한다는 명목상의 기능이 고려-정동행성에 부가되어 있었으며, 이러한 점은 고려 측에서 필요한 경우 몽골에 대해 고려의 제국 내 위상 혹은 역할로 누차 언급하고 있기도 하다.[201]

둘째, 종왕·부마들에 대한 분봉(分封)을 국가체제의 기본구조로 하는 몽골에서 행성이라는 지방행정체제가 갖는 의미와의 연관선상에서 생각해볼 수 있는 것으로,[202] 정동행성 유지가 동방3왕가를 의식한 조치였을 가능성이다. 몽골제국 국가체제의 기본구조인 분봉제는 대칸의 몽골제국 전체 통치자로서의 지위를 인정하기는 하지만, 각 종왕·부마들의 자율적 통치권 또한 상당부분 인정하는 것으로 분권적인 성격을 가진다.[203] 몽골제국이 확대되는 과정에서 서방의 제자(諸子)

『13-14세기 고려·몽골 관계 탐구』(동북아역사재단·경북대학교 한중교류연구원 엮음))

200) 이후 수차례 제기되었던 입성론이 모두 실패했던 것은 물론 일차적으로 이에 대해 극렬히 반대했던 고려의 대응이 가장 주효한 것이었지만, 몽골이 이에 대해 적극적인 의지가 없었던 것 역시 한 가지 요인이라 할 수 있다.(北村秀人, 1966, 「高麗末における立省問題について」『北海道大學文學部紀要』14-1 ; 김혜원, 1994, 「원 간섭기 立省論과 그 성격」『14세기 고려의 정치와 사회』, 민음사)

201) 모리히라 마사히코(森平雅彦), 2011, 「제국 동방 변경에서 일본을 막는다」『13-14세기 고려·몽골 관계 탐구』(동북아역사재단·경북대학교 한중교류연구원 엮음).

202) 최근 고려의 정동행성 설치와 유지를 이러한 관점에서 보고, 그것이 일본원정 및 이후 상황에 대비하기 위한 카안 울루스의 이해관계가 반영된 것으로 설명한 글이 있어 주목된다. 김석환, 2011, 「몽골제국의 對高麗政策의 一面」『서울대 동양사학과논집』35.

울루스들이 사실상 세력권을 분리해 나갈 수 있었던 것은 이러한 분봉제의 특징에 기인한 것이었다.[204]

이에 비해 몽골의 행성제도는 금(金)의 제도를 계승한 것으로 중앙집권적인 성격을 갖는다.[205] 몽골이 지방통치를 위해 행성을 설치한 것은 기본적으로 기존 제도 차용의 편의성 때문이었을 것이지만, 이에 더하여 그것이 갖는 중앙집권적 성격에 착안한 것일 수 있다. 이러한 점은 동방3왕가의 나얀[乃顔] 등이 다른 뜻[異志]을 품고 있다는 보고를 받은 쿠빌라이가 요양(遼陽)에 동경행성(東京行省)을 설치했던 것이나,[206] 나얀의 난이 일어났던 1287년에 요양행성(遼陽行省)을 설치했던 것을 통해 확인할 수 있다.[207] 1307년, 그에 앞서 두아가 차가타이 울루스를 장악하게 되면서 성종 테무르에게 투항해 온 우구데이 울루스와 차가타이 울루스의 종왕들을 수용하는 과정에서 중국식 행정제도와는 거리가 먼 화림(和林) 지역에 영북행성(領北行省)을 설치한 것 또한 이런 맥락에서 이해할 수 있다.[208] 즉 카안 울루스 영역에 설치되었던

---

203) 분봉제를 중심으로 하는 몽골의 국가체제와 관련해서는 다음을 참조할 수 있다. 李治安, 1989, 『元代分封制度研究』, 天津古籍出版社.

204) 기존에는 이러한 분리를 제국의 분열이라고 보아왔으나 최근에는 몽골제국은 서방 울루스들까지를 포괄하는 개념으로 이 시기 서방 울루스들의 분리는 제국의 분열이라기보다는 변용으로 볼 수 있다는 관점이 제시되었다.(김호동, 2010, 『몽골제국과 세계사의 탄생』, 돌베개)

205) 몽골의 행성제도와 관련해서는 다음을 참조할 수 있다. 李治安, 2000, 『行省制度研究』, 南開大學出版社.

206) 동경행성은 1285년 설치되었으나 곧 폐지되었다. 1287년에 일어났던 나얀의 난은 동경행성 설치로 표출되었던 쿠빌라이의 동방3왕가에 대한 견제, 중앙집권화 시도에 대한 반발이었다고 이야기되기도 한다.(韓儒林, 1986, 『元朝史』上, 人民出版社, 274쪽) 한편, 동경행성 설치 자체가 나얀 등의 '異志'와 관련한 보고 때문이었으므로, 1287년의 난이 동경행성 설치 때문은 아니었다고 보기도 한다.(堀江雅明, 1990, 「ナヤンの反亂について」『東洋史苑』34·35(龍谷大))

207) 『元史』卷59, 地理2, 遼陽等處行中書省.

208) 김석환, 2011, 앞 논문.

몽골의 행성은 카안 울루스가 대체로 중국 지역에 해당하기에 그 통치에 편리한 중국식 지방행정제도를 차용한 측면과 함께, 카안 울루스에 해당하는 지역에 대한 카안의 직접적 지배력을 확보하고 확인하기 위한 측면도 가지는 것이었다고 할 수 있다.

고려의 경우 이미 몽골황실과 고려왕실 사이에 통혼관계가 형성되어 있기도 했지만, 몽골이 고려의 반란, 혹은 분립을 염려해 그에 대한 직접적 지배력 확보 차원에서 행성을 설치할 이유는 없었다고 생각된다. 이렇게 볼 때, 후기 정동행성이 1287년 나얀의 난에 대한 대비 차원에서 설치된 것이었음을 지적한 연구가 주목된다.[209] 즉, 몽골이 정동행성을 내지화하지 않으면서도 굳이 그 형식을 유지하고 고려국왕을 정동행성승상에 임명했던 것은 제국 동변에서 강성한 세력으로 자리잡고 있던 동방3왕가를 의식하여 고려라는 영역이, 혹은 그 수장인 고려국왕이 카안을 정점으로 하는 행정체계상에 포함되어 있음을 분명히 하기 위한 것이 아니었나 하는 것이다. 그러나 이는 실질적으로 행성을 통해 고려에 대한 통치권을 확보하기 위한 것은 아니었기에, 몽골 입장에서는 정동행성을 내지화하려는 입성(立省) 시도가 있을 때에도 고려 측의 반발을 감수해가며 굳이 입성을 할 필요는 없었던 것이다.[210]

고려의 입장에서도 애초에 고려국왕의 정동행성승상 겸직은 충렬왕이 자청한 것이기도 했지만, 행성이라는 몽골 행정조직이 실제적으로 고려국왕의 고려에 대한 통치권을 저해하는 측면이 없었기 때문에 굳이 이에 대해 반대할 이유는 없었던 것으로 보인다. 그러나 정동행성을 몽골 내지의 행성들과 마찬가지로 실제적인 지방통치기구화하자는

---

209) 北村秀人, 1964,「高麗における征東行省について」『朝鮮學報』32.
210) 北村秀人, 1966, 앞 논문 ; 김혜원, 1994, 앞 논문.

입성론(立省論)이 제기될 경우에는 고려국왕과 고려신료들은 강력하게 반대하여 이를 무마시켰다.[211]

② 정동행성승상 겸직의 영향

살펴본 바와 같이 일본원정이 사실상 포기된 이후에도 고려국왕은 '국왕'에 책봉됨과 동시에 정동행성승상에 임명되었다. '고려국왕'이 정동행성승상직을 상시적으로 겸하게 되면서 이를 통해 고려국왕은 일정부분 몽골관료체제에 편입되었으며, 또 편입시키고자 하는 움직임을 통해 제약받기도 했다.

일본원정이 사실상 포기된 이후, 고려국왕이 정동행성승상으로서 해야 할 구체적 업무가 무엇이었는지는 확인하기 어렵다. 고려국왕으로서의 업무 외에 별개의 업무는 없었던 것으로 보이기도 한다. 그러나 비록 온전한 형태는 아니었지만 정동행성은 별개의 조직을 갖고 있었고, '고려국왕'과 정동행성승상 역시 그 지위와 역할이 구분되어 있었다. 이러한 구분은 고려국왕의 정동행성승상 겸직이 장기화하면서 점차 옅어졌던 것으로 보이는데, 이를 고려 조정과 정동행성의 진하사(進賀使) 파견 양상과 국왕 부재시 권서정동성사(權署征東省事) 임명 문제를 통해 살펴보도록 하겠다.

우선 주목되는 것이 고려 조정과 정동행성에서 몽골에 파견했던 하정사(賀正使)와 하성절사(賀聖節使)의 문제이다. 정동행성은 1280년에 설치되었지만 이때는 행성에서 별도의 하정사나 하성절사를 파견한 기록은 보이지 않는다. 그러나 1287년 나얀의 난을 계기로 후기 정동행성이 설치된 이후인 1288년(충렬왕 14), 행성에서는 고려 조정에서

---

211) 北村秀人, 1966, 위 논문 ; 김혜원, 1994, 위 논문.

파견했던 하성절사와 별도로 하성절사를 파견했다.[212] 사료상의 문제일 수도 있지만 이후 얼마간 행성 단위의 사신 파견은 보이지 않다가 1295년(충렬왕 21) 하성절사의 파견을 시작으로 이후 1303년(충렬왕 29)까지는 비교적 매년 꾸준히 행성 단위에서 고려 조정과 별도로 사신이 파견되었다. 이후 3년의 공백을 두고 1306년(충렬왕 32) 하성절사가 파견된 후, 더 이상 행성 단위에서의 사신 파견은 보이지 않는다. 『고려사』와 『고려사절요』를 통해 확인되는 고려정부와 정동행성의 하정사·하성절사 파견 양상을 표로 정리하면 다음과 같다.

〈표 3〉 고려조정과 정동행성의 하정사·하성절사 파견 양상(1288~1306)

연대	파견주체	사행 목적	사신
충렬왕 14(1288)/07/庚子	고려 조정	賀聖節使	知密直司事 宋瑞
충렬왕 14(1288)/07/壬寅	행성	賀聖節使	中郎將 宋玄
충렬왕 14(1288)/12/壬子	고려 조정	賀正使	贊成事 趙仁規
충렬왕 15(1289)/07/戊戌	고려 조정	賀聖節使	判三司事 朴之亮
충렬왕 16(1290)/07/壬戌	고려 조정	賀聖節使	知僉議府事 金琿
충렬왕 17(1291)/07/壬子	고려 조정	賀聖節使	政堂文學 鄭可臣
충렬왕 17(1291)/11/庚申	고려 조정	賀正使	知密直司事 羅裕
충렬왕 18(1292)/윤6/丙戌	고려 조정	賀聖節使	世子
충렬왕 18(1292)/12/庚寅	고려 조정	賀正使	贊成事 趙仁規
충렬왕 19(1293)/07/辛未	고려 조정	賀聖節使	印侯
충렬왕 19(1293)/11/	고려 조정	賀正使	金㫜
충렬왕 20(1294)/07/丙子	고려 조정	賀聖節使	同知密直 柳陞
충렬왕 20(1294)/12/庚辰	고려 조정	賀正使	柳淸臣
충렬왕 21(1295)/07/己亥	고려 조정	賀聖節使	判三司事 金之淑
충렬왕 21(1295)/08/甲辰	행성	賀聖節使	行省員外郎 牛廷信
충렬왕 21(1295)/12/壬寅	고려 조정	賀正使	洪奎, 金光就
충렬왕 21(1295)/12/壬寅	행성	賀正使	通禮門祗候 趙詡
충렬왕 22(1296)/07/乙未	고려 조정	賀聖節使	中贊 鄭可臣
충렬왕 22(1296)/08/己亥	행성	賀聖節使	中郎將 邊信

212) 『高麗史』 卷30, 충렬왕 14년 추7월 壬寅.

충렬왕 22(1296)/11/庚午	행성	賀正使	上將軍 金延壽
충렬왕 23(1297)/07/丙戌	행성	賀聖節使	左右司都事 張瑜
충렬왕 23(1297)/08/辛卯	고려 조정	賀聖節使	同知密直 崔有渰
충렬왕 23(1297)/12/戊午	고려 조정	賀正使	大將軍 宋瑁
충렬왕 23(1297)/윤12/	행성	賀正使	行省掾使 趙珍
충렬왕 24(1298)/08/乙卯	고려 조정	賀聖節使	知密直司事 鄭瑎
충렬왕 24(1298)/08/乙卯	행성	賀聖節使	石抹也先帖木兒
충렬왕 24(1298)/12/丙辰	고려 조정	賀正使	宋玢
충렬왕 24(1298)/12/	행성	賀正使	將軍 宋邦英
충렬왕 25(1299)/07/丁未	고려 조정	賀聖節使	密直使 柳栯
충렬왕 25(1299)/12/甲寅	고려 조정	賀正使	贊成事 鄭仁卿
충렬왕 26(1300)/08/癸亥	고려 조정	賀聖節使	副知密直 洪子翰
충렬왕 26(1300)/11/丙寅	행성	賀正使	行省員外郎 李希實
충렬왕 26(1300)/12/甲戌	고려 조정	賀正使	副知密直 李英柱
충렬왕 27(1301)/07/乙丑	고려 조정	賀聖節使	密直副使 金台鉉
충렬왕 27(1301)/11/戊午	고려 조정	賀正使	上護軍 康純
충렬왕 27(1301)/11/戊午	행성	賀正使	郎將 林宣
충렬왕 28(1302)/08/甲子	고려 조정	賀聖節使	知密直司事 權溥
충렬왕 28(1302)/11/	행성	賀正使	大樂丞 庾阡
충렬왕 29(1303)/07/辛巳	행성	賀聖節使	護軍 李翰
충렬왕 29(1303)/11/戊寅	고려 조정	賀正使	金延壽, 夜先旦, 王淑
충렬왕 30(1304)/12/甲辰	고려 조정	賀正使	同知密直 宋邦英
충렬왕 32(1306)/07/己卯	행성	賀聖節使	摠郎 郭元振
충렬왕 32(1306)/08/己亥	고려 조정	賀聖節使	知都僉議事 金台鉉
충렬왕 32(1306)/11/甲午	고려 조정	賀正使	承旨 崔崇

　거의 같은 시기에, 같은 목적의 사신을 파견하면서 굳이 고려 조정과 별도로 행성 단위에서 사신을 파견했던 위와 같은 양상은 그 이유를 분명히 파악할 수는 없다. 그러나 이는 고려 조정과 행성이, 나아가 '고려국왕'과 정동행성승상이 별개로 인식되었던 상황을 보여주는 것일 수 있다. 여기에서 주목되는 것은 이러한 행성과 고려 조정 간 별도 진하사 파견의 양상이 1288년부터 시작되어 1306년까지 보이다가

이후에는 더 이상 나타나지 않고 있는 점이다.

이 기간 동안에도 1295년부터 1298년까지는 고려 조정에서 보내는 진하사와 행성에서 보내는 진하사가 각기 모두 파견되었으나,[213] 1299년부터 1304년까지는 대개의 경우 고려 조정이나 행성 둘 중 한 측에서만 진하사를 파견했다.[214] 이후 1306년 고려 조정과 행성에서 각기 하성절사를 파견한 이후로는 행성 단위에서 고려 조정과 별도로 진하사를 파견하는 사례는 사라진다. 즉, 초기에는 고려 조정과 행성이 진하사를 별도로 파견하다가, 어느 한 측에서만 진하사를 파견하는 얼마간의 기간을 거쳐 결국 행성에서 보내는 진하사는 중단된 것이다. 물론 사료의 누락 가능성도 염두에 둘 필요가 있다. 그러나 일부 사료가 누락되었다 하더라도 현재 확인 가능한 사료에서 보이는 위와 같은 경향성은 어느 정도 인정할 수 있을 것으로 생각되며 그에 대한 설명이 필요하다.

이러한 사신파견 양상에서 보이는 변화의 요인이 무엇인지 정확히 파악하기는 어렵다. 그러나 상당기간 고려 조정과는 별도로 이루어졌던 정동행성의 진하사 파견이 중단되는 것은 행성의 진하사 파견이 필요하지 않은 일이라서 중단되었다기보다는 고려 조정의 진하사 파견으로 흡수·통합된 결과인 것으로 보이며, 이는 고려국왕이 곧 정동행성승상이었던 상황에서 비롯된 것으로 생각된다.[215] 그런 점에서 이는 겸직이 이루어지면서도 서로 구분되어 있었던 '고려국왕'과 정동행성승상의 지위가 어느 시점부터 다소간 동일시되어가는 과정을

---

213) 1296년에는 고려 조정에서 보내는 하정사는 파견되지 않고, 행성에서 보내는 하정사만 파견되었다.

214) 1300년, 1301년의 하정사는 고려 조정과 행성이 모두 각각의 사신을 보냈다.

215) 최종석, 2010(a), 「고려시대 朝賀儀 의례 구조의 변동과 국가 위상」 『한국문화』 51.

보여주는 것이 아닌가 한다.

이와의 연관선상에서 주목되는 것이 국왕 부재시 권서정동성사(權署
征東省事)의 임명 문제이다. 국왕이 고려를 비우게 되는 사례는 몽골과
관계를 형성한 이후 발생하게 된 특수한 사례이다. 국왕이 몽골에
입조하여 고려를 비우게 될 경우, 원종대까지는 세자나 종실, 혹은
권신으로 하여금 감국(監國)하게 했다.216) 이러한 감국 사례는 충렬왕대
이후로는 보이지 않으며, 이후 국왕이 몽골에 가게 되어 고려를 비우는
경우, 국왕위 중조(重祚)의 과정에서, 혹은 몽골에 입조 중 고려국왕위를
계승하게 되어 귀국할 때까지 시일이 소요되는 경우에는 종실이나
특정 관리들을 '권서정동성사'로 임명해 임시로 정동행성의 사무를
대행하게 하고 있는 모습이 다수 확인된다.217)

주목되는 것은 충렬왕은 즉위 후 빈번히 친조를 하여 고려를 비웠음
에도 불구하고, 충렬왕 28년(1302) 12월 친조 당시 제안공(齊安公) 왕숙(王
淑)으로 하여금 정동성 업무를 임시로 맡아보도록 한 사례218) 이전에는
감국 사례가 나타나지 않을 뿐더러 다른 인물로 하여금 '권서정동성사'
하도록 하는 사례도 보이지 않는다는 점이다. 앞서 정동행성과 고려

---

216) 고종 46년(1259) 6월, 고종이 사망했을 당시 태자는 몽골에 입조해 있었기 때문에
태손인 왕심(王諶)이 감국한 사례가 있으며(『高麗史』卷25, 高宗 46年 4月 壬寅)
원종 5년(1264) 원종이 친조(親朝)했을 때는 김준이 감국했고(『高麗史』卷26, 元宗
5年 8月 癸丑) 동왕 10년(1269) 원종이 복위 후 세자와 함께 친조했을 때는 세자의
동생인 순안후(順安侯) 왕종(王悰)이 감국한 바 있다.(『高麗史』卷26, 元宗 10年 12月
庚寅)
217) 『高麗史』卷32, 忠烈王 28年 12月 庚申朔 ; 31年 11月 庚午 ; 卷33, 忠宣王 復位年 11月
壬申 ; 卷36, 忠惠王 卽位年 2月 丁未 ; 夏4月 壬午 ; 卷35, 忠肅王 後元年 2月 甲子 ; 卷36,
忠惠王 復位年 12月 戊子 ; 後4年 11月 甲申 ; 卷37, 忠穆王 4年 12月 ; 卷38, 恭愍王
卽位年 10月. 이때 정동행성의 사무를 대리했던 인물은 제안공(齊安公) 왕숙(王淑,
2차례), 김혼(金琿), 김태현(金台鉉), 정방실(鄭方吉), 장백상(蔣伯祥)·임중연(林仲沇),
심지겸(金之謙), 기철(奇轍, 2차례)·홍빈(洪彬), 왕후(王煦), 이제현(李齊賢) 등이었다.
218) 『高麗史』卷32, 忠烈王 28年 12月 庚申朔.

조정에서 각각 진하사를 파견하는 양상이 둘 중 한 측에서만 파견하는 양상으로 변화하기 시작한 시점과 최초의 권서정동성사 임명이 이루어진 1302년이 상당부분 맞물리고 있음이 주목된다. 이러한 양자의 시기적 맞물림은 그간 그 지위와 역할이 구분되어 인식되고 있던 '고려국왕'과 정동행성승상이 이 시기를 전후하여 어느 정도 동일시되어가고 있음을 보여주는 것이 아닌가 한다.

이러한 동일시는 고려국왕이 정동행성승상으로 임명되기 시작한 이후의 어느 시점, '정동(征東)' 혹은 일본방어라는 군사적인 임무가 정동행성의 실질적인 업무로서의 의미를 상실한 이후의 어느 시점부터, 두드러지는 행성의 업무가 포착되지 않는 가운데에서도 행성의 조직이 나름대로 유지되고 '고려국왕'이 정동행성승상직을 겸하게 되는 과정에서 이루어졌던 것으로 보인다. 이는 고려국왕을 '국왕승상(國王丞相)'이라고 불렀다는 기록을 통해서도 확인할 수 있다.[219]

'고려국왕'의 정동행성승상 겸직이 고려국왕 위상에 가져온 영향은 크게 세 가지 면에서 이야기할 수 있다. 우선 형식적인 측면에서 외교문서 행이 및 서식의 문제가 주목된다.[220] 1270년(원종 11) 임연의 실각으로 고려와 몽골의 관계가 전환기를 맞이하게 되면서 몽골에서 고려에 보낸 외교문서들은 문서행이의 양상과 양식 면에서 이전 시기와는 다른 차이를 보이기 시작했다. 우선 눈에 띄는 변화상은 고려 전기까지 고려-중국 왕조 간 문서행이는 조(詔)와 표(表)를 주로 한 군주 간 문서행이 형태가 주를 이루었던 것에 비해, 몽골과 고려 사이에서는 몽골의

---

219) 李穀, 『稼亭集』 卷9, 「送揭理問序」, "凡一國之命, 一省之權, 總而專之, 故稱國王丞相."
220) 이와 관련해서는 이미 상세한 연구가 이루어져 있다. 아래 몽골 복속기 몽골-고려 간 문서행이와 관련한 문제는 다음의 논문들을 참고했다. 森平雅彦, 2007, 「牒と咨の あいだ—高麗王と元中書省の往復文書」『史淵』 第144輯 ; 정동훈, 2010(b), 「高麗-明 外交 文書 書式의 성립과 배경」『한국사론』 56.

행정기관, 주로 중서성 등 몽골의 주요 관부와 고려국왕 사이에 직접적인 문서행이가 이루어지기 시작했다는 점이다.[221] 이때의 문서양식은 대체로 첩(牒)식 문서였는데, 이는 상호 통속관계가 없는 관부, 관인, 기관, 개인 간에, 그리고 외교문서로 사용되던 서식이었다. 이러한 양상은 1280년(충렬왕 6) 이후 어느 시점부터 다시 변화하여 중서성에서는 충렬왕에게 자(咨)식 문서를 보내기 시작했는데, 이는 고려국왕이 정동행성승상에 임명되었던 것과 관련된 것으로 생각된다.[222]

몽골 중서성과 고려국왕 사이의 문서행이에서 고려국왕의 위상이 정동행성승상으로 정리되어 자(咨)식 문서가 행이되기 시작한 후에도 첩(牒)식 문서가 전면적으로 폐기되었던 것은 아니다.[223] 그러나 이후 정동행성의 일본원정 업무가 사실상 종료되고 난 후에도 정동행성이 상설기구로 존재하게 되고 고려국왕이 상시적으로 정동행성승상직을

---

221) 조서와 표문을 통한 문서행이 역시 지속되고 있었으며, 고려국왕은 한 국가의 군주로서 치서식(致書式) 문서를 사용하기도 했다. 다만 이전 시기에는 보기 어려웠던 몽골 행정기관과 고려국왕 사이의 문서행이가 나타나기 시작하며, 양자 간의 위계를 분명히 하는 관문서식이 사용되기 시작한다는 점이 이 시기 문서행이의 특징이다.(정동훈, 2010(b), 위 논문)

222) 자식(咨式) 문서는 명·청대 2품 이상의 동격 고급관부, 관인들 사이에서 사용된 문서형식으로 이점은 원대에도 마찬가지였지만 이 시기에는 특히 중앙의 중서성, 추밀원, 어사대 등과 지방에 설치된 그와 동격의 기관들인 행중서성, 행추밀원, 행어사대 등의 관부들 간에, 즉 중앙과 지방의 관부들 간에 사용된 사례가 눈에 띄게 많았다.(森平雅彦, 2007, 앞 논문 ; 정동훈, 2010(b), 위 논문)

223) 중서성에서 고려국왕에게 보내는 문서가 첩식(牒式) 문서인 경우도 있었다. 다만 문서의 수신인이 밝혀져 있지 않은 경우가 많아 첩식 문서와 자식 문서 사용에 어떤 기준이 적용되었는지를 명확히 파악하기는 어렵다. 수신인이 확인되는 경우로 충렬왕 27년(1301) 4월, 몽골 중서성이 국왕에게 보내면서 자식 문서를 사용한 예가 있다.(『高麗史』卷32, 忠烈王 27年 4月 己丑) 1280년 이후 몽골 중서성에서 고려에 보낸 첩식 문서와 자식 문서와 관련해서는 다음을 참조할 수 있다. 정동훈, 2009, 「高麗-明 外交文書 書式과 왕래방식의 성립과 배경」, 서울대학교 국사학과 석사학위논문, 17~18쪽.(이 논문은 정동훈, 2010(b), 위 논문으로 발표되었으나 이에 포함되지 않은 부분이 있어 별도 참조했다.)

겸하게 되면서 두 가지 위상은 일정부분 동일시되었고, 이는 고려국왕의 위상에서 정동행성승상이라는 위상이 배제된 이후에도 명(明)의 중서성이 고려, 조선의 국왕에게 자(咨)식 문서를 보내는 것이 정형화하게 되는 배경이 되었다.[224]

다음으로 고려에 정동행성이 유지되고 '고려국왕'이 정동행성승상직을 겸한 것은 국왕과 신료들의 관계에도 영향을 미쳤다.

후기 정동행성이 성립된 이후로는 초기의 상황과 달리 정동행성승상의 직책을 겸한 '고려국왕'이 행성 내에서 그의 하위에 속한 행성관들을 제압하지 못하는 양상을 보이기도 했다. 이는 두 가지 경우로 나누어볼 수 있는데 한 가지는 황제가 직접 관리를 임명, 파견해 고려 내정, 혹은 정동행성의 업무를 보게 한 경우이다. 다른 한 가지는 정동행성승상직이 일정부분 내지화하여 승상의 행성관들에 대한 보거권의 비중과 의미가 축소되면서, 정동행성이 국왕의 통제 하에 있지 않은 정치세력의 거점화하게 되어 국왕권을 제약한 경우이다.

정동행성의 관리들은 승상인 고려국왕의 천거를 받은 인물들이 임명되는 것이 원칙이었다. 이는 몽골의 여타 행성승상의 경우와는 다른 정동행성승상의 권한이라고 할 수 있다. 그러나 필요한 경우 몽골황제는 직접 관리를 임명해 파견하기도 했는데, 1299년(충렬왕 25) 정동행성 평장정사로 임명되어 온 활리길사[濶里吉思, 게오르기스, Georgius][225]가 대표적인 사례이다. 성종 테무르는 충렬왕을 복위시킨

---

224) 森平雅彦, 2007, 앞 논문 ; 정동훈, 2010(b), 위 논문. 한편, 최근 명대 조선국왕에게 주어졌던 관복과 인장, 빈례에서의 위차 등을 통해 명대 예제적 질서 속에서 조선국왕의 위상이 관료제적 질서 상에서 1~2품관으로 설정되어 있었으며, 이는 몽골 복속기 고려국왕이 정동행성승상을 겸했던 경험의 유제인 것으로 본 연구가 있어 주목된다.(정동훈, 2012, 「명대의 예제 질서에서 조선국왕의 위상」『역사와 현실』 84)

225) 활리길사(濶里吉思)는 이 시기 고려-몽골 관계 연구에서 많이 다루어진 인물이며,

후 평장(平章) 쿠쿠추[闊闊出]와 좌승(左丞) 카산[哈散]을 보내 국사(國事)를 다스리게 했다.[226] 카산은 한희유 무고사건을 접한 후 귀국하여, "왕이 그 무리[신하들 : 필자주]를 복속시키지 못하니 조정에서 관리를 파견해 함께 다스리도록 하십시오."라고 청했고, 이에 따라 몽골에서는 활리길사를 정동행성 평장정사로 임명해 보냈다.[227] 활리길사는 몇 가지 고려제도의 변개를 시도하던 중[228] 그 가운데 하나인 노비법 변개 시도가[229] 고려 측의 즉각적이고도 격렬한 반대에 부딪히면서[230] 충렬왕 27년(1301) 3월, "인민을 화집(和輯)하지 못했다"는 이유로 파직되어 소속 관원을 데리고 몽골로 귀국하게 되었다.[231]

그러나 한 차례의 중조를 겪은 상황에서 국왕과 함께 국가 업무를 처리하기 위해 몽골 관리가 파견되어 온 사실 자체, 그리고 이후 고려 관리들을 처벌하고 제도의 변개까지 추진했던[232] 활리길사의 존재는

'활리길사'라는 이름으로 익숙한 인물이기에 다른 인물 표기와 달리 한자 표기를 그대로 사용하도록 한다.

226) 『高麗史節要』 卷22, 忠烈王 24年 9月.

227) 『高麗史』 卷31, 忠烈王 25年 10月 甲子. 이 사건과 관련, 『元史』의 기록은 행성을 다시 두었다고 표현하고 있다.(『元史』 卷208, 高麗傳, 成宗 大德 3年 5月, "哈散使高麗還, 言旺不能服其衆, 朝廷宜遣官共理之. 遂復立征東行省, 命闊里吉思爲高麗行省平章政事.")

228) 『元史』 卷208, 高麗傳, 成宗 大德 4年 2月, "征東行省平章闊里吉思言, '高麗國王自署官府三百五十八所, 官四千五十五員, 衣食皆取之民, 復苛征之. 又其大會, 王曲蓋·龍房·警蹕, 諸臣舞蹈山呼, 一如朝儀, 僭擬過甚.' 遣山東宣慰使塔察兒·刑部尙書王泰亨齎詔諭之, 使釐正以聞. 三月, 闊里吉思復上言, '僉議司官不肯供報民戶版籍州縣疆界. 本國橫科暴斂, 民少官多, 刑罰不一, 若止依本俗行事, 實難撫治.'"

229) 활리길사(闊里吉思)의 노비법 변개시도와 관련해서는 많은 논문들에서 언급되고 있기는 하지만 본격적으로 이 문제를 다루고 있는 것으로는 다음이 참조된다. 김형수, 1996, 「13세기 후반 고려의 노비변정과 성격」 『경북사학』 19 ; 이강한, 2007(b), 「征東行省官 闊里吉思의 고려제도 개변 시도」 『한국사연구』 139.

230) 『高麗史』 卷31, 忠烈王 26年 10月 ; 11月.

231) 『高麗史』 卷31, 忠烈王 27年 3月 壬辰.

232) 『高麗史』 卷31, 忠烈王 26年 5月 辛丑 ; 10月.

복위 직후의 충렬왕이 국정 운영을 주도하는 데에 큰 부담이 되었을 것이다. 더욱이 고려의 관리들은 노비법 변개라는, 자신들의 현실적 이익 및 고려의 국속과 관련된 문제에 대해서는 격렬히 반대했지만, 또다른 한편으로 충렬왕의 측근세력을 활리길사에게 고발함으로써 충렬왕의 정치에 대한 불만을 표하기도 했다.[233]

한편, 정동행성승상으로서의 고려국왕은 어느 시점부터인가 행성관에 대한 보거권을 제대로 행사하지 못했던 것으로 보인다. 공민왕은 1356년(공민왕 5)의 개혁 이후, 근래 승상인 자신의 추천을 받지 않고 몽골에서 직접 임명한 관리들이 행성관의 다수를 점한 상황을 지적하고 원래대로 승상의 추천을 받은 관리들을 행성에 임명해 줄 것을 요청했다.[234] 행성의 승상이 행성관에 대해 추천을 하는 것은 고려 정동행성의 경우가 유일하며, 여타의 행성들에도 해당되는 것은 아니었다. 따라서 공민왕대에 정동행성승상이 행성 관원들에 대한 보거 권한을 제대로 행사하지 못하고 있었던 상황은 '고려국왕'이 겸하고 있던 정동행성승상직이 일정부분 내지화한 결과이기도 하다.

이런 상황에서 정동행성은 국왕의 통제 하에 있지 않은 정치세력의 거점화하는 경향을 보이며 국왕권을 제약했다. 대표적인 경우가 충목왕대 정치도감의 개혁이 정동행성의 공격으로 중단되었던 사례이다.[235] 또한 이곡의 「송게이문서(送揭理問書)」는 당시 정동행성의 관리들이 몽골의 질서, 이른바 통제(通制)를 고려의 국속(國俗)에 우선하여

---

233) 『高麗史節要』 卷22, 忠烈王 26年 11月.

234) 『高麗史』 卷39, 恭愍王 5年 10月 戊午.

235) 정치도감과 관련해서는 다음을 참조할 수 있다. 민현구, 1980(b), 「整治都監의 性格」 『동방학지』 23·24 ; 이강한, 2008(c), 「정치도감(整治都監) 운영의 제양상에 대한 재검토」 『역사와 현실』 67 ; 신은제, 2009, 「14세기 전반 원의 정국동향과 고려의 정치도감」 『한국중세사연구』 26 외 다수.

적용하려 했으며, 이들로 인해 법 집행 및 국정 운영이 제대로 이루어지지 못했음을 보여주기도 한다.[236]

마지막으로 고려국왕에 부가된 정동행성승상의 위상은 문서행이의 체계를 변화시키는 등 '고려국왕'의 위상에 몽골 관료로서의 성격을 일부 이입시키기도 했지만, '고려국왕'의 위상에 의해 그 관료로서의 성격이 일부 변질, 혹은 약화되기도 했다. 예를 들어 몽골에서의 행성승상직은 세습직은 아니었다. 그 "인물을 선택함에 신중했던 관계로 종종 결원이 되기도 했다"고 하지만[237] 이는 여타의 관직들과 마찬가지로 임면이 이루어지는 일반적인 관직이었다. 그러나 정동행성승상직은 고려국왕들이 겸함으로 해서 세습직으로 운용되고 있었다. '고려국왕'으로 인해 행성승상의 성격이 역변화한 것은 앞서 살펴본 정동행성승상의 행성관 보거권 역시 마찬가지이다.

이렇게 고려국왕이 겸함으로 해서 변화한 정동행성승상의 관료로서의 속성은 몽골 복속기 후반 국왕위 계승분쟁과 관련해 발생했던 입성론(立省論)의 과정에서 중요한 요소로 작용했던 것으로 생각된다. 고려에 세워졌던 정동행성은 그 구성이나 기능 면에서 몽골의 다른 행성들과는 큰 차이가 있었다.[238] 이 때문에 몽골 복속기에는 여러 가지 이유에서 고려의 정동행성을 제국 내의 여타 행성들과 동일한, 실질적인 존재로 만들어 고려를 내지화하자는 논의가 수차례 이루어졌으며, 이를 입성론이라 한다.[239] 이러한 입성론은 일차적으로는 고려국

---

236) 李穀, 『稼亭集』卷9, 「送揭理問序」, "揭君謂余曰, '政出多門, 民不堪命. 方今四海一家, 何中朝之法不行于東國乎.' 余應之曰, '(중략) 比來國法漸弛, 民風益薄, 自相變亂而爭告訐. 省吏之執通制者則曰普天之下莫非王土. 國臣之持舊法者則曰世皇有訓不改土風. 於是出彼入此, 趣輕舍重, 皆有所說, 莫可適從. 法之不行, 非由此歟.'"
237) 『元史』卷91, 志41 百官7 行中書省.
238) 고병익, 1961·1962, 앞 논문 ; 北村秀人, 1964, 앞 논문.

체와 관련한 논의였지만, 국왕위와 관련된 논의이기도 했다. 고려에 입성이 이루어질 경우 그 최고 통치권자는 승상일 수도, 일반적인 경우와 같이 평장정사 등의 관직을 가질 수도 있었겠지만, 그것이 임명직화한다는 점에서, 입성론은 기존 고려국왕이 겸함으로써 세습직화했던 행성 장관직의 관료적 속성을 되살리자는 논의로서의 측면을 갖는 것이었다.

이러한 논의가 제기되는 데에는 몽골 내지와는 다른 형식과 구성, 속성을 갖고 있었다고는 하지만 고려에 행성이 설치되어 있었고 고려국왕이 행성승상직을 겸하고 있던 상황이 중요한 배경이 되었다.[240] 한편 입성이 이루어질 경우, 고려라는 국호(國號)도, 고려국왕이라는 위호(位號)도 없어지는 것이기는 하지만, 이는 단지 없어지는 것과는 달리, 고려의 기존 통치자인 고려국왕, 왕실의 위상을 변화시키는 측면도 갖고 있었던 것으로 생각되는데, 이에 대해서는 후술하도록 하겠다.

(3) 전통적 '고려국왕'의 위상

부마(駙馬), 정동행성승상(征東行省丞相)과 같은 위상들이 부가되면서

---

239) 입성론과 관련해서는 다음 논문들을 참조할 수 있다. 北村秀人, 1966, 「高麗末における 立省問題について」『北海道大學文學部紀要』14-1 ; 김혜원, 1994, 「원 간섭기 立省論과 그 성격」『14세기 고려의 정치와 사회』, 민음사.

240) 물론 그렇지 않은 상황에서도 입성론 제기 자체가 불가능했던 것은 아니겠지만, 정동행성이 설치되어 있지 않았고 고려국왕이 그 승상직을 겸하고 있지 않았다면 고려국왕의 요양지역에 대한 영향력 행사를 견제하고자 했던 자들이, 심왕을 옹립하고자 했던 자들이, 그리고 충숙왕과 충혜왕 간의 중조(重祚) 상황에서 자신들이 지지하는 국왕을 옹립하고자 했던, 충혜왕을 폐위시키고자 했던 자들이 자신들의 정치적 목적을 이루는 수단으로 입성론과 같은 형식을 고안해내기는 어려웠을 것으로 생각된다.

변화를 겪기는 했으나, 몽골 복속기 고려국왕권에서 가장 큰 비중을 차지한 위상은 '고려국왕'의 위상이었다. 부마, 정동행성승상과 같이 몽골과의 관계에서 파생된 고려국왕의 위상들이 고려·몽골 관계에서, 그리고 고려국왕권에 중요한 역할을 한 것은 사실이지만, 이러한 새로운 위상들이 '고려국왕'을 대체하고 있었던 것은 아니라는 점 또한 주목할 필요가 있다.

　우선 통치기구의 측면에서 볼 때, 다른 위상들에 부가된 관부들이 불완전한 형태를 띠었던 것에 비해 '고려국왕'을 정점으로 하는 고려의 관료체제와 관제는 격하되기는 했으나 완결된 형태로 유지되어 기능했다. 고려에는 정동행성이 설치되고 그 하위 관부들이 설치되었지만, 이것이 몽골 내지(內地)의 그것과는 큰 차이를 보임은 이미 밝혀진 바와 같다.[241] 고려는 부마 투하령(投下領)으로서의 속성도 갖고 있어 투하관(投下官)이 설치되기도 했지만 그 역시 불완전한 형태를 띠고 있었다.[242] 이러한 관부들은 그 구성이 불완전할 뿐 아니라 실제 정동행성, 혹은 부마의 투하령으로서 하나의 정치단위[고려]가 통치되기 위해 필수적인 관직, 관부들이 부재했다는 점에서 독자적인 통치기구로서 존재하고 있었다고 보기는 어렵다.[243] 이에 비해 고려국왕을 정점으로 하는 고려의 관료체제와 관제는 무신집권기를 거치면서 일부 왜곡된 부분이 있고 몽골 복속기에 들어오면서 격하된 측면이 있지만, 자체적으로 완결된 형태로 유지되어 고려의 통치기구로 기능하고 있었다.

241) 고병익, 1961·1962, 「麗代 征東行省의 연구」(上)·(下) 『역사학보』 14·19.
242) 고려에 두어진 부마 왕부(王府)의 투하관과 관련해서는 森平雅彦, 1998b, 「高麗王位下の基礎的考察－大元ウルスの一分權勢力としての高麗王家」 『朝鮮史研究會論文集』 第36集을 참조. 그 투하관의 설치 상황이 불완전함에 대해서는 김호동, 2007, 『몽골제국과 고려』, 113쪽 참조.
243) 김호동, 2007, 위 책, 113쪽.

그 연장선상에서 고려의 통치자가 부마나 정동행성승상이 아닌 '고려국왕'이었다는 점 또한 주목할 필요가 있다. 앞서 살핀 바와 같이 충렬왕이 국왕으로서의 권력과 권위를 온전히 행사하기 위해 부마, 정동행성승상으로서의 관계와 지위를 활용했고, 이러한 요소들에 의해 충렬왕의 국정주도권 확보가 가능했던 것은 사실이다. 그러나 '고려국왕'을 동반하지 않은 부마나 정동행성승상의 지위만으로는 고려의 국정을 주도할 수 없었다는 점 또한 중요하다. 이러한 점은 몽골 복속기 거듭되었던 국왕위 계승분쟁에서도 나타난다. 이때의 국왕위 '경쟁자'들은 부마라는 관계를 두고, 혹은 정동행성승상이라는 지위를 두고 경쟁했던 것이 아니라 '고려국왕'위를 두고 경쟁하고 있었다. '고려국왕'위에 올랐던 개개의 인물들은 그들이 고려왕실 출신이라는, 왕실 직계라는 이유만으로 '당연하게' 즉위하여 국왕권을 행사할 수는 없었다. 그러나 '고려국왕'위 자체가 갖는 고려사회 내에서의 위상과 의미는 제약을 받는 가운데에서도 유지되고 있었던 것이다.

'고려국왕'이라는 요소가 고려사회에서 갖고 있었던 권위는 몽골 복속기 고려국왕들에 의해서 활용되었으며 몽골에 의해서도 충분히 인식되고 있었다. 우선 몽골 복속기 고려국왕들이 국왕권을 구축하는 과정에서 '고려국왕'의 위상을 활용했던 양상을 살펴보자. 이와 관련해 중요한 것 중 하나가 봉은사 태조진전(太祖眞殿)의 의미와 기능이다.

태조 왕건의 동상과 그를 안치한 봉은사 태조진전은 고려 국가의 정치에 중요한 상징적 기능을 갖고 있었다. 이 기능에는 서로 밀접한 연관성을 갖는 두 가지 측면이 있었다. 한 가지는 건국시조로서 왕통(王統)의 근원이 되는 권위의 상징으로서의 측면이며, 다른 한 가지는 왕건이 정립하여 고려의 국시화(國是化)한 거시적 정책방향의 상징으로서의 측면이다.[244] 이에 고려시대의 국왕들은 매년 2월 거행되는 상원 연등회의 한 과정인 '태조진 알현의식'을 위해,[245] 기일제사 등의 행사를 위해 봉은사의 태조진전에 행차했으며, 그 외에도 국가에 결정해야 할 중요한 사안이 있을 때 봉은사 태조진전에 가서 점을 치기도 했다.

충렬왕은 34년 간의 재위기간동안 연등회를 위해 13차례, 기일제사 등을 위해 8차례 봉은사 태조진전에 행차한 것으로 확인된다.[246] 몽골에의 친조로 인해, 혹은 카단(哈丹)의 침입과 같은 전쟁 때문에 연등회를 행하지 못한 경우도 있으나, 특별한 사유가 확인되지 않은 채 연등회가 시행되지 않은 경우도 있다. 그런데 주목되는 것은 충렬왕 재위기간동안의 봉은사 행차 횟수는 21회로 연평균 0.5회 정도이지만, 재위 전반기에는 연등회와 기일의 진전 행차가 거의 빠짐없이 이루어지고 있다는 점이다. 1275년(충렬왕 원년)부터 이른바 '친조외교'가 이루어지는 1278년까지 4년 동안의 봉은사 진전 행차는 6회로 연평균 1.5회이다. 이 기간 중 1278년에는 4월에 입조하여 7월에 귀국하였으므로 6월의 기일 행차는 물리적으로 이루어지기 힘들었음도 감안해야 할 것이다.[247]

즉 충렬왕은 즉위 초 국왕권을 구축하는 과정에서 부마, 정동행성승

---

244) 노명호, 2012, 『고려 태조 왕건의 동상 : 황제제도·고구려 문화 전통의 형상화』, 지식산업사, 235쪽.

245) 소회행사 후 봉은사 태조진전까지 국왕이 행차하여 태조진(太祖眞)을 배알하는 알조진의(謁祖眞儀)를 연등회의 과정에 독립적으로 구성시킨 것은, 고려왕실이 사회적으로 영향력을 갖고 있는 불교의례인 연등회의 의례과정에 국조인 태조신앙을 중핵으로 설정하여 왕실의 위상을 강화하는 데에 활용하고 있었음을 보여준다. 연등회에서의 봉은사 진전행향은 고려인으로서의 정체성을 태조신앙을 통해 확인하고 이를 강화해 나가는 사회적 기능을 했던 것으로 생각된다.(안지원, 2005, 『고려의 국가 불교의례와 문화-연등·팔관회와 제석도량을 중심으로』, 서울대학교출판부, 103~106쪽)

246) 노명호, 2012, 앞 책, 239~254쪽에는 고려시대 왕건동상 및 관련 제례의 상황이 연표로 정리되어 있으며, 173쪽에는 고려시대 국왕들이 연등회를 위해, 기일 등의 행사를 위해 봉은사에 행차한 횟수가 정리되어 있어 많은 도움이 된다.

247) 노명호, 2012, 위 책, 173쪽, 250~251쪽의 표 참조.

상 등 몽골과의 관계를 통해 부가된 위상들 뿐 아니라 고려 전래의 '고려국왕' 위상도 적극적으로 활용하고 있었던 것이다. 국조(國祖)인 태조와 그의 동상은 왕실 정통성의 상징으로서의 의미만을 가진 것은 아니었다. 태조진전의 왕건 동상은 단순히 국왕이 거행하는 의식의 대상일 뿐 아니라, 신료들이 행하는 고삭(告朔) 의례의 대상이었으며, 숭배 내지는 신앙의 대상으로 기능하고 있는 측면도 있었다.[248] 태조진전에의 정기적 행차와 같은 행위들이 즉위 초 충렬왕의 국왕권에 의미를 가질 수 있었던 것은 태조진전의 이러한 측면 때문이기도 하다.

'고려국왕'이라는 요소가 고려사회에서 갖고 있던 권위는 몽골의 입장에서도 중요했다. 몽골이 고려와 관계를 형성하는 과정에서 '고려국왕'을 그 자체로 완결되는 전통적 '고려국왕'의 의미로 인지하고 있었는지는 분명하지 않다. 1259년(고종 46) 강화(講和) 단계에서는 고려의 국왕이 그 태자를 몽골에 친조하게 하여 자신들에게 '복속'을 표했음을 근거로,[249] 1269년(원종 10) 단계에서는 고려의 세자가 황실과 통혼관계를 형성함으로써 부마로 존재하게 되었다는 점을 근거로 관계가 형성된 것이었기 때문이다. 그러나 몽골이 고려왕실과의 통혼 이후에도 고려국왕의 부마라는 위상을 통해 '고려국왕'을 대체하지 않은, 혹은 대체하지 못한 데에는 다른 이유들도 있었겠지만 '고려국왕'이라는 요소가 고려에서 가져왔던 권위와 '고려국왕'을 정점으로 하여 구성되어 기능하고 있던 고려의 통치질서를 활용할 필요가 있었기

---

248) 이는 충렬왕대 오윤부의 일화 등을 통해 확인할 수 있다. 노명호, 2012, 위 책, 176~177쪽.
249) 당시 시점에서 몽골과 고려가 각기 '복속' 혹은 '강화'에 대해 다른 입장을 갖고 있었음은 앞서 살펴본 바와 같다.

때문이었던 것으로 보인다.

몽골은 이미 상당히 이른 시기부터 '국왕'이라는 칭호와 위상이 동아시아 사회에서 갖고 있는 권위에 대해 어느 정도 인지하고 있었던 것으로 보인다. 이와 관련하여 몽골에서의 '국왕' 칭호 사용 용례가 주목된다.250) 몽골제국 시기에 사용된 '국왕' 용례에는 크게 두 가지가 있었다. 한 가지는 외국 군주들에 대한 칭호이며, 다른 한 가지는 몽골의 제왕(諸王)·공신들에 대한 칭호이다. 후자의 경우로 확인되는 사례는 잘라이르의 무칼리[木華黎] 가문과 동방3왕가 가운데 하나인 옷치긴[斡赤斤] 울루스 수장들에 대해 '국왕' 칭호가 사용된 경우이다.

무칼리는 1217년 북중국 경략의 책임을 맡으면서 칭기스칸에 의해 '태사(太師)·국왕(國王)'으로 임명되었고251) 그 지위는 세습되었다.252) 칭기스칸의 막내동생인 테무게 옷치긴이 '국왕'으로 불린 최초의 사례는 1219년에 보이는데,253) 이는 칭기스칸이 서정(西征)을 떠나면서 그에게 몽골 본지의 통치권을 위임하는 과정에서 부여한 것으로 추측된다.254) 옷치긴 이후 옷치긴 울루스 수장들 역시 '국왕'으로 칭해졌다.

이는 물론 외국 군주들에 대해 사용되었던 '국왕' 칭호와는 차이가 있다. 그러나 주로 동아시아 지역에서 황제권을 대리하는 역할을 했던, 그리고 그에 상응할 정도의 권한이 부여되었던 존재에 대해 '국왕'이라는 칭호를 사용하게 했다는 것은 몽골이 1210년대 후반 즈음에 이미

---

250) 몽골제국에서 사용된 '국왕' 칭호와 관련해서는 다음을 참조할 수 있다. 김호동, 2007, 위 책, 99~100쪽.

251) 『元史』卷1, 太祖 12年 秋8月.

252) 『元史』卷119, 木華黎傳. 특히 무칼리 가문의 '국왕' 칭호와 관련해서는 다음 논문이 참조된다. 구범진, 1999, 「蒙元帝國期 '國王'의 政治的 位相」 『서울대 동양사학과논집』 23.

253) 『元史』卷208, 高麗傳.

254) 김호동, 2007, 앞 책, 99~100쪽.

'국왕'이라는 존재, 혹은 그 지위와 호칭이 동아시아 사회에서 갖는 의미와 역할에 대해 상당부분 이해하고 있었기 때문이었던 것으로 생각된다.

한편, 몽골이 정복지역의 군주가 갖고 있던 해당 사회에서의 권위와 그를 중심으로 한 통치질서를 활용하고자 했음은 고려 이외의 경우에서도 확인된다. 위구르의 군주들은 '이두쿠트[亦都護, iduqut]'라는 고유한 칭호를 갖고 있었다. 칭기스칸 당시 이두쿠트였던 바르축 아트테긴[巴而尤阿而忒的斤]이 몽골에 복속하고 공주와의 혼인을 허락받아 부마가 된 이후, 그를 계승했던 아들들 모두가 몽골황실의 부마가 되었던 것은 아니다. 그러나 통혼한 경우에도 이들은 '이두쿠트'라는 고유의 위상을 통해 위구리스탄의 위구르인들에 대해 통치권을 행사했다.[255]

1270년대 이후 카이두 등과 쿠빌라이 간의 갈등이 심화하면서[256] 많은 위구르인들이 위구리스탄을 버리고 동쪽으로 이동했고, 이두쿠트 일가도 감숙 지방의 영창(永昌)으로 이주했다. 쿠빌라이대의 이두쿠트였던 코츠카르 테긴[火赤哈兒的斤]이 사망한 후 그 아들 니우림 테긴[紐林的斤]은 바로 이두쿠트위를 계승하지는 못했다. 이후 카이두 세력이 붕괴된 후에도 위구리스탄 지역은 차가타이 울루스의 지배하에 있었기

---

255) 바르축 아트테긴 이후 이두쿠트위를 계승한 우그룬치 테긴, 마무락 테긴은 공주와 통혼하지 않았다. 마무락 테긴의 아들 코츠카르 테긴은 차가타이 울루스의 두아와의 전쟁에서 딸을 바친 공으로 정종(定宗) 구육의 딸과 결혼했고, 그 아들 니우림 테긴은 코츠카르 테긴이 전사한 후, 그 복수를 위해 북정(北征)을 청하는 과정에서 공주와 태종(太宗) 우구데이의 손녀와 통혼한 이후 부마의 지위를 이어갔다. 위구르 이두쿠트들과 관련해서는 다음을 참조할 수 있다. 『元史』 卷122, 巴而尤阿而忒的斤 傳 ; 『元文類』 卷26, 「高昌王世勳碑」(虞集). 몽골제국기 위구르와 관련해서는 다음 논문이 참조된다. Thomas T. Allsen, 1983, "The Yüan Dynasty and the Uighurs of Turfan" *China among Equals*(edited by Morris Rossabi).

256) 카이두 등과 쿠빌라이 정권의 갈등에 대해서는 다음 논문이 참조된다. Michal Biran, 1997, *Qaidu and the Rise of the Independent Mongol State in Central Asia*, Curzon.

때문에 사실상 이때부터 이두쿠트는 독자적 왕국의 군주로서의 위상은 상실했다고 할 수 있다. 그러나 무종 카이샨은 카이두를 견제하기 위해 1308년, 니우림 테긴으로 하여금 이두쿠트위를 계승하게 하고 금인(金印)을 하사했다. 이후 인종은 그를 고창왕(高昌王)에 봉하고 왕부관(王傅官)을 설치하게 한 후 고창왕인(高昌王印)은 내군(內郡)에서, 이두쿠트인[亦都護印]은 위구르 경내에서 사용하도록 했다.[257]

한편 무종, 인종 등 몽골의 황제들에 의해 지정되었던 이두쿠트와 별도로, 위구리스탄에 대한 지배권을 확보한 차가타이 울루스에서 지정한 이두쿠트도 존재하고 있었음이 확인된다.[258] 이는 오랜 기간 독자적 왕국의 군주로서 존재해왔던 위구르의 '이두쿠트'가 위구르인들에 대해 갖고 있던 권위는 그 지위에 오른 개인이나 가문, 혹은 그 지위 자체가 위구리스탄에 대한 실질적인 통치력을 상실한 이후에도, 혹은 그 구성원이 변경된 이후에도 의미있는 것이었고 몽골 역시 이를 인식하고 있었음을 보여준다. 차가타이 울루스가 지정한 '이두쿠트'의 존재는, '이두쿠트'위가 가지고 있는 권위를 보여주는 것인 동시에, 그러한 이두쿠트위가 특정 가문에 한정되지 않을 수 있다는, 즉 이 책에서 이야기하는 바와 같이 몽골황제·황실과의 관계 여하에 따라, 이 경우는 차가타이 울루스와의 관계 여하에 따라 다른 가문으로 변동될 수 있음을 보여주는 것이기도 하다.

이처럼 '고려국왕'이라는 요소는 몽골 복속기에도 여전히 고려국왕권에서 큰 비중을 차지하고 있었으며, 이는 고려인들뿐 아니라 몽골에 의해서도 인식되고 있었다. 그러나 전통적 '고려국왕'은 몽골황제와의 관계로 인해 그 위상이 격하되기도 했고, 부마·정동행성승상 등과

---

257) 『元史』卷122, 巴而朮阿而忒的斤傳.

258) Thomas T. Allsen, 1983, *ibid*, p.260.

함께 고려국왕권을 구성하게 됨으로 해서 그 위상이 고려국왕권에서 갖는 비중이 축소되기도 했다.

먼저, 앞서 살펴본 바와 같이 몽골 복속기에는 황제권이 권력의 정점에 위치하게 되면서 '고려국왕'의 몽골황제의 제후로서의 위상은 대외적 영역에서 뿐 아니라 대내적으로도 실질적 의미를 갖게 되었다. 이는 '고려국왕'에 대한 몽골황제의 책봉권이 실질화한 점, 고려의 관제가 제후국의 그것으로 격하된 점 등을 통해 확인할 수 있다.[259] 이 가운데 '고려국왕'에 대한 몽골황제의 책봉이 실질화한 문제는 물론 '고려국왕'이 변화한 측면도 있지만 '정동행성승상 부마 고려국왕'으로서의 고려국왕권이 변화한 문제이기도 하기에 다음 항에서 다시 살펴보도록 하고, 여기에서는 고려의 관제 및 의례 등 형식적 측면에서 확인되는 '고려국왕'의 위상 변화에 대해 살펴보도록 하겠다.

주지하다시피 몽골은 충렬왕 즉위 후 고려의 관제가 참월함을 이유로 그 개편을 요구했고,[260] 충렬왕은 몽골의 관제와 유사한 고려의 관제를 격하시키는 방향으로 관제 개편을 단행했다.[261] 이뿐 아니라 묘호(廟號)의 사용이나 의식(儀式), 의복, 왕실 용어 등 제 측면에서의 격하 조치들을 통해 고려는 제후국으로 강등되었고 더불어 고려국왕의 위상 역시 제후화했다.[262] 그러나 충렬왕대 관제개편은 몽골의 그것과 상충되는 상위의 관제들만 표면적으로 격하시킴으로써 하위의 관제들과 그

259) 장동익, 1994, 『고려후기외교사연구』, 일조각 ; 민현구, 2004, 『고려정치사론』, 고려대학교출판부 ; 이익주, 2011(a), 「高麗-몽골 관계에서 보이는 冊封-朝貢關係 요소의 探究」 『13-14세기 고려·몽골 관계 탐구』(동북아역사재단·경북대학교 한중교류연구원 엮음) 외 다수.

260) 『高麗史』 卷28, 忠烈王 元年 10月 庚戌.

261) 『高麗史』 卷28, 忠烈王 元年 10月 壬戌.

262) 장동익, 1994, 앞 책.

격이 맞지 않는 상태에 있었고, 이러한 고려관제 내부에서의 부조화 양상은 충선왕대에 이르러 일관된 형태로 조정되었다.263)

'고려국왕'의 변화한 위상은 의례의 측면에서도 명확하게 확인된다. 모호하게 규정될 수 있는 전통시대 군주의 위상은 의례라는 매우 구체적이고 세밀한 의식을 통해 가시화했고, 반복되는 의례의 과정을 통해 강조, 고착되었다. 이러한 왕실 및 군주와 관련한 의례는 국내에서의 군주 위상과 관련되는 것인 한편으로 국제질서 상의 군주 위상과 관련된 것이기도 했다.

이와 관련, 고려 전기에는 중국 역대왕조의 사례와 유사하게 정조(正朝), 동지(冬至), 절일(節日, 국왕 탄일)에 군주가 백관들로부터 조하(朝賀)를 받는 예식-'수조하(受朝賀)'만으로 조하의례가 구성되었으나, 몽골 복속기를 획기로 하여 '수조하' 외에도 국왕이 신하의 위치에서 황제에게 요하(遙賀)하는 의례가 조하의례에 포함되었음을 밝힌 연구가 주목된다.264) 구체적으로 정조에는 요하의례와 '수조하' 예식의 조합으로,265) 성절[황제 탄일]과 국왕 탄일에는 각각 요하의례와 '수조하' 예식만으로 조하의가 거행되었으며, 이러한 조하의 의례구조의 변동은 예식에 참여하는 국왕의 위상을 경하를 받기만 하는 존재(군주)에서

---

263) 충렬왕대 관제개편의 내용 및 충선왕 즉위년 관제개편과 관련해서는 이익주, 1996, 앞 논문 참조. 충선왕 복위년 관제개편은 박재우, 1993, 「고려 충선왕대 정치운영과 정치세력 동향」『한국사론』29 참조.

264) 최종석, 2010(a), 「고려시대 朝賀儀 의례구조의 변동과 국가 위상」『한국문화』51.

265) 몽골 복속기에는 동지에는 '수조하' 예식만 거행되었는데, 동지의 조하의에 요하의례가 포함되지 않은 것은 원 제도와 관련한 것이라고 한다. 원에서 요하의례와 동질적인 외로아문(外路衙門)에서의 '배하행례(拜賀行禮)'가 원일(元日)과 성절에만 이루어졌고, 요하의례와 직접적으로 연동되었던 원 조정의 조하의도 원정수조의(元正受朝儀)와 천수성절수조의(天壽聖節受朝儀)만 거행되고 있었기 때문이다.(최종석, 2010(a), 위 논문, 249쪽)

148

경하를 받으면서도 올려야 하는 존재(군주이면서도 황제의 신하)로 변화시켰다는 것이다.[266] 이러한 관제, 의례 면에서의 변화는 전통적 '고려국왕'의 위상이 대내외적으로 황제의 신하, 즉 제후로서 존재하게 되었음을 분명하게 보여주고 있다.

한편, 전통적 '고려국왕'의 위상은 이전과 같이 그 자체로 고려국왕권을 구성하지 못하고, 부마·정동행성승상과 같은 다른 위상들과 함께 고려국왕권을 구성하게 됨으로 해서 그 위상이 변화하기도 했다. 이러한 측면은 세 가지 위상 가운데 '고려국왕' 이외의 위상이 특별히 부각되면서 '고려국왕' 위상의 비중이 상대적으로 축소되는 상황을 통해 살필 수 있다.[267]

우선, 정동행성승상의 위상이 부각되어 '고려국왕' 위상의 비중에 영향을 준 경우는 앞서 검토한 외교문서 서식문제를 통해 살펴볼 수 있다. 살펴본 바와 같이, 1280년 충렬왕의 정동행성승상 임명을 계기로, 몽골 중서성에서 고려국왕에게 보내는 문서식으로 외국군주에 대한 문서식인 첩(牒)식 문서 외에 동급 기관 간에 행이되는 문서식인 자(咨)식 문서가 사용되기 시작했다.[268] 이는 고려국왕의 세 가지 위상 가운데 정동행성승상으로서의 위상이 더욱 부각됨으로 해서 '고려국왕'의 위상이 갖고 있던 비중이 축소된 상황을 분명히 보여주고 있다. 또한 몽골 복속기를 거치면서 7차례에 이르는 입성론이 제기될 수

---

266) 최종석, 2010(a), 위 논문, 260~261쪽.
267) 이러한 몽골 복속기 고려국왕권의 세 가지 위상 간 관계와 비중의 문제는 이 시기 고려국왕권의 복합적 성격을 이해하기 위해 매우 중요한 문제이다. 그러나 이는 그 자체로 매우 큰 주제를 이루는 것이기에 여기에서 충분히 다루기에는 어려움이 있다. 이에 여기에서는 그러한 단면들만을 간단히 살펴보고 본격적인 검토는 이후 과제로 남기도록 하겠다.
268) 森平雅彦, 2007, 「牒と咨のあいだ―高麗王と元中書省の往復文書」『史淵』第144輯 ; 정동훈, 2010(b), 「高麗-明 外交文書 書式의 성립과 배경」『한국사론』56.

있었던 것 역시, 고려국왕이 정동행성승상직을 겸한 상황에서, 각각이 통치하는 단위인 고려와 정동행성 가운데 후자의 요소에 강조점이 두어지면서 발생한 상황이라 할 수 있다.

다음으로 부마 위상이 부각됨으로 해서 나타나게 되는 '고려국왕' 위상 비중의 축소 문제는 충선왕에 의해 이루어졌던 이른바 '요령통치 (遙領統治)'의 문제를 통해 살펴볼 수 있지 않을까 한다. '요령통치'란 충선왕이 복위 후 장기간 몽골에 체류하면서 전지(傳旨)와 명령을 통해 고려 내정과 관련한 주요 사항들을 처결했던 통치방식을 가리키는 것이다.[269] 충선왕은 4년 8개월에 이르는 재위기간 동안 최초 3개월을 제외한 기간을 몽골에 체류했으며, 이 기간 동안의 고려 정치는 전지와 명령을 통해 이루어졌다. 충선왕의 요령통치와 관련해서는 대체로 충선왕이 한차례의 중조정국을 겪으면서 고려국왕위 유지를 위해서는 몽골 조정에서의 활동, 몽골정치세력과의 관계가 더 중요함을 인식하게 된 결과라는 등의 이유가 이야기되고 있으며,[270] 이는 충선왕이 몽골에 체류한 중요한 이유일 것으로 생각된다.

그런데 충선왕의 요령통치와 관련해 주목되는 것은 그러한 통치방식이 당시 몽골의 종왕(宗王)·부마(駙馬) 등이 자신의 투하령(投下領)을 통치했던 방식과 유사하다는 점이다. 몽골의 종왕·부마들은 유목지역에 분봉받은 본령(本領) 이외에, 몽골의 정벌전이 화북(華北), 강남(江南) 지방으로 확대됨에 따라 화북과 강남에 각기 추가로 분봉받은 투하령을 갖고 있었다.[271] 대개 유목생활을 했던 몽골 종왕·부마들은 화북, 강남

---

269) 충선왕의 요령통치와 관련해서는 다음을 참조할 수 있다. 이승한, 1988, 「高麗 忠宣王의 藩陽王 被封과 在元 政治活動」『전남사학』 2 ; 민현구, 2004(a), 「元 干涉期 고려의 정치양태-國王 不在中의 국정운영을 통해 본 王朝體制의 지속성」『고려정치 사론』, 고려대학교출판부.

270) 이승한, 1988, 위 논문 ; 박재우, 1993, 앞 논문 ; 민현구, 2004(a), 위 논문.

에 있던 그들의 투하령에 체재하면서 이 지역을 직접 통치하지는 않았던 것으로 보인다. 이들은 대부분의 경우 유목지역에 있던 본령에 머물면서 사신을 보내 투하령의 투하관들에게 영지(令旨)를 전하는 방식으로 화북 투하령을 통치하고 관리했다. 이들은 강남 투하령 역시 화북 투하령을 매개로 해서, 혹은 본령에서 직접 사신을 파견해 그 지역에 대한 자신들의 권리 혹은 권력을 행사했다.272) 대도(大都)와 상도(上都) 간을 주기적으로 순행했던 몽골황제들 역시 두 도읍 간에 사신을 통해 지(旨)를 전달함으로써 제국을 통치했다.

충선왕은 1298년 즉위 7개월 만에 폐위된 후 1308년 복위하기까지 10년에 이르는 기간 동안 몽골에서 숙위 생활을 했다. 복위한 충선왕이 몽골에 머물면서 자신의 측근을 통해 지(旨)를 전함으로써 고려의 중요한 사안들을 처결했던 정치 방식은 분봉 및 양도 순행을 근간으로 하는 몽골에서 카안·종왕·부마 등이 자신들의 영지(領地)를 통치했던 방식과 맞닿아 있다.

이러한 연결성의 배경 혹은 의미는 크게 두 가지로 이야기할 수 있다. 우선 한 가지는 위에 이야기한 바와 같이 복위 전 몽골에서의 숙위 기간이 길었던 충선왕이 오랜 숙위생활을 통해 익숙하게 접해왔던 몽골 종왕·부마들의 영지(領地) 통치 방식을 자신의 필요에 의해 채택, 활용했을 가능성이다. 한 차례 폐위의 경험을 통해 충선왕은 자신의

---

271) 투하(投下) 등 몽골의 국가체제와 관련해서는 다음을 참조할 수 있다. 李治安, 1989, 『元代分封制度研究』, 天津古籍出版社 ; 村上正二, 1993, 「元朝における投下の意義」 『モンゴル帝國史研究』, 風間書房.

272) 몽골제국기 종왕·부마들이 유목지역의 본령(本領)과 화북 투하령, 강남 투하령을 통치했던 방식과 관련, 동방3왕가 가운데 하나인 카사르가의 인물인 바부샤[八不 沙] 대왕이 그의 화북 투하령에 대해 보낸 영지(令旨)의 분석을 통해 이를 검토한 연구가 참조된다. 杉山正明, 2004, 「八不沙大王の令旨碑より―モンゴル諸王領の實態」 『モンゴル帝國と大元ウルス』, 京都大學學術出版會 所收.

국왕위를 유지하기 위해서, 혹은 국왕권을 온전하게 행사하기 위해서는 몽골황제·황실과의 개인 간·가문 간 관계가 매우 중요하다는 점을 강하게 인지하게 되었다. 이러한 인식은 복위 후 충선왕의 정치 방식에도 영향을 미치게 되며, 그 대략은 그의 복위교서를 비롯해 복위 직후의 여러 조치들을 통해서 확인할 수 있다.[273] 즉, 그는 복위 전에 이미 복위 후의 정치 방식에 대한 구상을 어느 정도 마쳤던 것으로 보이며, 그의 구상에는 몽골황제·황실과의 관계를 강화하기 위해 아버지 충렬왕과 같은 잦은 친조를 넘어 아예 몽골에 체류한다는 것도 포함되어 있었던 것으로 보인다. 충선왕이 이러한 정치 방식을 구상하고 실행할 수 있었던 것은 위에 이야기한 정치적 이유들과 절박함 때문인 동시에, 그렇게 하면서도 고려를 통치하는 것이 가능하다는 것을 숙위기간 동안의 경험으로 이미 어느 정도 인지하고 있었기 때문이었을 것이다.

다른 한 가지는 이것이 몽골과의 관계 속에서 고려의 정치가 고려라는 국가의 범위를 넘어서게 됨으로써 고려국왕 역시 더 이상 고려 내에만 머물 수 없게 된 상황에서 비롯된 정치 방식이라는 점이다. 고려국왕이 몽골에 머무는 가운데 중요한 사안과 관련해 사신을 통해 고려에 지(旨)를 전달하는 모습은 이미 충렬왕대부터 확인된다.[274] 특히 충렬왕은 중요한 정치적·외교적 사안이 발생할 때마다 적극적으로 친조를 하여 사안을 해결하려 했던 국왕이다. 황제와의 직접적인 관계(개인 간 관계)가 중요한 정치적 의미를 가졌던 몽골 복속기 권력구조 아래에서 고려국왕의 친조는 외교를 넘어 매우 중요한 정치 방식의 한 가지였다. 국왕이 국가를 비우게 되는 상황에서 초기에 국왕들이

---

273) 충선왕 복위년 관제개편에 대해서는 박재우, 1993, 앞 논문, 복위 후 충선왕의 성치방식에 보이는 특징적 면모와 관련해서는 이 책의 제3장 2절 참조.
274) 『高麗史』 卷32, 忠烈王 32年 春正月 辛酉.

친조를 할 때는 감국(監國)을 두기도 했고, 고려국왕이 정동행성승상에 임명된 이후 언젠가부터는 권정동성사(權征東省事)를 두어 국왕이 부재한 기간 동안의 국정을 임시로 책임지도록 하기도 했다. 그러나 국왕들의 친조가 일상화하고 중요한 정치 방식의 한 가지로 자리잡게 되면서 그 빈도나 체류 기간이 길어지게 되는 상황에서, 국왕은 감국 혹은 권정동성사가 있더라도 중요한 문제에 대해서는 직접 명령을 내려 처리해야 하는 경우들이 발생했고, 이는 '요령(遙領)' 혹은 '전지(傳旨)'의 형식일 수밖에 없었다. 즉, 충선왕의 요령통치는 고려국왕의 정치공간이 확대됨에 따라 그 정치-통치 방식도 변화를 보인 것으로, 이것은 전통적인 '고려국왕'의 정치 방식이 갖는 비중이 축소되고 '부마'라는 위상으로 대변되는 몽골 분권세력의 정치방식이 부각된 사례라고 할 수 있을 것이다.

2) '정동행성승상(征東行省丞相) 부마(駙馬) 고려국왕(高麗國王)'으로서의 고려국왕

살펴본 세 가지 위상의 공존과 상호작용이 이루어지는 가운데, '고려국왕' 자체의 변화에 더해 부마가문의 일가문(一家門)으로서의 속성과 정동행성승상의 몽골 관료로서의 속성이 고려국왕권에 이입되면서 총체로서의 고려국왕 위상도 변화했다. 이러한 몽골 복속기 이후 고려국왕의 위상 변화에 대해서는 이미 많은 연구들이 언급해 왔다. 고려의 관제가 제후국의 그것으로 격하되었다거나 고려국왕에 대한 황제의 책봉권이 실질화했다는 점 등이 언급되기도 했고,[275] 이 시기 고려의

---

275) 장동익, 1994, 『고려후기외교사연구』, 일조각 ; 민현구, 2004, 『고려정치사론』,

왕조체제 유지가 갖는 한계들이 보다 광범한 영역들에 대한 검토를 통해 언급되기도 했다.[276)

이러한 연구성과들에 더하여, 이 시기 몽골과의 관계 및 그에 기반한 정치·권력구조 속에서 발생한 고려국왕의 위상 변화는 크게 세 가지 정도로 이야기할 수 있을 것으로 생각된다. 첫째, 대외적 영역에서 뿐 아니라 대내적으로도 국왕이 몽골황제의 제후로 존재하게 되었다는 점, 둘째, 국왕이 몽골제국 질서 아래에서 몽골황제권과의 관계를 통해 권력을 부여받게 됨으로써 유사한 관계를 형성한 다른 권력주체와 경쟁을 해야 하게 되었다는 점, 마지막으로 그런 과정들을 통해 왕조체제 아래에서 고려왕실이 갖고 있던 혈연적 정통성의 권위의 비중이 얼마간 축소되었다는 점이다. 이러한 변화들은 이전 시기 고려라는 정치체 안에서 자체적인 논리에 기반해 최고권으로 존재해 왔던 고려국왕권이 몽골 복속기에 들어와 그 상위의, 그리고 경쟁 관계의 다른 권력주체들과의 관계들 속에 자리하게 되었다는 점, 그리고 그로 인해 발생한 변화들이라는 점에서 '상대화'라는 용어로 표현할 수 있지 않을까 한다.

먼저 고려국왕의 몽골황제의 제후로서의 위상이 대내적으로도 실질적 의미를 갖게 된 점과 그에 대한 인식은 크게 두 가지 부분, 관제·의례 등 형식적인 측면과 현실정치의 측면을 통해 살펴볼 수 있다. 형식적인 측면에서의 변화는 '고려국왕' 위상의 변화와 관련된 것으로 앞서

고려대학교출판부 ; 이익주, 2011(a), 「高麗-몽골 관계에서 보이는 冊封-朝貢關係 요소의 探究」『13-14세기 고려·몽골 관계 탐구』(동북아역사재단·경북대학교 한중 교류연구원 엮음) 외 다수.

276) 森平雅彦은 이 시기 고려의 왕조체제 보전의 한계를 고려왕위와 통치권한, 판도(版圖) 와 영민(領民)의 측면에서, 그리고 관제, 왕실, 민정, 군비, 예제, 형옥 등의 측면에서 살핀 바 있다.(森平雅彦, 2008(b), 「事元期 高麗における在來王朝體制の保全問題」『北東アジア研究』, 別冊1)

살펴본 내용이므로, 여기에서는 현실정치의 측면에서의 변화에 대해 살펴보도록 하겠다.

국왕의 몽골황제의 제후로서의 위상이 고려 내에서도 실질적 의미를 갖게 됨으로 해서 생긴 고려국왕의 위상변화는 국왕위 계승이라는, 매우 현실정치적인 문제를 통해 더욱 부각되고 확대되었다. 이 문제 역시 그간 많이 언급되어 왔던 문제로, 이는 천자(天子)의 제후(諸侯)에 대한 책봉권이 실질화한 것으로 이해되었다.[277] 이 시기 고려국왕들은 이전처럼 중국[몽골] 황제의 '책봉'을 받았지만, 그것이 명목상의 것에만 그치지 않았다는 점에서 이는 책봉권의 실질화라고 이야기할 수 있다. 그런데 몽골 복속기 고려국왕들이 몽골황제로부터 '책봉'을 받기 위해서, 그리고 그 책봉받은 국왕위를 유지하기 위해서 상당부분 몽골황제·황실과의 관계라는 몽골적 관계의 요소에 기댈 필요가 있었음이 주목된다.

즉 몽골 복속기, 몽골황제에 의한 고려국왕의 즉위와 폐위에는 '실질적 책봉'이라는 변화한 동아시아적 관계의 요소 외에도 몽골황제·황실과의 관계라는 몽골적 관계 요소 역시 매우 중요한 역할과 비중을 갖고 공존하고 있었다. 이러한 두 가지 요소의 공존은 고려국왕 스스로뿐 아니라 고려 정치세력들도 충분히 인지하고 있었으며, 이들은 각각이 처한 정치적 상황에 따라, 혹은 정치적 성향에 따라 이를 활용했던 것으로 보인다.[278]

---

277) 장동익, 1994, 앞 책 ; 민현구, 2004, 앞 책 ; 이익주, 2009, 「고려·몽골 관계사 연구시
각의 검토 : 고려·몽골 관계사에 대한 공시적, 통시적 접근」『한국중세사연구』
27 ; 2011(a), 앞 논문 외 다수.

278) 몽골황제에 의한 고려국왕 즉위와 폐위에 공존하고 있는 동아시아적 관계의
요소와 몽골적 관계의 요소의 인지 및 활용은 몽골에서 이를 보는 관점에도
마찬가지로 적용된다고 생각된다. 몽골이 고려국왕·왕실의 부마·부마가문으로서
의 위상을 중요시하면서도 그와의 관계에서 '중국적 외피'를 계속 유지시킨 것은(森

몽골 복속기 반복되었던 중조(重祚), 국왕위 계승분쟁 등은 고려국왕의 몽골황제의 제후로서의 위상이 고려 내에서도 현실적으로 의미를 갖게 됨으로 해서 발생한 문제였다. 이 과정은 단순히 몽골에 의해 일방적으로 이루어졌다기보다는 고려국왕 및 그 경쟁자, 그리고 그들 각각을 나름의 이유에서 지지하는 정치세력들의 적극적인 활동들을 통해서 쌍방향적으로 이루어졌다는 점에서 중요한 의미를 가진다. 또한 이러한 국왕위 중조와 계승분쟁은 단순히 같은 양상으로 반복되었던 것이 아니었다. 그 과정들이 거듭되는 가운데 고려국왕의 부마, 정동행성승상으로서의 위상이 갖는 속성들이 고려의 정치세력들에 의해 적극적으로 활용되면서 분쟁의 양상이 매우 세밀해졌다. 이는 '고려국왕'에서 '정동행성승상 부마 고려국왕'으로의 고려국왕 위상 변화를 더욱 가속화시키는 동시에, 그러한 변화의 양상을 표면화했다는 점에서 중요한 의미를 가졌다.

한편, 고려국왕이 몽골과의 관계에 따라, 혹은 자질과 통치능력 문제로 인해 폐위되고 처벌되었던 것은 일차적으로 '고려국왕'의 몽골황제의 제후로서의 위상이 실질화한 점에 기인한 것이지만, 그 현실적 대안들이 거의 상시적으로 존재하고 있던 상황과도 관련된다. 고려국왕권의 상대화는 몽골 복속기에 들어와 변화한 권력구조 속에서 황제권이라는 상위의 권력과 권위에 의해 이루어지기도 했지만, 그와 수평선상에 있던 또다른 권력주체들에 의해서도 이루어졌다는 것이다.

앞서 몽골의 황실은 다른 정치집단들과 다양한 관계들을 통해 제국의 질서를 구성해간 측면이 있음을 살펴본 바 있다. 몽골황실·황제와의 관계들은 고려국왕을 비롯한 고려의 정치세력들에게도 중요한 의미를

平雅彦, 2004, 「『賓王錄』にみる至元十年の遣元高麗使」 『東洋史研究』 제63권 제2호) 그것이 양자관계에서 갖는 의미에 대한 나름의 평가가 있었기 때문이었다.

가졌다. 그러한 관계들을 통해 권력과 권위가 부여되었기 때문이다. 이런 상황에서 충렬왕은 부마로서, 정동행성승상으로서 몽골황실·황제와 관계를 형성했고, 그를 통해 황제에서 국왕으로 이어지는 당시로 서는 매우 확고하고 일원적인 권력구조가 형성되었다. 그러나 몽골황실·황제와의 개인 간·가문 간 관계는 다원적[1 : 多]으로 형성될 수 있는 관계였고, 실제 이후 고려왕실 안팎에서 고려국왕이 몽골황실과 형성했던 관계들과 유사한, 혹은 그보다 더 강고한 관계를 형성한 인물 및 가문들이 계속해서 등장했다. 이와 함께 황제 및 황실과의 관계, 즉 황제권을 기반으로 고려에 작용하던 권력의 축이 다원화하는 양상이 계속되었으며, 이는 고려국왕과 고려왕실의 권위를 수평적, 경쟁적 위치에서 상대화시켰다.

마지막으로 고려국왕권의 상대화는 고려국왕권의 권력과 권위를 구성하는 논리의 면에서 나타났다. 위와 같은 과정들을 통해 고려국왕의 권력과 권위는 그를 구성하던 자체적인 논리보다 외부적인 논리의 영향을 더 많이 받게 되었다. 구체적으로 몽골황제·황실과의 관계가 국왕위 계승에 중요한 고려 요소가 되면서 왕조체제 아래에서 고려왕실이 갖고 있던 혈연적 정통성의 권위가 갖는 비중이 일정부분 축소되고 상대화했다.

태조는 그의 유훈(遺訓)에서 "적자(嫡子)에게 나라를 전하는 것이 비록 상례(常例)이긴 하지만 (중략) 만약 원자(元子)가 불초하거든 차자(次子)에 게 전해줄 것이며 차자도 불초하거든 형제 가운데 여러 사람의 추대를 받은 자에게 전해 주어 대통(大統)을 계승하게 하라"라고 한 바 있다.[279] 장자계승을 기본으로 하되 상황에 따라 이외의 왕위 계승 가능성도

279) 『高麗史』 卷2, 太祖 26年 夏4月.

열어두고 있는 것이다. 고려 초에는 태조와 통혼한 호족세력들의 힘이 강성하고 그들의 외손인 태조의 아들들이 건재한 가운데, 왕실 직계에 의한 왕위 계승은 거의 이루어지지 못했다. 그러나 이때의 왕실 방계에 의한 왕위 계승은 전왕의 아들이 없거나 어릴 경우에 이루어졌고 후보자 가운데에서도 혈연의 측면에서 가장 우선순위를 갖는 종실이 국왕위를 계승하여 혈연적인 서열이 어느 정도 기능하고 있었다.[280] 고려중기 이후로는 무신집권기의 일부 사례를 제외하고는 거의 부자계 승을 통해 왕위 계승이 이루어졌다.[281] 왕조체제 아래에서 왕실이라는 혈연적인 요소는 그 자체로 국왕의 정통성, 권위의 중요한 기반이 되는 것이었다.

몽골 복속기 고려국왕위의 계승은 결과적으로는 대부분 왕실 직계에 의해 이루어졌다. 그러나 그 과정에서 이루어졌던 많은 논란들은 몽골 황실·황제와의 관계라는 외부적 논리가 국왕위 계승자의 적합성 여부 를 논하는 과정에서 왕실 고유의 질서 못지않게 매우 중요한 논리로 기능하고 있음을 보여주었다. 충숙왕대 심왕옹립운동 이후 지속되었 던 심왕 왕고(王暠)의 고려국왕위에 대한 도전은 상당부분 그가 몽골황 실·황제와 형성했던 관계에 근거해 이루어진 것이었으며, 공민왕대

---

280) 2대 혜종(惠宗)에서 정종(定宗), 광종(光宗)에 이르는 왕위 계승에서는 혈연적 요소보 다는 현실적 힘의 우위가 중요한 변수로 작용했다. 태조의 혼인정책의 결과 다수의 아들이 건재한 상황에서, 당시 중앙정계는 확립되지 않은 왕권을 두고 각지의 호족세력과 연결된 왕비와 소생자가 얽혀 호족세력이 각축을 벌이는 장이었다고 할 수 있다.(김기덕, 1997, 「고려전기의 왕위계승」 『건대사학』 9) 한편 숙종의 경우처럼 혈연적인 요소에 기반하지 않고 정치적인 요소에 기반하여 강압적으로 국왕위 계승이 이루어진 경우도 있었지만, 이런 경우는 사병세력, 즉 군사력을 기반으로 한 일종의 쿠데타적인 성격을 가진 것으로 집권의 명분이 매우 취약했다.(서성호, 1993, 「숙종대 정국의 추이와 정치세력」 『역사와 현실』 9)

281) 김기덕, 1997, 위 논문.

기씨일가의 성장이 국왕권에 준 위협과 이어진 공민왕 폐위 시도의 과정에서 이들이 자신들의 족자(族子)를 '원자(元子)'로 세울 수 있었던 것 역시 상당부분 그들이 몽골황실·황제와 형성한 관계에 근거한 것이었다. 고려국왕위 계승에서 고려왕실의 혈연적 정통성이라는 전통적 논리가 갖는 의미가 여전히 유지되는 가운데에서도 몽골황실·황제와의 관계라는 외부적 논리가 매우 중요하고 현실적인 논리로 등장하고, 이에 기반해 국왕위를 교체하려는 움직임이 정치운동의 형태를 띠고 제기되는 상황들은 고려왕실의 권위를 일정부분 상대화시켰다. 관련한 구체적인 내용들은 이어지는 장들에서 상술하도록 하겠다.

제3장에서는 충렬왕대~충혜왕대에 이루어졌던 고려국왕위 관련 논란의 추이를 통해 몽골 복속기 고려국왕 위상과 관련한 변화가 고려국왕과 신료들에 의해 인지되고 활용되는 과정을 확인해보도록 할 것이다. 구체적으로 제1절에서는 충렬~충선왕대 중조(重祚) 과정을 통해 고려국왕과 신료들이 몽골 복속기 권력구조의 전체상을 확인함으로써 이후 이들의 정치행태에 어떤 변화가 발생하는지의 문제를 살펴볼 것이다. 이어 제2절에서는 충숙왕대~충혜왕대 이루어졌던 심왕옹립운동, 입성론 등의 국왕위 관련 논란들을 통해 고려 신료들이 몽골 복속기 권력구조를 자연스럽게 받아들이고 활용하고 있는 모습, 그리고 부마가문으로서의 속성과 정동행성승상의 관료로서의 속성 등이 고려국왕권에 이입되는 과정에 대해 살펴보도록 할 것이다.

1. 충렬왕~충선왕대 중조(重祚)와 고려국왕 위상

1259년(고종 46) 강화 이후 몽골과의 관계가 전개되는 가운데, 고려국왕권을 둘러싼 환경은 큰 변화를 보였다. 이는 그간 외교적 질서 상에서만 의미를 가졌던 황제권이 고려 내부에서도 실질적 권력과 권위를 갖게 되는 권력구조상에서의 변화였다고 할 수 있으며, 그러한 변화 속에서 고려국왕의 위상도 변화했다. 이러한 변화는 여러 가지 측면에서 확인할 수 있으나 그를 가장 잘 보여주는 것이 몽골 복속기 내내 거듭되었던 국왕위 계승 논란, 특히 중조(重祚)의 문제였다.

중조는 왕위에서 물러난 국왕이 다시 왕위에 오르는 것을 의미한다. 이러한 사전적 의미를 따를 때, 1269년 원종의 복위 역시 중조이며, 이것 역시 몽골에 의해 이루어진 것인 만큼, 몽골 복속기 권력구조를 보여주는 일례라 할 수 있다. 그러나 충렬~충선왕대 중조는 복위에 앞서는 양위(讓位), 혹은 폐위가 몽골황제권에 의해 몽골·몽골황제와의 관계 여하에 따라 반강제적으로 이루어졌다는 점에서, 그리고 군사력이 동반되지 않은 채 몽골황제의 권위에 의해서 이루어졌다는 점에서 원종대 중조와는 차이를 보인다. 몽골황제가 물리력을 동원하지 않고 국왕을 폐위시킬 수 있으며, 이미 폐위된 국왕이 그 계승권자로서의 지위를 상실하지 않고 다시 몽골에 의해 복위될 수 있었던 상황은 몽골 복속기 권력구조의 중요한 특징이다. 이러한 의미에서의 몽골 복속기 몽골에 의한 중조는 충렬왕~충선왕대 중조가 최초 사례이다. 이를 통해 고려국왕과 신료들은 몽골 복속기 권력구조의 전체상을 분명하게 인식할 수 있었고, 그 파장은 폐위되었던, 혹은 반강제적으로 양위했던 국왕이 복위한 이후에 나타났다.

충렬~충선왕대 중조와 관련해서는 이 시기 정치사, 관계사 관련

연구들을 통해 구체적인 내용들이 많은 부분 밝혀져 있다.[1] 여기에서는 기존 연구들의 성과에 기반하면서, 동아시아적 관계 요소와 몽골적 관계 요소가 유기적으로 결합된 고려·몽골 관계를 기반으로 성립한 몽골 복속기 권력구조와 국왕 위상의 문제에 중점을 두어 충렬~충선왕대 중조의 문제를 살펴보고자 한다. 먼저 중조의 배경으로서 충렬왕의 전위(傳位), 충선왕의 폐위 과정에 고려국왕과 몽골황제·황실 간 관계의 균열이 중요한 요인 중 한 가지로 작용했음에 대해 검토하고, 다음으로 중조 이후 고려국왕 위상의 변화상에 대해 두 가지 문제, 충렬왕 복위 후 정치세력들의 동향 및 충렬왕의 정치에 보이는 변화상과 복위 후 충선왕의 정치운용에 보이는 특징적 양상을 통해 살펴볼 것이다. 이는 고려국왕과 신료들이 몽골 복속기 권력구조와 그 안에서의 국왕 위상을 분명하게 인지하게 된 결과에 대한 검토이기도 하다.

1) 중조의 배경 - '관계'의 균열

충렬왕 23년(1297) 10월, 충렬왕은 몽골에 사신을 보내 세자에게 왕위를 넘길 것을 요청했고,[2] 다음해 정월, 충선왕이 즉위했다.[3] 그러나

---

1) 충렬~충선왕대 중조와 관련한 내용을 다루고 있는 연구들은 매우 많으나 대표적으로 다음의 연구들을 참조할 수 있다. 김광철, 1984, 「홍자번연구 ; 충렬왕대 정치와 사회의 일측면」『경남사학』창간호 ; 김당택, 1989, 「忠烈王의 復位과정을 통해 본 賤系 출신 관료와 '士族' 출신관료의 정치적 갈등」『동아연구』17, 서강대 동아연구소 ; 1991, 「충선왕의 복위교서에 보이는 '宰相之宗'에 대하여 : 소위 '權門勢族'의 구성분자와 관련하여」『역사학보』131 ; 이승한, 1988, 「高麗 忠宣王의 瀋陽王 被封과 在元 政治活動」『전남사학』2 ; 이익주, 1996, 「高麗·元 관계의 構造와 高麗後期 政治體制」, 서울대학교 국사학과 박사학위논문 외 다수.

2) 『高麗史』卷31, 忠烈王 23年 冬10月 丙申.

3) 『高麗史』卷31, 忠烈王 24年 正月 丙午.

충선왕은 즉위 7개월 만에 폐위되어 몽골로 소환되었고, 충렬왕이 복위했다.[4] 충렬왕이 충선왕에게 왕위를 넘긴 것은 1294년(충렬왕 20) 몽골 세조 쿠빌라이의 사망과 그 손자 성종 테무르의 즉위,[5] 그리고 1297년 제국대장공주의 사망[6] 등으로 인해 발생한 충렬왕과 몽골황실·황제 간 관계 변화, 그리고 그로 인한 고려 내 정세의 변화에 기인한 것이었다.

성종 즉위 후 1년이 지난 충렬왕 21년(1295) 5월, 충렬왕은 성종에게 세자의 혼인, 왕의 태사 중서령(太師 中書令) 관직, 공주와 세자의 인장을 고쳐줄 것 등을 요청했지만, 모두 허락받지 못했다.[7] 이는 1년 전, 충렬왕이 즉위 직후의 성종에게 탐라(耽羅)의 환수, 포로된 인민의 쇄환, 공주의 책봉, 왕의 작명(爵名) 추가를 청해 왕의 작명 추가 외 세 가지 사항을 모두 허락받았던 것과[8] 대조된다. 왕의 작명 추가 역시 전적으로 허락하지 않은 것이라기보다는 이미 수차례 작명을 내렸으니 내년까지 기다리라는 것이었다.

또한 같은 해 7월에는 하성절사(賀聖節使)로 파견된 판삼사사(判三司事) 김지숙(金之淑)이 교지국(交趾國)의 사신과 석차(席次)를 다투어야 했다.[9] 결과적으로는 고려가 "솔선귀부했고 생구(甥舅)의 관계를 맺었으니 다른 나라에 비할 바 아니다"라는 김지숙의 말이 받아들여져 김지숙은 제후왕(諸侯王)의[10] 반열에 앉을 수 있었다. 그러나 한 해

---

4) 『高麗史』卷31, 忠烈王 24年 8月.

5) 『元史』卷17, 世祖 至元 31年 正月 癸酉 ; 卷18, 成宗 卽位年 夏4月 甲午.

6) 『高麗史』卷31, 忠烈王 23年 5月 壬午.

7) 『高麗史』卷31, 忠烈王 21年 5月 丁亥.

8) 『高麗史』卷31, 忠烈王 20年 5月 ; 6月 戊申.

9) 『高麗史節要』卷21, 忠烈王 21年 秋7月.

10) 『元史』에는 '세후왕(諸侯王)'이라는 용례가 다수 등장한다. 일례로 훌레구 울루스의 인물이었던 바얀이 지원(至元) 연간 초에 훌레구의 사신으로 왔다가 쿠빌라이가

전인 충렬왕 20년(1294, 성종 즉위년) 7월에 파견되었던 고려의 하성절사와 관련해서는 문제가 되지 않았던 석차가 이때에 이르러 문제가 되고 있음이 주목된다.

이러한 점은 충렬왕비 쿠틀룩켈미쉬[忽都魯迷失] 공주에 대한 성종의 인식과 언급에서도 확인된다. 성종은 이미 충렬왕 20년(1294) 6월에 제국대장공주를 안평공주(安平公主)로 책봉했음에도 불구,[11] 동왕 22년(1296) 11월『세조실록(世祖實錄)』이 몽골문으로 번역되어 어전(御前)에서 진독(進讀)되었을 때, "쿠틀룩켈미쉬는 소예순성태후(昭睿順聖太后)의 소생이 아닌데 어떻게 '공주'라 부를 수 있는가?"라며 그의 '공주' 지위에 문제를 제기했다.[12] 쿠틀룩켈미쉬 공주는 쿠빌라이의 친딸이지만 성종의 부친인 친킴[眞金]과는 이복남매간으로 그다지 가까운 관계는 아니었음과 관련된 것으로 생각된다.[13]

1295년부터 성종이 충렬왕 및 고려에 보인 태도의 변화는 당시의

"제후왕의 신하<가 될 인재>가 아니다"라 하면서 자신의 신하로 삼았다는 사례가 보이는데(『元史』卷127, 伯顔傳) 여기에서의 '제후왕'은 직접적으로는 당시 몽골제국을 구성하던 울루스들 가운데 하나인 훌레구 울루스(일칸국)의 수장 훌레구를, 보편적으로는 종왕(宗王)을 가리키고 있는 것으로 보인다. 다른 사례들을 통해서도 몽골의 '제후왕'은 몽골 황실의 종왕을 지칭하는 용어였음을 확인할 수 있다. '제후(諸侯)'의 용례 역시 『元史』를 통해 다수 확인할 수 있는데 이들은 대체로 투하(投下)의 수장들이나 한인세후(漢人世侯)들을 지칭했던 것으로 보인다.

11) 『高麗史』卷31, 忠烈王 20年 6月 戊申.

12) 『元史』卷19, 成宗 元貞 2年 11月 己巳.

13) 제국대장공주의 모친은 『高麗史』에는 아속진(阿速眞) 카툰[可敦, 즉 황후]으로, 『元史』 후비표에는 바야우진[伯要兀眞] 황후로 나오는 인물로 아야치[愛牙赤], 토곤[脫歡] 등의 모친이다. 친킴의 모친인 차부이[察必] 카툰, 즉 소예순성황후(昭睿順聖皇后) 사후 제2황후가 되었던 것으로 보인다.(김혜원, 1989,「麗元王室通婚의 成立과 特徵」『梨大史苑』24·25合, 169~170쪽) 쿠틀룩켈미쉬의 '공주' 지위에 대한 성종의 위와 같은 태도와 관련, 이것이 적서(嫡庶)의 차별을 엄격히 하려던 당시 원 조정의 분위기와도 관련되었을 가능성이 제기되기도 했다.(이정란, 2012,「忠烈王妃 齊國大長公主의 冊封과 그 의미」『한국인물사연구』제18호)

성종에게 고려와의 관계를 재설정하려는, 혹은 최소한 재고하려는 의도가 있었음을 보여준다. 그 발단은 성종의 입장에서 볼 때 '공주'의 지위가 의심스러운 쿠틀룩켈미쉬 공주와의 관계를 기반으로 몽골과의 관계에서와 고려 내에서 그 위상을 확보하고 있는, 그리고 자신의 즉위 과정에서 자신의 편에 서지 않았을 가능성이 있는 충렬왕에 대한 불만이었다고 할 수 있다. 성종의 즉위과정에서는 이전 세조의 즉위과정이나 이후의 계승분쟁에서와 같은 눈에 띄는 분쟁은 없었던 것으로 보인다. 그러나 성종이 형인 감말라[甘麻剌]와 카안위를 두고 경쟁한 것처럼 보이기도 하므로,[14] 이 과정에서 충렬왕이 감말라 측에 섰거나 적어도 성종을 지지하지 않았을 가능성은 충분히 상정해볼 수 있다.[15] 이에 관계의 재설정은 그 대상을 변경하는 방향으로 이루어졌던 것으로 보인다.

충렬왕 21년(1295) 8월, 몽골에 숙위로 가 있던 세자 왕장(王璋, 뒤의 충선왕)이 고려로 돌아와 판도첨의밀직감찰사사(判都僉議密直監察司事)에 임명되고[16] 도첨의사에서 실제 업무를 보고 인사에도 참여했다.[17] 같은 해 12월 왕장이 몽골로 돌아간[18] 직후 고려에서는 몽골에 사신을 보내 다시 그의 혼인을 청했고,[19] 이듬해 11월, 성종의 형인 진왕(晉王) 감말라의 딸과 고려 세자 왕장이 통혼했다.[20] 이를 통해 그간 경색되어 있었던 고려-몽골 관계는 어느 정도 회복된 것으로 보인다. 그러나

---

14) 『元史』卷17, 世祖 至元 31年 4月 壬午, 甲午 ; 卷119, 木華黎 附 玉昔帖木兒傳 ; 라시드 앗 딘 저, 김호동 역주, 2005, 『칸의 후예들』, 사계절, 469~470쪽.
15) 이익주, 1996, 앞 논문, 102~103쪽.
16) 『高麗史』卷31, 忠烈王 21年 8月 戊午, 庚申.
17) 『高麗史』卷31, 忠烈王 21年 9月 甲申, 乙未.
18) 『高麗史』卷31, 忠烈王 21年 12月 癸卯.
19) 『高麗史』卷31, 忠烈王 22年 正月 壬申.
20) 『高麗史』卷31, 忠烈王 22年 11月 壬辰.

앞서 언급한 쿠틀룩켈미쉬 공주의 '공주' 지위에 대한 성종의 문제 제기가 세자의 통혼과 같은 시기에 이루어졌던 점,[21] 그리고 이후에도 충렬왕은 친조하여 카안과의 직접 면대를 통해 현안을 논의할 수 있는 기회를 얻지는 못했던 점 등을 통해 볼 때[22] 이때 재설정된 관계는 세자 왕장과 성종을 주체로 한 것이었다고 할 수 있다.

세자가 고려·몽골 관계에서 고려 측 주체가 되면서 고려 내에서도 그 정치적 위상이 부각되었고, 그와 함께 충렬왕의 정치운영에 대한 비판이 표면화되기 시작했다.[23] 충렬왕 23년(1297) 5월의 제국대장공주 사망과[24] 뒤이은 7월의 옥사(獄事)는 조금씩 표면화하기 시작했던 충렬왕의 정치에 대한 비판 움직임과 세자의 정치적 부상에 기폭제 역할을 했다. 세자 왕장은 공주의 사망 원인이 충렬왕의 측근세력에 있다고 판단, 충렬왕의 만류에도 불구하고 문초를 감행하여 무비(無比), 환관 도성기(陶成器), 최세연(崔世延), 전숙(全淑) 등을 죽이고 그 일당 40명을 유배 보냈다.[25] 같은 해 8월과 10월, 12월, 세 차례의 인사를 통해

---

21) 『元史』 卷19, 成宗 元貞 2年 11月 己巳. 물론 세자 왕장은 쿠틀룩켈미쉬 공주의 아들이지만, 성종 테무르와 세자 왕장의 관계는 그가 쿠틀룩켈미쉬 공주의 아들이 라는 점보다는 세자와 성종의 조카 간 통혼을 통해 형성된 관계에 중심이 두어져 있었다고 할 수 있다.

22) 1294년 당시 충렬왕은 몽골에 입조해 있던 상태에서 성종과 직접 면대(面對)해 상기의 사항들을 청해 허락받았다. 충렬왕은 재위기간 동안 몽골과의 관계에서 중요한 문제가 발생할 때마다 자청하여 빈번하게 친조했고,(김혜원, 1986, 「충렬왕 입원행적의 성격」 『고려사의 제문제』, 삼영사) 중요한 현안들을 쿠빌라이와의 면대를 통해 해결했다. 그러나 충렬왕은 1294년 성종과 면대하여 앞서 서술했던 사항들을 청한 이후에는 성종대 이루어진 4차례의 친조에서 성종과 직접 면대를 통해 정사를 논의하지는 못했다. 이러한 친조 외교 양상의 변화에는 여러 가지 요인이 작용했을 수 있지만, 충렬왕과 몽골황제─세조·성종 간의 관계 변화가 중요한 한 가지 요인이었다고 생각된다.

23) 이익주, 1996, 앞 논문, 103~106쪽.

24) 『高麗史』 卷31, 忠烈王 23年 5月 壬午.

25) 『高麗史』 卷31, 忠烈王 23年 7月 戊子.

정치세력이 재편되었고[26] 10월, 충렬왕은 세자에게 왕위를 넘길 것을 몽골에 요청했다. 이때의 표문은 직전에 첨의중찬 판전리사사 세자사 (僉議中贊 判典理司事 世子師)로 임명되었던 정가신(鄭可臣)이 작성한 것인데, 그 내용 중 충렬왕의 본의가 아닌 것이 있었다고 한다.[27] 이를 통해 볼 때 충렬왕의 선위는 일차적으로는 몽골황실·황제와의 관계 변화에서 강요된, 다른 한편으로는 그로 인해 이루어진 세자 중심의 고려 내 정치세력 재편에서 비롯된 내부적 압력에 의한 것이었다고 할 수 있을 것이다.

충렬왕의 선위 요청이 받아들여져 충선왕이 즉위했으나, 그는 즉위 7개월 만에 폐위되었다. 충선왕의 폐위가 관제개편으로 대표되는 정치의 참월함과 조비무고사건으로 표출된 공주와의 불화문제에 있었음은 기존 연구들에서 공통적으로 이야기되는 바이다. 다만 기존 연구들은 이러한 충선왕 폐위 원인 가운데 보다 핵심적인 것은 전자이며, 후자는 참월한 정치를 행한 충선왕을 폐위시키기 위한 빌미로 작용했다고 이해하는 경향이 강하다.[28] 충선왕 정치의 참월함이 폐위의 중요한 원인이었음은 사실이지만, 공주와의 불화문제가 상징하는 충선왕과 성종의 관계 균열 역시 정치의 참월함을 응징하기 위한 빌미로 이용된 정도 이상으로 충선왕 폐위의 매우 중요한, 핵심적 요인이었던 것으로 생각된다. 충선왕의 폐위와 관련한 다음의 기록이 주목된다.

대덕(大德) 3년(1299, 충렬왕 25) 정월, 거(昛, 충렬왕 : 필자주)가 사신을 보내 입공(入貢)했다. 승상 울제이[完澤] 등이 말하기를 "①세조대에 혹자가

26) 『高麗史』 卷31, 忠烈王 23年 8月 辛丑 ; 10月 辛卯 ; 12月 壬寅. 이때의 인사와 관련한 자세한 내용은 이익주, 1996, 앞 논문 참조.
27) 『高麗史節要』 卷22, 忠宣王 卽位年 6月.
28) 김당택, 1991, 앞 논문 외.

말하기를 고려가 참월하게 성(省)·원(院)·대(臺)를 세웠다 하기에 지(旨)를 내려 파하게 하여 그 나라에서 마침내 첨의부(僉議府)·밀직사(密直司)·감찰사(監察司)를 두었다. ②이제 원(謜, 충선왕 : 필자주)이 그 신하 조인규(趙仁規)에게 사도(司徒)·사공(司空)·시중(侍中)의 직(職)을 주었고 거(昛)는 <조>인규에게 구사장유문서(九死奬諭文書)를 주었다. 또 황조(皇朝)의 제계(帝系)를 마음대로 옮겨쓰고 스스로 역(曆)을 만들었으며 그 딸에게 영비(令妃)를 더해주었다. 또 자정원(資政院)을 세우고 최충소(崔冲紹)를 흥록대부(興祿大夫)로 삼았다. ③또 일찍이 태후의 지(旨)를 받들어 공주와 원(謜) 양 위하(位下)의 케식[怯薛觸]을 하나로 합하라 했지만 원(謜)은 지(旨)를 받들지 않았다. ④원(謜)은 또 천호(千戶) 김려(金呂)를 마음대로 죽이고 그 금부(金符)를 환자(宦者) 출합아(尤合兒)에게 주었다. ⑤또 <조>인규는 딸로 하여금 원(謜)을 모시게 했는데 모함의 일이 있었다. (중략) ⑥거(昛)의 일처리는 불법이며 원(謜)은 나이가 어려 무고한 자를 마음대로 죽였으니, 조서를 내려 계칙(戒飭)하시기를 청합니다."라고 했다.(『元史』卷208, 高麗傳)

이는 충렬왕이 복위한 다음해의 기사로, 인용된 승상(丞相) 울제이[完澤] 등의 말에는 당시 몽골에서 인식한 충렬왕과 충선왕의 "불법" 및 잘못이 개략적으로 서술되어 있다. 우선 ①은 충렬왕대, 고려의 관제가 참월하게도 성(省), 원(院), 대(臺), 즉 몽골의 종1품 이상 관부인 중서성, 추밀원, 어사대를 두고 있어 그를 개편하도록 했음을 언급하고 있다. 이는 딱히 충렬왕의 "불법"을 이야기한 것이라기보다는, 이어지는 충선왕 정치의 문제를 이야기하기 위한 전제이다. 이는 ②에 보이는 바, 충선왕이 자정원(資政院)을 둠으로써 충렬왕대에 이미 개편을 명했던 원(院)을 복구시킨 행위의 참월함을 이야기하기 위한 것이다.[29]

---

29) 충선왕 즉위년 관제개편에서 도입한 원(院)이 고려 전기 관제의 복구가 아닌, 몽골의 관제를 참조한 것이기에 그를 통해 반원성을 이야기할 수 없다는 기존 연구의 이해는 타당한 것으로 생각된다.(이익주, 1994, 「충선왕 즉위년(1298) 관제

그런데 ②의 내용에서 주목되는 것은 충렬왕과 충선왕 정치의 참월함에 대한 몽골 측의 문제 제기가 주로 조비(趙妃) 및 그 일가에 대한 우대 문제를 통해 이야기되고 있다는 점이다. 우선 위에 언급되어 있는 조인규와 그 사위인 최충소에 대한 인사 문제를 보자. 충선왕은 즉위년(1298) 5월, 관제개편과 함께 이루어진 인사에서 조인규를 사도 시중 참지광정원사(司徒 侍中 參知光政院事)로, 최충소를 동지자정원사 행중경유수(同知資政院事 行中京留守)로 삼았다.[30] 이 인사에 대한 문제 제기는 물론 고려에서 '원(院)'을 복구한 것에 대한 문제 제기일 수 있다. 그런데 이때의 인사에서 '~원사(院事)'에 임명된 자들은 조인규와 최충소 외에도 홍자번(洪子蕃), 정가신(鄭可臣), 차신(車信), 이지저(李之氐), 김지숙(金之淑), 박의(朴義), 민지(閔漬) 등 다수 있었다.[31]

한편 충렬왕이 조인규에게 내렸다는 구사장유문서(九死奬諭文書)는 죽을 죄를 지어도 아홉 번까지 용서해줄 것을 보장하는 것으로 몽골황제의 칙허(勅許)에 해당하는 것이다. 따라서 이에 대한 문제 제기는 충렬왕이 황제의 권한을 참월하게 도용하고 있음에 대한 문제 제기라고 볼 수 있다. 그런데 충렬왕은 조인규 이외의 인물들에게도 구사장유문서를 내린 바 있었다. 1292년(충렬왕 18), 충렬왕은 1271년(원종 12) 몽골에 입조하였을 당시에 수종했던 공신 가운데 한 명인 김여우(金汝盂)에게 공신녹권을 내린 후, 죄를 범하더라도 아홉 번까지는 용서하겠다는 내용을 담은 공신교서(功臣敎書)를 내렸다.[32] 이에 따르면 충렬왕이

개편의 성격」, 『14세기 고려의 정치와 사회』, 민음사) 다만 애초에 몽골이 참월하다고 판단하여 개편토록 했던 원(院)을 어떤 맥락에서든 부활시켰다는 점에서 이는 몽골이 문제를 제기할 수 있는 부분이기도 했다.(박재우, 1993, 「고려 충선왕대 정치운영과 정치세력 동향」, 『한국사론』 29)

30) 『高麗史節要』 卷22, 忠宣王 卽位年 5月.
31) 『高麗史節要』 卷22, 忠宣王 卽位年 5月.

김여우에 대해 이러한 처우를 한 것은 "상국상뢰공신지제(上國賞賚功臣之制)", 즉 몽골에서 공신들에게 상을 주는 제도를 본뜬 것이었다.[33] 이러한 예는 정인경에 대한 공신교서에서도 확인할 수 있다.[34] 이러한 점들은 ②의 문제 제기가 단지 정치의 참월함에 대한 문제 제기이기만 한 것이 아니라 조비(趙妃) 및 그 일가를 우대한 것에 대한 문제 제기이기도 했음을, 혹은 그러한 정치의 참월함이 특히 이 시점에서 문제가 되었던 것은 조비와 충선왕의 관계, 그리고 그에 대비되는 계국대장공주(薊國大長公主)와 충선왕의 불화에 중요한 요인이 있었음을 보여준다.

③은 태후의 지(旨)를 받들지 않은 참월함을 이야기하고 있는 듯 보이지만, 여기에서 중요한 것은 그 지의 내용으로, 이는 공주와의 불화에 대한 문제 제기였던 것으로 보인다. 위 기록에 보이는 바, 태후의 지는 공주와 충선왕 위하(位下)의 겁설태(怯薛觟), 즉 케식을 합하라는 것이었다. 케식은 카안, 종왕, 부마, 공주, 후비의 근위부대로서 그 신변을 보호하고 개인적인 사무를 담당하는 자들이었다. 이들은 당번을 나누어 교대하면서 카안, 혹은 종왕, 부마, 공주가 거처하는 곳에 배치되어, 그 호위대상의 이동에 수행하며 밤낮으로 그를 호위했다. 즉, 몽골에서 부마와 공주가 별개의 케식을 갖는 것은 당연한 것이었다. 따라서 계국대장공주와 충선왕 위하의 케식을 합하라는 태후의 지는 양자를 합하여 상시적으로 하나로 만들라는 것이라기보다는, 공주와 충선왕의 거처를 합함으로써 그들을 수행하는 케식도 일시적으로 합하라는, 즉 공주와 충선왕의 합방을 명하는 것이었다고 생각된다.

---

32) 노명호 외, 2000, 「金汝盂功臣敎書」 『韓國古代中世古文書硏究』(上), 서울대학교 출판부, 32~34쪽.

33) 노명호 외, 2000, 「金汝盂功臣敎書」 『韓國古代中世古文書硏究』(上), 32~34쪽.

34) 노명호 외, 2000, 「鄭仁卿功臣敎書」 『韓國古代中世古文書硏究』(上), 28~31쪽.

이러한 태후의 지는 조비무고사건이 발생한 이후인 충선왕 즉위년 6월, 충선왕과 공주의 "호합(好合)을 위해" 몽골 태후가 보낸 홍군상(洪君祥)과 테무르 부카[帖木兒不花]에 의해 전해진 것으로 보인다.[35] 즉 ③의 내용은 태후의 지를 따르지 않은 참월함에 대한 문제 제기라기보다는 조비무고사건을 통해 부각된 충선왕과 공주의 불화에 대한 지적이라고 할 수 있다.

다음으로 ④는 충선왕이 황제의 허락 없이 정치적 반대세력을 숙청한 것에 대한 문제 제기이자, 황제가 임명한 천호(千戶)인 김려(金呂)를 마음대로 죽이고 그 금부(金符)를 다른 이에게 넘겼다는 점, 즉 '정동행성 승상 부마 고려국왕'인 충선왕의 월권행위에 대한 문제 제기였다. 마지막으로 ⑤는 조비무고사건이다.

위 사료에 제시된 바, 당시 몽골이 인식하고 있었던 충선왕의 "잘못"에는 물론 정치의 참월함 및 월권행위의 문제도 있었지만, 공주와의 불화 역시 매우 중요한 비중을 차지하고 있었다. 위 인용문을 통해서도 확인되듯이 충렬왕의 정치가 충선왕의 정치에 비해 참월하지 않았다고 할 수 없다. 그럼에도 그러한 참월함이 당대에 큰 문제를 일으키지 않을 수 있었던 것은 쿠빌라이에게 충렬왕과의 관계에 대한 신뢰가 있었기 때문이었다. 이에 비해 충선왕 정치의 참월함이 이때에 크게 문제가 된 것은 충선왕이 성종에게 그러한 신뢰감을 주지 못했던 것이 중요한 한 가지 요인이었던 것으로 보인다. 그런 점에서 주목되는 것이 충선왕과 계국대장공주의 관계이다. 성종은 세자 왕장, 즉 충선왕을 주 파트너로 하여 고려와의 관계를 재설정했고, 이렇게 재설정된 관계의 핵심은 왕장과 계국대장공주의 통혼이었기 때문이다.

---

35) 『高麗史節要』 卷22, 忠宣王 卽位年 6月 ; 7月.

충선왕과 계국대장공주의 관계는 애초에 매우 소원했던 것으로
보인다. 충선왕과 계국대장공주는 1296년(충렬왕 22) 혼인한 이후, 조비
무고사건이 있기까지 부부생활을 하지 않았다고 한다.[36] 관련하여
이후 공주를 개가(改嫁)시키려는 움직임이 있었을 당시, 공주가 평소에
품행이 좋지 못해 내료들과 난잡하게 처신하여 왕이 그를 '더' 좋지
않게 여겼다고 하는 기록이 주목된다.[37]

양자 관계의 소원함은 조비무고사건이 일어난 이후 충선왕의 행동을
통해서도 확인할 수 있다. 즉위년 4월, 계국대장공주는 조비를 질투하여
그를 무고하는 위구르문 편지를 써서 수종원인 쿠쿠부카[闊闊不花]와
쿠쿠데이[闊闊歹]를 몽골에 보내 태후에게 알리고자 했다.[38] 충선왕은
박선(朴瑄)을 시켜 편지의 내용을 확인하고자 했으나 성공하지 못하고
태상왕, 즉 충렬왕에게 고했고, 충렬왕은 직접 공주의 처소에 가서
그를 위로했다. 이어 충선왕은 쿠쿠부카와 쿠쿠데이에게 다른 이들에
게서 몰수한 가산과 아내를 줌으로써 공주의 마음을 풀고자 했다.[39]
그러나 이 과정에서도 충선왕은 다른 사람을 통한 간접적인 방식으로
사태를 수습하고자 하여 충렬왕이 직접 공주와의 대화를 통해 사태를
수습하려 했던 것과는 차이를 보인다. 5월, 다시 조비를 무고하는 익명서
가 궁문에 붙었고, 공주는 조인규와 그 아내, 아들 등을 투옥하는 한편으

---

36) 『高麗史節要』 卷22, 忠宣王 即位年 7月.
37) 『高麗史節要』 卷23, 忠烈王 32年 9月.
38) 『高麗史節要』 卷22, 忠宣王 即位年 夏4月.
39) 『高麗史節要』 卷22, 忠宣王 即位年 夏4月. 충렬왕의 선위에 본의가 아닌 부분이
    있었고, 복위 후 충렬왕은 그 측근세력과 함께 계국대장공주의 개가(改嫁)를 적극적
    으로 추진하는 등 충선왕을 견제했다. 그러나 이러한 충렬-충선간의 갈등은 충선왕
    즉위 당시에는 적극적으로 표면화하지는 않았다. 이에 조비무고사건이 발생하고
    충선왕이 도움을 청한 상황에서 충렬왕은 공주를 위로하는 정도의 제스추어를
    취한 것이었다고 생각된다.

로 철리(徹里)를 몽골에 보내 이를 알리고자 했다. 이때에도 충선왕은 "사람을 보내" 철리(徹里)를 몽골에 보내지 말 것을 공주에게 청했을 뿐, 직접 공주와의 대화를 시도하지는 않았다.[40] 이전까지 양자 관계가 매우 소원했음을 보여주는 것이다.

이런 상황에서 충선왕이 공주와 합방하라는 태후의 지를 따르지 않은 것은 일면 자연스러운 것이었다. 이때의 충선왕의 행동은 그가 공주와의 관계를 매우 정치적으로 인식한 위에 그를 통해 몽골에 대한 반감을 표현하고자 의도했던 것이라고 생각되지는 않는다. 1308년에 복위한 이후 충선왕은 무종을 옹립하는 등 몽골에 대한 반감과는 전혀 거리가 먼 행보를 보이고 있었음에도 공주와의 관계 자체는 회복되지 않고 있었던 것으로 보이기 때문이다.[41] 그렇다고 해서 충선왕이 공주와의 관계가 고려·몽골 관계, 혹은 자신의 국왕권과 관련해 중요한 정치적 의미를 갖는다는 것을 몰랐을 것으로 생각되지는 않는다. 다만, 통혼이라는 것은 정치적 의미를 가짐과 동시에 개인 간, 부부 간의 문제이기도 하기에 당시 충선왕의 입장에서는 전자의 의미를 의식하여 후자의 문제를 극복하기 어려웠던 것이 아닌가 한다. 이러한 점은 위에서 살펴본 바, 조비무고사건 당시 공주와 직접적인 대화를 시도하지 않았던 사례를 통해서도 확인할 수 있지만, 그가 몽골이 문제를 제기했던 관제개편에 대해서는 그를 재개편하여 문제를 즉각 해결하고자 하면서도[42] 공주와의 관계 개선은 이루지 못했던 것을 통해서도 어느 정도 확인할 수 있다.

그러나 몽골의 입장에서 이는 매우 중요한 문제였다. 이는 위 인용문

40) 『高麗史節要』 卷22, 忠宣王 卽位年 5月.
41) 『高麗史節要』 卷23, 忠烈王 32年 9月.
42) 『高麗史節要』 卷22, 忠烈王 24年 秋7月.

을 통해서도 확인되거니와, 충선왕이 폐위되어 몽골에 이른 후 성종이 그를 수종했던 안향에게 가장 먼저 물어본 것이 "그대의 왕이 어찌하여 공주를 가까이하지 않는가?"라는 질문이었음을 통해서도 확인할 수 있다.43) 이후 성종이 평장 쿠쿠추[闊闊出]과 좌승 카산[哈散]을 보내 "국사(國事)를 함께 의논하도록" 하고,44) 활리길사(濶里吉思)와 야율희일 (耶律希逸)을 각각 정동행중서성(征東行中書省) 평장사(平章事)와 좌승(左 丞)으로 임명해 보내는 등45) 충렬왕에 대한 통제를 강화하면서도 충선 왕을 복위시키지 않았던 것은 충선왕과 공주의 관계, 그것이 내포하고 있는 성종 자신과 충선왕의 관계가 개선되지 않고 있던 상황 때문이었 던 것으로 생각된다.

이처럼 충선왕의 폐위에는 공주와의 통혼을 통해 형성된 관계, 몽골 의 질서에서 두 정치단위 간의 결합을 인적(人的) 차원에서 공고히 하는 수단인 통혼을 통해 형성된 관계에 대한 충선왕의 불성실함이 근본적인 요인으로 작용하고 있었다. 이러한 관계에 대한 불성실함은 몽골제국의 질서 아래에서 고려·고려국왕의 제후국·제후로서의 위상 에 대한 인식이 부족했던 충선왕이 행한 정치의 참월함과 상호작용하면 서 충선왕 폐위로 이어졌다.

2) 중조 이후 국왕 위상의 변화

충선왕이 즉위 7개월 만에 몽골에 의해 폐위되고 충렬왕이 복위되는 과정은 이전에는 없었던 최초의 경험으로, 그것이 고려국왕과 신료들

---

43) 『高麗史節要』 卷22, 忠烈王 24年 8月.
44) 『高麗史』 卷31, 忠烈王 24年 9月 丙申.
45) 『高麗史』 卷31, 忠烈王 25年 10月 甲子.

에게 갖는 의미 및 파급효과는 상당한 것이었다. 이 경험을 통해 고려국 왕과 신료들은 몽골 복속기 이후 변화한 권력구조와 그 아래에서의 국왕 위상에 대해 정확하게 인식하게 되었으며, 이는 이후 고려 신료들과 국왕의 정치행태에 큰 변화를 가져왔다. 아래에서는 먼저 충렬왕 복위 후 고려 신료들의 동향 및 충렬왕의 정치에 보이는 변화상을 통해 이 시기 권력구조와 그 아래에서 변화한 국왕 위상에 대해 검토하고, 이어서 복위 후 충선왕의 정치운용에 보이는 특징적 양상을 통해 그가 몽골 복속기 권력구조와 그 안에서의 국왕 위상 변화에 대해 분명히 인식하게 된 사실과 그 결과를 검토하도록 하겠다.

(1) 복위 후 충렬왕대 권력구조

충렬왕 중조 이후 변화한 권력구조 및 고려국왕 위상과 관련, 신료들이 국왕 및 그의 정치에 대한 불만을 표출하는 방식에 간언(諫言) 이외에 고발의 방식이 더해졌다는 점이 주목된다. 충렬왕을 복위시킨 후 성종은 평장사 쿠쿠추[闊闊出]와 좌승 카산[哈散]을 보내 충렬왕과 함께 국사를 다스리도록 했다.[46] 이러한 가운데 충렬왕 35년(1299) 1월, 충선왕을 지지했던 인후(印侯), 김흔(金忻), 원경(元卿) 등이 충렬왕의 측근 한희유(韓希愈)가 충렬왕과 함께 몽골에 대한 반역을 도모했다는 무고를 구실로 군사를 동원하여 한희유 등 10여 명을 체포하고 이를 카산에게 고발한, 이른바 '한희유 무고사건'이 발생했다.[47] 카산은 그것이 무고임을 확인했으나 충렬왕과 함께 한희유 등을 국문했다. 한희유가 자복하

---

46) 『高麗史節要』 卷22, 忠烈王 24年 9月.
47) 『高麗史節要』 卷22, 忠烈王 25年 正月.

지 않자 인후 등은 몽골에 가서 황제에게 고하려 했고, 왕이 김심(金深)을 시켜 말렸으나 듣지 않으니, 결국 한희유 등을 유배 보내는 것으로 사건은 마무리되었다.[48] 한희유 무고사건과 그 처리를 둘러싼 논란 등 일련의 상황은 충렬왕-충선왕 간 중조 이후 변화한 권력구조를 잘 보여준다.

시기를 막론하고 국왕의 정치에 대한 신료들의 비판은 있어왔으며, 이는 1298년 중조 이전 충렬왕 재위 당시에도 마찬가지였다. 이때의 비판은 국왕에 대한 간언(諫言) 형식으로 이루어졌다. 인후 등이 한희유 등 충렬왕 지지세력을 무고한 것은 복위한 충렬왕의 정치에 대한 반발,[49] 그리고 충렬왕 복위로 인해 자신들이 감당해야 할 정치적 보복에 대한 두려움 때문이었다. 그런데 이들이 자신들의 불만과 불안을 해소하기 위해 충렬왕에게 직접 간언을 하기보다는, 몽골 관리, 나아가 황제에의 고발이라는 방식을 취하고 있음이 주목된다. 이러한 양상은 이후에도 계속되었다. 1299년(충렬왕 25) 활리길사(闊里吉思), 야율희일(耶律希逸) 등이 행성관으로 파견된 후, 유비(柳庇→유청신), 김심(金深), 김연수(金延壽) 등이 함께 활리길사에게 송분(宋玢)을 고발했고,[50] 김세(金世)가 충렬왕의 측근인 석주(石胄)와 그 도당을 몽골 중서성에 고발했다.[51] 이들의 행동은 충렬왕의 측근세력에 대한, 그리고 그들을 중심으로 하는 충렬왕의 정치운용에 대한 반감에서 비롯된

---

48) 얼마 후 한희유 등은 몽골로 소환되었다.(『高麗史節要』 卷22, 忠烈王 25年 夏4月)
49) 충렬왕은 복위 후 충선왕이 개편한 관제를 이전 상태로 복구시키고 충선왕에 의해 배제되었던 자들을 재기용하는 한편 충선왕이 등용했던 인물들을 파직 혹은 치사시킴으로써 대대적인 정치세력 개편을 단행했다.(이익주, 1996, 앞 논문, 122~123쪽)
50) 『高麗史節要』 卷22, 忠烈王 26年 11月.
51) 『高麗史節要』 卷22, 忠烈王 29年 7月.

것이었다.

국왕 정치에 대한 고발 형식의 비판은 초기에는 개인적인 행동으로 나타났으나 차츰 집단적인 행동의 양상을 띠게 된다. 1303년(충렬왕 29), 김세의 고발사건을 처리하기 위해 파견된 단사관(斷事官) 테무르부카[帖木兒不花]에게, 고려의 신료들은 대표적인 충렬왕 측근인 오기(吳祁)를 고발했다.[52] 이때의 고발은 이전과 달리 집단적인 형태로 이루어졌다. 전 호군(護軍) 원충갑(元冲甲) 등 50명이 최초로 오기를 고발한 이후, 같은 날 홍자번(洪子藩), 윤만비(尹萬庇) 등 30명이 연명으로 오기의 죄를 지적한 글을 테무르부카 등에게 보내 고발했고,[53] 8월에는 치사한 재상 채인규(蔡仁揆) 등 28명과 전 밀직부사(密直副使) 만호(萬戶) 김심(金深) 등 군관 150명이 사신에게 가서 오기의 처벌을 요청했으며, 충렬왕이 또 오기를 고소하려 하는 최양(崔諹)을 불러 보류를 명했으나 최양은 듣지 않고 박전지(朴全之) 등 37명과 사신에게 오기의 처벌을 요청했다.[54] 즉, 충렬왕의 만류에도 불구하고 관료들은 연이어 오기를 고발했고, 이들은 모두 수십 명에서 백수십 명 단위의 집단행동으로 이루어졌으며, 결국 홍자번 등은 왕명을 무시하고 군사를 동원해 왕궁을 포위하고 무력시위를 통해 오기를 잡아 몽골로 압송했다.[55]

신료들이 오기를 고발한 것은 그가 왕 부자를 이간한다는 죄목이 크지만, 그가 재상임에도 불구하고 승선(承宣)과 다름없이 왕궁의 출입을 마음대로 하면서 왕에게 부정한 계책들을 고하는 것에 대한, 나아가 그것을 허용한 충렬왕의 정치운용방식에 대한 비판이었다.[56] 왕 부자

52) 『高麗史節要』 卷22, 忠烈王 29年 7月.
53) 『高麗史』 卷32, 忠烈王 29年 7月 辛巳.
54) 『高麗史節要』 卷22, 忠烈王 29年 8月.
55) 『高麗史節要』 卷22, 忠烈工 29年 8月.
56) 『高麗史節要』 卷22, 忠烈王 29年 7月, "洪子藩金琿閔萱閔漬鄭瑎權永金台鉉高世金文衍李混

이간이라는 것 역시 그러한 이간책에 호응한 충렬왕에 대한 비판이라고
할 수 있을 것이다. 그러나 이들은 왕의 정치운용에 대한 비판을 간언이
라는 방식을 통해 왕에게 직접 표하기보다는, 왕의 정치의 폐해를
가장 함축적으로 표출하고 있었던 인물을 몽골 사신에게, 황제에게
고발하는 형식을 취했다.

정치세력들이 국왕 및 그 정치에 대한 불만을 표출하는 데에 황제,
혹은 그 사신에의 고발이라는 방식이 등장하게 된 것은 충렬왕이
고려 내 최고권자로서의 위상을 상실한 데에 기인한 것으로 생각된다.
이는 두 가지 측면에서 이야기할 수 있다. 한 가지는 고려 내에서
권력의 정점이 이원화하게 되었다는 점이다. 1298년 이전 세조 쿠빌라
이 재위기간 중, 충렬왕은 황제권과 배타적이고 일원적인 관계를 형성
하며 권력의 정점에 존재하고 있었다.[57] 그러나 성종 즉위 이후 충선왕
이 관계의 또다른 주체로 등장했고, 그는 폐위된 이후에도 몽골로
소환되었을 뿐 황실 부마로서의 관계도, 가장 유력한 고려국왕위 계승
권자로서의 위상도 유지하고 있었던 것으로 보인다.[58]

元璡許評申珩金延壽趙文簡金元祥朴光廷尹吉孫吳玄良金由祉等又極言祁罪惡. 子藩又言
曰, '出納王命, 內則有中貴三四人, 謂之辭, 外則有近臣四人, 謂之承宣, 非此, 雖宰相不敢與
焉. 祁今已拜相, 猶且出入王宮, 與承宣無異, 所陳所告, 皆爲邪謀.' 使臣默然."

57) 즉위 초 충렬왕은 황제권과 배타적이고 일원적인 관계를 형성하지 못했다. 일본원정
   과 관련해 동정원수부의 원수들이 군사체계라는 영역에서 황제와의 관계를 형성
   하여 고려 내에서 고려국왕과 이원적으로 존재함으로써 충렬왕은 고려 내에서도
   권력의 정점에 있지 못했다. 그러나 이때 황제와의 관계와 그에 기반한 권력을
   충렬왕과 분점했던 세력은 '외부세력'이었고 그들의 주요 업무가 고려에 부담이
   되는 것이기 때문에 당시에는 그들을 중심으로 정치세력의 결집이 이루어지지
   는 않았다. 한편 충렬왕은 1278년(충렬왕 4)의 친조를 통해 동정원수부 원수들과의
   경쟁구도를 정리하고, 황제권과의 관계를 기반으로 고려 내 권력의 정점에 설
   수 있었다. 1278년 친조의 과정 및 성과와 관련해서는 이익주, 1996, 앞 논문,
   59~65쪽 참조.
58) 충선왕이 폐위된 후에도 국왕위 계승권자로서의 지위를 유지하고 있었음은 세
   가지 정황을 통해 확인할 수 있다. 우선 그는 폐위 후 계속해서 몽골에서 숙위생활을

고려 전기에도 국왕위 계승을 둘러싸고 정치세력이 분열하는 경우는 있었다. 그러나 이때 정치세력의 분열과 결집은 전왕(前王)이 후계자 없이 사망했거나 후계자가 너무 어릴 경우 보다 유력한 종실을 중심으로 하여 이루어진 것이었다. 또한 일단 국왕위가 결정된 이후에는 그와 경쟁했던 종실을 포함, 그를 지지했던 정치세력들은 사실상 숙청되었다. 그러나 충선왕이 폐위된 후에도 몽골황실과의 관계를 유지하며 또다른 잠재적 권력의 정점으로 존재하고 있는 상황에서, 고려국왕-충렬왕은 전왕-충선왕과 권력을 분점할 수밖에 없었다.

다른 한 가지는 충선왕이 폐위되는 과정을 통해 고려국왕과 신료들이 고려국왕의 몽골황제의 제후로서의 위상을 상당히 구체적이고 분명하게 인식하게 되었다는 점이다. 몽골 복속기 이전에도 국왕의 즉위 과정에서 경쟁과 논란은 있었으나, 정변의 형태가 아닌 이상 일단 즉위한 국왕이 폐위되는 경우는 없었다. 그러나 몽골 복속기의 고려국왕은 몽골과의 관계에 문제가 발생할 경우 황제에 의해 폐위될 수 있었고, 충선왕 폐위의 과정은 이를 분명히 보여주었다. 이러한 고려국

하고 있었으며, 몽골은 다른 고려 왕실 인물을 숙위로 소환하지 않았다. 몽골에서의 숙위, 즉 케식 참여는 제국 내 정치단위의 수장 내지 그 계승후보의 신병을 확보하는 한편으로 이들을 제국 지배층의 일원으로 훈도(薰陶)시킴으로써 몽골제국 체제의 일원으로 전환, 포섭하기 위한 정치적 의미를 갖는 것이었다. 이는 고려국왕위 계승권자들에 대해서도 마찬가지였다.(森平雅彦, 2001, 「元朝ケシク制度と高麗王家－高麗·元關係における禿魯花の意義について」『史學雜誌』第110編 第2號) 다음으로 충선왕은 공주와의 관계 개선을 이루지는 못했지만 통혼관계는 유지하고 있었다. 공주와의 통혼이 곧 고려국왕위 계승권자로서의 지위와 일치하는 것이라고 하기는 어려우나 충렬왕 및 그 측근세력이 굳이 공주를 개가시키려 했던 점이나 충선왕 및 그를 지지하는 세력들이 충선왕과 공주의 불화에도 불구하고 그러한 책동을 저지하려 했던 것은 공주와의 통혼관계 유지가 고려국왕위 계승에 중요한 요소이기 때문이었다고 생각된다. 마지막으로 당시 상황에서 고려왕실 질시에서나 몽골황실·황세와의 관계에서 충선왕보다 더 유력한 국왕위 계승권자는 없었다는 점이다.

왕의 위상은 1269년 원종 복위의 과정을 통해 이미 성립되었다고 생각되지만, 고려국왕과 고려신료들이 이를 분명히 인식하게 된 것은 1298년에 이르러서였다.

즉 1298년 이후, 몽골황제권과의 관계를 통해 권력이 부여되는 구조 아래 고려 내 권력의 정점이 이원화하고 고려국왕의 제후로서의 위상이 여실해진 상황에서, 고려신료들은 반드시 (현)국왕의 신료가 아니어도 되는, 혹은 그것이 가능한 상황에 놓이게 되었고,[59] 이에 국왕 및 그 정치에 대한 비판은 기존과는 다른 방식을 띨 수 있게 되었던 것이다. 그러나 이러한 움직임은 아직까지는 현국왕에 대한 직접적인 공격의 형태를 띠지는 않아 이후 시기 유사한 움직임들과는[60] 차이를 보인다.

1298년의 중조사건을 계기로 생겨난 위와 같은 인식과 변화는 신료들에게만 국한된 것이 아니라 국왕에게도 해당되는 것이었다. 앞에서 본 바와 같이 충렬왕은 즉위 초 자신의 국왕권을 확립하는 과정에서 몽골황제권을 적극적으로 활용했다. 이 시기 충렬왕은 몽골황제권이 자신의 국왕권에 기반이 될 수 있는 측면에 주로 주목하고, 그것이 자신의 국왕권을 제약할 수 있는 측면에 대해서는 그다지 주목하지 못했던 듯하다. 충선왕 역시 그 폐위의 과정에서 보이듯이 즉위 당시에는 몽골과의 관계에서 중요한 것이 무엇인지에 대해, 또 고려국왕의 몽골제국 제후로서의 위상에 대해 정확히 파악하지 못하고 있었다. 그러나 1298년의 중조사건을 계기로 고려국왕들은 자신들의 현실을 제대로 파악할 수 있었고, 이후 자신의 지위를 유지하기 위해 매우 적극적인 정치활동을 펼쳤다.

---

59) 봉사(奉事)의 대상은 현왕(現王)과 권력을 분점하고 있는 또다른 왕위 계승권자일 수도 있고 황제일 수도 있다.

60) 대표적으로 충숙왕대 이후의 심왕옹립운동을 들 수 있겠다.

충렬왕은 충선왕과 몽골황실·황제의 관계를 단절시키기 위해 이른 바 '공주개가운동(公主改嫁運動)'에 적극적으로 개입했다. 공주개가운 동은 충선왕비인 계국대장공주를 고려 종실 가운데 한 명인 서흥후(瑞興侯) 왕전(王琠)과 재혼하도록 함으로써 충선왕의 국왕위 계승권자로서 의 자격을 박탈시키려는 시도로, 충렬왕 27년(1301) 5월에 시작되어 충렬왕 32년(1306)까지 계속되었다. 이는 충렬왕 측근세력이 주도한 것인데, 이 과정에 충렬왕이 직접 개입하고 있음이 주목된다. 충렬왕 27년 11월, 충렬왕은 민훤(閔萱)을 몽골에 보내 계국대장공주의 개가를 청하려 했으나[61] 민훤은 표문을 올리지 못하고 돌아왔다. 29년(1303)에 는 충선왕의 환국을 저지하고 공주의 개가를 청하기 위해 충렬왕이 친조하려 했으나 황제가 허락하지 않아 불발되었다.[62] 그리고 충렬왕 31년(1305) 11월에는 충렬왕이 직접 그의 측근세력들을 이끌고 몽골에 입조해 공주의 개가를 위한 활동을 펼쳤다. 충렬왕과 그 측근의 입조 소식에 충선왕은 "그들의 흉모 자행"을 염려하여 자신의 지지세력인 홍자번, 최유엄, 류비, 김심, 김연수 등이 함께 왕을 수행하도록 할 것을 황제에게 청했다.[63] 이들은 몽골 조정에서 공주의 개가 및 왕 부자의 관계를 두고 열띤 정쟁을 벌였다.[64]

이 정쟁의 과정에 충렬왕과 충선왕이 직접 개입했는지의 여부를 확인하기는 어렵다. 그러나 같은 시기 발생했던 또다른 사건을 볼 때, 그러한 가능성은 생각해볼 수 있다. 왕유소 등은 투옥되기 전, 내수(內竪) 김홍수(金洪守)와 인명전(仁明殿) 여종 권사(權㐥)를 매수해 충선왕 독살

---

61) 『高麗史節要』卷22, 忠烈王 27年 5月.

62) 『高麗史節要』卷22, 忠烈王 29年 9月 庚午.

63) 『高麗史節要』卷23, 忠烈王 31年 11月.

64) 『高麗史』卷32, 忠烈王 32年 ; 卷125, 王惟紹傳.

음모를 꾸몄다. 중도에 계획이 누설되어 중서성에서 관련자들을 종정부 (宗正府)에 회부해 추궁하려 했으나 그 사건에 난처한 사정이 있어 중지하고 김홍수와 권사를 죽였다고 한다.[65] '난처한 사정'이 무엇인지는 알 수 없지만 주모자를 밝혀내지 않고 수사를 중지했을 뿐 아니라 관련자들을 죽였다는 것은 이 사건에 충렬왕이 직접 개입되어 있었을 가능성을 보여주는 것이 아닌가 한다. 이후 충렬왕이 일부러 약을 먹어 병에 걸리면서까지 귀국을 거부했던 것은[66] 이처럼 그가 몽골에서 충선왕과 서로간의 목숨을 건 정쟁을 벌이고 있었기 때문이었을 것이다.

즉, 몽골 복속기 권력구조 아래에서 고려국왕은 일단 즉위하고 난 이후에도 그 지위를 유지하기 위해 상위 권위인 황제권과의 관계 속에서, 다른 권력주체—충렬왕대의 경우 충선왕—와의 경쟁관계 속에서 끊임없이 정치활동을 해야 하는 상황에 놓이게 된 것이다. 이러한 변화한 권력구조와 그 아래에서의 국왕 위상에 대한 고려국왕 스스로의 인식과 그에 따른 변화는 복위 후 충선왕의 정치를 통해 보다 구체적으로 확인할 수 있다.

(2) 복위 후 충선왕의 정치운용과 현실인식

1306년(충렬왕 32), 몽골 조정에서 충렬왕 및 그 측근세력과 충선왕 세력이 공주 개가 및 왕 부자의 관계 문제를 두고 벌인 정쟁에서 몽골이 후자의 손을 들어줌으로써,[67] 이후 충선왕은 고려에서의 인사와 처벌, 선법(選法) 개정 등을 주도하면서 고려국정을 장악했다.[68]

---

65) 『高麗史』卷125, 王惟紹傳.
66) 『高麗史』卷32, 忠烈王 32年 ; 卷125, 王惟紹傳.
67) 『高麗史』卷32, 忠烈王 32年 11月.

여기에는 같은 시기 몽골에서 무종 카이샨이 즉위했고,[69] 그 과정에서 충선왕이 공을 세워 심양왕(瀋陽王)으로 책봉되었던 사실이[70] 중요하게 작용했다. 1308년, 충렬왕이 사망한 후 충선왕이 복위했다.[71]

　복위 후 충선왕의 정치는 즉위 당시와는 달라진 그의 현실인식과 정치인식을 보여준다. 이는 중조의 과정이 국왕의 정치방식에 미친 영향을 보여주는 것으로, 변화한 국왕 위상의 한 측면을 보여주는 것이기도 하다. 복위 후 충선왕의 정치에는 고려국왕 위상과 관련, 크게 두 가지 변화가 나타난다. 첫째, 몽골황제와 고려국왕의 상·하관계가 보다 분명한 형태를 띠며 나타났다는 점, 둘째, 충선왕이 자신의 권력 유지 및 강화를 위해 몽골황실·황제와의 관계를 강화해 나갔다는 점이다. 이 과정에서 충선왕은 이전 시기 중국왕조와의 관계—국가 간 관계와는 다른 몽골과의 관계—개인 간·가문 간 관계의 특징을 적극적으로 인지하고 활용했다.

　첫 번째 문제부터 살펴보자. 복위 후 충선왕의 정치는 고려·고려국왕의 제후국·제후로서의 위상을 더욱 분명히 하는 방향으로 이루어졌다. 이는 주로 제도적인 측면에서 두드러지는데, 충선왕 복위년 관제개편을 비롯한 몽골 제도 도입의 양상에서 확인할 수 있다.

　충선왕대는 몽골의 제도를 적극적으로 도입했다는 특징을 가지며, 이는 기존 연구들을 통해서 '통제론(通制論)'이 활성화된 시기라거나,[72]

---

68) 『高麗史』 卷32, 忠烈王 33年 3月 辛卯 ; 4月 甲辰 ; 7月 乙亥 ; 12月 ; 34年 5月 丙戌.
69) 『元史』 卷22, 武宗 卽位年 3月.
70) 『高麗史』 卷33, 忠烈王 34年 5月 戊寅.
71) 『高麗史』 卷33, 忠宣王 卽位年 8月 癸丑.
72) 김형수, 2001, 「元 干涉期 高麗의 政治勢力과 政局動向」, 경북대학교 사학과 박사학위논문.(이 논문은 수정·보완을 거쳐 최근 단행본으로 출판되었다. 김형수, 2013, 『고려후기 정책과 정치』, 지성人)

충선왕의 정치개혁이 몽골의 그것과 '맥락상' 상통하고 있었다는 등으로 평가되고 있다.[73] 모두 타당한 이해라고 생각되지만 이는 복위 후 충선왕의 정치에만 한정된 특징이라 보기는 어렵다. 고려의 구속(舊俗)을 유지하기보다는 통제(通制)로서의 몽골 제도를 도입하고, 개혁의 과정에서 몽골의 정치개혁을 적극적으로 참조한다는 것은 충선왕 즉위년의 개혁에 대해서도, 이 시기 다른 국왕들의 정치에 대해서도 어느 정도 마찬가지로 적용될 수 있는 이해라고 할 수 있다.[74] 그런 점에서 복위 후 충선왕의 정치가 보여주는 즉위 당시와는 차별화된 그의 현실인식, 정치인식은 단지 통제의 적극적인 참조와 도입이라기보다는, 통제로 표현되는 몽골제국의 정치질서 속에서 고려가 점하는 위치를 분명히 인식하게 되었다는 점이라고 생각된다.[75]

복위년 관제개편은 즉위년의 그것과 마찬가지로 충렬왕 원년에 개편된 관제를 대상으로 한 것이었다. 둘 다 몽골의 관제를 적극적으로 참조하여 이루어진 것이었지만 즉위년의 것이 의도치 않게 참월한 측면이 있었던 것에 비해, 복위년에는 몽골의 제도를 기준으로 관직의 체계를 정하고 명분에 위배되지 않는 방향으로 고려의 관제를 정비했다.[76] 즉 "상국(上國)의 제도를 피해 관명(官名)을 고쳐 제후의 법도를 삼가히 한 것이다."[77] 이러한 복위년 관제개편의 방향은 그가 복위

73) 이강한, 2008(a), 「고려 충선왕의 정치개혁과 元의 영향」 『한국문화』 43.
74) 최근 이강한은 일련의 연구들을 통해 이 시기 고려국왕들이 동시기 몽골황제들과 일정부분 정책을 공유하고 있었음을 논하고 있다. 이강한, 2008(a), 위 논문 ; 2008(b), 「高麗 忠宣王·元 武宗의 재정운용 및 정책공유」 『동방학지』 143 ; 2010(a), 「1325년 箕子祠 祭祀 再開의 배경 및 의미」 『한국문화』 50, ; 2010(b), 「'친원'과 '반원'을 넘어서 : 13~14세기사에 대한 새로운 이해」 『역사와 현실』 78 외.
75) 이익주, 1996, 앞 논문, 150~152쪽.
76) 박재우, 1993, 앞 논문.
77) 『高麗史』 卷34, 忠宣王 世家 史臣贊.

후 모든 궁궐과 내관의 명칭을 고치게 하고 궁주(宮主)를 옹주(翁主)로 고치게 한 것과도[78] 일맥상통하는 것이다.

또한 충선왕은 1310년(충선왕 2), 부왕의 존호(尊號)를 청하는 한편으로 몽골과 관계를 형성했던 고종(高宗)과 원종(元宗)의 시호(諡號)도 추증해 줄 것을 요청했다.[79] 묘호(廟號)는 황제 사후에 신하들이 올리는 것으로 황제국의 제도이다. 황제가 죽으면 신하들은 묘호와 함께 시호도 지어 올렸다. 시호는 신하들 역시 사후에 받게 되는데, 이는 황제가 내려주는 것이었다. 몽골 복속기 이전에도 고려는 송(宋), 요(遼), 금(金) 등 중국왕조에 사대(事大)했으므로 명분상으로는 묘호를 사용할 수 없었을 뿐 아니라 국왕의 시호 역시 황제로부터 받아야 하는 것이었다. 그러나 이때는 묘호를 사용했고, 시호도 신하들이 지어 올렸다. 이에 비해 충선왕은 복위 후 부왕의 시호를 황제에게 요청했으며, 나아가 고종과 원종에 대해서까지 그 시호를 황제에게 요청하여, 각기 충렬(忠烈), 충헌(忠憲), 충경(忠敬)의 시호를 받았다.[80]

한편, 이때 충선왕이 그의 부왕, 혹은 몽골과 강화를 이루어내었던 원종에 그치지 않고 고종에 대해서까지 시호를 요청하고 있는 점은 고려·몽골 관계의 시작점을 언제로 보는가와 관련해서도 중요한 의미를 갖는다. 고려 측에서 어떤 근거로 고종에 대해서까지 시호를 요청했는지는 사료를 통해 확인되지 않지만, 이때 몽골에서 고종을 충경왕(忠敬王)으로 추증하면서 보낸 글에 그가 칭기스칸 당시 몽골군의 군사활동에 호응한 점을 근거로 들고 있음을 볼 때, 고려 측의 시호 요청 근거도 동일한 것이었으리라 생각된다. 이때 충선왕이 '솔선귀부'를 근거로

---

78) 『高麗史』 卷33, 忠宣王 復位年 9月 己卯.
79) 『高麗史』 卷33, 忠宣王 2年 秋7月 乙未.
80) 『高麗史』 卷33, 忠宣王 2年 秋7月 乙未.

고종까지 3대 조상에 대한 시호를 요청한 것이 앞에서 본 충렬왕의 언급과 같이 상당부분 정치적인 것이었는지, 혹은 그러한 인식이 다소간 사실로 자리잡은 결과였는지를 판단하기는 어렵다. 다만, 칭기스칸대의 '솔선귀부'를 근거로 한 고종에 대한 시호 추증 요청을 몽골이 받아들임으로 해서, 이는 칭기스칸대 솔선귀부에서 쿠빌라이대 통혼으로 이어지는 관계의 도식이 고려와 몽골 상호 간에 의미를 갖고 기능하게 되는 중요한 계기가 되었던 것으로 생각된다. 고려와 몽골 양측에서 고종에 대해 '충경왕'이라는 시호를 사용하는 한, 칭기스칸대 고종의 '솔선귀부'는 고려 내에서도 몽골 내에서도 상호 동의된 관계의 시발점으로서 지속적으로 인지될 수밖에 없기 때문이다. 이는 앞서 이야기한 바, 양 왕실 간 통혼관계가 고려왕실의 '근각(根脚)'으로서의 위상을 담보해주고 있었던 것과 유사한 맥락이라고 하겠다.

이러한 복위 후 충선왕의 몽골 제도 및 관제 도입 양상은 충렬왕의 그것과는 차이를 보인다. 충렬왕은 몽골의 제도를 도입함에 상당히 소극적인 태도를 취했다. 몽골의 요구에 따라 관제를 개편하면서도 상위의 관제들만 표면적으로 격하시킨 것,[81] 몽골이 고려왕실의 동성혼(同姓婚) 금지를 요구했음에도 서원후(西原侯) 왕영(王瑛)의 딸을 세자비로 맞이한 것,[82] 복위 후 왕실 격식을 격하하면서 황포(黃袍)와 황산(黃傘)을 금했다가[83] 이를 금한 바는 없었다는 몽골사신의 말에 다시 이를 사용했던 것[84] 등에서 이러한 측면을 확인할 수 있다. 충렬왕의 몽골 제도, 관제 도입은 현실적 필요에서(통혼 및 변발·호복), 혹은

---

81) 충렬왕대 관제개편의 내용 및 충선왕 즉위년 관제개편과 관련해서는 이익주, 1996, 앞 논문 참조.
82) 『高麗史節要』 卷21, 忠烈王 15年 2月.
83) 『高麗史節要』 卷22, 忠烈王 27年 5月.
84) 『高麗史節要』 卷22, 忠烈王 30年 2月.

몽골의 요구에 대한 대응으로서 이루어진 것으로, 고려의 제후국으로 서의 위상을 적극적으로 의식한 행위는 아니었다. 이에 비해 충선왕대 제도 개편에서 보이는 몽골 제도 도입 양상은 그가 몽골제국의 제후·제 후국으로서의 고려국왕·고려의 위상을 분명하게 인지하고 있었으며, 그러한 인식을 제도나 격식을 통해 표면화하고 있었음을 보여주고 있다. 이는 1298년 폐위 당시, 참월한 관제개편이 폐위의 한 가지 이유가 되었던 경험으로 인해 생겨난 변화인 것으로 보인다.[85]

다음으로 복위 후 충선왕의 정치에서 보이는 몽골황실·황제와의 관계 강화 방식과 양상에 대해 살펴보도록 하겠다. 1298년 충선왕의 폐위에는 공주와의 불화라는, 통혼을 통해 형성된 관계에서의 문제가 중요한 요인으로 작용한 바 있었다. 충선왕과 공주의 관계는 이후에도 개선되지 않았던 것으로 보이지만,[86] 충선왕과 그 지지세력은 충렬왕과 그 측근세력이 충선왕과 공주의 관계, 나아가 충선왕과 몽골황실의 관계를 단절시키기 위해 전개했던 공주개가운동에는 강력하게 대응, 그들의 시도를 무마시켰다. 한편, 충선왕의 복권과 복위에는 무종 옹립의 공이라는, 무종·인종과의 관계가 매우 중요한 요인으로 작용했다.

---

85) 충선왕 복위 후의 관제개편 및 몽골 제도 도입은 기존 연구에서 "세조구제(世祖舊制) 를 앞세워 독립을 유지하는 소극적인 자세에서 벗어나, 원의 제후국으로서의 지위를 분명히 하고 이를 바탕으로 원의 정치에 적극 개입하려는 것", 그를 통해 "원제국 내에서 고려의 실질적 위상을 제고하려는 것"이었다고 평가된 바 있다.(이 익주, 1996, 앞 논문, 151쪽) 충선왕의 복위 후 제도 개편 및 도입이 제후국으로서의 지위를 분명히 한 것이었다는 평가에 대해서는 동의한다. 다만 충선왕의 이러한 행위가 반드시 위와 같은 정치적 목적을 가진 것이었는지는 더 생각해볼 여지가 있다. 이렇게 보기 위해서는 충선왕이 고려 내에서까지 고려국왕의 제후로서의 위상을 분명히 하는 것이 그의 몽골 정치에의 개입을 확대하고 고려의 실질적 위상을 높이는 데에 어떤 면에서 영향을 미칠 수 있는 것인지가 보다 구체적으로 이야기되어야 할 것으로 생각된다.

86) 1306년 충렬왕이 몽골에 입조(入朝)했을 당시 "공주가 충선왕의 사랑을 잃고 왕과 다른 곳에 거처하고 있었다"고 한다.(『高麗史節要』卷23, 忠烈王 32年 9月)

1298년 폐위 이후 이어진 위와 같은 과정들을 통해 충선왕은 몽골 복속기 권력구조 아래에서 권력의 획득과 유지, 강화에 몽골과의 관계가 중요하다는 점을 분명히 인식하게 되었고, 복위 후 그의 정치는 그러한 몽골과의 관계를 강화하는 방향으로 이루어졌다. 이때 충선왕이 강화하고자 했던 몽골과의 관계는 두 가지 관계, 통혼으로 대표되는 몽골황실-고려왕실 사이의 가문 간 관계와 몽골황제와 고려국왕 사이의 개인 간 관계로, 동아시아의 전통적 외교관계에서 보이는 국가 간 관계라기보다는 몽골이 다른 정치 집단과 형성했던 몽골적인 관계의 특징을 잘 보여주는 관계였다.

　　먼저 통혼을 통해 형성되는 가문 간 관계에 대한 충선왕의 인식과 대응을 그의 복위교서에 보이는 '재상지종(宰相之宗)' 선정 문제를 통해 살펴보도록 하겠다. 충선왕은 복위교서에서 몽골의 동성혼 금지 요구에 따라 향후 왕실은 동성혼을 금하고 누대 재상의 자녀와 통혼할 것을 명한 후, 왕실과 통혼할 수 있는 15개 가문을 선정했다.[87] 여기에는 몽골과의 관계가 형성되기 이전 시기 고려왕실과의 통혼으로 명성이 있었던 가문들, 당대의 유력한 가문들, 그리고 충렬왕·충선왕과 통혼관계에 있었던 가문들이 포함되었다.[88] 동성혼을 하지 않는 것 역시

---

87) 『高麗史』卷33, 忠宣王 復位年 11月 辛未.

88) 충선왕은 종실들은 누세재상(累世宰相)의 딸을 맞도록 하고 누세재상(累世宰相)의 아들들은 왕실녀(王室女)를 맞이할 수 있도록 했다. 이때 '재상지종'으로 선정된 가문들에는 충렬왕 혹은 충선왕의 비(妃)가 속한 가문[언양 김씨(彦陽 金氏)의 일종(一宗), 공암 허씨(孔巖 許氏), 당성 홍씨(唐城 洪氏), 평양 조씨(平壤 趙氏)]이 일부 포함된 가운데 신라 왕손인 김혼(金琿) 일가[순경왕후의 형제집안], 정안 임태후(定安 任太后)의 일종(一宗), 경원 이태후(慶源 李太后)의 집안, 안산 김태후(安山 金太后)의 집안, 철원 최씨(鐵原 崔氏), 해주 최씨(海州 崔氏), 평강 채씨(平康 蔡氏), 청주 이씨(淸州 李氏), 황려 민씨(黃驪 閔氏), 횡천 조씨(橫川 趙氏), 파평 윤씨(坡平 尹氏) 가문 등이 포함되어 있었다.(『高麗史』卷33, 忠宣王 復位年 11月 辛未) 이들 각 가문에 대한 상세한 분석은 김당택, 1991, 앞 논문 참조.

몽골의 혼인풍습이지만, 그에 이어지는 재상지종의 선정은 몽골이 특정 인족(姻族)들과 세대를 거듭해 통혼했던 것과 유사한 양상을 보이는 것이라는 점이 주목된다. 즉, 왕실 동성혼 금지와 재상지종 선정은 몽골의 요구를 받아들이는 것 뿐 아니라, 나아가 몽골의 혼인풍습을 적극적으로 수용하는 조치였다.

몽골은 충렬왕대에 두 차례(1275년, 1291년)에 걸쳐 고려왕실의 동성혼 금지를 요구했다. 충선왕이 1308년의 복위교서에서 그 요구를 받아들이고 재상지종을 선정한 정치적 배경은 국내 정치세력과의 관계에서, 그리고 몽골과의 관계에서 이 조치가 갖는 의미로 나누어 생각해볼 수 있다.

우선, 기존 연구를 통해 이야기된 바와 같이, 재상지종의 선정은 몽골공주 이외 왕비들과의 혼인이 정당한 것임을 밝히는 방안으로, 그리고 공주개가운동 등에서 받은 치욕과 실추된 국왕의 권위를 회복하기 위한 방안으로 이루어진 것이었을 가능성이 있다.[89]

또한 충선왕은 '재상지종' 선정을 통해 고려 내 유력한 가문들을 왕실 지지세력으로 포섭하고자 했을 수 있다. 복위 후 몽골에 체재하면서 고려를 통치할 것을 구상하고 있던 충선왕의 입장에서 고려 내 정치세력들의 지지를 확보하는 것은 반드시 필요한 일이었을 것이다. 몽골황실과의 통혼 이전에도 고려왕실의 통혼은 정치적인 의미를 갖는 것이었다. 고려왕실은 여러 문벌과의 통혼을 통해 그들을 왕실 지지세력으로 확보하는 한편으로 동성혼을 통해 왕실의 독보적 우위를 확보하고자 하기도 했다.[90] 따라서 충선왕이 재상지종 가문을 선정한 것은 동성혼을 금하라는 몽골의 요구를 수용하는 측면과 함께, 기존의

---

89) 김당택, 1991, 위 논문.

90) 고려왕실의 동성혼에 대해서는 정용숙, 1988, 『高麗王室 族內婚 硏究』, 새문社 참조.

고려왕실 통혼이 국내 정치세력과의 관계에서 갖고 있던 정치적 의미를 계승하는 측면도 갖는 조치였을 수 있다.

그런데 '재상지종'에는 물론 당대의 유력한 가문들도 포함되어 있었지만, 충선왕대와는 거리가 있는 시기에 활약했던 가문도 보이고 왕비를 배출했던 것 외에 특기할 만한 사항이 없는 가문들도 포함되어 있었다. 또한 재상을 배출했다 하더라도 모(某) 태후의 집안임이 특기되고 있는 경우가 있음은 그 선정에 왕비를 배출한 가문으로서의 사회적 명성이 보다 중요한 요소로 작용했음을 보여주는 것으로 생각된다. 이렇게 볼 때 재상지종 선정은 물론 그들에게 왕실의 정치적 지지기반으로서의 역할을 기대한다던가 하는 현실적인 이유에서 이루어진 것이기도 했겠지만, 보다 상징적인 조처로서의 의미를 지녔던 것으로 보이기도 한다.

이와 관련, 재상지종 선정이 몽골과의 관계에서 갖는 의미가 주목된다. 동성혼 금지가 몽골의 요구이며 이 시기 고려왕실의 통혼은 고려·몽골 관계의 매우 중요한 요소였음을 고려할 때, 동성혼 금지에 이은 재상지종 선정은 몽골과의 관계에서 보다 중요한 의미를 갖는 조치였을 것으로 생각된다. 관련해서 몽골이 고려왕실의 동성혼에 대해 문제를 제기한 이유에 대해 살펴볼 필요가 있다. 쿠빌라이는 충렬왕 즉위년 (1275) 10월, "그대 나라의 여러 왕씨(王氏)가 동성(同姓)에 장가를 드니 이것이 무슨 이치인가. 이미 우리와 더불어 일가(一家)가 되었으니 당연히 서로 통혼해야 할 것이다. 그렇게 하지 않는다면 어찌 일가로서의 의(義)가 되겠는가."라 하며 고려왕실의 동성혼에 대해 문제를 제기했다.[91] 기존 연구는 몽골의 이러한 요구가 고려 종실 출신 왕비의 존재가

---

91) 『高麗史』 卷28, 忠烈王 元年 10月 庚戌.

몽골공주의 지위를 위협할 것이라는 우려에서 이루어진 것이라고 보았다.[92] 당시 충렬왕에게 고려 종실 출신의 부인-정화궁주(貞和宮主)가 있었고 그에 대한 공주의 질투가 없지 않았지만,[93] 양자 간의 역관계를 고려할 때 몽골에서 동성혼 금지를 요구한 이유를 위와 같이 이해하기는 어렵지 않을까 한다.

몽골에서 통혼이 갖는 의미 및 양상을 고려할 때, 이는 몽골이 이야기한 바와 같이 "일가(一家)로서의 의(義)" 문제였다고 생각된다. 관련하여 『집사(集史)』에 보이는 칭기스칸 당시의 일화가 주목된다. 칭기스칸대에 복속한 바르쿠트의 수령 카단 아인 등은 "우리는 서로 일족이나 형제와 다름없다. 몽골인들이 서로 딸들을 취하지 않는 것처럼 우리도 역시 [우리끼리 서로] 취하지 않겠다. 우리 가운데 누구라도 다른 종족으로부터 딸을 취하면 [그들에 대해서] 며느리와 사위의 관계로서 서로 예의를 지키자"고 서약하면서 귀순했다. 그리고 이들은 "오늘날에 이르기까지", 즉 라시드 앗딘이 『집사』를 저술할 당시인 14세기 초까지도 같은 방식으로 살고 있었다고 한다.[94] 몽골에서 통혼은 정치세력 간의 정치적 제휴관계를 가족적 유대관계로 전환시켜 그 정치적 관계를 보다 공고히 한다는 의미를 가진 것으로, 그러한 관계에서 족내혼(族內婚)을 하지 않는 것은 "일가로서의 의"이자 "며느리와 사위 관계로서의 예의"에 해당하는, 관계의 규범이자 마땅한 도리였다고 할 수 있다.

이러한 점은 고려왕실의 동성혼 금지를 요구하는 조서에 함께 실려 있던 다른 요구사항들을 통해서도 확인할 수 있다. 조서에는 왕실

---

92) 김당택, 1991, 앞 논문.
93) 제국대장공주가 정화궁주를 질투했다는 내용이 기사화된 것은 몽골의 동성혼 금지령이 있은 후 2달이 지난 1275년 12월이지만(『高麗史節要』 卷19, 忠烈王 元年 12月) 이전부터도 그러한 질투가 있었을 가능성은 있다.
94) 라시드 앗딘 저, 김호동 역주, 2002, 『부족지』, 사계절, 278쪽.

동성혼 문제 외에도 자녀를 바치고 관명을 고치는 문제, 재상 수 감축 등의 문제가 함께 언급되고 있다.[95] 즉 동성혼 금지의 문제는 단순히 "일가"가 된 의리상 그러해야 한다는 것에 그치는 것이 아니라, 자녀를 바치고 관명을 고치는 것과 마찬가지로 양자 간 관계가 유지되기 위해 마땅히 이루어져야 할 사안으로서의 의미도 지니는 것임을 알 수 있다.

이때 몽골의 요구들 중 일부에 대해 고려는 즉각적으로 대응했다. 조서가 전해진 충렬왕 즉위년(1275) 10월, 처녀들을 몽골에 보내기 위해 전국에 혼인금지령을 내리고[96] 관제를 개정한 후,[97] 다음달 하정사를 통해 이를 보고하고 처녀 10명을 보냈다.[98] 그러나 동성혼 금지 요구와 재상 수 감축 요구에는 별다른 대응을 하지 않았던 것으로 보이는데, 우선, 후자는 이것이 당시 상황에서 즉각적으로 행하기 어려울 뿐 아니라 몽골과 직접 연관된 문제가 아니었기 때문이었던 것으로 생각된다.

이에 비해 동성혼 금지의 문제는 몽골황실과의 통혼이라는, 몽골과의 관계와 직결되어 있는 것이었다. 더욱이 충렬왕은 몽골황실과의 통혼 이후, 자신의 국왕권을 확고히 하기 위해 몽골황실 부마로서의 지위를 적극적으로 활용하고 몽골공주에 대해서는 저자세를 취하기도 했다.[99] 그러나 충렬왕은 몽골의 동성혼 금지 요구에 대해서는 별다른 대응을 하지 않았고, 1289년(충렬왕 15)에는 종실녀인 서원후(瑞原侯) 왕영(王瑛)의 딸을 세자비로 들이기까지 했다.[100] 충렬왕이 몽골의 동성

---

95) 『高麗史』 卷28, 忠烈王 元年 10月 庚戌.
96) 『高麗史』 卷28, 忠烈王 元年 10月 壬子.
97) 『高麗史』 卷28, 忠烈王 元年 10月 壬戌.
98) 『高麗史』 卷28, 忠烈王 元年 11月 癸未.
99) 『高麗史』 卷89, 齊國大長公主傳.
100) 『高麗史』 卷30, 忠烈王 15年 2月 壬子.

혼 금지 요구를 받아들이지 않았던 것은 '불개토풍(不改土風)'이라는 쿠빌라이의 언급을 의식한 것이었을 수 있다.[101] 그러나 그가 정치적 필요에서였기는 하지만 이미 고려의 다른 '토풍(土風)'들은 변개하기도 했음을 볼 때, 충렬왕이 고려왕실의 동성혼과 관련한 몽골의 문제 제기와 요구가 갖는 의미를 충분히 이해하지 못했을 가능성, 즉 이것을 그냥 글자 그대로 "일가의 의(義)" 정도로 받아들였을 가능성도 생각해 볼 수 있다. 이 문제에 대한 충선왕의 이해 역시 즉위 당시까지는 충렬왕의 그것과 유사했던 것으로 보인다. 세자비를 들이기 전, 제국대장공주와 당시 세자였던 충선왕이 몽골에 입조할 때 데려가기 위해 선발한 양가의 딸 가운데 서원후 왕영의 딸이 포함된 것에 대해 충선왕이 불만을 표하고 있음에서 볼 때,[102] 충선왕의 동성혼은 충렬왕뿐 아니라 충선왕의 동성혼에 대한 인식도 반영하고 있다고 볼 수 있기 때문이다.[103]

충선왕은 폐위 및 공주개가운동 등을 거치면서 몽골과의 관계에서 통혼이라는 가문 간 관계가 갖는 중요성을 분명히 인식하게 되었다.

---

101) 이익주, 1996, 앞 논문.

102) 『高麗史節要』卷21, 忠烈王 13年 10月.

103) 1291년(충렬왕 17), 몽골이 1275년에 이어 두 번째로 고려왕실의 동성혼에 대해 문제를 제기한 것은 1289년 세자 왕장과 서원후 영의 딸이 통혼한 것이 계기가 되었던 것으로 생각된다. 충선왕 복위 교서에 따르면 1291년의 문제 제기는 그가 몽골에 입조했을 당시 자단전(紫檀殿)에서 쿠빌라이로부터 받은 성지(聖旨) 내용의 일부였던 것으로 확인된다. 세자 왕장은 충렬왕 16년(1290) 11월, 정가신 등과 함께 입조하여 동왕 17년(1291) 9월에 특진상주국 고려국왕세자(特進上柱國 高麗國王世子)에 제수된 후, 이듬해 5월에 귀국했는데,(『高麗史節要』卷21, 忠烈王 16年 11月 ; 17年 9月 ; 18年 5月) 동성혼 문제를 언급한 성지의 수여는 이 입조시의 일이었던 것으로 보인다. 1275년 당시와 달리 이미 고려·몽골 관계가 어느 정도 안정을 찾은 시기였기에, 몽골은 즉각적으로 문제를 제기하지는 않았으나 세자 왕장의 입소와 책봉을 계기로 식선에 이루어진 그의 농성혼에 대해 언급한 것이 아니었나 한다.

194

또한 10년에 이르는 숙위 기간을 통해 그러한 관계가 형성·유지되는 방식, 그리고 그러한 관계에서의 규범, 도리에 대해서도 숙지하게 되었던 것으로 보인다. 그러나 그는 공주와의 불화로 인해 폐위된 이후에도 공주와의 관계 개선은 이루지 못했다. 실제 그의 복권과 복위는 폐위의 원인이 되었던 공주와의 관계가 변화한 결과가 아닌, 무종·인종과의 관계라는 또다른 관계 형성에 따른 것이었다. 그러나 충선왕은 폐위 이후 복위하는 상황에서, 몽골이 다른 정치단위와 관계를 형성하는 주요한 방식 중의 하나이자 그 스스로 문제를 일으킨 바 있었고, 여전히 문제를 갖고 있는 몽골황실-고려왕실 통혼과 관련해 자신의 문제를 어떤 식으로든 해명할 필요가 있었을 것이다. 이에 충선왕은 왕실 동성혼 금지라는 몽골의 요구 수용을 넘어, 재상지종 선정을 통해 몽골의 혼인풍습까지 적극적으로 도입함으로써, 공주와의 불편한 관계가 고려왕실과 몽골황실의 관계를 부정하는 것은 아님을, 즉 개별적 관계에서의 문제가 총체적 관계에 대한 문제 제기가 아님을 분명히 하고자 했던 것이 아닌가 한다.

한편, 1306년 충선왕의 복권은 무종 옹립의 공이라는, 무종·인종과의 관계가 매우 중요한 요인으로 작용한 것이었다. 이러한 과정을 통해 충선왕은 자신의 권력을 유지, 강화하기 위해서는 몽골황제와의 개인 간 관계를 유지, 강화해야 함을 인식하게 되었다. 이에 충선왕은 복위 후, 그러한 관계의 강화에 주력했던 것으로 보이는데, 이는 그의 요령통치(遙領統治)를 통해 살펴볼 수 있다.

충선왕 복위 후 정치의 가장 큰 변화와 특징은 요령통치, 혹은 전지정치(傳旨政治)라고 칭해지는 방식으로 정치가 이루어졌다는 점이다. 앞서 이야기한 바와 같이 요령통치란 충선왕이 복위 후 장기간 몽골에 체류하면서 전지(傳旨)와 명령을 통해 고려 내정과 관련한 중요한 사항

들을 처결했던 통치방식을 가리키는 것이다.104) 충선왕은 복위년 8월에
충렬왕의 장례를 위해 귀국해 즉위식을 행하고 복위교서를 내린 후,
11월에 몽골로 돌아갔다.105) 이후 충선왕 5년(1313) 3월 충숙왕에게
선위(禪位)하기까지, 충선왕은 복위 직후의 3개월을 제외한 재위기간
동안 몽골에 체류하며 전지(傳旨)를 통해 고려를 통치했다. 충선왕이
이러한 통치방식을 택한 것은 그가 자신의 권력을 유지, 강화하기
위해서는 몽골 정치세력, 특히 몽골황제와의 관계가 중요함을 인식하
고 있었기 때문이었다.106) 그러나 그렇다 하더라도 왜 충선왕이 그렇게
까지 장기간에 걸쳐, 양위를 하면서까지 몽골에 체재하려 했는지는
충분히 납득하기 어렵다. 충렬왕의 경우, 잦은 친조를 하기는 했으나
고려에 머물면서도 세조 쿠빌라이와 공고한 관계를 형성하고 있었다.

이는 우선 충선왕이 공주와의 불화로 인해 황실과의 통혼이라는,
안정성과 지속성을 갖는 관계에서 몽골황실·황제와 공고한 관계를
형성하는 데에 사실상 실패했다는 점에 한 가지 요인이 있을 수 있다.
충선왕의 복권에 주효했던 무종·인종과의 관계는 매우 강력한 영향력
을 갖는 것이기는 했지만, 정국 변동에 따라 쉽게 변동이 가능한 관계였
다. 이에 충선왕은 정국 변동의 중심인 몽골을 떠나기가 쉽지 않았을
것이다.107)

다른 한편으로 충선왕이 장기간에 걸쳐 몽골에 체류한 것은 그가
중요하다고 인지한, 그리고 그가 형성했던 몽골황제와의 관계의 성격

---

104) 이승한, 1988, 앞 논문 ; 민현구, 2004, 「元 干涉期 고려의 정치양태 – 國王 不在中의
　　국정운영을 통해 본 王朝體制의 지속성」『고려정치사론』, 고려대학교출판부.
105) 『高麗史』 卷33, 忠宣王 復位年 8月 壬子 ; 11月 壬申.
106) 이승한, 1988, 앞 논문 ; 박재우 1993, 앞 논문 ; 민현구, 2004, 앞 논문.
107) 무종 즉위 후 유동적인 몽골의 정치상황과 충선왕의 몽골 체재의 관련성과 관련해서
　　는 다음을 참조할 수 있다. 이익주, 2000, 앞 논문.

에 기인한 것으로 생각된다. 그는 몽골에 체류하는 동안 몽골의 정치에 매우 깊이 관여하고 있었을 것으로 생각되지만, 이는 무종 옹립 과정에 서의 공, 그리고 이후 몽골에서의 정권 교체에 맞물려 충선왕이 유배를 당한 사실 등을 통해 추정할 수 있는 것일 뿐이다. 실제 복위 후 충선왕이 몽골에 장기간 체류하면서 몽골의 정치세력들과 어떤 관계를 형성하고 활동했는지와 관련해서는 그가 만권당(萬卷堂)을 지어 학자들과 교유한 일, 팍스파를 공자와 같이 예우하려는 움직임에 의견을 제시한 것, 과거제도와 관련한 충선왕의 역할, 국왕위를 전위한 후 인종으로부터 몽골의 정승직을 제안받고 거절한 사실[108] 등이 『고려사』에 언급되어 있을 뿐, 『원사』 등 몽골 측 사료를 통해 그의 정치적 역할을 확인하기는 어렵다. 이에 무종 옹립 과정 등에서의 충선왕의 역할이 고려 측 사료에 서 과장되었을 가능성이 이야기되기도 했다.[109]

충선왕의 몽골에서의 활동 및 역할에 대해 고려 측 사료가 어느 정도 과장했을 가능성도 있지만, 실제 추정되는 그의 몽골에서의 행적 과 남아있는 기록 간의 차이는 충선왕이 중요하다고 인지한, 그리고 그가 형성했던 몽골황실·황제와의 관계의 성격에 기인하는 것으로 생각된다. 이와 관련, 1312년 '이지르부카왕[亦只里不花王]', 즉 충선왕이 황제가 직접 지휘하는 예케 케식[也可怯薛]의 일원으로 포함되어 있었다 는 『비서감지(秘書監志)』의 기록이 주목된다.[110] 케식은 황제의 신변을

---

108) 『高麗史』 卷33, 忠肅王 元年.

109) 고병익, 1962, 「고려 충선왕의 원 무종 옹립」 『역사학보』 17·18合集. 충선왕의 몽골에서의 정치활동과 관련해서는 다음의 논문들을 참조할 수 있다. 김광철, 1996, 「14세기초 元의 정국동향과 충선왕의 토번유배」 『한국중세사연구』 3집 ; 장 동익, 1999, 「신자료를 통해 본 충선왕의 재원활동」 『역사교육논집』 23 외.

110) 『秘書監志』 卷2, 祿秩 皇慶 元年 11月, "集賢殿大學士中奉大夫秘書監卿提調回回司天臺事沙 苦思丁, 秘書少監盛朝列等官, 於今月十七日有提調陰陽官庫春太保也於當職等處傳奉聖旨 節該. 也可怯薛第一日, 嘉禧殿內有時分, 對亦只里不花王, 速古兒赤月魯帖木兒知院, 明理統

보호하고 개인적 사무를 처리하는 임무를 수행하던 근위부대로서 그 수령인 케식관들은 국사의 논의와 결정에 상당한 영향력을 행사했던 것으로 이야기된다.[111] 이들은 몽골 정치의 핵심에 존재한 자들로 몽골제국의 유목국가적 특징을 잘 보여주는 존재이다. 다만 이들의 존재와 역할은 한인(漢人) 학자, 관료들에게는 생소한 직책임과 동시에 접할 기회가 그다지 많지 않았던 까닭에 한인들에 의해 기록된 한문사료에서는 그 중요성만큼의 존재감을 확인하기가 쉽지 않다. 충선왕이 예케 케식의 일원으로 포함되어 있었다는 것은 그가 몽골에 체류하면서 매우 몽골적인 영역에서 활동하고 있었음을, 그리고 그가 당시 몽골의 권력 핵심부에 존재하고 있었음을 보여준다. 충선왕의 케식으로서의 활동을 사료 상 확인하기 어려운 것은 한문사료에서 케식관의 존재감이 잘 드러나지 않는 것과 같은 맥락일 수 있다.

『고려사』 등에 언급되어 있는 충선왕의 몽골에서의 활동들은 다분히 '한문화(漢文化)'적 영역에 속하는 활동들이다. 그런데 이마저도 『원사』 등에는 구체적으로 언급되고 있지 않음은 이러한 영역에서의 충선왕의 활동이 그만큼 두드러지는 활동이 아니었기 때문이라고 볼 수 있다.[112] 그러나 그것이 곧 충선왕의 몽골에서의 활동이 미미했음을 이야기하는

哈, 昔寶赤塔海, 忽都魯, 亢沙兒等有來. 提調陰陽官曲出, 太保也里牙, 忙古歹交奏. (후략)" 관련 사료와 그에 대한 해석은 森平雅彦, 2001, 앞 논문에서 재인용 및 참조.

111) 몽골의 황제들이 상도(上都)-대도(大都) 간을 이동하면서 생활했고 그에 따라 국사(國事)의 논의가 전통적인 중국왕조처럼 '상조(常朝)'를 통해 이루어지는 것이 아니라 비정기적인 어전회의(御前會議)를 통해 이루어지는 상황에서, 해당일에 당직에 들어온 케식관들은 자연스럽게 의견을 개진할 수 있었다. 케식관들의 정무참여 실례는 이른바 '겁설윤치문서(怯薛輪値文書)'들을 통해서도 확인할 수 있고 칙령문서의 뒷면에 4명의 케식 장관들이 공동으로 날인했던 관례를 통해서도 확인할 수 있다.(김호동, 2013, 「쿠빌라이 카안의 大臣들」『동양사학연구』, 동양사학회)

112) 고병익, 1962, 앞 논문.

것은 아니다. 충선왕의 활동은 오히려 다른 영역에 방점이 찍혀 있었다. 즉 충선왕은 요령통치 기간 동안 단지 몽골에 체재하면서 정치일선에서 물러나 학문 연구에 주력하며 몽골 한인 학자관료들과의 친분을 통해 자신의 위상을 공고히 하고자 하였던 것은 아니었다. 충선왕은 사실상 몽골 조정의 실제적이고 핵심적인 구성원으로서 활동하면서 몽골황제와의 관계를 강화하고, 그를 통해 자신의 정치적 위상을 확보하고 있었다고 할 수 있다. 충선왕의 몽골에서의 활동과 황제와의 관계가 이러하다보니, 그는 장기간에 걸쳐 몽골에 체재할 수밖에 없었던 것이다.

복위 후 충선왕대는 충선왕이 몽골황제와의 관계 강화에 매우 적극적인 노력을 했고 그러한 관계 강화에 성공함으로써 권력 중추의 이원화는 이루어지지 않았으나, 몽골황제와 고려국왕의 상·하관계는 보다 분명한 형태를 띠며 나타났던 시기이다. 이는 한 차례의 폐위와 그에 이은 충렬왕 세력과의 정쟁 과정을 통해 충선왕이 몽골 복속기 권력구조와 그 안에서의 고려국왕 위상을 정확히 파악한 결과라고 할 수 있다. 또한 복위 후 충선왕의 정치는 이 시기 고려국왕 위상의 변화를 가져온 고려·몽골 관계 및 그에 기반한 이 시기 권력구조가 동아시아적 관계의 변화에 더하여 몽골적 관계의 요소가 부가됨으로 해서 형성된 것이었음을 충선왕이 충분히 인지하고 있었음을 보여주는 것이기도 하다.

2. 충숙왕~충혜왕대 국왕위 관련 논의와 국왕 위상

충렬왕~충선왕대 중조(重祚)의 과정을 통해 몽골 복속기 권력구조와 국왕 위상에 대해 인지하게 된 고려국왕과 신료들은 충숙왕대에 이르면 그러한 권력구조를 각자의 정치적 입장에서 적극적으로 활용하기에 이른다. 여기에서는 충숙왕대의 심왕옹립운동과 입성론이 제기되는 양상, 그리고 충혜왕대 입성론이 충혜왕 폐위로 이어지는 상황에 대한 검토를 통해 고려 신료들이 몽골 복속기 권력구조를 활용하고 있는 모습, 그 과정에서 고려국왕의 위상에 '정동행성승상', '부마'로서의 속성이 이입되어가는 양상에 대해 살펴보도록 하겠다.

1) 충숙왕대 심왕(瀋王) 옹립운동과 입성론(立省論)

(1) 심왕옹립운동의 과정과 의미

충선왕은 복위 전 무종(武宗) 카이샨이 즉위하는 과정에서 세운 정책(定策)의 공으로 심양왕(瀋陽王)에 봉해졌으며 이후 심왕(瀋王)으로 고쳐 봉해졌다. 곧이어 충렬왕의 사망으로 고려국왕위에 오르면서 충선왕은 부마고려국왕위와 심왕위를 동시에 보유하게 되었다. 이에 대한 홍씨 일가 측의 문제 제기와 당시 몽골에 체재 중이던 충선왕에게 귀국을 종용하는 안팎의 분위기 속에서, 충선왕은 고려국왕위를 아들 왕도(王燾)에게 물려주고 조카 왕고(王暠)를 세자로 삼았으며,[113] 얼마 후 심왕위까지도 왕고에게 물려주었다.[114]

충선왕은 충숙왕에게 선위한 후 몽골로 돌아갔으나, 중요한 인사와 처벌은 직접 지(旨)를 전달하여 행했고,[115] 고려 내 권력의 정점은

---

113) 왕고(王暠)의 세자 책봉은 충선왕의 요청에 따라 몽골에 의해 이루어졌다.『高麗史』卷34, 忠宣王 5年 3月 甲寅 ;『元史』卷208, 高麗傳.

114)『高麗史節要』卷24, 忠肅王 3年 3月.

115) 충선왕은 충숙왕에게 국정을 충숙왕 자신의 의사에 따라 결재하라 했으나 동시에 인사 관련 업무를 담당할 자를 스스로 임명했고, 모든 창고관리들에게 어린 왕의 명이 있더라도 국가재정을 낭비하지 말 것을 경계했다(『高麗史』卷34, 忠肅王

다시 이원화했다. 충선왕은 충숙왕의 측근이 형성되는 것에 대해서도 경계했다.[116] 이러한 상황에서 충숙왕은 일련의 개혁을 추진하면서 친정체제 수립을 위해 노력했지만, 충선왕 권력의 우위가 확고한 가운데 그의 시도는 성공하지 못했다.[117] 이러한 상황들은 충숙왕 및 그 측근신료들의 충선왕 측근세력에 대한 반감을 심화시켰고, 양자 간 갈등은 몽골에서 인종(仁宗)이 사망하고 영종(英宗)이 즉위하는 과정에서 충선왕이 실각한 후 본격적으로 표면화했다.

충숙왕 7년(1320) 12월 충선왕이 토번(吐蕃)으로 유배당하자,[118] 충숙왕은 이듬해 정월부터 충선왕의 측근으로서 권력을 행사했던 자들을 처벌하고[119] 친정체제를 구축하고자 했다. 그러나 영종의 총애를 받고 있던 심왕의 존재가 급부상하면서, 고려국왕위에 마음을 둔 심왕 및 그 측근인 조적(曹頔), 채하중(蔡河中) 등이 충숙왕을 참소했고, 충숙왕은 몽골에 소환 당했다.[120] 충숙왕 8년(1321) 4월, 충숙왕의 몽골 입조에 수행했던 신료들 중 다수가 심왕과 관계를 형성하기 시작했고,[121] 8월부터는 권한공(權漢功), 채하중, 유청신(柳淸臣), 오잠(吳潛) 등 충선왕의 측근 인물들을 중심으로 심왕을 고려국왕으로 옹립하고자 하는

元年 閏3月 壬申)

116) 이익주, 1996, 앞 논문, 153~155쪽.

117) 충숙왕은 채홍철이 충선왕의 명을 받아 5도를 순방하고 세금을 정했던 것에 대해 문제를 제기하며 김천일(金千鎰)과 장원조(張元組)를 보내어 바로잡고자 했다. 그러나 김천일은 사정(私情)을 품고 속여 규찰해 적발하는 것이 없었고, 장원조는 재주가 없어 적발하지 못했다(『高麗史節要』卷24, 忠肅王 5年 5月) 곧이어 찰리변위도감(拶理辨違都監)을 통해 세력있는 자들, 즉 충선왕의 측근세력들을 제압하고자 했으나, 이 역시 충선왕 측의 저지로 성사되지 못했다.(『高麗史節要』卷24, 忠肅王 5年 6月)

118) 『高麗史節要』卷24, 忠肅王 7年 12月.

119) 『高麗史節要』卷24, 忠肅王 8年 正月 ; 2月.

120) 『高麗史節要』卷24, 忠肅王 8年 正月 ;『高麗史』卷91, 王暠傳.

121) 『高麗史節要』卷24, 忠肅王 8年 夏4月 丁卯.

움직임이 본격화하기 시작했다.[122)

　이러한 심왕옹립운동은 몽골 복속기 고려국왕의 위상과 관련, 두 가지 중요한 의미를 가진다. 첫 번째, 심왕옹립운동은 이 시기 다수의 고려 신료들이 몽골황제에 의한 고려국왕의 폐위와 즉위를 매우 자연스러운 것으로 인식하고 있음을 보여준다. 충숙왕 8년(1321) 8월, 채하중이 몽골에서 돌아와 "황제가 심왕 고(暠)를 국왕으로 삼았다."라고 하자 백관들은 다음날 곧 "고(暠)의 어머니인 안비(安妃)에게 하례"했다.[123) 이는 비록 몽골에 소환되었다고는 하나 충숙왕이 존재하고 있으며 그에게 특별한 문제가 있었던 것으로 보이지 않음에도, 고려의 신료들이 황제의 명에 의한 심왕 고(暠)의 국왕위 계승을 의심스럽거나 부당하다고 여길 여지가 없는 자연스러운 사안으로 받아들이고 있음을 보여준다.[124) 채하중은 황제의 명을 전하면서 물리력을 동원하지 않았다.

　이와 관련하여, 이 시기 현 국왕을 폐위시키고 다른 종실을 국왕으로 옹립하려는 시도가 정치운동의 형태를 띠고 있음이 주목된다. 몽골과의 관계 이전에도 신료들이 국왕을 폐위시키고 다른 종실을 옹립하는 경우는 있었지만, 이 경우 새로운 국왕의 옹립은 군사력을 동반한 시위나 정변의 형태로 이루어졌다.[125) 몽골 복속기 이전에도 고려국왕은 황제의 책봉을 받았으나 이때 황제의 책봉권은 사후 승인의 의미를 가질 뿐, 실질적 의미를 갖는 것은 아니었다. 고려국왕위 계승에서

---

122) 『高麗史節要』 卷24, 忠肅王 9年 8月.

123) 『高麗史節要』 卷24, 忠肅王 8年 8月.

124) 채하중이 심왕의 왕위계승 소식을 전한 다음날, 몽골에서 귀국한 이련(李蓮)은 채하중의 말과는 달리 충숙왕에게 아무런 문제가 없음을 알렸다.(『高麗史切要』 卷24, 忠肅王 8年 8月)

125) 현종(顯宗)의 즉위와 숙종(肅宗)의 즉위를 예로 들 수 있다. 무신집권기 이후 무신집정들에 의한 국왕 폐립 역시 그러한 사례라 할 수 있다.

가장 우선적이고 중요한 요소는 왕실의 질서였고, 여기에는 다른 논리가 개입될 수 있는 여지가 매우 적었다. 현 국왕, 왕실의 질서 이외에 국왕위를 결정할 수 있는 권한을 가진 상위의 결정권자가 없는 상황에서 이미 정해진 국왕을 폐위시키기 위해서는 물리력이 필요했다. 물론 이런 과정을 거쳐 즉위할 경우, 그 국왕권은 정통성 면에서 취약성을 가질 수 있고, 내부적인 반발을 받을 수는 있다. 그러나 일단 왕위의 교체가 이루어지고 나면 즉위한 국왕은 고려 내 최고권이 되기에, 이러한 교체가 상위의 권위에 의해 문제시될 수 있는 가능성은 사실상 없었다.

이에 비해 몽골 복속기에 이르면, 국왕위 계승에서 왕실의 질서가 갖는 의미와 비중은 여전히 중요한 것이었지만, 고려국왕위에 대한 몽골황제의 '책봉'은 실질적인 의미를 갖게 되었다. 이에 실질적 최종 결정권으로서의 황제권이 엄존하는 가운데 국왕위 교체를 위해 다른 종실을 중심으로 한 세력이 물리력을 동원하는 것은, 현 국왕에 대한 도전일 뿐 아니라 황제의 '책봉권'에 대한 도전이 되는 것이다. 이에 심왕옹립운동은 이전 시기 국왕위 교체 시도의 과정들과는 달리, 물리력을 동원하지 않은 정치운동의 형태로 이루어졌던 것이다.

심왕옹립운동이 몽골 복속기 고려국왕 위상과 관련해 갖는 두 번째 의미는 그것이 이 시기 다수의 고려 신료들이 고려국왕위 계승에 있어 몽골황실·황제와의 관계를 매우 중요한 요소로 생각하고 있었음을 보여준다는 점이다.

왕고는 충렬왕의 장자 왕자(王滋)의 아들이었으며, 심왕옹립운동이 제기되었을 당시 충숙왕의 아들인 왕정(王禎, 뒤의 충혜왕)은 7살이었다.[126] 또한 충선왕은 충숙왕에게 선위하는 과정에서 왕고를 세자로 삼은 바 있기도 하다.[127] 이에 충숙왕이 국왕위에 부적합하다고 판단되어 다른 종실을 세우고자 할 경우, 왕고는 왕실 질서상 가장 적합한 인물이었다고 할 수 있다. 다만, 여기에서 주목되는 점은 당시 고려의 신료들이 충숙왕이 고려국왕위에 부적합하다고 판단했던 이유, 그에 비해 왕고가 더 적합하다고 판단했던 이유이다.

충숙왕의 국정 운영에 문제가 없었다고 보기는 어렵다. 그러나 그가 직접 정치를 주도한 것은 충선왕이 실각한 후 충숙왕이 몽골로 소환당하기까지 불과 4개월 정도에 지나지 않으며, 이 기간 동안 충숙왕이 행한 정치는 충선왕 측근 세력에 대한 숙청이 거의 유일했다. 따라서 충숙왕의 국왕으로서의 부적합성을 그의 정치에서 찾는다면, 이는 그가 충선왕 측근세력을 숙청한 것이 될 것이다. 실제, 심왕옹립운동을 주도했던 권한공, 채홍철, 이광봉 등 충선왕 측근세력은 충숙왕에 의해 유배당했다가 황제의 특사로 소환된 이후 "왕을 원망하여" 심왕옹립운동을 주도했다고 한다.[128] 그러나 충선왕 측근세력 이외 다수의 고려 신료들이 단지 충숙왕이 충선왕 측근을 숙청한 것을 이유로 그를 국왕위에 부적합하다고 판단해 심왕옹립을 방관하거나 그에 동조했다고 생각되지는 않는다.

심왕옹립운동은 충선왕 측근세력이 주도한 것이었지만, "왕고가 고려왕위를 엿보는 마음을 품게 되었고 나라사람들도 태반이 그에게

126) 충혜왕은 충숙왕 2년(1315)에 출생했다.(『高麗史切要』 卷24, 忠肅王 2년 正月 丁卯)
127) 이때의 세자가 고려세자인지, 심왕세자인지와 관련해서는 의견이 나누어지고 있으나 관련 사료의 내용 및 존재양상을 볼 때 고려국왕 세자일 가능성이 더 높아 보인다. 심왕의 문제를 전론으로 다룬 논문 가운데 이때 왕고(王暠)가 임명된 세자위를 고려세자위로 보는 논문으로는 다음의 논문들이 있다. 岡田英弘, 1959, 앞 논문 ; 北村秀人, 1973, 앞 논문 ; 이승한, 1988, 앞 논문 ; 김혜원, 1999, 앞 논문. 반면 이를 심왕세자위로 보는 논문으로는 다음의 논문들이 있다. 丸龜金作, 1934, 앞 논문 ; 심상래, 1988, 앞 논문 ; 양의숙, 1996, 앞 논문.
128) 『高麗史』 卷125, 權漢功傳.

마음을 돌렸다."129)는『고려사』의 기록은 고려 신료들 가운데 심왕 쪽으로 기운 자들이 적지 않았음을 보여준다. 권한공 등이 심왕을 옹립하고자 하는 글을 몽골 중서성에 올리기 위해 백관들의 서명을 받을 당시, 윤선좌, 민종유, 김륜 등 서명을 거부하는 신료들도 있었다. 그러나 서명을 거부하는 김륜과 "혹자(或者)" 간의 대화는 당시 전반적인 분위기가 심왕 쪽으로 기울어있었음을 보여준다. "혹자"는 김륜에게 "여러 사람의 의견을 어기고 혼자 다른 행동을 하다가[違衆自異] 후회하지 않겠는가?"라 했고, 김륜은 "신하가 두 마음을 갖지 않음은 직분일 뿐이니 후회는 없다"고 답했다.130) 당시의 중의(衆議)는 심왕옹립이었으며, 김륜도 이를 부정하고 있지는 않았다. 충숙왕이 1325년(충숙왕 12)의 교서에서 심왕옹립운동 당시 "일신(一身)을 돌보지 않고 군신(君臣)의 도리를 지킨 자는 극소수였고" 대다수가 "주저하면서 시세를 관망하다가" 자신이 위급한 상황에 처함에 "모두 간사한 무리[奸黨]의 편으로 기울었다"라 한 것은131) 수사가 아니었다.

이때 많은 고려의 신료들이 심왕 측에 섰던 것은 그를 옹립하려는 움직임에 적극적으로 동조했기 때문은 아닐 수 있다. 이는 위에 이야기된 바와 같이 "주저하면서 시세를 관망하다가" 자신이 위급해진 상황에서의 선택이었을 수 있다. 이때 많은 고려 신료들이 "시세를 관망하다가" 심왕 측에 선 것은, 심왕옹립의 논의가 성사될 가능성이 크다는 판단을 했기 때문이었을 것이다.

몽골황제에 의한 고려국왕의 폐위와 즉위를 자연스럽게 받아들이고 있었던 고려의 신료들이 위와 같은 판단을 한 데에는, 우선 당시 충숙왕

---

129)『高麗史』卷91, 王卼傳.
130)『高麗史節要』卷24, 忠肅王 9年 8月.
131)『高麗史』卷35, 忠肅王 12年 10月 乙未.

이 몽골에 소환되어 있는 가운데 문사(問事)를 위한 사신들이 빈번히 왕래하고 있는 상황이[132] 준 위기감이 작용한 측면이 있었을 것이다. 심왕세력의 참소를 받은 충숙왕은 황제를 조회한 후 그에 대한 질책을 받고 인장을 압수당한 채 억류되어 있었다.[133] 이러한 상황은 직전에 충선왕의 유배를 목도한 고려신료들의 입장에서 충숙왕의 왕위 보전 가능성을 높이 볼 수 없게 하는 중요한 상황적 배경이 되었을 것이다. 그런데, 다른 한편으로 이 사안과 관련해 이후 몽골 내에서도 관련자에 대한 심문이 이루어졌으며 고려에도 거듭 문사를 위한 사신이 파견되었지만, 이에 대한 명확한 판결은 이루어지지 않았으며 충숙왕을 대신할 다른 인물-심왕을 국왕으로 세우지도 않았음이 주목된다. 충숙왕이 비록 국왕인을 회수당하기는 했으나 위와 같은 상황은 그의 폐위 혹은 복위 여부가 결정 보류 상태였던 것으로 볼 여지도 있으며, 이는 충렬왕과 충선왕 간 중조 사례를 경험한 고려신료들의 입장에서도 그러했을 것이다.

　이러한 가운데 고려의 대다수 신료들이 결국 심왕옹립이 성사될 것이라는 쪽으로 기운 데에는 심왕이 몽골황실·황제와 강고한 관계를 형성하고 있었다는 점, 그에 비해 충숙왕이 몽골황실·황제와 형성한 관계는 미약했다는 점이 또 하나의 중요한 배경이 되었던 것이 아닌가 한다. 한편, 심왕옹립운동이 충숙왕에 대한 불만에서 발단한 것이기도 했지만, 충선왕대와 같이 몽골황제의 확고한 지원을 받는 국왕을 옹립하고자 하는 의도에서 비롯된 측면도 갖는다는 기존 연구성과를[134] 받아들인다면, 심왕이 몽골황실·황제와 형성한 관계는 그의 옹립을

---

132) 『高麗史切要』卷24, 忠肅王 9年 3月.
133) 『高麗史切要』卷24, 忠肅王 9年 3月. "初 … 及王入朝帝怒詰責王收奪國王印."
134) 이익주, 2000, 앞 논문.

주도했던 세력들에게도 중요한 의미를 갖는 것이었다고 할 수 있다.

심왕 왕고는 충숙왕 3년(1316) 3월, 심왕위를 물려받음과 동시에 몽골황실의 부마가 되었다. 그는 진왕(晉王) 감말라의 장자인 양왕(梁王) 중샨(松山)의 딸 눌룬[訥倫] 공주와 통혼했다. 양왕 중샨은 당시 몽골황제였던 인종 아유르바르와다와 사촌간이기도 했지만, 충선왕비 계국대장공주의 형제이기도 했다. 왕고의 통혼이 충선왕의 통혼과 연장선상에서 이루어졌음이 주목된다.135) 왕고는 이 통혼으로 인종의 총애를 받을 수 있었던 것으로 보이며 충선왕의 애호 또한 더 두터워졌다고 한다. 또한 그는 영종(英宗)의 총애까지 받았다. 이러한 그의 몽골황실 및 황제와의 관계는 그 스스로가 고려국왕위에 마음을 두게 된 이유이자, 다수의 고려인들이 그의 측근이 되거나 혹은 그를 지지하게 된 중요한 이유였다.136) 통혼에서 보이듯 이러한 관계가 형성되는 과정에서 충선왕의 역할이 컸고, 충선왕이 왕고를 총애했다는 점 역시 그의 세력 확대에 중요한 요인 가운데 하나였다.137)

충숙왕은 이보다 조금 뒤인 1316년(충숙왕 3) 7월, 영왕(營王) 에센테무르[也先帖木兒]의 딸 복국장공주(濮國長公主) 이린진발라[亦憐眞八剌]와 혼인했다. 영왕 에센테무르는 쿠빌라이의 다섯째 아들 운남왕(雲南王) 쿠게치[忽剌赤]의 아들로, 인종과는 5촌간이었다. 이 통혼은 물론 몽골황실과 고려왕실 간 세대를 거듭한 통혼의 한 사례로서 의미를 갖긴 했지만, 심왕 고의 통혼과 비교할 때, 이 개별 사례 자체가 충숙왕의 몽골황제와의 관계에, 충숙왕의 국왕권에 큰 효용성을 가졌던 것으로

135) 이명미, 2003, 「고려·원 왕실통혼의 정치적 의미」 『한국사론』 49, 서울대학교 국사학과.
136) 『高麗史』 卷91, 王暠傳.
137) 이익주, 2000, 앞 논문.

보이지는 않는다.

심왕옹립운동의 과정은 이 시점에서, 다수의 고려신료들이 고려국왕위에 대한 황제의 '실질적 책봉'이 갖는 권위를 자연스러운 것으로 받아들이고 있었던 상황을 보여줌과 동시에, 그러한 황제의 '책봉'을 받아 국왕위에 오르고 그를 유지하는 데에 몽골황실·황제와의 관계라는 외부적 논리가 혈연적 질서라는 고려 왕실 고유의 질서 못지않게 중요한 논리로 인식, 활용되고 있었음을 보여주는 것이었다. 이는 '고려국왕'의 몽골황제의 제후로서의 위상이 고려 내에서도 실질적으로 기능하게 된 변화, 그리고 고려국왕권이 일정부분 몽골황실·황제와의 관계라는 매우 특별하지만 변동 가능한 관계에 기반하게 됨으로 해서 발생하게 되는 국왕 위상의 변화, 즉 '부마'로서의 속성 이입으로 인한 국왕 위상의 변화를 이 시기 고려 신료들이 자연스럽게 받아들이고 활용하고 있는 모습을 보여주는 것이기도 하다.

이러한 점은 충렬~충선왕대 중조(重祚) 과정에서도 어느 정도 확인할 수 있었다. 그러나 충숙왕대 확인되는 위와 같은 양상은 충렬~충선왕대의 그것과 얼마간 차이를 보인다. 충렬왕 선위와 충선왕 폐위는 그들이 몽골황실·황제와 형성한 관계에 먼저 문제가 발생했고, 그 결과로서 이루어진 것이었다. 이에 비해 심왕옹립운동은 현재의 국왕, 즉 충숙왕이 몽골황실·황제와 형성한 관계에 특별한 문제가 발생해서가 아니라, 그보다 더 공고한 관계를 형성한 종실이 그 관계를 기반으로 국왕위에 도전을 했고, 고려의 신료들도 다수가 그의 몽골황실·황제와의 관계를 근거로 이 도전의 성사 가능성을 높이 평가하고 있었다는 점에서 충렬~충선왕대 중조 과정과는 차이를 보인다.

충렬~충선왕대 중조 과정은 고려국왕과 고려 신료들이 몽골황제의 권력과 권위가 정점에 존재하는 가운데 몽골황제권과의 다양한 '관계들'을 통해,[138) 그 관계의 공고함과 긴밀함의 정도에 따라 권력이 부여되는 몽골 복속기 권력구조와 그 안에서 변화한 국왕의 위상을 분명하게 인식하는 계기가 되었다. 이에 비해 충숙왕대 심왕옹립운동의 과정은 많은 고려의 신료들이 그러한 몽골 복속기 권력구조와 그 안에서의 고려국왕 위상 변화를 자연스럽게 받아들이고 있음을, 나아가 일부 신료들은 그를 활용하고 있음을 보여준다는 점에서 고려 사회의 몽골 복속기 권력구조 인식과 수용이 한 단계 더 전개된 양상을 보여준다.

심왕 스스로의 강력한 의지와 고려 신료들의 호응, 그리고 몽골 영종의 총애로 심왕옹립운동은 1322년(충숙왕 9)까지 계속되었으며, 그 과정에서 충숙왕은 국왕인을 빼앗긴 채 몽골에 억류당하기도 했다.[139) 그리고 이러한 가운데, 심왕은 자신의 지(旨)를 통해 고려에서 처벌을 행하기도 하고[140) 몽골에 하정사(賀正使)를 보내기도 하는[141) 등 사실상 국왕과 다름없는 권력을 행사하기도 했다. 이 시도는 결국 실패했고,[142) 충숙왕은 국왕인을 돌려받고 귀국했으나,[143) 이후에도 심왕과 그를 추종했던 세력들은 여전히 정치적 존재감을 유지했다. 심왕 및 그 세력이 왕위 계승 시도 실패 후에도 정치적으로 존재함으로 해서 충숙왕은 복위 후 그들과의 제휴를 시도해야 했으며 이후에도 입성론의 과정에서, 충혜왕 즉위시, 그리고 공민왕대에 이르기까지

---

138) 이러한 '관계들'에는 물론 고려국왕이 '국왕'으로서 몽골황제의 '책봉'을 받는다는, 국가 간 관계에서 파생된 관계도 포함되지만, 그와 함께 몽골황제, 황실이 다른 정치단위의 수장 및 그 지배가문들과 형성했던 개인 간, 가문 간 관계 역시 중요한 비중을 차지하고 있었다.

139) 『高麗史節要』 卷24, 忠肅王 9年 3月.

140) 『高麗史節要』 卷24, 忠肅王 9年 6月 ; 8月.

141) 『高麗史』 卷35, 忠肅王 9年 12月 丙寅.

142) 『高麗史節要』 卷24, 忠肅王 9年 9月.

143) 『高麗史』 卷35, 忠肅王 11年 正月 甲寅.

이들의 존재는 고려정치에 지속적인 고려사항으로 남아있었다. 예컨대, 1328년(충숙왕 15), 유청신, 오잠 등이 충숙왕을 무고하여 몽골 사신이 왔을 때 심왕 고를 언급하고 있었던 것이나,[144] 충숙왕 사후 당시 몽골의 실세였던 태사(太師) 바얀[伯顔]이 충혜왕의 왕위 계승을 인정하지 않고 심왕 고를 지지했던 일,[145] 그리고 경화공주 사건을 빌미로 난을 일으킨 조적 등이 심왕과 연결되었던 사례 등은[146] 심왕의 존재가 이후로도 지속적으로 고려국왕권에 대해 그 존재의미를 갖고 있었음을 보여준다. 이렇게 국왕위 계승 분쟁 이후에도 상대 세력이 숙청되지 않고 세력을 유지할 수 있었다는 점 또한 몽골 복속기 권력구조의 중요한 특징 중 하나이다. 이는 구조적으로 고려 내 권력의 중추를 이원화함으로써 고려국왕의 위상을 상대화시켰다.

(2) 입성론(立省論) 제기 양상의 변화

심왕옹립이 좌절된 상황에서 이를 추진했던 세력들 가운데 일부가 입성론(立省論)을 제기하기 시작했다.[147] 고려에 세워졌던 정동행성(征東行省)은 그 구성이나 기능 면에서 몽골의 다른 행성(行省)들과는 큰 차이가 있었다.[148] 이 때문에 몽골 복속기에는 정동행성을 제국 내 여타 행성들과 동일한, 실질적인 존재로 만들어 고려를 내지화하자는

---

144) 『高麗史節要』 卷24, 忠肅王 15年 7月.

145) 『高麗史節要』 卷25, 忠惠王 復位年 5月.

146) 『高麗史節要』 卷25, 忠惠王 復位年 6月.

147) 『高麗史節要』 卷24, 忠肅王 10年 正月, 12月.

148) 고병익, 1961·1962, 「麗代 征東行省의 연구」(上)·(下) 『역사학보』 14·19 ; 北村秀人, 1964, 「高麗に於ける征東行省について」 『朝鮮學報』 32 ; 장동익, 1994, 「고려후기외교사연구」, 일조각.

논의가 수차례 제기되었으며, 이를 입성론이라 한다.

입성론은 고려의 국체(國體)를 부정하는 논의인 만큼 그러한 논의가
이루어지는 것 자체가 고려, 고려국왕의 변화한 위상을 보여주는 것이
라 할 수 있다.[149] 그러나 보다 구체적으로, 충렬왕대에서 충혜왕대에
이르기까지 7차에 걸쳐 입성론이 제기되면서 그 양상이 변화하는
모습은 해당 시기 고려·몽골의 관계가 고려의 국체와 그를 지탱하는
고려국왕권에 대한 신료들의 인식에 가져온 변화의 측면을 보다 입체적
으로 보여주고 있다는 점에서 주목된다.

우선 초기 두 차례의 논의는 충렬왕대와 충선왕대, 요양행성(遼陽行省)
의 홍중희에 의해 제안되었다. 충렬왕대에 제기된 1차 입성론은 정동행
성을 요양행성에 흡수하는 형태를 제안한 것이다.[150] 당시 충렬왕이
복위한 후, 활리길사(闊里吉思) 등 행성관이 파견되고[151] 국왕 측근세력
에 대한 신료들의 고발이 줄을 잇는 등 충렬왕의 국왕권이 불안정한
틈을 타 요양행성의 세력을 확대하기 위한 의도에서 제기된 것으로
생각된다.[152] 충선왕대에 제기된 2차 입성론은 고려에 별도의 행성을
두는 형태를 제안한 것으로,[153] 홍중희가 자신의 관할지인 요양행성

---

149) 森平雅彦은 입성론이 결국 성사되지는 않았지만 이러한 논의가 제기될 수 있다는
    사실 자체가 정동행성으로 위치지어져 있었던 고려본국이 기본적으로 몽골제국
    의 통치체제로부터 격절되어 있었던 것이 아님을 보여주는 근거라고 설명하기도
    했다.(森平雅彦, 1998(b), 앞 논문)
150) 『高麗史』 卷32, 忠烈王 28年 12月 壬午.
151) 『高麗史』 卷31, 忠烈王 25年 10月 甲子 ; 27年 3月 壬辰.
152) 기존 연구에서는 홍중희 등이 1차 입성론을 제기한 배경과 관련, 고려국왕의
    영향력이 요양지역까지 미치는 것을 경계하기 위한 것이라고 이해한 바 있다.(김혜
    원, 1994, 앞 논문) 그러나 입성론이 제기된 시기나 형태로 볼 때, 이때의 입성론은
    오히려 요양행성의 영향력을 고려까지 확대하고자 하는 의도에서 제기되었던
    것이 아닐까 한다.
153) 『高麗史』 卷34, 忠宣王 4年 6月 戊辰.

영역에 충선왕의 영향력이 미치는 것을 막기 위해 제기한 것으로 보인다.[154] 홍중희를 비롯한 홍씨일가 세력은 고려 출신이었지만 그 근거지인 서북지역이 갖는 경계로서의 특성을 고려할 때, 또 해당시점 그들의 활동공간을 고려할 때 당시의 고려·몽골 관계에서 이들의 정체성을 순수하게 '고려인'이라 규정하기는 어려운 측면이 있다. 즉, 1·2차 입성논의는 '고려'의 경계 밖에서 제기된 것이었다고 볼 수 있다.[155]

이러한 입성론 제기의 양상은 충숙왕대 3차 입성론부터 변화를 보이기 시작한다. 유청신, 오잠 등이 제기한 3차 입성론은 심왕옹립운동 실패 직후 제기되었던 것으로 보이는데, 이 논의가 중지된 후[156] 충숙왕 10년(1323) 9월, 영종(英宗)을 이어 태정제(泰定帝)가 즉위하는 몽골의 정국 변동 속에서 이들은 다시 입성론을 제기했고, 이는 충숙왕 12년 (1325) 정월에 중지되었다. 3·4차 입성론은 그를 제기한 자들의 출신 면에서나 정치적인 공간 면에서나 '고려'의 경계 안에서 이루어진 것이라는 점에서 1·2차 입성론과는 차이를 보인다.[157]

고려의 정치세력에 의해 입성론이 제기되는 양상은 이후에도 이어진다. 1330년(충혜왕 즉위)과 1336년(충숙왕 후5)의 5·6차 입성론을 제기한 것은 한인(漢人)들이었지만[158] 이들은 모두 충숙왕, 혹은 충혜왕의 측근세력으로 고려에 정치적 이해관계를 가진 인물들이었다. 이에 이들의 입성론 제기는 몽골 조정, 혹은 몽골 정치세력의 입장을 반영한다기보다는, 고려 내 정치세력의 이해관계를 반영하는 것으로 볼 수 있다. 기존 연구들은 5·6차 입성론을 각기 충숙왕 복위운동, 충혜왕 복위운동

---

154) 김혜원, 1994, 앞 논문.
155) 北村秀人, 1966, 앞 논문 ; 김혜원, 1994, 위 논문.
156) 『高麗史節要』卷24, 忠肅王 10年 正月.
157) 北村秀人, 1966, 잎 논문.
158) 『高麗史』卷36, 忠惠王 卽位年 閏7月 戊子 ; 卷35, 忠肅王 後5年 10月 壬辰.

으로 이해했으며,[159] 이는 앞서의 3·4차 입성론이 심왕옹립운동의 연장선상에서 그 일환으로, 그리고 심왕파 정치세력이 분열하는 과정에서 이루어진 것이었다는 이해의 연장선상에 있다. 즉, 충렬~충선왕대 '고려' 외부로부터 제기되었던 입성론이 충숙왕대 3차 입성론을 계기로 '고려' 내 일부 정치세력들에 의해 자신들이 원하는 인물을 고려의 통치자로 세우기 위한, 그를 통해 자신들의 세력을 확대하기 위한 수단으로 제기되기 시작했다는 것이다.[160]

타당한 이해라고 생각되지만, 심왕을 옹립하고자 했던, 이후 충숙왕과 충혜왕을 복위시키고자 했던 자들이 그들의 목적을 위해 왜 굳이 입성론이라는 형태를 취했는지의 문제에 대해서는 부가적 설명이 필요하다. 3·4차 입성론의 경우 심왕옹립운동이 갖고 있던 논리적 모순을 해결하기 위해 제기된 측면이 있었음이 기존 연구를 통해 이야기되기도 했다. 심왕이 고려국왕이 될 경우 충선왕 당시 문제가 되었던 '일신 상에 두 왕위를 겸하여 갖는 것[一身上 兩王位 兼帶]'이 다시 문제가 될 소지가 있었으므로, 심왕이 심왕위를 유지하면서도 고려를 통치할 수 있도록 하기 위해 입성을 주장한 것일 수 있다는 것이다.[161] 그런데 이러한 점은 3·4차 입성론 제기의 한 가지 배경이 될 수는 있지만, 5·6차 입성론, 나아가 7차 입성론에 이르기까지 고려의 정치세력에 의한 입성론 제기의 배경을 포괄적으로 설명해주지는 못한다. 한편, 누군가를 옹립하거나 복위시키려는 시도가 입성론이라는 형태로 이루어지고 있음이 이 시기 고려·고려국왕의 위상과 관련해

---

159) 김혜원, 1994, 앞 논문.

160) 北村秀人, 1966, 앞 논문 ; 김혜원, 1994, 위 논문.

161) 이익주, 2000, 앞 논문. 이러한 점은 3·4차 입성론의 한 배경이 될 수 있다고 생각되지만, 왕고가 고려왕이 될 경우 왜 굳이 그가 심왕위를 계속 유지하고 있어야 하는지의 문제는 잘 이해되지 않는다.

갖는 의미에 대해서도 더 생각해볼 여지가 있다.

　3차 이후 입성론 제기자들이 누군가를 옹립하거나 복위시키기 위해 입성론이라는 형태를 택한 이유와 관련해서, 이들이 입성론을 통해 결과적으로 심왕을, 혹은 충숙왕, 충혜왕을 고려의 통치자로 세우려 했을 수 있지만, 이는 동시에 현재의 국왕에 대한 불만에서 그를 반대하기 위한, 나아가 폐위시키기 위한 것이기도 했다는 점에 주목할 필요가 있다.

　입성론 제기자들의 입장을 구체적으로 알려주는 글이 없어 확언하기는 어렵지만, 3차 입성론 당시 그 불가함을 논한 몽골의 전 통사사인(通事舍人) 왕관(王觀)의 상소 내용이 주목된다. 그는 3차 입성론에 대해 그 제기자들이 "참소와 이간질을 하다가 그의 왕에게 죄를 얻고는, 독심을 품고 스스로 두려워 제 본국을 뒤엎고 스스로 편안하기를 기도한 것"이라고 했다.162) 입성론 제기자들이 심왕을 옹립하려는 과정에서 충숙왕에게 죄를 지음으로써 예상되는 정치적 보복을 피하기 위해 이러한 논의를 제기했다는 것이다.

　심왕옹립운동 역시, 물론 심왕옹립이 전면에 부각된 움직임이긴 했지만, 그 안에는 충숙왕에 대한 (사적인) 불만에서 그를 폐위시키기 위한, 혹은 폐위를 확정하기 위한 의도가 함께 들어있었음은 살펴본 바와 같다. 그런데 이 시기 몽골황제의 책봉권이 실질화하고 국왕의 위상이 상대화했다고 하지만, 고려국왕이 몽골과의 관계에서 특별한 문제를 발생시키지 않은 이상, 단지 자질이나 능력의 문제를 들어 일단 즉위한 국왕을 폐위시키는 것은 쉬운 일은 아니었다. 이는 심왕옹립운동이 결국 실패한 것을 통해서도 확인 가능하다.

---

162) 『高麗史節要』卷24, 忠肅王 10年 正月.

충숙왕대 심왕옹립운동이 실패한 데에는 우선 당시 몽골의 정치상황이 크게 작용했던 것으로 보인다. 심왕을 총애했던 영종(英宗)은 모후 다기[荅己] 태후와 그의 총신 테무데르[鐵木迭兒]가 실권을 장악한 가운데 황제로서의 권한이 상당부분 제한받고 있었다. 태후세력은 충선왕을 유배시킨 주체이기도 했다.

이에 더하여 심왕옹립운동의 실패에는 고려국왕위가 그간 고려왕실 직계에 의해 세습적으로 계승되어온 지위였다는 점이 작용한 부분도 있었을 것으로 보인다. 물론 몽골황제가 고려국왕을 폐위시킨 선례가 있었지만, 황제권이 미약하고 고려국왕의 몽골에 대한 '잘못'도 명확하지 않은 상태에서 고려국왕위를 심왕에게 넘기는 문제는 쉽게 결정하기 어려운 일이었을 것이다. 충숙왕은 충선왕과는 달리 몽골의 정치에 내부적으로 깊이 개입되어 있지는 않았기에 몽골 정치에서의 논리만으로 그를 폐위시키기는 어려웠다. 이에 심왕이 충숙왕을 무고한 것 가운데 몽골에서 가장 중요하게 인식했던 것이 충숙왕이 황제의 칙서를 찢었다는 것이었다. 그러나 이를 확인하기 위해 관련자인 안규(安珪) 등을 심문하는 과정에서, 당시 몽골 승상이었던 바이주[拜住]는 의심스럽게 여겨 오래도록 결정을 내리지 못했다고 한다.163)

이러한 상황에서, 현 국왕을 폐위시키고자 했던 자들은 당시 고려국왕이 겸하고 있던 '정동행성승상'의 지위에 주목했던 것으로 생각된다. 고려국왕에 부가된 정동행성승상의 위상은 문서행이의 체계를 변화시키는 등164) '고려국왕'의 위상에 몽골 관료로서의 속성을 일부 이입시키기도 했지만, '고려국왕'의 위상에 의해 그 관료로서의 성격이

---

163) 『高麗史節要』 卷24, 忠肅王 9年 閏5月.

164) 森平雅彦, 2007, 「牒と咨のあいだ—高麗王と元中書省の往復文書」 『史淵』 第144輯 ; 정동훈, 2010, 「高麗-明 外交文書 書式의 성립과 배경」 『한국사론』 56.

일부 변질, 혹은 약화되기도 했다. 예를 들어 몽골에서의 행성승상직은
세습직은 아니었다. 그 "인재를 택하는[擇人] 데에 신중했던 관계로
종종 결원이 되기도 했다"고 하지만[165] 이는 여타의 관직들과 마찬가
지로 임면이 이루어지는 일반적인 관직이었다. 그러나 정동행성승상
직은 고려국왕들이 겸함으로 해서 세습직으로 운용되고 있었다.
또한 고려국왕이 겸한 정동행성승상이 행성관에 대한 보거권을 가졌
던 것 역시 몽골의 행성승상에게 일반적으로 허용되었던 권한은
아니었다.

그런 점에서 입성론은 국체와 관련된 논의인 한편으로, 고려국왕이
겸함으로 해서 약화 혹은 변질되었던 행성장관직의 관료적 속성을
되살리자는 논의이기도 했다. 입성론 제기자들이 주목했던 것 또한
이 부분이 아니었을까 한다. 고려에 입성이 이루어진다면 그 행성장관
직의 임면은 세습직인 고려국왕위의 임면에 비해 훨씬 더 쉽게 이루어
질 수 있을 것이며, 입성이 이루어진 후의 행성장관은 내지의 경우와
마찬가지로 그 행성관에 대한 보거권을 갖지 못하기에 기존 국왕에게
죄를 지었던 자들은 예상되는 정치적 보복으로부터도 상대적으로
자유로울 수 있을 것이었다.

이렇게 3차 이후 입성론은 국왕과 신료의 관계 문제에서 촉발된,
국왕위의 문제에서 시작된 논의였다고 생각되지만 결과적으로 고려의
국체를 변화시키는 논의이기도 했다. 심왕옹립운동을 주도했던 자들
가운데에서도 일부만이 입성론을 제기했던 것은 이 논의가 단지 국왕위
의 문제에 그치는 것이 아니라 고려 국체와도 관련된 것이기 때문이었
다. 입성이 이루어질 경우, 고려라는 국호(國號)도, 고려국왕이라는

---

165) 『元史』卷91, 志41 百官7 行中書省.

위호(位號)도 없어지게 되는 것이므로 이것 자체가 고려·고려국왕 위상과 관련된다. 그런데 이는 단지 없어지는 것과는 또 다른 측면에서 고려국왕·왕실 위상의 변화를 내포하는 것이기도 했다.

이는 몽골의 정복지 통치방식과 관련된 것으로, 운남(雲南)의 경우를 간단히 살펴보도록 하겠다.[166] 세조 쿠빌라이는 운남을 정복한 후, 국왕 단씨(段氏)에게 그 지역의 실질적 지배권을 인정해 주었다. 그러나 그는 요승(妖僧) 사리외(舍利畏)의 반란 이후 단씨의 지배력에 한계가 있다고 판단해 자신의 아들 쿠게치[忽哥赤]를 운남왕(雲南王)에 봉해 출진(出鎭)하게 했고, 이후 운남행성(雲南行省)을 설치했다. 이로써 운남 지역의 기존 통치자였던 단씨는 국왕으로서의 위상을 상실했지만, 이후에도 이 지역 총관(總管)직을 세습하면서 지역에 대한 통치권의 일부를 유지했다. 정복지의 군민(軍民)과 관련을 갖는 재지 실력자 가문에서 대를 이어 지방행정기구의 고위 관직을 담당하도록 한 것은 운남의 단씨 일가에 한정된 사례는 아니다. 가까이 요심(遼瀋) 지역에서도 홍씨일가와 왕준(王俊) 일가의 인물들이 총관직을 세습하거나 행성 재상직 등을 담당하며 이 지역 고려 군민들에 대한, 나아가 요동지역에 대한 지배권을 행사하고 있었다.[167]

고려의 경우 역시 입성이 이루어지더라도 왕고, 혹은 왕도(王燾, 충숙왕), 왕정(王禎, 충혜왕)은 '고려국왕' 위를 동반하지 않은 행성장관직을 담당하며 고려[행성] 지역에 지배권을 행사했을 수 있으며, 이 행성장관

---

166) 몽골제국기의 운남과 관련해서는 다음 논문들을 참조할 수 있다. 松田孝一, 1979, 「雲南行省の成立」『立命館文學』 418·419·420·421 ; 林謙一郎, 1996, 「元代雲南の段氏總管」 『東洋學報』 78-3.

167) 주채혁, 1974, 「홍복원일가와 여원관계」『사학연구』 24 ; 양의숙, 1996, 앞 논문 ; David M. Robinson, 2009, *Empire's Twilight : Northest Asia Under the Mongols*, Cambridge and London. Harvard University Press, pp.28~29.

직은 결과적으로 왕씨일가에 의해 세습되었을 수 있다. 몽골의 입장에서도 이들이 '고려국왕' 혹은 고려왕실로서 갖고 있던 고려 통치 관련 기반을 활용할 필요가 있기 때문이다. 즉, '고려국왕'이라는 위호 자체는 없어진다 하더라도 입성 이후 행성장관으로서의 왕고, 혹은 왕도, 왕정 등의 고려[행성]에 대한 통치권은 일정부분 그들의 전 '고려국왕'·'고려왕실'로서의 위상에 근거한다는 것이다. 이는 '정동행성승상' 위상과 '고려국왕·왕실' 위상의 또다른 형태의 공존이다.

그러나 이러한 행성장관직은 기본적으로 몽골 관료체계에 포함된 임명직이므로, 문제가 발생했을 때 그를 왕씨일가 안팎의 다른 인물로 대체하는 것은 용이하고도 당연한 것이었다. 교체의 이유는 정치적 문제일 수도, 대를 이어 임명할 만한 인물이 없는 경우일 수도,[168] 자질과 능력의 문제일 수도 있다. 이는 고려 왕실에서 세습했던 고려국왕위에 대해 몽골황제가 책봉권을 행사하는 것과는 근본적인 차이가 있었다. 왕씨일가의 고려[행성]에 대한 통치권을 이면(裏面)에서 구성하게 된 전 '고려국왕·왕실'로서의 위상은 전면화(前面化)한 정동행성승상 위상 및 그 관료적 속성에 강하게 귀속되는 것이다. 그런 점에서 입성론은 몽골 복속기 고려국왕의 세 가지 위상 가운데 정동행성승상으로서의 위상을 부각시킴으로써 '고려국왕'의 위상을 위축시키고, 정동행성승상이 갖는 관료적 속성의 이입을 통해 고려국왕 위상을 변화시키는 논의로서의 측면을 갖는 것이었다고 생각된다.

이러한 3차~6차 입성론은 그에 호응하는 고려인들도 거의 없었으며 소기의 목적을 달성하지도 못했다. 수차례 반복되었던 입성론이 성사

---

168) 예컨대, 입성론의 결과로 왕정[충혜왕]이 행성장관이 되었을 경우, 그 사후에 아들 왕흔(王昕, 충목왕)이 왕정의 아들이라는 이유만으로 어린 나이에도 불구하고 행성 장관직에 임명되지는 않았을 것이다.

되지도 않았고 고려와 몽골 모두에서 호응을 받지 못했음은 이 시기 고려·몽골 관계 및 대다수 고려인들의 그에 대한 인식과 관련해 매우 중요한 부분이다. 다만 그 결과가 갖는 의미에 더해 그 과정이 갖는 의미 또한 주목할 필요가 있지 않은가 한다. 즉, 제한된 범주의 세력들이긴 하지만 고려의 정치세력들이 현 국왕에 대한 불만(사적인 것이든 공적인 것이든)이 있을 경우 입성론이라는 형태로 그러한 불만을 표출하고 그의 국왕위에 문제를 제기하기 시작했다는 점이다. 그리고 이는 그에 반대했던, 혹은 방관했던 여타 고려의 신료들에게 무의미하지 않은 경험으로 작용했으며, 이는 이후 충혜왕대에 전개되는 국왕위를 둘러싼 환경의 변화와 논란들에 전조로 기능하지 않았나 한다. 실제 이러한 움직임은 충혜왕대 7차 입성론에서 충혜왕 폐위라는 나름의 성과를 거두고 있기 때문이다.

(3) 1325년 기자사(箕子祠) 제사 재개의 의미 : 국왕-신료 관계의 변화

충숙왕은 국왕인을 돌려받고 귀국한 후[169] 1325년(충숙왕 12), 교서를 발표하면서 당시의 국정과 관련한 방대한 개혁안을 제시했다.[170] 이는 심왕옹립운동과 입성론 등으로 인해 혼란해진 정국을 수습하기 위한 것이었다고 할 수 있다. 그러나 그 내용은 대부분 이전 시기 개혁안들에서 제시된 내용을 답습하고 있으며, 가장 중요한 문제였을 수 있는 정치세력 재편과 관련해서도 충숙왕은 심왕옹립운동 당시 사태를 방관하거나 혹은 심왕 측에 선 대다수의 신료들에 대해 "당연히 그

---

169) 『高麗史』 卷35, 忠肅王 11年 正月 甲寅.
170) 『高麗史』 卷35, 忠肅王 12年 10月 乙未.

죄상을 추궁하여 신하된 자들의 교훈으로 해야 할 것이나 그들의 심정을 따져본다면 대체로 부득이한 사정에 의해 그렇게 된 것이기 때문에 이미 다 관대히 용서해주고 나의 마음속에 품고 있지 않다. (중략) 비록 충절에는 부족한 점이 있더라도 재간이 있는 자들은 모두 서용할 것을 허용한다."라고[171] 하여 현실적인 한계를 인정했다. 다만 그런 가운데에서도 이전 시기의 개혁안들에 보이지 않았던 조치로서 주목되는 것이 기자사(箕子祠)에 대한 제사를 재개한 것이다.

기존 연구들은 이때의 기자사 제사 재개가 직전에 이루어졌던 심왕옹립운동, 입성론 등으로 어수선했던 국내 상황을 수습하기 위해, 고려 문물의 우수성을 강조하여 고려인들의 역사의식을 강화하고 고려의 독자성을 강조하고자 하는 의도에서 이루어진 것으로 보았다. 이러한 이해는 일면 타당한 측면이 있으나 구체적으로 이 시점에서 자국 문물의 우수성이 그렇게 중요한 의제로 등장해야 할 이유가 무엇이었는지,[172] 고려의 독자성을 강조하고자 했다면 왜 단군이 아니라 기자(箕子)가 그 대상이 되어야 했는지가[173] 분명하게 설명되고 있지 못한

---

171) 『高麗史』 卷35, 忠肅王 12年 10月 乙未.

172) 이강한, 2010, 「1325년 箕子祠 祭祀 再開의 배경 및 의미」 『한국문화』 50. 이 논문에서는 기자사 제사 재개가 외국(중국)의 제도를 수용하여 풍속 교정을 추진하는 '역속이 풍(易俗移風)'의 원칙을 천명하며, 유학의 진흥자이자 조선 '문물'의 창시자로서의 기자에 주목한 것이라고 보았다. 이러한 고려 풍속의 정비를 통해 충숙왕이 고려 문물의 우수성을 강조하고 고려인의 역사의식을 강화하고자 했음을 이야기 하고 있는데, 그 배경으로 심왕옹립운동과 입성론 등으로 어수선했던 정국 상황이 들어지고 있다. 가능한 설명이라고 생각되지만, 당시의 정국 상황에 대한 해결책으로서 기자를 통한 풍속 정비의 필요성이 어떤 의미를 갖는 것인지, 양자 간의 연결고리는 분명하지 않은 것으로 보인다.

173) 김형수, 2001, 「元 干涉期 高麗의 政治勢力과 政局動向」, 경북대학교 사학과 박사학위논문. 13세기 후반, 몽골과의 전쟁 및 강화의 과정에서 일연, 이승휴 등은 중국의 역사와 구별되는 독자적 동국(東國)의 역사를 강조할 필요에서 단군 및 단군신화에 대한 서술을 기록하기 시작했다.(이익주, 2003, 「고려후기 단군신화 기록의 시대적 배경」 『문명연지』 4-2) 따라서 한반도의, 직접적으로 고려의 독자적인 역사와

측면이 있다. 1325년의 기자사 제사 재개 조치가 앞선 시기의 상황을 수습하기 위한 것이었다는 점은 충분히 수긍이 가지만, 양자가 연결되는 맥락과 관련해서는 조금 다르게 볼 여지가 있다.

구체적으로 이는 심왕옹립운동, 입성론 등에서 나타난 당대 고려국왕권의 현실, 국왕과 신료의 관계에 대한 문제의식에서 이루어진 조치였다고 생각된다. 물론 앞선 시기에도 충렬왕과 충선왕의 중조(重祚) 정국에서 고려의 정치세력은 양 왕의 지지세력으로 나뉘어 정쟁을 일삼은 바 있다. 그러나 충숙왕대의 심왕옹립운동이나 입성론은 현재의 국왕이 엄존하는 가운데, 그를 폐위시키고 다른 인물을 세우려는 논의가 광범위한 고려신료들의 지지를 받으며 장기간 공개적으로 지속되었다는 점에서 이전 시기의 정쟁과는 차원을 달리하는 것이었다. 하지만 충숙왕은 국왕으로서의 자신의 권위를 인정하지 않았던, 혹은 그를 방관했던 신료들에 대해 정치적인 방식으로는 대응할 수 없었다. 이러한 상황에서 충숙왕은 기자를 통해 유교적 명분과 의리라는 다분히 이념적인 측면, 그러나 매우 기본적인 측면을 강조함으로써 정치적으로는 수습되지 않았던 당대의 정치적 상황을 나름의 방식으로 수습하고자 했던 것이 아닌가 한다.

이는 당시의 기자에 대한 인식과 관련해 생각해볼 수 있다. 고려시대 기자는 한반도에 예의와 교화의 정치를 도입한 문화의 창시자로, 주(周) 무왕(武王)의 책봉을 받은 제후로서의 위상을 통해 사대(事大)의 상징으로 인식되고 있었다.[174] 이러한 기자상은 중국 문헌에 보이는 것으로

전통을 강조하기 위해서는 대외적인 관계 면에서 주(周) 무왕(武王)의 책봉을 받은 제후로서의 위상을 통해 사대의 상징으로 인식되었던 기자보다는 오히려 단군에 주목했어야 할 것이다.
174) 아래, 고려~조선시대 기자에 대한 상과 관련한 내용은 다음 논문을 주로 참조했다. 한영우, 1982, 「高麗~朝鮮前期의 箕子認識」 『한국문화』 3.

고려에서는 각 시기별 현안 및 정치 상황에 따라 이 가운데 특정 측면에 강조점을 두며 기자를 인식했던 것으로 보인다.

933년(태조 16), 태조 왕건(王建)을 책봉하는 후당(後唐)의 조서를 통해 상기한 중국 문헌의 기자상이 고려에 소개된 이후,[175] 고려 조정 차원에서 기자가 적극적으로 인식되기 시작한 것은 숙종(肅宗)대부터이다. 숙종은 1102년(숙종 7) 예부(禮部)의 건의에 따라 한반도에 예의와 교화의 정치를 도입한 기자의 사당을 평양에 건립하고 제사를 시행하도록 했다.[176] 이는 당시의 서경부흥운동과 관련, 그 지방에서 전해 내려오고 있던 기자신앙을 국가신앙으로 흡수한 것이라 할 수 있다.[177] 이때 고려에서 기자가 중국의 제후였다는 기자상의 한 측면은 적극적으로 의식한 것으로 보이지 않지만, 그의 공적으로 교화와 예의가 이야기되고 있는 것은 이 시기 고려에서 중국문헌에 보이는 기자상을 부분적으로 받아들이고 있음을 보여준다.[178]

한편, 김부식의 『삼국사기(三國史記)』에는 중국 문헌에 보이는 두 가지 기자상이 모두 나타나고 있다. 『삼국사기』의 기자상은 이전 시기의 그것과 크게 두 가지 점에서 차이를 보인다. 한 가지는 기자가 주(周)의 봉함을 받은 제후로서 한국사상 최초의 국가를 건설했다는 것이며, 다른 한 가지는 기자로부터의 문화적 전통이 고구려와 연결되

---

175) 『高麗史』卷1, 太祖 16年 春3月 辛巳.

176) 『高麗史』卷63, 禮志5, 吉禮小祀, 雜祀, 肅宗 7年 10月 壬子朔.

177) 숙종 원년(1096), 김위제는 『도선기(道詵記)』를 인용하며 11월~2월은 왕이 중경(中京, 개경)에 거주하고 3월~6월은 남경(南京, 한양)에, 7월~10월에는 서경(西京, 평양)에 거주하면 36국이 고려에 조공을 하게 된다고 하며 남경 천도를 건의했다(『高麗史節要』卷6, 肅宗 元年 秋8月) 이에 따라 숙종은 남경 천도에 착수하면서 서경에도 자주 행행(行幸)했는데 기자의 사당 및 제사와 관련한 예부의 건의는 숙종이 서경에 행행한 동안에 결정된 것이었나.

178) 한영우, 1982, 앞 논문, 24~25쪽.

지 않았다고 보는 점이다. 이는 지금까지 고구려 문화전통 속에서 이해되어 온 기자상과는 큰 차이를 보이는 것이다. 이로써 기자는 사대정책의 상징이자 유교적 현인으로서의 이미지를 갖게 되었다. 이러한 『삼국사기』의 기자상은 그 찬자(撰者)인 김부식이 경주 출신 유학자라는 점, 그리고 이것이 묘청 등의 서경천도운동을 진압한 후 그 수습과정에서 편찬되었다는 점과 관련있는 것으로 보인다. 또한 『삼국사기』의 기자상은 중국 문헌을 통해 구성된 것인데, 문헌에 따라 차이를 보이는 기자 관련 내용들 가운데 필요한 부분만을 발췌해 새로운 기자상을 구성하고 있다는 점도 주목된다.[179]

몽골 복속기 초반에 쓰여진 이승휴의 『제왕운기(帝王韻紀)』에서는 기자가 주(周) 무왕의 봉함을 받기는 했으나 비교적 독립성이 강한 것으로 서술하고 있으며,[180] 공민왕대에는 주(周) 무왕이 기자를 조선에 봉해 요하(遼河) 이동을 영토로 삼았다는 점이 동녕부 정벌 과정에서 요동 수복의 명분으로 거론되기도 했다.[181] 이렇게 볼 때, 충숙왕대 기자에 대한 인식 역시 중국 문헌에서 확인되는 두 가지 기자상을 모두 의식하되 당대의 정치상황과 문제의식 속에서 필요한 부분에 보다 강조점을 두었을 것으로 생각해볼 수 있다.

충숙왕이 기자에게서 주목한 것은 그가 조선에 봉해진 후 공자(孔子)가 와서 살고 싶다고 할 정도의 인현(仁賢)의 화(化)를 이루어낸 문화의 전달자이자 창시자라는 측면, 그리고 그가 전달한 문화가 유교문화라는 점, 그 유교문화의 중심이념인 충과 효, 그 가운데 충의 부분에 있었던 것이 아닌가 한다. 이는 기자사 제사 재개와 함께 교서에 포함되었던

---

179) 한영우, 1982, 위 논문, 27쪽.
180) 한영우, 1982, 위 논문, 30~32쪽.
181) 『高麗史』 卷114, 池龍壽傳.

다른 내용들을 통해서도 어느 정도 추정해볼 수 있다. 충숙왕은 기자사에 대한 제사와 함께 문선왕(文宣王), 즉 공자 및 10철(哲), 70자(子)에 대한 제사도 지시했으며,[182] 기자사 제사 재개에 연이어 매년 몽골에 공물을 보낼 때 충선왕과 충숙왕에 대해 우호적이었던 몽골 승상 바이주[拜住]의 자손들에게까지 토산물을 선물하도록 하고,[183] 충선왕의 토번 유배에 수종했던 신료들에 대한 표창, 몽골에 소환되었을 당시 자신을 수종했던 신료들에 대한 공신책봉 등을 행했다. 또한 그는 심왕옹립운동의 과정에서 자신을 지지하지 않았던 대다수의 신료들에 대한 용서를 이야기하면서도 자신을 지지한 극소수의 신료들에 대해 "군신의 의리"를 지켰다고 표현함으로써 그들의 충절을 강조하기도 했다.

한편, 기자는 그가 전달한 유교문화를 통해서도 충이라는 덕목을 상징할 수 있었지만 개인적 행적을 통해 그러한 면이 강조되기도 했다. 관련하여 조선 초, 기자가 은(殷)의 신하로 주(周) 무왕의 책봉은 받았으되 그의 신하가 되지는 않았다는 점에서 군신 의리의 상징으로 인식되고 있었던 점이 주목된다.[184] 기자의 이러한 측면은 사마천(司馬遷)의 『사기(史記)』에 보이는 기록에 근거를 둔 것으로[185] 세종대 주목되기 시작했으며,[186] 이후 점차 부각되어 18세기에 이르면 기자는 '의리'

---

182) 『高麗史』 卷35, 忠肅王 12年 10月 乙未.

183) 바이주는 이미 1323년 남파(南坡)의 변으로 사망한 만큼 이때의 조치는 바이주의 현실적 정치력을 의식한 것이었다기보다는 명분적인 측면이 강한 조치였던 것으로 생각된다.

184) 한영우, 1982, 앞 논문.

185) 『史記』 卷38, 宋微子世家 第8, "武王克殷, 訪問箕子, 箕子對洪範, 於是武王乃封箕子於朝鮮而不臣也."

186) 주(周) 무왕(武王)이 은(殷)을 멸한 후, 은의 태사(太師)였던 기자는 무왕의 조정에서 신하가 되지 않고 조선에 봉해져 불신(不臣)의 뜻을 세웠다는 것으로, 이러한 짐은 세종에 의해 강조되있다. 세종은 동왕 10년(1428), 변계량(卞季良)으로 하여금 기자묘의 비문을 짓도록 하면서 그가 조선의 문물예악 발전에 공헌한 점과 함께

의 상징으로 제시되기에 이른다.[187]

이렇게 기자가 주 무왕에 '불신(不臣)'한 측면을 강조하고 이를 통해 군신 간의 의리를 이야기하는 것은 15세기 전반에서야 구체적으로 확인되는 것이다. 그러나 군신 간의 의리, 충이라는 덕목이 기자가 전수한 유교문화의 핵심 덕목이라는 점, 그의 행적을 다룬 중국 문헌, 특히 그의 주 무왕에 대한 '불신'을 이야기한 『사기』의 기록 등이 이미 『삼국사기』 단계에서 참조되고 있었으며, 군신 간의 의리를 전면에 부각시킨 것은 아니지만 이색의 시에도 "삼한(三韓)은 기자(箕子)가 불신(不臣)한 땅"이라는 표현이 보이는 점,[188] 그리고 당시 충숙왕이 처해 있었던 정치적 상황 등을 고려할 때, 충숙왕이 기자에 대해 주목한 부분 역시 그러한 군신 간의 의리라는 측면에 있었을 수 있다고 생각된다.

더욱이 기자의 주에 대한 '불신'을 이야기하는 조선 초에도 그가 주의 책봉을 받은 제후라는 사실 자체가 부정되는 것은 아닌 만큼, 기자사 제사 재개를 비롯한 1325년(충숙왕 12) 교서의 일부 안건들은 몽골, 혹은 중국과 구별되는 고려의 독자성 강조라는 측면에 주된 초점이 맞추어졌던 것이라기보다는, 제후국 내 군신관계의 명분적, 의리적 측면 강조에 보다 초점이 맞추어졌던 것으로 보이기도 한다. 즉, 이는 충숙왕이 인식하고 있었던 당대의 문제가 몽골 복속기 권력구

기자의 주(周)에 대한 '불신(不臣)'을 강조했다.(『世宗實錄』 卷40, 世宗 10年 閏4月 辛巳) 변계량 역시 기자를 문화적 자긍의 상징으로 여김과 동시에 그의 '불신군주'로 서의 측면에 주목했던 것으로 생각된다. 기자의 주에 대한 '불신' 강조는 같은 해 8월에 올려진 평안감사(平安監司)의 계(啓)에도 보인다. 관련한 내용은 한영우, 1982, 앞 논문, 37~39쪽 참조.

187) 조성산, 2009, 「조선후기 소론계의 고대사 연구와 중화주의의 변용」, 『역사학보』 202. 이강한은 이러한 조선시대 기자에 대한 인식이 고려 말에도 존재했을 것으로 추정하기도 했다.(이강한, 2010, 앞 논문)

188) 李穡, 「貞觀吟楡林關作」 『東文選』 卷8 七言古詩.

조 속 국왕 위상의 상대화와 그로 인한 국왕-신료 간 관계의 문제였음을
보여주는 것이다.

한편, 1325년(충숙왕 12) 교서의 기자상은 단지 충숙왕 자신의 기자상
이라기보다는 기자에 대해 적극적으로 인식하고 있던 당시 지식인층의
기자상을 반영하는 것이기도 했다. 몽골 복속기 지식인층, 특히 성리학
자들은 몽골에 대한 사대를 형세론적, 문화론적 화이관(華夷觀)을 통해
합리화하고 적극적으로 받아들이는 동시에 고려국왕의 신하로서의
도리, 즉 국왕에 대한 충성 또한 중요한 가치와 덕목으로 인식하고
있었다.[189] 이러한 당시 지식인층의 현실인식은 주(周)의 책봉을 받은
제후이자, 유교문화 도입의 주체로서의 기자상과 부합하는 측면이
있었다. 이곡, 이제현, 이색 등은 몽골에 대한 제후국으로서의 고려의
위상을 언급하면서 고려를 "기자가 봉해진 땅"으로 표현하거나, 기자를
통해 "동방에 예의와 교화가 시작되었음"을 이야기하여 위에 언급했던
두 가지 기자상을 모두 보여주고 있다.[190] 이들의 기자상을 그들의
현실인식 속에서 이해하고자 할 때, 1325년 교서에 보이는 기자에
대한 인식이 그를 통해 도입된 유교문화의 충(忠)이라는 요소에 초점을
맞추고 있었을 가능성을 다시 한번 생각해볼 수 있다.

---

189) 채웅석, 2003, 「원간섭기 성리학자들의 화이관과 국가관」, 『역사와 현실』 49.
190) 李穀, 『稼亭集』 卷10, 表牋, 「謝復弓兵馬匹表」 ; 李齊賢, 『益齋亂稿』 卷2, 詩, 「題長安逆來」 ;
    卷8, 表牋, 「陳情表」 ; 李穡, 『東文選』 卷41, 表箋, 「請子弟入學表」 ; 卷87, 序, 「贈金敬叔祕
    書詩序」 ; 『牧隱詩稿』 卷2, 「終場」 ; 卷26, 「海東」 외 다수.

2) 충혜왕대 입성론의 의미 변화

(1) 1343년 입성론과 충혜왕 폐위

충혜왕 후4년(1343) 8월, 이운(李芸), 조익청(曹益淸), 기철(奇轍)은 "왕이 탐음부도(貪淫不道)하니 입성(立省)하여 백성을 편안히 해주십시오."라고 하며 입성론을 제기했다.[191] 이때의 입성론은 이전 논의들과는 달리 나름의 성과를 거두었다. 같은 해 10월 고용보(高龍普)가 고려에 사행을 왔으며,[192] 11월에는 타치[朶赤] 등이 사신으로 와서 영접 나온 충혜왕을 구타하고 포박해 몽골로 압송했다.[193] 기철 등의 입성논의 이후 2개월 만에 고용보 등이 고려에 왔고 다음 달에 충혜왕이 폐위되고 있어 시기적으로도 양자의 관련성을 생각해볼 수 있지만, 충혜왕이 폐위된 후 몽골에서 보내 온 조서에는 충혜왕의 방자하고 무도(無道)한 행위를 "백성들이 견디지 못해 서울에 와서 호소"했기 때문에 그를 유배 보낸다고 하여 기철 등의 입성론이 충혜왕 폐위의 발단이 되었음을 시사하고 있다.[194] 충혜왕을 유배 보낸 후 기철로 하여금 홍빈(洪彬)과 함께 정동성을 서리하도록 한 것[195] 또한 기철 등의 입성론과 충혜왕 폐위가 연관선상에 있었음을 보여주는 일례이다.

이 7차 입성론은 이 시기 고려국왕의 위상과 관련해 중요한 두 가지 측면을 보여준다. 우선 한 가지는 '고려국왕'이라는 요소의 권위가 변화한 가운데에도 여전히 작용하고 있는 측면이다. 기철 등의 입성론

---

191) 『高麗史』 卷36, 忠惠王 後4年 8月 庚子.
192) 『高麗史』 卷36, 忠惠王 後4年 10月 壬戌.
193) 『高麗史』 卷36, 忠惠王 後4年 11月 甲申.
194) 『高麗史節要』 卷25, 忠惠王 5年 4月 乙酉.
195) 『高麗史』 卷36, 忠惠王 後4年 11月 甲申.

제기는 충혜왕에 대한 사적인 불만에 기인한 측면이 있었던 것으로 보인다.[196] 그러나 이들의 입성 요청은 표면적으로는 "왕이 탐음부도하니 입성하여 백성을 편안히 해 주십시오."라는,[197] 매우 공적인 근거를 제시하고 있었다. 이는 물론 그들의 충혜왕에 대한 사사로운 감정을 공적인 이유를 들어 수식한 것일 수 있지만, 실제의 상황과도 크게 다르지 않았다. 뒤에 구체적으로 살피겠지만 충혜왕의 탐음부도함과 실정(失政)은 매우 심각한 상태였다. 이후 충혜왕이 몽골황제에 의해 유배되었다가 도중에 죽었다는 소식이 고려에 전해졌을 때, 나라 사람들 중 슬퍼하는 이가 아무도 없었고 소민(小民)들은 기뻐하기까지 했다는 기록은 당시의 분위기를 잘 전해준다.[198]

그런데, 그러한 충혜왕의 실정과 탐음부도함에도 불구하고 충혜왕을 구원하고자 하는 신료들이 있었다는 사실이 주목된다. 충혜왕이 몽골에 압송당한 후 고려의 재상과 국로(國老)들은 민천사(旻天寺)에 모여 왕의 죄를 용서해줄 것을 청하는 글을 몽골에 보낼 것을 의논했다.[199] 권한공(權漢功)은 이에 대해 "왕이 무도(無道)하여 천자(天子)가 주벌(誅罰)한 것이니 어찌 구원할 수 있겠는가?"라 했고, 이능한(李凌幹) 역시 "천자가 왕의 부도함을 듣고 죄를 준 것인데, 상서(上書)하여 논주(論奏)한다면 이는 천자의 명(命)을 그르다 하는 것이니 가당하겠는가?"라

---

196) 민현구, 1989, 「공민왕의 반원적 개혁정치에 대한 일고찰 : 배경과 발단」, 『진단학보』 68, 60쪽 ; 김혜원, 1994, 「원간섭기 立省論과 그 성격」 『14세기 고려의 정치와 사회』, 민음사. 기씨일가의 일원인 기륜(奇輪)과 충혜왕이 개인적인 사안들로 갈등, 대립했던 사례들이 확인되며(『高麗史節要』 卷25, 忠惠王 2年 11月 ; 12月), 이운과 조익청도 충혜왕과 불화한 일면이 확인된다.(『高麗史』 卷36, 忠惠王 後4年 8月 庚子 ; 忠惠王 復位년 5月 丙戌 ; 卷108, 曺益淸傳)

197) 『高麗史』 卷36, 忠惠王 後4年 8月 庚子.

198) 『高麗史節要』 卷25, 忠惠王 後5年 正月.

199) 『高麗史節要』 卷25, 忠惠王 後4年 12月.

하여 부정적인 입장을 표했다. 그러나 김영돈(金永暾)은 "군주가 욕을 당하는데 신하가 죽음을 무릅쓰고 구하는 것이 마땅하다."라 했고, 김륜(金倫) 역시 군신의 도리를 들어 역설하여 결국 몽골에 글을 보낼 것이 결정되었다.

결국 국로들이 다수 서명하지 않아 몽골에 상서하지는 못했지만,[200] 논란의 여지가 없는 충혜왕의 탐음부도함에도 불구하고 김영돈, 김륜 등이 군신의 도리를 들어 충혜왕을 구원하고자 한 것, 그리하여 결국 고려의 신료들이 충혜왕을 구원하기 위한 글을 몽골에 제출하기로 결정했다는 점은 이 시기 고려국왕권의 중요한 일면을 보여준다. 이들 이 "탐음부도하여 천자의 벌을 받아 마땅한" 충혜왕을 "죽음을 무릅쓰 고" 구원하려 했던 것은 그가 '국왕'이기 때문이었다. 즉 이는 국왕위에 오른 개별 인물의 역량이나 자질이 아닌, '국왕'이라는 지위 자체가 갖는 권위가 여전히 기능하고 있었기 때문에 가능한 일이었다. 충혜왕 이라는 탐음부도한 개인의 존재를 통해 오히려 이 시기에도 일정부분 지속되고 있었던 '국왕위'의 권위를 확인할 수 있다.

이 시기 고려국왕의 위상과 관련해 7차 입성론이 보여주는 또다른 한 가지는 부마, 정동행성승상과 같은 위상들과의 상호작용으로 변화 한 모습이다. 우선 입성론 제기의 양상도 다시 한 차례 변화했다. 입성론 제안자 가운데 한 명인 기철은 기황후의 오빠로 몽골과 깊은 연계를 가진 인물이었다. 그러나 이운, 조익청은 충혜왕과 불화한 일면은 확인되지만[201] 특별히 몽골과 연계되었던 것으로 보이지는 않는다. 또한 이운, 조익청, 기철 간에 어떤 혈연적인 관계나 사적인 관계가 확인되지 않는 점으로 보아 이들이 '반(反) 충혜왕'이라는 공동의 이해관

---

200) 『高麗史』 卷110, 金倫傳.
201) 『高麗史』 卷36, 忠惠王 後4年 8月 庚子 ; 忠惠王 復位년 5月 丙戌; 卷108, 曹益淸傳.

계 위에 행동을 함께 하고 있었던 것으로 보이기도 한다. 물론 이때의 입성론이 고려신료들로부터 크게 호응을 받았을 것으로 생각되지는 않으며, 대부분의 고려신료들이 이들의 입성론 제안에 대해서는 여전히 부정적인 인식을 가졌을 것으로 생각된다. 그러나 중요한 것은 이 시점이 되면 이러한 발의가 적극적인 부원세력이라고 보기는 어려운 신료들 내에서도 국왕의 정치가 불만스러울 때 그에 대한 문제 제기 차원에서 이루어질 수 있는 정치행위로 어느 정도 자리를 잡았다고 파악되는 점이다.

충혜왕의 실정 문제와 엮이면서 이운, 조익청, 기철 등이 입성론이라는 형태로 제기했던 충혜왕에 대한 반대운동은 충혜왕 폐위로 귀결되었다. 그 결과에 대해 물론 "군신의 도리"에 입각해 반대하는 세력도 있었지만, 많은 이들이 동조했다. 이때 충혜왕의 폐위는 1298년 충선왕 폐위에서와 같은 몽골과의 관계에서의 문제 때문도 아니며, 1320년 충선왕 유배나 1332년 충혜왕이 1차 폐위될 당시와 같이 몽골의 정치세력 변동 과정과 관련된 것도 아니었다. 또한 충숙왕대처럼 심왕(瀋王)이라는 다른 정치적 대안이 있는 상황도 아니었다. 국내정치에서의 실정, 국왕으로서의 자질과 자격에 대한 신료들의 문제 제기로 상위의 권위에 의해 국왕이 폐위된 사례가 발생했으며, 그것은 고려신료 전체는 아니라도 많은 '국인(國人)'과 '소민(小民)'의 공감을 얻었다. 이것은 단순히 고려의 정치가 몽골의 내부 상황과 밀접히 연계되어 있어서, 그 정치상황의 변동에 따라 고려국왕위의 중조가 빈번히 이루어졌다는 차원에서 설명될 수 있는 문제는 아니다. 부도(不道)하고 실정(失政)한 국왕이 신료들의 '반대운동'의 결과로 상위의 권위에 의해 폐위될 수 있다는, 국왕권에 대한 또다른 기준이 적용된 실례가 생겨난 것이다.

이러한 7차 입성론의 의미는 충혜왕대라는 특정 시기의 특성과

230

맞물리면서 더 부각될 수 있었다. 충혜왕 자신의 정치를 통해 국왕권을 상당부분 사적인 권력처럼 운용하고 있는 모습이 확인되는 한편으로, 기황후의 책봉과 황태자 출생을 계기로 기씨일가가 중요한 정치세력으로 성장해가고 있었기 때문이다.

(2) 국왕권의 사권화(私權化)와 기씨일가(奇氏一家)의 등장

충혜왕은 1330년 충숙왕의 선위로 즉위했지만[202] 그와 우호적인 관계에 있던 엘테무르[燕帖木兒]가 실각하면서 2년 만에 폐위되어 몽골에 소환되어 숙위 생활을 했다.[203] 1339년 충숙왕이 사망하면서 복위했으나,[204] 당시 몽골의 승상 바얀[伯顏]이 충혜왕을 마땅치 않게 생각해 심왕 왕고(王暠)를 지원함으로써, 충혜왕은 바얀 실각 후에야 몽골황제의 책봉을 받을 수 있었다.[205] 충혜왕은 재위기간동안 이전 국왕들과는 차별화되는 국정운영의 양상을 보여주고 있어 주목된다. 물론 그의 국정운영 양상들은 충혜왕대에 국한된 것은 아니었다. 이는 이전 시기까지의 흐름들을 어느 정도 계승하는 가운데 그러한 양상들이 얼마간의 변화를 보이며, 혹은 극대화하여 나타난 것이었다고 볼 수 있다. 여기에서는 충혜왕의 경제활동, 군사조직, 정치운영의 세 가지 측면을 통해 충혜왕이 자신의 국왕권을 사적 권력[私權力]처럼 운용하고 있는 모습,

---

202) 『高麗史』 卷35, 忠肅王 17年 2月 壬午.

203) 이때의 폐위는 당시 주첩목아(朱帖木兒)와 조고이(趙高伊)가 고려에 유배 중이던 몽골 태자 토곤테무르[妥懽帖睦爾, 뒤의 順帝]를 옹립하고자 한 반란사건과 관련되어 있었다.(『高麗史節要』 卷25, 忠惠王 元年 12月 ; 2年 春正月 庚辰) 이를 포함한 충혜왕의 폐위와 복위 과정에 대해서는 권용철, 2014, 「大元帝國 末期 政局과 고려 충혜왕의 즉위, 복위, 폐위」, 『한국사학보』 56 참조.

204) 『高麗史』 卷36, 忠惠王 復位年 3月.

205) 『高麗史』 卷36, 忠惠王 後元年 3月 甲子.

또 그를 조장, 혹은 가능하게 했던 측근정치의 양상을 살펴보도록
하겠다.

충혜왕의 경제활동은 그의 행적들 가운데 이전 국왕들의 그것과
특히 차별성을 갖는 것이다. 그는 상업, 수공업, 무역 등 대내외적으로
적극적인 경제활동을 했다.[206] 유다른 그의 경제활동에의 관심은 "재물
과 이득에는 털끝만한 것에도 이해를 따져 항상 경영을 일삼았다"는[207]
『고려사』의 기록을 통해서도 확인할 수 있다. 충혜왕의 남다른 경제활
동의 배경과 관련해서는 그의 개인적 성향에 기인한 점과 더불어
당시 몽골과의 관계에 기인한 만성적 재정적자의 문제,[208] 그리고
충혜왕이 몽골에서 숙위할 때 쌓은 경험과 인맥 등이[209] 이야기되고
있다.

충혜왕의 경제행위를 보는 관점은 크게 두 가지로 나뉜다. 이전시기,
구체적으로 충선왕대의 재정정책이 기존 재정관청의 통폐합 및 재정관
청의 신설을 통한, 그리고 양전(量田)과 호구조사를 통한 수취체제의
정비라는 '구조적 재정책'이었던 것에 비해, 충혜왕의 재정정책은 사적
재정기구와 잡세의 신설을 통해 고려 후기의 유통경제 발달에 조응한
'수탈적 재정책'으로 보는 부정적 관점이 하나이다.[210] 최근에는 무역
정책을 비롯한 충혜왕의 경제정책이 충렬왕대 이후 전대 왕들의 경제정
책을 계승, 진화시킨 측면에 주목하여, 일정정도의 한계를 인정하되

---

206) 그의 경제활동과 관련해서는 전병무, 1993, 「고려 충혜왕의 상업활동과 재정정책」
   『역사와 현실』 10 ; 이강한, 2009(d), 「고려 충혜왕대 무역정책의 내용 및 의미」
   『한국중세사연구』 27.
207) 『高麗史』 卷36, 忠惠王 後5年.
208) 전병무, 1993, 앞 논문.
209) 이강한, 2009(d), 앞 논문.
210) 전병무, 1993, 앞 논문.

긍정적으로 보고자 하는 시도가 이루어진 바 있다.[211] 아래에서는
충혜왕의 경제정책에 대해서 긍정적, 혹은 부정적 평가를 내리기 보다
는 그러한 재정정책이 이루어지게 된 원인이자, 그러한 재정정책을
통해 더욱 부각된 고려국왕권의 문제에 대해 살펴보고자 한다.

이 시기 국가재정 부족은 물론 몽골과의 관계에 기인한 측면도
크지만, 이미 12세기부터 지속되어온 농장의 확대와 민이 농장에 투탁
하는 상황 등으로 인한 수취체제의 동요가 더욱 심화된 결과이기도
했다.[212] 전시과체제를 근간으로 한 토지제도의 동요로 고려 후기
생산력 확대의 결과물이 국가로 유입되지 못하는 상황이 심화되면서
국가재정 부족 현상이 만성화한 것이었다. 농장의 확대와 민의 투탁은
작게는 국가로 유입되는 세금의 감소를 가져오지만 크게는 국가의
근간인 민의 지배에까지 공권력이 작용하지 못하는 상황을 가져온다는
점에서 매우 심각한 문제였다. 또한 국가 관료체제의 경제적 기반으로
서의 전민(田民)이 권문세족의 경제적 기반이 됨으로써 관료체제의
정상화를 저해한다는 문제가 있었다. 이때의 국가재정 부족현상은
단순히 경제적인 영역에 한정된 것이 아니라 신분질서의 문제, 그리고
국가의 민에 대한 지배 문제와도 연결된 포괄적인 정치, 사회 문제였다
고 할 수 있다.

그러기에 이러한 문제와 관련, 이전 국왕들은 그 실효성(실천력,
의지의 존재) 여부를 떠나 전민변정(田民辨正)을 추진했다.[213] 13~14세

---

211) 이강한, 2009(d), 앞 논문.

212) 채웅석, 1990, 「12, 13세기 향촌사회의 변동과 '민'의 대응」, 『역사와 현실』 3 ; 박종기,
　　 1994, 「총론 : 14세기의 고려사회-원간섭기의 이해문제」, 『14세기 고려의 정치와
　　 사회』, 민음사.

213) 이 시기 전민변정과 관련한 연구로는 다음을 참조할 수 있다. 권영국, 1994,
　　 「14세기 전반 개혁정치의 내용과 그 성격-사회경제면의 개혁을 중심으로」, 『14세

기에 반복된 전민변정 사업은 여러 가지 면에서 한계를 가진 정책이기는 했지만, 나름대로 민에 대한 지배가 공권력의 작용범위를 벗어난 상황을 바로잡고자 하는 의지의 표현이었다고 할 수 있다. 물론 이런 정책들이 시행되는 와중에도 국가재정 확보를 위한 국왕의 사적인 경제활동은 이미 충렬왕대부터 나타나고 있었고, 그것은 다른 정치세력들이 자신의 경제력을 향상시키기 위해 행했던 경제행위들과 유사한 형태를 띠고 있었다.[214] 그러나 그런 가운데에도 국왕들은 민에 대한 관심을 방기하지는 않았다. 그런데 충혜왕대 경제·재정정책에서는 국왕의 사적인 경제활동은 더욱 활발해지고 노골화하는 한편으로 민에 대한 인식 내지 고려는 찾아보기 어렵다는 점에서 이전 시기 국왕들의 경제·재정정책과는 큰 차이를 보인다. 이러한 양상은 이 시기 공권력으로서의 국가·국왕 위상의 현실을 보여주는 동시에, 국왕 스스로 그러한 현실을 더욱 부각, 심화시키고 있는 모습을 보여준다.

이러한 측면은 충혜왕이 설치한 보흥고(寶興庫) 등의 창고 운영에서도 보인다. 보흥고 등의 창고가 반드시 충혜왕 개인 용도의 재정확보를 위한 것이었는지는 분명하지 않다. 충혜왕이 개인적인 경제활동을 통해 확보한 재정을 반드시 사적인 용도로 썼을 것이라고 보기는 어렵다는 것이다.[215] 그러나 여기에서 주목되는 것은 그렇게 확보된

기 고려의 정치와 사회』, 민음사 ; 신은제, 2006, 「원종·충렬왕대 전민변정사업의 성격」『한국중세사연구』21.

214) 충렬왕비인 제국대장공주가 개인적으로 몽골과의 교역활동에 많은 관심을 보였음은 주지의 사실이다.(『高麗史』卷89, 齊國大長公主傳 ; 이강한, 2007(a), 「13-14세기 高麗-元 交易의 展開와 性格」, 서울대학교 국사학과 박사학위논문, 87~89쪽) 한편 충렬왕대 이후 활성화되기 시작한 왕실재산인 사장(私藏)에 대해서는 다음을 참조할 수 있다. 김재명, 2000, 「고려후기 왕실재정의 이중적 구조-이른바 私藏의 변화과성을 중심으로-」『신난학보』89호.

215) 이강한, 2009(d), 앞 논문.

재정이 공적인 용도로 쓰였다 하더라도 재정을 확보하는 과정에 국왕 개인의 활동이 이전 시기에 비해 지나치게 적극적으로 부각되고 있으며, 민생에 대한 고려는 별달리 보이지 않는다는 점이다. 또한 이 과정에 '군소(群小)'라 칭해지는 국왕의 측근세력들이 개입하고 있다는 점도 충혜왕대 국정운영의 사적인 성격을 잘 보여준다. 이러한 점은 "재리(財利)에 관해서는 털끝만한 것도 이해를 타산해 경영을 일삼았으며, 군소 (群小)들이 다투어 계획을 내어 다른 사람의 토전(土田)과 노비를 빼앗아 모두 보흥고에 속하게 하고 좋은 말은 내구(內廐)에 속하게 했다"라는 『고려사』 충혜왕 세가 사찬(史贊)의 내용을 통해서도 확인된다.[216]

이러한 측면은 이 시기 군사조직에서도 확인할 수 있다. 고려의 군사조직은 중앙의 2군 6위와 지방의 주현·주진군으로 구성되어 고려 말까지 지속되었다. 그러나 무신집권기를 거치면서 이러한 공적 군사 조직은 상당부분 허설화했고, 그 자리를 별초군 등의 사적 군사력이 대신하게 되었다. 이러한 상황은 몽골 복속기에 들어와 고려의 군사력 이 실제적으로 몽골에 예속되는 가운데 더욱 심화되었던 것으로 보인 다.[217] 외형상 2군 6위와 주현·주진군 체제가 유지되는 가운데에서도 그 인적 구성이나 운용 상황 등에서 보이는 변화는 이 시기 고려 군사조직의 실태를 잘 보여준다. 장군단을 포함한 상급군관, 직접적인 지휘체계로서의 하급군관은 실질적인 군대지휘의 기능보다는 정치적 인 관직으로서의 의미를 강하게 가졌던 것으로 보인다. 일반군인층 역시 그 존재와 역할을 분명히 확인하기 어렵다. 이런 상황은 고려가 군사적 측면에서 몽골의 보호 혹은 감시 아래 놓이게 된 결과, 고려

---

216) 『高麗史』 忠惠王 後5年.
217) 몽골 복속기 고려군제에서의 변화는 다음을 참조할 수 있다. 권영국, 1994, 「원 간섭기 고려 군제의 변화」『14세기 고려의 정치와 사회』, 민음사.

자체 군사력의 필요성이 낮아진 데에, 그리고 고려 자체의 군사력 보유가 제한된 데에 기인한 것으로 생각된다.[218]

고려국왕을 최고권자로 한 고려 군사조직이 허설화한 가운데, 이 시기 고려국왕들은 충렬왕에게서 보이기 시작하는 바와 같이, 코르치[忽赤], 응방(鷹坊) 등 친위부대를 육성하여 물리력을 확보하고자 했다.[219] 한편, 이 시기 국왕들은 허설화되어 있던 군사조직에도 자신의 측근들을 배치하여 자신들의 권력 유지에 이들을 동원했다. 이는 상·하급군관의 인적 구성이 내료, 국왕의 폐행 등으로 이루어진 사실, 충렬왕·충선왕의 대립과정에서 보이는 군사력 운용양상을 통해 확인된다. 예컨대, 충렬왕 복위 후인 1299년(충렬왕 25), 충선왕의 측근이었던 만호 인후(印侯)·김흔(金忻), 밀직 원경(元卿) 등은 자의적으로 군사를 동원해 충렬왕의 측근인 만호 한희유(韓希愈), 상장군 이영주(李英柱) 등을 체포했으며,[220] 1303년(충렬왕 29)에는 홍자번 등 충선왕 지지세력들이 오기(吳祁)를 체포하는 과정에서 충렬왕의 수차례에 걸친 제지에도 불구, 자의로 군사를 동원하여 궁성을 포위하고 호군(護軍) 오현량(吳賢良)과 최숙천(崔淑千)으로 하여금 각기 오기를 체포, 몽골로 압송하게 했다.[221] 이처럼 충렬왕 재위 중, 폐위된 충선왕의 측근이 자의적으로 군사를 동원해 정쟁에 활용하고 있던 모습은 당시 국왕의 병권 장악과 무력적 기반이 미비했음을 나타냄과 동시에, 당시 군사조직의 운용이 공적인 측면보다는 사적인 권력 장악의 측면에 치중되어 있음을

---

218) 송인주, 1991, 「원압제하 고려왕조의 군사조직과 그 성격」『역사교육논집』16.
219) 응방(鷹坊)에 대해서는 다음을 참조할 수 있다. 이인재, 2000, 「고려후기 응방의 설치와 운영」『한국사의 구조와 전개-河炫綱교수정년기념논총』; 박홍배, 1986, 「고려응방의 폐정 : 주로 충렬왕대를 중심으로」『경주사학』제5집.
220) 『高麗史』卷31, 忠烈工 25年 正月 丁酉.
221) 『高麗史節要』卷22, 忠烈王 29年 8月.

보여준다.[222]

이러한 양상은 충혜왕대에 들어와 더욱 심화되어 나타났다.[223] 1399년(충혜왕 복위) 조적의 난 당시 조적 등이 충혜왕의 궁으로 갔을 때 그곳은 '군소(群小)'들이 지키고 있었다.[224] 이들은 충혜왕이 폐위당할 때에도 백관들과 함께 그 곁에 있었던 것으로 보인다.[225] 이 '군소'들은 충혜왕의 사냥에 호종했던 것으로 나타나는 '악소(惡小)'로 표기된 인물들과 유사하게, 충혜왕 최측근에서 그를 호위하고 시위했던 사적 군사력이었던 것으로 보인다. 이렇게 '군소' 내지는 '악소'라 지칭되는, 정규적인 직위나 조직에 포함되어 있었던 것으로 여겨지지 않는, 포함되어 있었다 하더라도 그러한 직위를 통해 파악되기 보다는 '군소' 혹은 '악소'와 같은 용어들을 통해 파악되는 존재들이 국왕의 시위부대로서 부각되고 있는 상황은 공권력으로서의 국왕권을 밑받침하는 물리력이 공적인 영역을 벗어난 상황이 매우 심화된 양상을 반영한다 하겠다.

한편 조적의 난에 가담했던 인물들에는 전 호군(護軍) 이안(李安), 장언(張彦), 오운(吳雲), 전 군부총랑(軍簿摠郎) 유연(柳衍), 군부좌랑(軍簿佐郎) 성원탁(成元度) 등 전·현직 군부의 중견관료가 포함되어 있고, 이들은 1,000여명의 군사를 동원하고 있었다. 충혜왕은 만호(萬戶) 인승단, 전영보 등과 함께 '왕군(王軍)'으로 이들을 진압했다.[226] 조적이 동원했던 군사 1,000여명과 충혜왕이 동원했던 '왕군'의 실체는 확인하기 어렵다.

---

222) 송인주, 1991, 앞 논문, 122쪽.
223) 충혜왕대 군사조직 및 그 운영에서 보이는 사적 성격과 관련해서는 다음을 참조했다. 송인주, 1991, 위 논문.
224) 『高麗史節要』 卷25, 忠惠王 復位年 8月.
225) 『高麗史節要』 卷25, 忠惠王 後4年 11月 壬午.
226) 『高麗史節要』 卷25, 忠惠王 復位年 8月.

그러나 이들이 공적인 군사조직의 구성원들이었다 하더라도 공권력으로 존재해야 할 군사력이 사적인 정치적 목적 달성을 위해 활용되고 분화하는 양상을 보여준다는 점에서 주목된다.

이러한 양상은 충혜왕 폐위시에도 나타난다. 몽골 사신들에 의해 충혜왕이 포박되고 신료들이 피살되거나 부상당하는 과정에서 신예(辛裔)가 복병을 두고 밖을 방어하여 몽골 사신들을 도왔다는 것이 그것이다.[227] 즉 고려의 공적 군사조직이 더 이상 국왕권을 밑받침하는 공적 물리력으로만 존재하지 않고, 경우에 따라 국왕권을 위협할 수 있는 물리력으로 변모한 상황은 당시 고려국왕권의 현실을 잘 보여준다.

한편, 군소(群小), 혹은 악소(惡小)의 존재는 충혜왕대에 들어와 더욱 심화한 측근정치의 일면을 잘 보여준다. 악소는 사회질서에서 일탈해 약탈 등 불법적 행위를 일삼는 부류로 고려 후기 사회변동 속에서 다수 출현했는데,[228] 충혜왕대에 들어오면서 이들은 국왕의 측근세력으로서 권력의 핵심에까지 접근하고 있었던 것으로 보인다.[229] 측근정치는 충혜왕대에 국한된 특징은 아니다. 그러나 이 시기에는 측근정치가 심화되는 가운데 일반관료들은 관직에서 물러날 정도로 소외되고 위축되고 있음이 주목된다.[230] 예컨대, 당시 이제현, 김륜, 이조년 등 충혜왕의 복위를 지지했던 신료들이 모두 군소의 문제로 관직에서 물러나고 있다.[231] "군소들이 뜻을 얻고 충직한 자들은 배척을 당해

---

227) 『高麗史節要』卷25, 忠惠王 後4年 11月 壬午.

228) 고려 후기의 악소(惡小), 무뢰(無賴)에 대해서는 다음을 참조할 수 있다. 채웅석, 1992,「고려 중·후기 '무뢰(無賴)'와 '호협(豪俠)'의 행태와 그 성격」『역사와 현실』 8.

229) 이익주, 1996, 앞 논문. 동일논문 181쪽에는 충혜왕대 측근세력의 명단 및 그 직책 등이 정리되어 있어 참고가 된다.

230) 이익주, 1996, 위 논문, 182쪽.

231) 『高麗史節要』卷25, 忠惠王 後2年 12月.

한번이라도 바른 말을 하면 곧 살육을 당하기 때문에 사람마다 벌 받을까 두려워 감히 간언하는 자가 없었다."232)라는『고려사』충혜왕 세가 사찬(史贊) 내용은 충혜왕대 측근정치의 양상을 잘 보여준다.

1344년 충목왕이 즉위하자 이곡(李穀)은 어린 충목왕을 보필해 "한 나라의 정치[一國之政]"를 결정하고 있던 재상들에게 보내는 글에서 "사군자(士君子)의 나아가고 물러남", 즉 인사(人事)의 문제를 정치의 근본으로 보고 당시의 인사가 갖는 문제점을 지적했다.233) 이 시기 인사행정의 문제점은 비슷한 시기에 시정(時政) 개혁을 위해 이제현이 제출한 상소문을 통해서도 확인할 수 있다. 그는 당시까지의 인사가 관인의 공과 허물[功過], 재주의 유무[才否]에 대한 논의를 거쳐 관련 기관에서 작성하는 도목(都目)과 정안(政案)에 바탕을 두기 보다는, 청탁 과 요행에 따라 이루어졌다고 보고, 정방(政房)의 혁파를 통해 이러한 문제를 해결할 것을 주장했다.234)

정방으로 상징되는 인사의 문제는 충혜왕대에 국한된 문제는 아니었 다. 무신집권기 정방이 설치된 이후, 이는 '복정우왕(復政于王)'의 과정을 거치면서도 살아남아 몽골 복속기 내내 파행적인 인사를 용이하게 하는 수단이 되었다.235) 충선왕대에는 정방을 폐지했지만 실제 충선왕 대의 전선(銓選)은 한두 명의 재신(宰臣)이 전단함으로써 정방으로 상징

---

232) 『高麗史』 卷36, 忠惠王 後5年.

233) 『高麗史節要』 卷25, 忠穆王 卽位年 5月.

234) 『高麗史』 卷110, 李齊賢傳.

235) 정방을 통한 인사와 고려 전기의 이부(吏部), 병부(兵部)를 통한 인사 간의 차이점은 공민왕대 초 정방을 폐지한 것에 대한 조일신의 불만을 통해 확인할 수 있다. 그는 전선(銓選)을 전리사(典理司)와 군부사(軍簿司)에게 관장하도록 하여 유사(有司) 가 문법(文法), 즉 법규에 구애되니 이미 몽골에서 청탁을 받은 인사를 쉽게 처리할 수 없음을 언급하고 정방을 두어 (왕의) 의중대로 제수할 것을 청하고 있다(『高麗史 節要』 卷26, 恭愍王 元年 3月)

되는 파행적 인사행정이 계속되고 있었다고 할 수 있다. 이러한 상황은 충숙왕대 말 더욱 심해져[236] 충목왕 즉위년(1344)에는 정방 폐지를 청하는 논의가 제기되기에 이르렀다. 이러한 정치-인사에서의 문제에 더해 충혜왕은 그 탐음무도함이 심해 충숙왕의 비(妃)들로부터 대신의 부인, 민가의 부인에 이르기까지 간음을 일삼았음은 주지의 사실이다.

한편, 이처럼 충혜왕의 국왕권이 그 사적인 성격을 노골화하는 가운데, 충혜왕의 복위와 거의 같은 시기, 기씨일가가 고려사의 전면에 드러나기 시작했다. 1340년(충혜왕 복위 원년, 순제 至元 6) 기자오(奇子敖)의 딸 기씨(奇氏)가 당시 몽골의 황제였던 순제(順帝) 토곤테무르의 제2황후가 되었다.[237] 기씨의 제2황후 책립은 그에 격렬히 반대했던 바얀(伯顔)의 실각이 결정적 계기가 된 것이었지만, 여기에는 그 직전에 이루어진 태자의 출생도 중요하게 작용했을 것으로 생각된다.[238]

기황후의 책립과 태자의 존재는 고려에서도 중요한 사건으로 인식되었다. 충혜왕은 복위 원년(1340) 3월, 기황후의 오빠인 기철을 몽골에 하성절사로 보냈다.[239] 바얀의 실각은 충혜왕에게도 중요한 사건이었다. 복위년(1339) 3월 충숙왕이 사망한 후,[240] 바얀은 충혜왕의 국왕위 계승을 반대하고 심왕(瀋王) 왕고(王暠)를 지지했다.[241] 이로 인해 충혜왕

---

236) 『櫟翁稗說』 前集 1.

237) 기씨는 고려에서 몽골로 간 공녀 출신으로 독만질아(禿滿迭兒)의 천거로 순제의 차시중을 들게 되면서 총애를 받아 1335년(순제의 제1황후인 다나시리[答納失里] 황후가 그 부(父) 엘테무르[燕鐵木兒]의 모역 사건에 연루되어 살해당한 후 바얀쿠투[伯顔忽都] 황후에 이어 제2황후가 되었다.(『元史』 卷114, 完者忽都皇后傳)

238) 기황후 소생의 아들 아유르시리다라는 1338년(順帝 至元 4) 혹은 1339년에 태어났다. 이와 관련해서는 이용범, 1962, 「奇皇后의 冊立과 元代의 資政院」 『역사학보』 17·18合集, 495~496쪽 참조.

239) 『高麗史』 卷36, 忠惠王 後元年 3月 戊寅.

240) 『高麗史節要』 卷25, 忠肅王 後8年 3月 癸未.

241) 『高麗史節要』 卷25, 忠惠王 復位年 5月.

은 몽골로부터 국왕위 계승을 인정받지 못하고 있다가 바얀이 실각한 후에야 국왕위 계승을 인정받을 수 있었다.[242] 이에 충혜왕은 기철을 사신으로 보냄으로써 고려와 몽골의 특별한 관계를 강조하고자 했던 것으로 보인다. 기황후 책립 소식이 고려에 전해진 것은 책립된 해(1340)의 4월이지만, 이 문제는 오랜 논란을 거쳐 이루어진 것이었으므로 고려에서도 이 사실을 알고 있었을 것이다. 더욱이 충혜왕은 전년인 복위년(1339) 11월, 조적의 난과 관련하여 몽골로 압송되었다가 이듬해 4월에야 귀국했으므로,[243] 기황후 책립 사실을 알고 있었을 것이다. 이에 충혜왕은 복위 원년(1340) 3월, 몽골에 있으면서 자신의 복위 사실을 전하러 고려에 가는 채하중을 통해[244] 하성절사로 기철을 보내라는 뜻을 함께 전했을 가능성이 있다.

한편 1340년 경, 안축과 이제현은 각기 「청동색목표(請同色目表)」와 「걸비색목표(乞比色目表)」를 통해 고려인을 '색목(色目)'[245]과 같이 대우해 줄 것을 몽골에 요청했다.[246] 이들이 이야기한 '걸비색목(乞比色目)', '청동색목(請同色目)'이 무엇을 요구한 것인지에 대해서는 두 가지 견해가 있다. 한 가지는 이들의 요구를 고려인의 신분상승이나 처우개선으로 이해하는 견해이다.[247] 이는 몽골제국의 몽골인, 색목인, 한인(漢人), 남인(南人)이라는 분류를 종족 간의 등급, 혹은 신분의 차별을 고착시킨

---

242) 『高麗史』 卷36, 忠惠王 後元年 3月 甲子.

243) 『高麗史』 卷36, 忠惠王 復位年 11月 丙寅 ; 後元年 夏4月 癸巳.

244) 『高麗史』 卷36, 忠惠王 後元年 3月 甲子.

245) 몽골은 중국을 정복한 뒤 다수의 한족(漢族)을 통치하기 위해 농경지대의 행정에 밝은 위구르나 무슬림 등 외지인들을 적극적으로 활용했는데 이 다양한 종족 출신의 외래인들을 '색목인'이라 통칭했다. 김호동, 2008, 「高麗 後期 '色目人論'의 背景과 意義」 『역사학보』 200, 278쪽.

246) 李齊賢, 『益齋亂藁』 卷8, 「乞比色目表」 ; 安軸, 『謹齋先生集』 卷2, 「請同色目表」.

247) 장동익, 1994, 『高麗後期外交史硏究』, 일조각, 191~192쪽.

것으로 이해하는 전통적인 관점을[248) 받아들여, 고려인(在元 고려인)은 때로는 한인에, 때로는 색목에 포함되어 양자의 중간정도 지위에 있었다는 이해에 기반한다.

다른 한 가지는 이들의 '청동·걸비색목(請同·乞比色目)'은 중국·한인과는 다른 고려·고려인의 정체성을 천명하고, 이를 몽골 조정으로부터 인정받기 위한 것이었다고 보는 견해이다.[249) 이는 '색목'을 한법의 적용을 받지 않는 집단들을 한족과 구별해 칭하기 위해 한족에 의해 고안된 것으로 보는 새로운 관점에[250) 기초해, 몽골제국기 중반까지 고려인이 색목과도 한인과도 구별되는 별도의 집단으로 존재했다는 이해에 기반한 것이다. 이에 따르면 안축과 이제현의 위 글은 충숙왕 후6년(1337) 고려에 전달된 군기소지금령(軍器所持禁令)을 발단으로 하여 이후 충혜왕 폐위사건 등 고려의 정치적 독자성 및 법제적 독립성을 부정하는 상황이 이어지면서 한법의 적용을 받지 않는 '색목'으로서 고려를 대해 달라는 고려인들의 요구를 반영한 것이었다고 한다.

이 글들의 목적이 무엇이었든 간에, 이 글들은 이 시점에서의 고려왕실의 권위와 관련하여 고려왕실과 기씨일가에 대한 당시 고려인들의 인식을 보여주는 사례로서 주목된다. 특히 주목할 것은 이 표문들이 작성된 시점과 그 내용구조이다. 이들은 모두 황태자가 태어난 직후인 1340년경에 쓰여졌는데, 100여 년에 이르는 몽골 복속기 동안 유독 이 시점에 연이어 유사한 내용의 표문이 작성되고 있다는 점에 유의할 필요가 있다.

---

248) 箭內亙, 1930, 「元朝社會の三階級(色目考)」 『蒙古史研究』, 刀江書院 ; 蒙思明, 1980, 『元代社會階級制度』, 中華書局.

249) 김호동, 2008(b), 앞 논문.

250) 船田善之, 1999, 「元朝治下の色目人について」 『史學雜誌』 108-9 ; 岩村忍, 1968, 「判例法の實體」 『モンゴル社會經濟史の硏究』, 京都大學校人文科學硏究所.

한편, 이들은 공통적으로 ①고려가 몽골에 큰 공을 세웠다는 점, ②충렬왕이 쿠빌라이의 친딸과 혼인하여 부마가 되었다는 점, ③(고려 출신 황후로부터) 황태자가 태어났다는 점을 '청동색목(請同色目)' 혹은 '걸비색목(乞比色目)'의 근거로 들고 있다. 이 근거들 가운데 ①과 ②는 이미 오래전부터 양국 사이에 성립되어 있었던 사안들이다. 그런데 이전에는 없었던 '걸비색목(乞比色目)'이라는 요구가 이때에 이르러 두 번씩이나 이루어지고 있는 것은, 안축과 이제현은 물론 세 가지 이유를 들고 있지만 가장 결정적인 근거는 세 번째, 황태자의 출생이었음을 이야기해 준다. 여기서 다시 한번 짚고 넘어가야 할 것은 ①과 ②는 고려왕실과 몽골황실의 관계, ③은 기씨일가와 몽골황실의 관계라는 점이다.

위의 사실은 이들이 '청동색목(請同色目)' 혹은 '걸비색목(乞比色目)'이라는 요구를 통해 해결하고자 한 문제가 무엇이었든 간에 그 해결책을 당시 상황에서 고려왕실, 왕씨일가가 제시해줄 수 없었다는 점, 그러나 기씨일가는 제시해줄 수 있었다는 점, 혹은 적어도 기씨일가를 통해서는 그것이 가능할 수도 있다고 안축과 이제현이, 고려의 신료들이 인식하고 있었음을 보여준다. 물론 이제현, 안축과 같은 이 시기 고려 신료들이 고려왕실과 기씨일가의 관계를 대립적인, 경쟁적인 것으로 보고 있었다고 할 수는 없다. 이 시기는 아직 양자 간 갈등이 본격화하기 이전 단계이기 때문이다. 다만 이들의 글은 당시 몽골 복속기 권력구조 아래에서, 몽골황실·황제와 보다 강한 연결고리를 갖고 있었던 기씨일가의 고려·몽골 관계에서의 역할 혹은 의미가 고려왕실의 그것보다 더 클 수 있다는, 혹은 적어도 그에 못지않다는 인식이 존재하고 있었음을 보여주는 것일 수 있다. 이곡(李穀)이 기황후의 아버지 기자오(奇子敖)의 행장(行狀)[251]을 집필했음은 이 시기 고려 신민들의 기씨일가에

대한 인식이 딱히 부정적인 것만은 아니었음을 보여주는 또 다른
예가 아닌가 한다.

기황후의 책봉과 함께 황후의 재정 담당기구로서 자정원(資政院)이
만들어졌고 기황후가 이를 중심으로 그 세력을 형성하고 강화했음은
기존의 연구에서 상세하게 다루어진 바 있다.[252] 이와 함께 고려 내에서
도 기씨일가는 점차 그 세력을 구체화시키고 있었다. 물론 기황후의
책봉 이후 황후의 일족으로서 기씨일가 구성원들의 위상이 높아진
측면은 있었겠지만, 이들이 처음부터 정치세력화한 것으로 보이지는
않는다. 기씨일가와 관련, 사료에서 확인되는 여러 사례들은 기황후의
세력을 등에 업은 기씨일가 구성원의 고려내 횡포, 혹은 고려국왕과의
갈등을 보여주는 동시에 고려 내에서 기씨일가가 정치세력화해가는
양상을 보여준다.

1341년(충혜왕 후2), 기륜(奇輪)과 충혜왕은 충혜왕이 전자유(田子由)
의 처이자 기씨의 친척인 이씨(李氏)를 강간한 사건, 이어 기륜이 전마파
(田痲頗)와 함께 내료를 구타하자 충혜왕이 악소배를 기륜의 집으로
보내 전마파를 수색한 사건 등을 통해 상호 갈등·대립했다.[253] 2년
후인 1343년(충혜왕 4)에는 앞서 살펴본 바와 같이 기철(奇轍)이 이운(李
芸), 조익청(曹益淸) 등과 함께 입성론(立省論)을 제기하여[254] 다시 한번
충혜왕과 대립하였다. 이 두 사건은 기륜 단계에서 갈등의 외화 혹은
해결방식이 서로간의 폭행이라는 개인적인 차원에서 이루어졌던 것에
비해, 기철 단계에 이르면 갈등의 발단은 개인적인 것에 있었을 수

---

251) 李穀, 『稼亭集』 卷2, 「高麗國承奉郞奇公行狀」.

252) 이용범, 1962, 앞 논문.

253) 『高麗史節要』 卷25, 忠惠王 後2年 11月 ; 12月.

254) 『高麗史節要』 卷25, 忠惠王 後4年 8月.

있지만[255] 그 해결방식이 개인적인 횡포 혹은 폭행을 넘어 정치행위의 형식을 취하고 있다는 점에서 차이를 보인다.

기씨일가 이전에도 고려인으로서 몽골황실과의 통혼을 통해 고려에서 정치력을 확보했던 경우는 있었다. 우선 충선왕비 순비(順妃)가 전 남편 평양공(平陽公) 왕현(王眩)과의 사이에서 낳은 3남 4녀 가운데 셋째 딸이 '바얀쿠투[伯顏忽篤] 황후'라는 기록이 있는데,[256] 그 친부인 평양공 왕현은 이미 사망했고, 그 오빠인 순정군(順正君) 왕숙(王璹)이 누이가 황제의 총애를 받는 것을 믿고 불법한 짓을 행하기도 했고 충숙왕을 보고도 거만하여 예의가 없었다고 한다.[257] 그러나 이때는 아직 충선왕이 건재한 시기였다. 왕숙은 얼마 후 황명을 사칭하여 역마를 많이 징발하고 민호를 속임수로 점유하는 등 불법을 행함으로써 처벌받았다.[258]

왕실 이외의 가문으로 김심(金深)의 딸이 인종의 황후, 혹은 비(妃)가

---

255) 민현구, 1989, 「공민왕의 반원적 개혁정치에 대한 일고찰 : 배경과 발단」, 『진단학보』 68, 60쪽 ; 김혜원, 1994, 「원간섭기 立省論과 그 성격」 『14세기 고려의 정치와 사회』, 민음사.

256) 李齊賢 『益齋亂藁』 卷7, 「順妃許氏墓誌銘」. 기존의 연구는 이름의 유사성을 근거로 순비의 딸을 『원사』 후비표의 불안홀도(不顏忽都) 황후[明宗의 妃, 不顏忽魯都]와 동일인으로 추측하기도 했다.(장동익, 1994, 앞 책, 181쪽, 각주 152) 그러나 순비의 딸은 황태자를 입시했다고도 기록되어 있는데(『高麗史節要』 卷23, 忠宣王 元年 夏4月 ; 『高麗史』 卷89, 順妃許氏) 명종(明宗)은 황태자였던 기간이 없어 순비의 딸이 입시했던 대상이 아니므로 이러한 추정은 재고의 여지가 있다. 또한 순비가 딸의 힘을 빌어 숙비(淑妃)와 경쟁했던 시기가 무종대임을 고려할 때(『高麗史節要』 卷23, 忠宣王 元年 夏4月) 순비의 딸이 입시했던 황태자는 무종의 동생으로 무종의 즉위와 함께 황태자로 책봉되었던 아유르바르와다[뒤의 仁宗]였던 것으로 생각된다. 따라서 순비의 딸이 「순비허씨묘지명(順妃許氏墓誌銘)」의 기록대로 황후였다면 인종의 황후였을 수 있지만 『원사』나 『고려사』에 그가 황후에 책봉된 기록은 보이지 않으므로 그냥 비(妃)였을 가능성도 있다.

257) 『高麗史節要』 卷24, 忠肅王 3年 4月.

258) 『高麗史節要』 卷24, 忠肅王 6年 正月.

된 사례도 있었다.[259] 김심의 딸이자 인종의 황후로 기록된 달마실리(達麻實里) 황후의 경우 그 아버지인 김심이 충선왕 환국운동 등으로 죄를 얻어 유배를 간 상황에서 유배에서 풀려나도록 하는 데에 힘을 쓰기도 했다.[260] 그러나 김심은 황후의 아버지로서보다는 충선왕의 측근으로 세력을 떨치고 있었다.

즉 이들은 모두 몽골 인종과 통혼관계를 형성하고 있었지만, 이들의 통혼관계가 고려왕실, 고려국왕권에 대해 갖는 위협성은 그다지 심각하지 않았던 것으로 보인다. 이 시기 고려국왕이었던 충선왕은 스스로가 통혼 이외의 영역에서도 몽골황제와 확고한 관계를 형성하고 있었기 때문이다. 또한 이들이 인종의 황후가 되었거나 혹은 총애를 받았다고 하지만 황태자를 출산하지도 않았으며 몽골에서 황후로서 세력을 형성해 정치활동을 한 것으로 보이지도 않는다는 점도 유의할 부분이다.

이에 비해 충혜왕대의 기씨일가는 앞서 살펴봤다시피 기황후, 기씨일가 자체도 위의 가문들과는 차별성을 가지거니와, 당대의 국왕인 충혜왕 역시 국정 운영 등의 면에서 이전 국왕들에 비해 그 권력의 사적인 속성을 더 많이 드러내고 있었다. 더욱이 충혜왕대는 아직 기씨일가의 부원행위가 적극적으로 표면화하기 전이었기 때문에, 적어도 몽골과의 관계에서는 기씨일가의 역할 혹은 의미가 고려왕실보다 더 클 수 있다는, 혹은 적어도 그에 못지않다는 인식이 형성되고 있기도 했다. 그런 점에서 이 시기 기씨일가의 등장과 성장은 고려왕실의 그것보다 '일가문(一家門)'으로서의 속성, 즉 특별하지만 변동가능한 관계를 가진 가문으로서의 속성을 더욱 부각시켰다고 할 수 있다.

기씨일가의 등장으로 더욱 부각된 고려왕실의 일가문으로서의 정체

---

259) 『高麗史』 卷104, 金周鼎傳 附 金深傳 ; 『元史』 卷106, 表1, 后妃表, 仁宗.
260) 『高麗史』 卷104, 金周鼎傳 附 金深傳.

성과 관련, 충혜왕의 통혼이 주목된다. 충혜왕비 덕녕공주 이린진발[亦憐眞班]의 아버지 진서무정왕(鎭西武靖王) 최펠[焦八, 삭사반(搠思班, 샤스가바)]은 쿠빌라이의 일곱째 아들 서평왕(西平王) 오크룩치[奧魯赤]의 손자로 성종 대덕(大德) 연간에 아버지 테무르 부카[帖木兒不花]의 진서무정왕위를 세습했다.[261] 그는 당시 몽골 종실의 주류인 친킴[眞金] 계열도 아니었고 혼인이 성사될 당시 황제인 문종(文宗) 톡 테무르와도 7촌간이 되어 현재까지 확인된 고려왕실-몽골황실 통혼사례 가운데에서는 황제와 혈연관계가 가장 먼 경우이다.[262] 한편, 최펠은 다른 공주들의 아버지에 비해 무공(武功) 면에서 돋보이는 역할을 했고, 충혜왕의 통혼이 성사될 당시 천력(天曆)의 내란으로 정권을 장악한 문종정권의 지지기반이었지만, 순제(順帝) 토곤테무르가 즉위한 이후의 정국변동 속에서 그의 문종정권과의 관계는 오히려 득보다는 실이었을 것으로 생각된다. 즉 기황후의 책립과 황태자 출산으로 기씨일가와 몽골황실의 관계가 새롭게 형성, 강화되고 있던 다른 한편에서 충혜왕과 몽골황실과의 관계는 오히려 멀어지고 있었던 것이다.

　이러한 상황에서 제기된 7차 입성론이 충혜왕의 폐위로 이어지는 과정, 그리고 그 제안자 가운데 기씨일가의 대표격인 기철이 있었다는 점은 매우 중요한 의미를 가진다. 물론 고려국왕의 몽골 관료로서의 속성[정동행성승상]이나 고려왕실의 일가문으로서의 속성[부마가문]은 이미 충렬왕대부터 고려국왕권에 이입되기 시작하여 나름의 의미를 가지며 기능하고 있었다. 그러나 이러한 속성들은 충혜왕대라는 시기를 통해 고려국왕권에 더욱 적극적으로 이입, 동화될 수 있었던 것으로 생각되며, 이는 위와 같은 7차 입성론의 과정과 결과를 통해

261) 『元史』 卷107, 宗室世系表 ; 卷108, 諸王表.
262) 이명미, 2003, 앞 논문, 57쪽.

확인할 수 있다.

제4장

몽골 복속기 권력구조의 변화와 그 여파

　공민왕대는 이전부터 전개되어 왔던 몽골제국의 쇠퇴가 가시화하고 고려·몽골 관계 역시 변화를 겪게 되는 시기이다. 1356년(공민왕 5)의 개혁을 통해 상당부분 변화한 고려·몽골 관계는 1362년(공민왕 11)에 시작된 기황후 세력의 공민왕 폐위 시도가 군사적 대결을 동반한 가운데 고려의 승리로 귀결되면서 확정적인 것이 되었으며, 뒤이은 '원·명 교체'로 청산되었다. 이러한 과정은 몽골 복속기 권력구조 아래에서 상대화했던 고려국왕의 위상에도 변화를 가져왔다. 그러나 또다른 한편으로 몽골과의 관계에서 형성되었던 권력구조와 그 아래에서의 국왕 위상은 몽골과의 관계가 청산되는 과정에서도 그 여파를 남기며 이후의 대외관계 및 고려의 정국에 영향을 미치고 있었다. 제4장에서는 위에 제시된 사건들을 기점으로 몽골 복속기 권력구조가 청산되어 가는 과정과 그러한 과정에서 확인되는 몽골 복속기를 통해 상대화한 고려국왕권의 단면들, 그리고 몽골 복속기 권력구조가 남긴 여파의 한 측면을 살펴보도록 하겠다.

1. 충목왕~충정왕대 정치세력의 동향

즉위 초 공민왕의 국왕권이 당면했던 문제들은 충목~충정왕대의 정치상황 속에서 시작된 것들이었다. 이에 여기에서는 즉위 초 공민왕의 국왕권을 살피기 위한 작업의 일환으로, 공민왕 즉위시 지지세력이자 공민왕대 초반 정국에서 중요한 역할을 했던 기씨일가, 고려 내 유신세력, 수종공신 등의 충목~충정왕대 동향에 대해 살펴보고자 한다.

공민왕은 1351년 즉위하기 전, 두 차례의 왕위 계승 과정에서 모두 유력한 후보자였다. 그는 1341년(충혜왕 후2)에 이미 몽골에 입조해 숙위생활을 했는데, 이때 사람들은 그를 대원자(大元子)라 불렀다고 한다.[1] 그러나 충혜왕이 사망한 후에는 덕녕공주 소생의 충목왕이 즉위했고, 충목왕이 사망한 후에는 고려 신료들이 왕기(王祺, 뒤의 공민왕)를 추대했음에도 불구하고 몽골의 지원을 받고 있던 조카 왕저(王眡), 즉 충정왕이 즉위했다. 결국 공민왕은 몽골공주와의 통혼과[2] 몽골세력의 지원,[3] 결정적으로 기황후 세력의 지원을 받아 조카 충정왕을 폐위시키고 고려국왕위에 올랐다.[4]

---

1) 『高麗史』 卷38, 忠惠王 後2年 5月.

2) 공민왕은 몽골에서 숙위 중이던 충정왕 원년(1349) 10월, 위왕(魏王) 볼라드 테무르[孛羅帖木兒]의 딸 휘의노국대장공주(徽懿魯國大長公主) 보타시리[寶塔失里]와 혼인했다. 볼라드 테무르는 충숙왕의 둘째 부인 조국장공주(曹國長公主)와 남매 간이다. 자세한 내용은 이명미, 2003, 「고려·원 왕실통혼의 정치적 의미」『한국사론』49 참조.

3) 조일신이 언급한 바 있는 몽골에서 청탁을 한 고위관료들의 존재는 공민왕이 즉위 이전, 즉위를 위해 몽골의 고위관료들을 대상으로 로비를 했으며, 일정부분 그것의 성과로 공민왕의 즉위가 이루어졌음을 보여준다.(『高麗史節要』卷26, 恭愍王 元年 3月)

4) 공민왕의 즉위과정에서 기씨일가의 지원 여부와 관련해서는 민현구, 1981(a),

이렇게 볼 때, 공민왕의 즉위를 지원했던 정치세력은 몽골 고위관료들, 기황후 세력, 그리고 그를 추대했던 국내 정치세력들이라 할 수 있다. 이 가운데 몽골 고위관료들이 공민왕을 지지한 데에는 그들의 지원을 받아내기 위해 노력했던 공민왕 수종공신들의 역할이 매우 중요했던 것으로 보인다. 이들은 모두 공민왕의 즉위를 지원했다는 공통점을 갖지만 각기 다른 정치적 지향 및 특성을 갖기에, 이들을 기반으로 한 공민왕의 국왕권은 즉위 초, 내부적 갈등을 겪을 수밖에 없는 측면이 있었다.

먼저 기씨일가의 경우를 살펴보자. 이들은 기황후의 책립과 황태자 출생을 계기로 등장한 이후, 충혜왕 폐위 과정에 개입하면서 급성장했다. 충혜왕 폐위의 계기가 되었던 7차 입성론이 기철 등에 의해 제기되기도 했지만, 충혜왕이 유배된 후 기철은 홍빈(洪彬)과 함께 정동성을 서리하기도 했다.[5] 또한 충혜왕 폐위의 조서를 갖고 고려에 온 고용보 역시 기황후 세력이었는데, 그는 충혜왕 폐위 후 국사(國事)를 정리하고, 충혜왕 사후 어린 충목왕을 안고 순제에게 보였다.[6] 이는 충혜왕 폐위와 충목왕 즉위의 과정에 기씨일가의 영향력이 작용했음을 보여주는 것이다. 이런 상황에서 기씨일가의 정치력은 충목왕 즉위 후 한 단계 더 성장할 수 있었던 것으로 보인다.

충목왕대 기씨일가의 동향과 관련해서 주목되는 것은 정치도감의 개혁과 그에 대한 정동행성의 공격이다. 주지하다시피 정치도감의 개혁은 기삼만(奇三萬) 옥사사건을 빌미로 한 정동행성이문소(征東行省理問所)의 공격을 받아 중단되었다.[7] 기존 연구들에서 언급되었듯이,

---

「고려 공민왕의 즉위배경」, 『한우근박사정년기념사학논총』, 803~804쪽 참조.
5) 『高麗史』 卷36, 忠惠王 後4年 11月 甲申.
6) 『高麗史』 卷36, 忠惠王 4年 10月 壬戌 ; 卷37, 忠惠王 5年 2月 丁未.

이때 정동행성이문소에서 정치도감을 공격한 것은 당시 기씨일가를 중심으로 한 정치세력이 정동행성, 특히 이문소를 중심으로 하나의 세력을 형성하고 있었음을 보여주는 것이라 할 수 있다.

충정왕대 고려 내 기씨일가의 활동은 사료상 구체적으로 드러나지는 않지만 충목왕대의 연장선상에서 이해할 수 있을 것으로 생각된다. 이 시기 기씨일가는 고려의 유수한 가문들과의 통혼을 통해 '귀족화'를 지향하고 있었던 것으로 보인다.[8] 충정왕대에 기철의 딸이 왕후(王煦)의 아들 왕중귀(王重貴)와 혼인했으며[9] 이에 앞서 기철의 조카 기인걸(奇仁傑)은 이제현의 손녀와 혼인했다.[10] 기황후 세력이 공민왕의 즉위를 지원했던 것은 그들이 왕후, 이제현 등 공민왕 추대세력 가운데 주요 인물들의 가문과 통혼관계 등으로 연결되었던 상황과도 관련이 있을 것으로 생각된다.[11]

한편, 충정왕에 밀려 고려국왕위에 오르지 못했던 왕기(王祺)는 충정왕 즉위 후 고려국왕위에 오르기 위한 일련의 준비를 행했다. 대표적으로 노국공주(魯國公主)와 통혼하고 황태자의 단본당(端本堂)에 입시한 것 등을 들 수 있다.[12] 몽골 복속기 고려국왕권의 중요한 기반 가운데

---

7) 정치도감과 관련해서는 다음을 참조할 수 있다. 민현구, 1980(b), 「整治都監의 性格」 『동방학지』 23·24 ; 이강한, 2008(c), 「정치도감(整治都監) 운영의 제양상에 대한 재검토」 『역사와 현실』 67 ; 신은제, 2009, 「14세기 전반 원의 정국동향과 고려의 정치도감」 『한국중세사연구』 26 외 다수.

8) 민현구, 1981(a), 앞 논문, 803~804쪽.

9) 『高麗史』 卷110, 王煦傳 附 王重貴傳.

10) 민현구, 1981(a), 앞 논문, 803~804쪽.

11) 민현구, 1981(a), 위 논문, 803~804쪽.

12) 공민왕은 충정왕 원년(1349) 10월, 노국대장공주와 통혼했다.(『高麗史節要』 卷26, 忠定王 元年 10月) 또한 동왕 12년(1363), 폐위사건을 해결하기 위해 백관들이 몽골 첨사원에 보낸 글 가운데 공민왕이 "일찍이 세자로서 … 단본당에서 태자와 함께 글을 읽었고"라는 내용이 있는 것을 통해 공민왕이 즉위전, 몽골 태자의 단본당에 입시했음을 알 수 있다.(『高麗史』 卷40, 恭愍王 12年 4月 甲寅)

한 가지였던 공주와의 통혼과 함께, 황태자에의 접근이 이루어지고 있었다는 점이 주목된다. 이때의 황태자는 기황후의 아들인데, 공민왕이 즉위를 위한 준비 과정에서 그와의 관계 구축을 시도하고 있다는 것은 이 시기 고려 정치에 대한 기황후 세력의 영향력이 고려국왕위 계승문제에 영향을 줄 수 있을 정도로 강화되었음과 함께, 그러한 과정을 통해 즉위한 공민왕의 시대에 적극적으로 부각되는 기씨일가와 고려왕실·고려국왕권의 구조적 갈등관계의 발단을 보여주는 것이기 때문이다.

다음으로 국내에서 공민왕을 추대했던 세력들에 대해 살펴보자. 충목왕이 사망한 후, 고려의 신료들은 몽골에 상서(上書)하여 당시 몽골에서 숙위 중이던 19살의 왕기를 왕으로 세울 것을 청했다. 또다른 국왕위 계승후보자로 당시 11살이던 충혜왕의 서자 왕저(王胝, 뒤의 충정왕)가 있었지만, 당시 고려에서는 왕기를 보다 적합한 국왕위 계승자로 생각하는 여론이 광범하게 형성되어 있었던 것으로 보인다.[13] 이는 당시 기철과 함께 섭행정동성사(攝行征東省事)에 임명되었던 왕후(王煦)의 표문을 통해서도 어느 정도 확인할 수 있으며,[14] 권준 등 기로대신(耆老大臣)을 비롯해 이곡, 이승로, 윤택 등 다수의 고려 신료들이 몽골에 상서하여 왕기를 국왕으로 세울 것을 청하는 한편으로 왕저가 왕위에 부적합함을 이야기하고 있는 모습을 통해서도 확인할 수 있다.[15]

이들이 공민왕을 추대했던 것은 개혁의 필요성에 대한 인식, 어린

---

13) 민현구, 1981(a), 앞 논문.

14) 『高麗史節要』卷25, 忠穆王 4年 12月.

15) 『高麗史』卷107, 權㫜傳 附 權準傳 ; 卷109, 李穀傳.『高麗史節要』卷26, 忠定王 元年 7月.

국왕이 즉위한 상황에서는 그러한 개혁이 제대로 된 방향성을 찾기가 쉽지 않은 상황에 대한 문제의식에서 비롯한 것으로 보인다. 이들의 개혁에 대한 인식은 충목왕대 이제현, 이곡 등이 제시한 개혁안들을 통해 확인할 수 있다.

1344년(충목왕 즉위), 이제현은 당시 고려사회, 정치가 안고 있던 여러 가지 폐단에 대해 지적하고 그 개혁방안을 제시했다.[16] 그가 제시한 내용 가운데 중요한 것으로 정방의 폐지, 권문이 탈점한 녹과전(祿科田)의 변정(辨整), 사급전(賜給田)을 몰수해 일반 관료들의 녹과전을 확보할 것, 국왕의 사적 경제기반인 국왕식읍(國王食邑)을 광흥창(廣興倉)으로 이관할 것, 재상의 주도적 국정참여 보장, 수취의 경감과 압량위천(壓良爲賤)한 민의 속량(贖良) 등이 있었다. 이 가운데 정방 폐지와 녹과전 확보는 충선왕대 이후 개혁정책마다 언급된 것으로 당시 유신세력이 특히 중점을 두고 추진한 개혁안이었다고 할 수 있으나 실제로는 거의 실현되지 못한 것이었다. 이곡 역시, 같은 시기 몽골에 있으면서 고려의 재상들에게 글을 보내 용인(用人)의 중요성을 이야기하며 정방의 폐해를 이야기했다.[17]

이러한 상황에서 1347년(충목왕 3), 몽골에서 충혜왕의 실정(失政)을 개혁할 것을 요구해 왔고, 이에 따라 왕후(王煦)와 김영돈(金永旽)을

---

16) 『高麗史節要』 卷25, 忠穆王 卽位年 5月. 이제현의 개혁정책과 관련해서는 다음 논문들을 참조할 수 있다. 민현구, 1981(b), 「익재 이제현의 정치활동－공민왕대를 중심으로」 『진단학보』 51 ; 이숙경, 1989, 「李齊賢勢力의 形成과 그 役割 ; 恭愍王 前期 (1351~1365) 改革政治의 推進과 관련하여』 『한국사연구』 64 ; 홍영의, 1990, 1992, 「공민왕 초기 개혁정치와 정치세력의 추이 : 元年·5年의 개혁방안을 중심으로 (상)·(하)』 『사학연구』 42, 43·44, 한국사학회 ; 최연식, 1995, 「공민왕의 정치적 지향과 정치운영」 『역사와 현실』 15 ; 이익주, 2001, 「14세기 전반 성리학 수용과 이세현의 정지활동」 『전농사론』 7.

17) 『高麗史節要』 卷25, 忠穆王 卽位年 5月.

판사(判事)로 하는 정치도감(整治都監)이 설치되었다.[18] 황명으로 설치된 기관인 만큼 초기 정치도감을 통한 개혁사업은 상당히 적극적으로 이루어졌으며,[19] 이제현 등 고려의 정치세력들 역시 이 개혁과정에 적극적으로 참여했던 것으로 보인다. 그러나 정치도감의 개혁은 기삼만 옥사사건을 계기로 한 정동행성 측의 공격으로, 시작한 지 2개월 만에 중단되었다.[20]

이는 물론 기삼만 옥사사건이 중요한 계기가 된 것이었지만, 정치도감의 활동이 당시 정동행성을 그 구치(究治) 대상으로 하고 있었기 때문이기도 했다.[21] 또한 토지탈점(土地奪占), 압량위천(壓良爲賤), 모수사패(冒受賜牌) 등 정치(整治) 대상인 각종 불법행위들의 주체가 당시 정동행성을 구성하고 있던 주요 정치세력인 충혜왕의 측근세력과 기씨일가를 중심으로 한 부원세력이었던 점도[22] 정동행성이 정치도감을 공격한 중요한 이유였다.[23]

다수의 정치관(整治官)들이 처벌된 후, 몽골황제는 충목왕 3년(1347) 10월, 정치도감을 다시 둘 것을 명했다.[24] 이듬해 정월, 김륜(金倫),

---

18) 『高麗史節要』 卷25, 忠穆王 3年 2月.

19) 민현구, 1980(b), 앞 논문.

20) 『高麗史節要』 卷25, 忠穆王 3年 夏4月.

21) 정동행성의 폐단과 관련한 지적은 『高麗史』 卷82, 兵2, 站驛 忠穆王 元年 5月 整理都監狀 ; 卷84, 刑法1, 公式, 職制 忠穆王 元年 5月 整理都監狀 ; 卷85, 刑法2, 禁令 忠穆王 元年 5月 整理都監狀 등에 보인다. 이는 '忠穆王 元年'의 기사로 되어 있지만 '忠穆王 三年'의 誤記인 것으로 보이며, 그 내용은 정치도감의 활동을 담고 있는 것이라 할 수 있다.(민현구, 1980(b), 앞 논문)

22) 최근의 연구를 통해 당시 정동행성을 구성하고 있던 정치세력에 기씨일가를 중심으로 한 부원세력 외에 강윤충 등으로 구성된 충혜왕 측근세력도 포함되어 있었음이 밝혀졌다.(이강한, 2008(c), 앞 논문)

23) 고병익, 1961·1962, 「麗代 征東行省의 연구」(上)·(下) 『역사학보』 14·19 ; 민현구, 1980(b), 앞 논문.

24) 『高麗史節要』 卷25, 忠穆王 3年 10月.

이제현(李齊賢), 박충좌(朴忠佐) 등은 충혜왕의 측근인 강윤충(康允忠)의 죄를 처벌할 것을 청하는 상소를 올렸다.[25] 이는 강윤충이 충혜왕의 측근으로서 충혜왕의 죄를 조장했으므로, 그 죄를 물어 충혜왕의 죄를 면하게 하고 그 시호를 요청하자는 것이었다. 그런데 실제 이들이 들고 있는 강윤충의 죄목은 충혜왕대의 사안이기보다는 대다수가 그가 정치도감의 활동을 방해한 내용들임이 주목된다. 즉, 이들의 상소는 한 차례 정치도감의 개혁활동이 저지된 이후 다시 개혁을 시작하기에 앞서, 그에 저해되는 세력 가운데 하나인 충혜왕 측근세력을 제압하기 위한 것이었다고 할 수 있다. 또한 이는 이제현 등 고려의 정치세력들이 정치도감의 개혁활동에 적극적으로 참여하고 있었음을 보여주는 것이기도 하다.

그러나 이후 정치도감의 '정치(整治)' 활동은 적극적으로 이루어지지 못한 것으로 보인다. 이는 개혁을 주도했던 세력들이 정치도감의 개혁에 장애가 되었던 세력 가운데 충혜왕 측근세력에 대해서는 문제를 제기할 수 있었으나, 기씨일가를 중심으로 하는 세력들에 대해서는 그렇게 할 수 없었던 당시 상황과도 관련된 것으로 생각된다. 이러한 상황에서 충목왕 4년(1248) 12월 충목왕이 사망했고, 덕녕공주는 기철과 왕후로 하여금 정동행성의 업무를 섭행하게 했다.[26] 이때 정치도감의 활동에 참여했던 이제현 등이 왕저가 아닌 왕기를 추대한 것은 왕기의 자질과 역량에 대한 평가와 함께, 그들이 추진했던 개혁을 지속하기 위해서는 왕저보다는 왕기가 적합하다는 판단, 왕저를 중심으로 결집해 있던 세력들이 '정치'의 대상이었다는 점[27] 등이 작용한 결과였을

25) 『高麗史節要』 卷25, 忠穆王 4年 正月.
26) 『高麗史節要』 卷25, 忠穆王 4年 12月.
27) 민현구, 1981(b), 앞 논문.

것이다.

즉, 당시 고려의 유신세력들은 개혁을 지속하고자 하는 의지에서 왕기를 차기 국왕으로 추대했으나, 몽골은 왕저로 하여금 고려국왕위를 계승하도록 했다. 이후 정치도감은 폐지되었고[28] 개혁의 흐름은 중단되었다. 그러나 이때 개혁을 주도했던 세력들은 공민왕 즉위 후 다시 등장하여 이후 정국에서 중요한 역할을 하게 된다.[29]

한편, 공민왕의 즉위과정과 즉위 초의 정국에서 중요한 역할을 했던 또 하나의 정치세력으로 공민왕 수종공신세력을 들 수 있다.[30] 이들은 공민왕이 몽골에서 숙위하는 동안 그를 수종하며 공민왕의 즉위를 위해 힘썼던 인물들이다. 이들의 역할은 주로 몽골 고위관료들의 지원을 얻기 위한 활동이었다고 생각된다.

공민왕이 즉위 후 정방을 폐지하자, 조일신은 그 복구를 청하며 "전하께서 환국하실 때 원(元) 조정의 권신과 총신들 가운데 우리나라와 인척관계가 되는 사람이 그들 친족에게 벼슬 줄 것을 이미 전하께 부탁드리고 신(臣)에게도 부탁했습니다."라고 했다.[31] 여기에 보이는 "원 조정의 권신과 총신들"은 공민왕이 즉위 전 몽골에 있으면서 지원을 요청했던 자들일 것인데, 이들은 공민왕에게 뿐 아니라 조일신에게도 지원에 대한 보상으로서의 청탁을 했다. 또한 공민왕이 정방 복구의 청을 거절하자 조일신이 "무슨 면목으로 원 조정의 사대부들을 다시 볼 수 있겠느냐"며 화를 내고 있음도 주목된다. 이는 공민왕이 즉위 전 몽골에서 즉위를 위한 기반을 구축하는 과정에서 조일신이, 그리고

---

28) 『高麗史』 卷37, 忠定王 元年 8月 甲辰.
29) 민현구, 1980(b), 앞 논문.
30) 민현구, 1981(a), 앞 논문 ; 이익주, 1995, 「공민왕대 개혁의 추이와 신흥유신의 성장」 『역사와 현실』 15.
31) 『高麗史節要』 卷26, 恭愍王 元年 3月.

그와 같은 수종신료들이 그러한 활동의 전면에 나서고 있었음을 보여주는 것이다.

이들은 공민왕의 장기간의 숙위생활을 함께 하며 즉위를 위한 각종 정치활동들을 함께 구상하고 도모했기 때문에, 공민왕과 밀착되어 있을 수밖에 없었다. 그러나 또 다른 한편으로 이들의 국왕에 대한 밀착은 스스로의 출세와 권력 행사를 우선시하는 측면이 강했다. 이들이 세자 혹은 종실의 숙위에 수종한 것은, 대다수의 경우 자신이 수종한 세자 혹은 종실이 즉위한 후 출세할 것을 기대한 것이었다.32) 이에 이러한 수종공신들의 존재는 즉위 후 공민왕의 국왕권에 중요한 기반이 되는 동시에 큰 제약이 되기도 했다.

이처럼 공민왕은 두 차례의 국왕위 계승 시도 실패 이후, 서로 다른 성향과 지향을 가진 정치세력들의 지원을 받으며 즉위했다. 이들은 공민왕 즉위라는 사안을 두고 입장을 같이 했으나, 공민왕 즉위 이후의 정국에서는 각자의 성향과 지향에 따라 다른 입장을 보이게 되었다. 이들의 도움으로 즉위한 공민왕이 고려 내정의 개혁과 국왕권 재구축이라는 당면한 문제를 해결하기 위해서는 이들 정치세력들과의 입장 조율이 우선적인 과제였다. 공민왕대 초반, 공민왕의 국왕권 문제는 그의 즉위에 기여한 정치세력들과의 관계 속에서 어떻게 중심을 잡고 균형을 이루어 내는가의 문제였다고 할 수 있다.

---

32) 이러한 점은 충선왕대, 세자 왕감(王鑑)과 그 동생 강릉대군 왕도(王燾, 뒤의 충숙왕)가 숙위를 위해 몽골에 가기 전, 왕도를 수종했던 윤석(尹碩)의 일화를 통해 확인할 수 있다. 당시 충선왕의 두 아들을 몽골에 보내 입시하게 하라는 몽골의 명령에, 윤석은 세자가 아닌 강릉대군을 선택했다. 이에 대해 그의 아버지는 왕자를 수종하는 것은 후일 그가 왕이 되었을 경우를 위한 계책인데, 윤석이 형을 두고 동생을 택한 것은 잘못이라고 이야기했다.(『高麗史』 卷124, 尹碩傳)

2. 공민왕대 초반 국왕권 재구축 시도 :
   1356년 개혁의 발단과 지향

공민왕은 즉위 후, 동아시아 정세 변화에 조응하면서 몽골과의
관계 속에서 손상되고 약화한 국왕권의 재구축을 시도했다. 이러한
공민왕의 시도는 일반적으로 '반원개혁'이라고 일컬어지는, 1356년
(공민왕 5) 개혁을 중심으로 해서 이루어졌다. 이 개혁에 대해서는
그 획기적 의미로 인해 그간 많은 연구가 이루어졌으며,[33] 최근에
는 재검토 논의가 이루어져 이 개혁의 '반원적' 성격에 대한 문제
제기,[34] 혹은 1356년 이후로도 고려·몽골 관계가 지속되었던 측면
에 주목한 연구 등이 이루어지고 있다.[35]

최근 재검토 논의가 이루어지기도 했지만, 그럼에도 이 개혁에서
'반원적' 지향을 배제하기는 어렵다. 1356년 개혁은 국정 정상화를

---

33) 일본인 학자인 池內宏에 의해 이를 몽골의 국세가 약화된 틈을 타 이루어진 몽골에
   대한 반항운동으로 본 최초의 연구가 이루어진 후(池內宏, 1917, 「高麗恭愍王の元に對
   する反抗の運動」『東洋學報』 7-1, 東洋學術協會(1979, 『滿鮮史研究-中世第三冊-』, 吉川
   弘文館에 재수록)) 국내에서는 이 개혁이 반원운동으로서의 성격에 더해 대내적
   개혁으로서의 성격까지 가지는 것으로 평가하는 연구들이 이루어졌다.(민현구,
   1981(a), 「고려 공민왕의 즉위배경」『한우근박사정년기념 사학논총』; 1989, 「공민
   왕의 반원적 개혁정치에 대한 일고찰 : 배경과 발단」『진단학보』 68 ; 1992, 「고려
   공민왕대 반원적 개혁정치의 전개과정」『허선도선생정년기념 한국사학논총』;
   1994, 「고려 공민왕대의 '주기철공신'에 대한 검토 : 반원적 개혁정치의 주도세력」
   『이기백선생고희기념 한국사학논총』(上) ; 홍영의, 1990, 1992, 「공민왕 초기 개혁
   정치와 정치세력의 추이 : 元年·5年의 개혁방안을 중심으로」(상)·(하)『사학연구』
   42, 43·44, 한국사학회 ; 이익주, 1996, 「고려·원 관계의 구조와 고려후기 정치체제」,
   서울대학교 인문대학 국사학과 박사학위논문 ; 김당택, 1995, 「원간섭기말의 반원
   적 분위기와 고려정치사의 전개」『역사학보』 146 ; 김순자, 2007, 앞 책 외 다수)
34) 이강한, 2009(a), 「공민왕 5년(1356) '반원개혁'의 재검토」『대동문화연구』 65.
35) 김경록, 2007, 「공민왕대 국제정세와 대외관계의 전개양상」『역사와 현실』 64 ; 최종
   석, 2010(b), 「1356(공민왕 5)~1369년(공민왕 18) 고려·몽골(원) 관계의 성격-'원간
   섭기'와의 연속성을 중심으로-」『역사교육』 116.

위한 내정 개혁으로서의 의미와 국정 주도권 회복을 포함한 국왕권 재구축을 위한 권력구조 개혁으로서의 의미를 갖는 것으로, 이러한 문제는 정치와 외교 간 경계가 상당부분 흐려져 있었던 고려·몽골 관계에서 몽골과의 관계 재편을 전제로 하지 않고는 해결될 수 없는 문제였기 때문이다. 공민왕이 국왕권을 재구축하는 방식이 이전 국왕들의 그것과 달리, 그간 고려국왕권의 중요한 한 부분을 지탱하고 있던 몽골황제권을 배제하는 방식으로 이루어지면서, 결과적으로 몽골과의 관계 재편을 지향했다는 점은 부정하기 어렵다. 다만, 이 개혁을 '반원개혁'으로 보아왔던 기존의 논의들에서 그 '반원'의 의미를 공민왕대 이전부터, 몽골과의 관계 속에서 점차적으로 강화되어 온 '반원·자주적 역사의식'이라는 관점에서 접근하고 있는 점은 수정·보완의 여지가 있다.

이 개혁을 '반원·자주적 역사의식'을 바탕으로 몽골이라는 외세에 대항하여 '반원'을 기치에 걸고 단행된 사건이었다고 설명하는 것은 다분히 결과론적인 해석인 것으로 생각된다. 우선 기존의 연구들이 '반원·자주적 역사의식'의 배경으로 들고 있는 몽골의 '간섭'이나 '압제'는 이 시기에 국한된 현상이 아니다. 물론 그러한 '간섭'이 점차 강화되었고 그에 따라 '반원·자주적 역사의식' 또한 차츰 강화되어 왔을 수는 있다. 그러나 간섭과 그에 저항하는 의식의 '강화'라는 것은 상대적인 개념이기에, 이를 통해 '반원개혁'의 배경을 이야기하는 것은 결과론적인 해석일 수밖에 없다. 이러한 방식으로는 어느 정도 간섭과 압제가 강화되고 반원·자주의식이 강화되면 '반원개혁'과 같은 것이 발생할 수 있는 것인지가 '설명'되지 않는다. 관련선상에서, 기존 연구들이 공민왕 '반원개혁'이 가능할 수 있었던 주요한 배경으로 이야기하는 몽골의 쇠퇴라는 것 역시 마찬가지이다. 당시 몽골제국이 혼란했던 것은 사실이며 이러한 상황이 공민왕이 일련의 개혁을 단행할 수 있는 정세적 배경을 형성해 주었음은 분명하다. 그러나 당시의 시점에서 공민왕이 파악한 몽골의 혼란상을 그가 '반원개혁'을 시도해도 좋을 정도의 정세로 해석하는 것은 역시 이후의 상황을 염두에 둔 결과론적인 해석인 것으로 생각된다.

이 개혁의 배경을 이해하기 위해서는 오히려 이 사건이 공민왕대 초반의 정치·권력구조 속에서 발생한 정치적인 사건이었다는 점, 즉 이 개혁의 '반원적 지향'은 동인이었다기보다는 당시 고려의 정치·권력구조가 몽골과의 관계와 직결되어 있었던 상황에 기인한 결과적 측면이었다는 점에 주목할 필요가 있다. 이러한 문제는 그간의 연구들이 이 개혁을 '반원·자주적 역사의식'에 근거한 '당연하고 자연스러운' 결과로서 서술하는 가운데, 혹은 그러한 '반원성'을 부정하거나 재확인하는 데에 집중함으로써 충분히 주목하지 못했던 공민왕대 초반의 고려·몽골 관계 및 정치·권력구조를 '설명'하는 데에도 매우 중요한 문제이다. 이는 앞서 서술해 온 바, 간섭 및 압제와 그에 대한 저항이라는 이분법적 구도만으로는 충분히 설명되지 않는 몽골과의 관계 및 그에 기반한 고려의 정치·권력구조를 총체적으로 설명하는 문제와도 직결된다. 또한 이는 단지 1356년 개혁이 '반원적'인 것이었는가, '반원성'을 갖지 않는 것이었는가의 문제를 넘어, 다음 절에서 다루게 될 문제인 이 개혁을 전후하여 무엇이 어떻게 변화하였는지, 혹은 이 시기의 경험이 어떻게, 어떤 맥락에서 개혁 이후 고려의 정치와 외교에 영향을 미치게 되는지를 이야기하는 데에도 매우 중요한 문제이다.

이에 이 절에서는 공민왕 5년 개혁을 포함하여 공민왕 초에 보이는 일련의 행위들이 보여주는 '도발성' 혹은 '반원적 지향'이 어떤 맥락에서 생겨난 것인지를 몽골 복속기 권력구조 아래에서 고려왕실·고려국왕권과 기씨일가의 관계를 통해 구조적으로 설명해보고자 한다.[36] 이를 통해 몽골 복속기 권력구조의 특징과 그 안에서의 국왕 위상 변화가 극대화하여 드러난 구체적 양상을 살펴볼 것이다.

1) 즉위 초 공민왕의 국왕권

(1) 기씨일가와의 관계

기황후 세력의 지원을 받으며 공민왕이 즉위한 후, 기씨일가의 전횡은 더욱 두드러지게 나타났다. 대표적으로 공민왕이 성절을 하례하기 위해 행성으로 가는데 기원(奇轅)이 공민왕과 말을 나란히 세워 걸어가면서 이야기하려 했다거나,[37] 몽골에서 공민왕에게 공신 칭호를 주었을 때 기철이 왕에게 보낸 축시에서 신하를 칭하지 않았다거나[38] 하는 사례들이 있다. 이러한 양상은 기씨일가의 주요 인물들이 공민왕과 대등한 관계를 형성하려는 경향을 보인다는 점에서 이전 시기 전횡 사례들과는 차이를 보인다. 이들의 행동에 대한 사료의 서술은 기씨일가 주살을 주로 하는 1356년(공민왕 5) 개혁에 앞서 그들의 하극상을 강조하기 위한 것인 듯 보이기도 한다.

---

36) 최근, 이익주는 근래 제기된 1356년 개혁의 '반원성'을 부정하는 논의들에 대해 재검토하고 그것이 반원적 성격을 갖고 있었음을 재론하면서, '반원'의 의미를 그가 고려·몽골 관계 및 이 시기 고려정치사를 구조화한 '세조구제'라는 틀을 통해 다시 한번 정리하였다(이익주, 2015, 「1356년 공민왕 反元政治 再論」『역사학보』225) 이 책에서는 1356년 개혁이 갖는 반원성을 인정한다는 점에서는 기존의 논의와 동일한 맥락의 이해를 반영하지만, 그 반원의 의미를 이 책에서 서술해온 바, 몽골적 관계요소와 동아시아적 관계 요소가 유기적으로 작용하여 형성된 몽골 복속기 권력구조에 대한 정치적 반발이라는 관점에서 서술하고자 한다.

37) 『高麗史節要』卷26, 恭愍工 元年 4月.

38) 『高麗史節要』卷26, 恭愍王 5年 2月;『高麗史』卷131, 奇轍傳.

하지만 실제로 이들의 행동이 하극상이었는지에 대해서는 재고의 여지가 있다. 기철이 공민왕에 대해 칭신(稱臣)하지 않은 것은 당시 관직체계상의 현실적인 양자관계에 기초한 것이었다고 할 수 있다. 1356년 당시 기철은 요양행성 평장정사로서 고려 내에서 관직을 갖고 있지 않기 때문에, 그의 행위는 하극상으로 보기만은 어려운 점이 있다. 물론 고려인은 곧 고려국왕의 신민(臣民)이라는 차원에서, 그리고 기철이 이전에 고려에서 정승직을 받기도 했음을 고려할 때, 고려국왕 및 여타 신료들의 입장에서 기철의 행동은 정서상의 하극상이었다 할 수 있을 것이다. 그러나 기철의 행위가 현실적인 관직체계상의 양자관계, 그리고 기씨일가와 고려왕실[공민왕]의 관계에 근거하고 있었기 때문에, 공민왕은 기철 등의 군주를 모욕하는[陵君] 행위에[39] 적절히 대응하기 어려웠다.

이러한 상황은 공민왕의 국왕으로서의 권위에 큰 타격을 주고 있었다. 물론 기철 등 기씨일가 이전에도 황제의 신하로서 고려국왕에 대해 신하로서의 예를 취하지 않았던 자들은 있었다.[40] 그러나 공민왕이 즉위과정에서 기황후 측의 도움을 받았다는 점에서, 그리고 기씨일가가 황후의 일가라는 점에서 그들의 득세는 단순한 부원세력 차원을 넘어 공민왕의 국왕권에 부담이 되고 있었다. 당시의 고려·몽골 관계에서 기씨일가의 존재가 고려와 고려왕실에게, 구체적으로 즉위 초의 공민왕에게 어떤 의미를 가지는 것이었는지에 대해서는 고려·몽골 관계의 구조 속에서 다시 한번 생각해 볼 여지가 있다.

---

39) 이는 1356년 개혁 이후 교서에서 보이는 표현이다.(『高麗史節要』卷26, 恭愍王 5年 5月)

40) 대표적으로 1271년(원종 12) "홍차구가 조서를 가져와 왕을 보고도 절하여 예를 취하지 않았"던 사례를 들 수 있겠다.(『高麗史』卷130, 洪福源傳)

몽골이 다른 정치집단을 인식하고 관계를 형성할 때 그 집단 수장의 가문과 가문 대 가문으로 관계를 형성했고, 그러한 관계 형성의 대표적 수단이 통혼이었음은 앞서 살펴본 바 있다. 고려·고려왕실과 몽골·몽골황실의 관계도 이와 같으며, 이러한 관계에 기반해 양국·양 가문 간 관계는 부침과 변화를 겪으면서도 지속될 수 있었다. 나아가 양자 간의 통혼관계는 몽골이 고려와의 관계에서 선택한 가문이, 그래서 고려 내에서 몽골황실·황제권에 가장 근접해 있는 존재가 고려왕실이 었음을 반복적이고 지속적으로 확인시켜 주는 것이었다.

이에 기황후의 등장과 태자의 출생을 시작으로 한 기씨일가의 등장은 고려왕실과 몽골황실 간에 성립, 유지되었던 관계의 구도에 또 하나의 가문이 끼어들어온 양상이었다고 할 수 있다. 뒤에서 상술하겠지만, 쿵크라트 본족(本族)을 이끌던 테르게 에멜과 칭기스칸의 관계에 문제 가 생기면서 테르게 에멜의 가문이 쿵크라트의 지배가문으로서의 지위를 상실하고 같은 쿵크라트 계열이지만 구분되는 집단을 이끌던 데이세첸의 가문이 지배가문으로 부상했던 사례는[41] 몽골이 다른 정치집단과 관계를 형성하는 과정에서 보이는 '가문' 단위의 인식, 더불어 이 시기 몽골황실과 기씨일가, 고려왕실 간의 관계를 이해하는 데 많은 시사점을 준다. 더욱이 황제와의 관계는 기씨일가가 고려왕실 보다 더 가까웠다. 물론 이때 기씨일가의 등장은 이미 배타적인 정치세 력으로 존재하는 정치단위의 대표 가문과 몽골황실의 정치적 결합이라 는 의미를 가진 등장은 아니었다. 하지만 그런 방향으로 발전할 수 있는 가능성을 내포하고 있었으며, 이러한 가능성은 다음 장에서 살펴 볼 공민왕 폐위 시도에서 보다 구체적인 모습으로 나타났다.

---

41) 라시드 앗딘 서, 김호동 역주, 2002, 『부족지』, 사계절, 267~268쪽 ; 村上正二 譯註, 1970, 『モンゴル秘史』 1, 平凡社, 319쪽 ; 『モンゴル秘史』 2, 154쪽 ; 『金史』 卷93, 宗浩.

한편, 기씨일가의 전횡은 공민왕의 국정 운영에도 장애가 되었다.[42] 우선, 공민왕대 초 기씨일가 인물들의 관직진출이 두드러진다. 공민왕 3년(1354) 4월의 인사에서 기륜(奇輪)은 찬성사(贊成事)에, 기완자불화(奇完者不花)는 삼사좌사(三司左使)에 임명되었다.[43] 이외에도 기씨 세력은 고려의 인사에 개입해 자신들의 당여들에게 관직을 제수하도록 했던 것으로 보인다.[44] 공민왕이 5년 개혁 이후의 교서에서 "기철 등이 국왕을 능가하는 위세를 부리며 국법을 어지럽혀 관리의 선발과 이동이 그의 희노(喜怒)에 따르고 정령(政令)이 그에 따라 신축되었다"라 한 것은[45] 기철 등을 주살한 것을 정당화하기 위한 이야기였을 수 있지만 사실과 크게 다르지 않은 것이었다고 생각된다. 또한 이 시기에는 권겸(權謙)이 딸을 몽골 황태자, 즉 기황후의 아들인 아유르시리다라[愛猷識理達臘]의 비(妃)로 들이고[46] 노책(盧頙)이 딸을 순제(順帝)에게 바치는 등 몽골황실과 관계를 맺으면서[47] 기씨일가를 중심으로 결집해 있기도 했다.

주지하다시피 위와 같은 공민왕대 초 기씨일가의 동향은 1356년 개혁에 주요한 발단이 되었다. 그런데 이 시기 기씨일가의 동향과 관련, 더불어 1356년 개혁의 배경으로서 두 가지 문제에 대해 좀 더 살펴볼 필요가 있다. 한 가지는 기존의 연구들이 개혁의 주요 배경으로 들고 있는 몽골 승상 톡토[脫脫]의 실각 문제이며, 다른 한 가지는

---

42) 민현구, 1989, 「공민왕의 반원적 개혁정치에 대한 일고찰 : 배경과 발단」, 『진단학보』 68.
43) 『高麗史』 卷38, 恭愍王 3年 夏4月 甲午.
44) 『高麗史』 卷38, 恭愍王 4年 9月 甲申 ; 卷131, 奇轍傳.
45) 『高麗史』 卷39, 恭愍王 5年 6月 乙亥.
46) 『高麗史』 卷38, 恭愍王 元年 8月.
47) 『高麗史』 卷38, 恭愍王 3年 5月.

개혁 이후 공민왕이 대내외적으로 개혁-기씨 주살의 배경으로 들고 있는 기철의 난 문제이다.

먼저 톡토의 실각 문제를 살펴보자. 구체적인 개혁의 준비가 이루어지고 있음이 처음 확인되는 것은 공민왕이 쌍성(雙城)의 천호(千戶) 이자춘(李子春)을 회유하고 있는 공민왕 4년(1355) 12월이다.[48] 하지만 후술할 정지상의 일화는 이미 공민왕 4년 초부터 공민왕과 개혁주도세력들 사이에서 개혁에 대한 구상이 이루어지고 있었을 가능성을 제시한다.[49] 그렇다면 추상적인 단계라 하더라도 톡토 실각 소식이 전해진 동왕 3년(1354) 11월 이후 개혁에 대한 구상이 이루어지기 시작했다고 볼 수 있다.

기존 연구들은 1354년(공민왕 3), 톡토가 고우성(高郵城)의 장사성(張士誠)을 공략하는 과정에서 실각한 소식이 원정에 참여했던 고려군에 의해 고려에 전해졌고, 이를 통해 몽골의 세력약화를 확인한 공민왕이 '반원개혁'을 실행했다고 이해해왔다.[50] 당시 몽골의 세력이 이전에

---

48) 『高麗史』卷38, 恭愍王 4年 時藏.

49) 정지상이 몽골에서 온 어향사를 가두면서 발생한 일련의 사건은 공민왕 4년 2월의 일이다.(『高麗史節要』卷26, 恭愍王 4年 2月)

50) 민현구, 1989, 「공민왕의 반원적 개혁정치에 대한 일고찰 : 배경과 발단」『진단학보』 68, 65~66쪽, 68쪽 외 다수. 한편, 톡토의 실각이 내포하고 있는 몽골의 쇠퇴상을 공민왕이 이른바 '반원개혁'을 시도할 수 있었던 중요한 배경으로 이해했던 것과 관련, 최근에는 이것이 이후 결국 몽골이 막북으로 물러나게 되는 결과에 기반한 것으로, 상당히 결과론적인 해석으로 보는 견해도 제시되었다.(김경록, 2007, 「공민왕대 국제정세와 대외관계의 전개양상」『역사와 현실』64) 당시 몽골에서는 한인군웅들의 반란이 연이어 일어나고 있었다. 물론 이러한 상황 자체만으로 몽골의 쇠퇴를 이야기하기는 어렵다. 고려에 지원군을 요청한 것이 몽골의 쇠퇴를 반영하는 것일 수 있지만, 몽골이 반란을 평정하는 과정에서 고려에 대해 지원군을 요청한 경우는 이전에도 있었다. 그러나 이때 톡토가 고우성(高郵城)의 장사성(張士誠) 공격을 위해 동원했던 군사력은 거의 몽골의 전력이라 할 수 있을 정도의 대군이었고, 이들을 거느리고도 톡토가 고우성 함락에 실패했다는 것은 분명, 그에 참가했던 고려인들이 보기에 몽골의 힘이 약화된 양상을 보여주는 것이었다

비해 상당히 약해진 것이 사실이고 톡토의 실각 소식은 이를 보다 분명히 공민왕이 인식하도록 해주었을 것이며, 이것은 이후 공민왕의 개혁 실행에 중요한 배경이 되었음에 분명하다. 그러나 즉위 초 공민왕과 기씨일가의 관계를 고려할 때, 톡토의 실각에는 한 가지 더 주목되는 부분이 있다. 톡토와 기황후 및 황태자와의 관계이다.

톡토의 실각은 그에게 원한을 품은 합마(哈麻)가 기황후에게 황태자 책보(冊寶)가 늦어지고 있는 것이 톡토 때문이라고 참소한 것에 기인한 것이었다.[51] 그런데 이는 단지 참소는 아니었다. 톡토는 기황후 및 황태자와 우호적인 관계를 유지했던 것으로 보이지만,[52] 황태자 책보 문제에 대해서는 쿵크라트 정궁(正宮)의 아들이 있다는 이유로 수차례 반대 입장을 표명했다. 한편 톡토는 공민왕 3년(1354) 이전, 1344년 이미 한차례 실각했다가 1349년 복권한 바 있는데, 톡토는 복권 후

고 할 수 있다. 실제, 이 사건을 기점으로 몽골 조정의 지방 통제력은 급속히 약화한 것으로 보인다. 이후 장사성, 방국진 등이 이끄는 한인 반란군뿐 아니라 차간테무르[察罕帖木兒], 쿠쿠테무르[擴廓帖木兒] 등 몽골 군벌들이 몽골황제의 권위를 인정하면서도 분립해나가는 양상을 보였다. 순제대 정치상황과 군벌의 등장 상황과 관련해서는 다음을 참조할 수 있다. David M. Robinson, 2009, *Empire's Twilight : Northest Asia Under the Mongols*, Cambridge and London. Harvard University Press.

51) 『元史』 卷205, 哈麻傳.
52) 황태자 아유르시르다라가 6살이 될 때까지 톡토의 집에서 자랐다 하며 그 기간 중 순제가 전쟁에 나간 사이 위험에 처했을 때 톡토가 황태자를 안고 단기(單騎)로 산에 올라 그 목숨을 구해주었다는 일화도 있다. 1344년 실각 후 1349년 다시 복권할 때에도 톡토는 동궁의 일을 맡아보는 것으로 재기하고 있으며 얼마 후에는 황태자가 공부했던 단본당의 일도 담당했다(『元史』 卷138, 脫脫傳). 톡토와 기황후의 관계와 관련해서는 이들이 시종일관 불편한 관계에 있었다고 보는 경우도 있으나 (이정란, 2005, 「整治都監 활동에서 드러난 家 속의 개인과 그의 행동방식」, 『한국사학보』 21, 304쪽) 아유르시리다라의 황태자 책보 문제가 불거지기 이전의 양자관계는 상당히 우호적이었던 것으로 생각된다.(토니노 푸지오니, 2002, 「元代 기황후의 불교후원과 그 정치적인 의의」, 『보조사상』 17, 115~117쪽 ; 신은제, 2009, 「14세기 전반 원의 정국동향과 고려의 정치도감」, 『한국중세사연구』 26, 195~203쪽)

중서(中書)에 들어가 그 "은혜와 원수를 갚는" 과정에서 자신을 실각시킨 베르케부카[別兒怯不花]와 형제를 맺고 가까이 지냈다는 10명의 인물 가운데 한명인 독만질아(禿滿迭兒)를 중서우승(中書右丞)에서 사천우승(四川右丞)으로 좌천시킨 후 다시 무고하여 추방하고 도중에서 죽인 바 있었다.[53] 이 독만질아(禿滿迭兒)는 처음 기황후를 순제의 공녀로 추천했던 인물과 동일인인 것으로 보인다. 구체적으로 확인할 수는 없지만 독만질아가 기황후를 존재하게 한 인물임을 생각한다면, 양자의 관계는 상당히 가까웠을 것이다. 이로써 볼 때 톡토와 기황후의 관계는 처음에는 우호적이었으나 톡토가 복권 후 "은원을 갚는" 과정에서, 그리고 황태자 책보 문제와 관련하여 갈등하게 되었던 것으로 생각된다. 이들의 갈등이 기황후의 존재-독만질아(禿滿迭兒), 황태자의 지위와 관련되어 있었다는 점이 주목된다.

그런 점에서 당시 공민왕에게 톡토의 실각은 단지 몽골의 세력 약화를 알려주는 것이었을 뿐 아니라, 특히 황태자 지위 문제와 관련하여 톡토와 갈등관계에 있었던 기황후와 황태자의 세력 강화에 대한 예고로서도 큰 의미를 가졌을 것으로 생각된다. 당시 상황에서 기황후 및 황태자의 세력 강화는 공민왕의 국왕권에 직접적인 영향을 미칠 수 있는 것이었다. 실제 톡토가 실각한 이듬해인 공민왕 4년(1355) 3월에 황태자 고명이 이루어졌고[54] 톡토 파면에 앞장섰던 합마(哈麻)와 그 동생 설설(雪雪)의 활약도 눈에 띄게 나타나기 시작했다.[55] 급기야 공민왕 5년 정월에는 황태자에 대한 내선(內禪) 시도가 이루어졌다. 이때의 내선 시도는 성공하지 못하고 그를 주도했던 합마(哈麻), 설설(雪

---

53) 『元史』 卷205, 哈麻傳.
54) 『元史』 卷44, 順帝 至正 15年 3月 甲午.
55) 설설(雪雪)의 활약은 황태자의 단본당을 중심으로 이루어졌다.

268

雪) 등이 파직되었다.[56] 그리고 공민왕의 개혁이 시작되었다.

더욱이 톡토의 실각이 고려에 전해졌던 시기는 고려 내에서 기씨일가의 입지가 매우 강화되고 있던 시기였다. 1352년(공민왕 원년), 조일신은 기씨 형제를 죽이기 위해 난을 일으켰다가 복주(伏誅)되었다.[57] 이 난의 배후에 공민왕이 개입되어 있었는지의 여부는 확인하기 어렵다. 그러나 이 난이 실패로 돌아가면서 기씨일가의 고려 내 입지가 더욱 강화되고 공민왕의 입지가 상대적으로 약화되었음은 어느 정도 분명해 보인다.[58]

우선 고려에서는 이전까지의 관례를 깨고, 공민왕 2년(1353) 5월부터 몽골 황후, 즉 기황후의 탄일(誕日)인 천추절(千秋節)을 하례하기 위한 사신을 보내 예물을 바치기 시작했다.[59] 또한 조일신 난 이후 공민왕은 직접 기황후의 모친인 영안왕부인(榮安王夫人) 이씨(李氏)의 집을 찾아갔으며, 그를 위해 몽골에 직접 요청하여 잔치를 베풀기도 했다.[60] 여기에서 주목되는 것은 이 잔치에서의 자리배치이다. 잔치의 정황을 알 수 있는 사례는 두 사례, 1353년과 1355년의 잔치이다.[61] 1353년의 잔치에서는 몽골의 태자와 노국공주가 남면(南面), 왕은 동면(東面), 이씨는 서면(西面)하여 앉았음을 확인할 수 있다. 잔치의 주인이 이씨였기 때문에 그가 주인으로서 서면했으며 공민왕이 그에 대해 동면하여 서로 대등한 모습을 보여주고 있다. 1355년의 잔치에서는 공주나 태자

---

56) 『元史』 卷44, 順帝 至正 16年 正月 庚戌 ; 卷205, 哈麻傳.
57) 『高麗史』 卷38, 恭愍王 元年 9月에서 同年 10月 乙巳까지.
58) 민현구, 1989, 앞 논문, 61~64쪽 ; 이익주, 1995, 「공민왕대 개혁의 추이와 신흥유신의 성장」 『역사와 현실』 15, 30~31쪽 외 다수.
59) 『高麗史』 卷38, 恭愍王 2年 5月 乙酉.
60) 『高麗史』 卷38, 恭愍王 2年 正月 丙子 ;『高麗史節要』 卷26, 恭愍王 2年 8月.
61) 『高麗史節要』 卷26, 恭愍王 2年 8月(이는 『高麗史』 卷131, 奇轍傳에 보다 자세하게 설명됨), 『高麗史』 卷38, 恭愍王 4年 8月.

는 보이지 않고 왕과 이씨가 함께 남면하여 앉았다. 이러한 자리배치 양상은 기황후의 모친인 이씨가 공민왕과 대등한 지위에 있음을 의례를 통해 가시적으로 드러내주는 것이었다는 점에서 중요하다. 더불어 이는 앞서 살펴본 공민왕 초 기철 등의 군주를 모욕하는[陵君] 행위가 공민왕의 국왕권에 대해 갖는 의미를 재확인시켜준다.

다음으로 기철의 난 문제를 살펴보자. 이와 관련, 기존의 연구들은 기철의 난이 실재했을 가능성에 대해 언급하기도 하지만,[62] 대체적으로 공민왕이 몽골의 허락 없이 기황후의 일족을 주살한 것에 대한 변명의 차원에서 만들어낸 언설인 것으로 이해하고 있다.[63] 이때의 역모가 실재했는지의 여부, 실재했다면 어느 정도 수위의, 어떤 형태의 것이었는지를 확인하기는 어렵다. 다만 관련된 단편적인 기사들을 근거로 공민왕의 입장에서 당시의 상황을 재구성해볼 수는 있다.

기철의 난과 관련된 최초의 기사는 개혁이 단행되기 직전인 공민왕 5년(1356) 3월, 이자춘이 공민왕을 조회했을 당시 "기철이 쌍성의 반란민과 몰래 통해 당을 만들고 역모를 꾸민다"고 밀고한 자가 있어 왕이 이자춘에게 돌아가 백성을 진무하고 혹 변란이 일어나면 명령에 따르라 했다는 기사이다.[64] 이는 실제 그런 움직임이 있었을, 혹은 그런 가능성

---

62) 최근의 한 연구는 기철세력이 동서북면 지역에 대해 갖고 있었던 지역적 연고와 영향력 등을 고려할 때 그의 반역 모의가 실재했을 가능성을 배제하기 어렵다고 보기도 했다.(이강한, 2009(a), 앞 논문, 214~215쪽) 그는 기철의 반역모의가 실재했을 가능성에 대한 또 하나의 근거로서 당시의 묘지명 기사에 보이는 '기씨의 난이 일어났다'는 표현을 언급하기도 했다.(김용선, 2001, 「柳淑墓誌銘」『高麗墓誌銘集成』, 한림대학교 아시아문화연구소)

63) 池內宏, 1917, 「高麗恭愍王の元に對する反抗の運動」『東洋學報』7-1, 東洋學術協會(1979, 『滿鮮史硏究』中世, 吉川弘文館에 재수록) ; 민현구, 1989, 앞 논문.

64) 『高麗史節要』卷26, 恭愍王 5年 3月. 이는 이자춘과 관련된 기사로 전적으로 신뢰하기 어려운 측면도 있다. 그러나 고려 말, 특히 공민왕대 이후와 관련한 『高麗史』, 『高麗史節要』의 기록들에서 왕조교체를 정당화하기 위한 수식과 왜곡이 있었지만,

을 공민왕이 강하게 의심했을 가능성을 보여준다. 이러한 밀고가 제기된 것은 기존의 연구들이 상세하게 설명한 바와 같이 고려 동서북면 지역에 대해 기철 세력이 갖고 있던 영향력을 배경으로 한 것이었으며,[65] 그 시점은 공민왕에 대한 기철 등 기씨일가 구성원들의 '능군(陵君)' 행위가 계속되고 고려 내에서의 기씨일가의 입지가 강화되고 있던 시점이었다. 이러한 대내외적인 상황에서 전해진 기철의 역모에 대한 밀고는 그 사실여부를 확인하기에 앞서 일단 공민왕에게 상당한 압박감을 주었을 것으로 추정된다. 더욱이 공민왕은 기철 등이 제기한 입성논의의 여파로 충혜왕이 폐위되었음을 목도한 바 있었으며, 살펴본 바와 같이 공민왕 초 기씨일가의 정치적 입지는 충혜왕대의 그것에 비해 한층 더 강화된 상황이었으므로, 기철의 난 소식이 공민왕에게 주었을 압박감은 상당하였을 것으로 생각된다. 이에 톡토 실각 이후 여러 가지 가능성을 염두에 두고 사태를 주시하며 나름의 준비를 하고 있던 공민왕은 기철의 난이라는 그야말로 급박한 상황에 처해 기씨주살을 시작으로 하는 개혁을 단행할 수밖에 없었던 것이 아닌가 한다.

한편 기철의 난과 관련한 밀고가 있은 이후 공민왕이 이자춘에게 밀명을 내리고 있기는 하지만, 구체적으로 이 사건에 대한 사실 확인 작업이 이루어졌던 것으로 보이지는 않는다. 경황이 없어 사실여부에 대한 확인을 지시할 여유가 없었을 수도 있고, 시일이 지난 후 무고임이 확인되었으나 이후의 상황전개상 그를 표면화할 수 없었을 수도 있다.

이는 거짓된 정보를 기록하기보다는 전언(傳言), 유언비어들을 사실과 구분하지 않고 기록하는 방식으로 이루어졌던 점에 주목할 필요가 있다. 이때의 기철의 난과 관련한 밀고 기사 역시 밀고의 사실여부는 확인할 수 없으나, 밀고 자체는 사실로 인정할 수 있다고 생각된다.

65) 김구진, 1989, 「麗・元의 영토분쟁과 그 귀속문제 : 元代에 있어서 고려본토와 동녕부, 쌍성총관부, 탐라총관부의 분리정책을 중심으로」 『국사관논총』 7 ; 민현구, 1989, 앞 논문 ; 이강한, 2009(a), 앞 논문.

어쨌든 공민왕 5년(1356) 3월의 기사 이후 이 사건과 관련한 기록은 같은 해 7월, 몽골에 이른바 '반원개혁'과 관련한 고려의 입장을 표명하는 과정에서 처음 보인다.[66] 이보다 앞서 같은 해 6월에는 이 개혁과 관련, 고려 신민들을 대상으로 한 교서가 반포되었는데, 여기에서는 기철의 전횡에 대한 언급은 있으되 그의 역모에 대한 언급은 보이지 않는다.[67] 이러한 기사의 잔존 상황은 기존 연구들이 이해하는 바와 같이 기철의 난에 대한 공민왕의 언급이 일종의 언설이었을 가능성을 보여주기도 한다.

이로써 볼 때 단언할 수는 없지만 1356년 개혁의 과정에서 기철의 난이 갖는 의미는 다음과 같이 정리해볼 수 있지 않을까 한다. 3월의 밀고는 그에 대한 사실 확인이 이루어지지 않았거나 혹은 무고였을 가능성이 있다. 고려 내에서 기씨일가의 입지가 강화되고 톡토의 실각으로 황태자의 세력 강화가 예상되는 상황에서 전해진 기철의 난과 관련한 밀고는 공민왕에게 상당한 부담을 주었고, 공민왕은 일단 기씨 주살을 중심으로 하는 개혁을 단행했다. 이후 아직 밀고에 대한 사실 확인이 제대로 이루어지지 않은, 혹은 무고임이 확인된 상황에서 해명을 요구하는 몽골에 대해 자신의 행동을 합리화하기 위한 방안으로 공민왕은 3월의 밀고 혹은 무고를 활용했다.

(2) 국내 정치세력과의 관계

즉위 초 공민왕의 국왕권과 관련하여 살펴야 할 또다른 요소는

---

66) 『高麗史』 卷39, 恭愍王 5年 7月 戊申.
67) 『高麗史』 卷39, 恭愍王 5年 6月.

국내 정치세력과의 관계이다. 공민왕의, 나아가 당시 고려국왕들의 국왕권이 상당부분 몽골황제권에 기대어 있었음이 사실이지만, 더불어 국내 정치세력을 지지기반으로 확보하는 것 역시 매우 중요한 요소였다. 공민왕 즉위 초 인사개편을 통해 주요 관직에 올랐던 인물들을 도표화하면 다음과 같다.[68]

<표 4> 공민왕 즉위 초 인사개편을 통한 요직 등용인물

인물명	즉위 이전 관직	즉위년(1351) 11월 제수관직	원년(1352) 10월 제수관직	공민왕과의 관계	
				연저수종신	국내추대세력
이제현	경사도감제조 (충목왕 4, 1348)	도첨의정승	우정승		○
이몽가	참리 (충목왕 1, 1345)	판삼사사	판삼사사(6)	○	
조익청	제주안무사 (충혜왕 후1, 1340)	찬성사	좌정승	○	
전윤장	첨의참리 (충목왕 4, 1348)	찬성사	미상	○	
조일신	미상	찬성사·참리	찬성사(6)·판삼사사(9)·좌정승 판군부감찰사	○	
조유	참리 (충정왕 3, 1351)	참리	찬성사	미상	
강득룡	삼사우좌사 (충정왕 3, 1351)	삼사우좌사	삼사우좌사	미상	
최천택	참리 (충정왕 3, 1351)	삼사우좌사	평리	미상	
이공수	판밀직사사 ·정당문학 (충정왕 1, 1349)	정당문학	삼사우사		미상
한가귀	미상	판개성부사	판개성부사	○	
김일봉	미상	판밀직사사	평리	○	
이연종	군부판서	밀직사겸감찰대	미상		미상

68) 아래 표는 홍영의, 2005, 『고려 말 정치사 연구』, 혜안, 59~60쪽에 있는 '<표1> 공민왕 즉위년 11월 인사개편을 통한 요직 등용인물'을 참조하여 작성했다.

		(충목왕 4, 1348)	부			
김보	미상	지밀직사사	평리	○	
홍유도	미상	동지밀직사사	미상	○	
정오	성균승 (충혜왕 복위, 1339)	지밀직사사	지밀직사사(6)	○	
김경직	전밀직 (충정왕 1, 1349)	밀직부사	미상		○
이성서	밀직부사 (충정왕 3, 1347)	밀직부사	동지밀직사사	미상	
윤택	광양감무 (충정왕 1, 1349)	밀직제학	개성윤(치사)		○
최덕림	미상	좌대언	지신사·판밀직 사사	○	
이제	미상	좌대언	밀직제학	○	
김득배	미상	좌부대언	미상	○	
유숙	전 대언	우부대언	미상	○	
손기	전첨의평리 (충혜왕 후2, 1341)	평해부원군	정승(치사)	○	
박인간	판밀직사사 (충혜왕 후4, 1343)	함양군(추봉)		○	
합계				15	3(미상 6명)

위 표에서 확인되듯이, 공민왕 즉위 당시 주요 관직 제수자는 공민왕 즉위 전 몽골에 수행했던 연저수종신(燕邸隨從臣)을 중심으로 한 계열과 공민왕과 충정왕의 왕위 계승 경쟁에서 공민왕을 적극 지지했거나, 충정왕대의 정치운영에 비판적이었던 국내 정치세력으로 구성되어 있었다.[69] 여기에 포함된 24명 가운데 15명이 연저수종신이라는 점이 주목된다.[70] 공민왕은 즉위 초, "간사한 자를 물리치고 정의로운 사람을 쓰라."는 보우의 조언에 대해 "간사하고 정의로운 것을 모르는 바 아니나 그들이 원에서 시중하면서 힘을 썼기 때문에 경솔히 물리치지

---

69) 홍영의, 2005, 위 책, 60쪽.
70) 나머지 9명 가운데에서도 6명은 공민왕과의 관계를 정확히 알기 어렵다.

못한다."고 답했다.[71] 공민왕은 즉위 초, 몽골 복속기를 통해 '사사화(私事化)'한 정치의 '공공성(公共性)' 회복을 지향하면서도[72] 그를 위해서는 반드시 물리쳐야 할 '간사한 자'들인 측근세력을 안고 가려하고 있었다. 공민왕이 이들을 물리치지 못한 것은 우선 공민왕의 말에서 보이는 그대로 그들이 "원에서 시중하면서 힘을 썼기 때문"이었을 것이다. 이들은 단순히 시중을 든 것이 아니라 공민왕의 즉위를 위한 활동을 통해 사실상 그를 즉위시킨 공신들이었다.

공민왕이 이들을 물리치지 못했던 또 다른 이유는 몽골 복속기에 들어와 고려의 정규군이 허설화하고 국왕이 그 무력적 기반을 '사병적' 군사력에 의존해야 하는 상황에서,[73] 공민왕이 군사적인 측면을 이들 측근세력에 의존하고 있었기 때문이었던 것으로 생각된다. 당시 측근세력 대부분이 고위무관직에 있었던 것을 통해서도 이러한 측면을 확인할 수 있다.[74]

그런데 조일신이나 이후 김용의 경우를 볼 때 이들 측근세력의 공민왕에 대한 충성도는 취약했던 것으로 보인다. 몽골의 질서에 익숙했던 이들에게 고려국왕-공민왕은 현재 권력을 행사하기 위해 그에 충성하지만 언제든지 몽골의 권위에 기반해 교체될 수 있는 존재였다. 이들의 공민왕에 대한 충성은 명분에 기반한 것이라기보다는 현실적 효용성에 기반한 것이었고, 고려국왕권보다는 몽골황제권을 우선시한다는 점에서 그들에 의존해야 했던 공민왕의 국왕권은 매우 불안한

---

71) 『高麗史』 卷38, 恭愍王 元年 5月 己丑.
72) 김영수, 1997, 「고려 공민왕대 초반기의 개혁정치와 반개혁정치의 대립」 『한국정치연구』 6.
73) 송인주, 1991, 「원압제하 고려왕조의 군사조직과 그 성격」 『역사교육논집』 16, 109~124쪽.
74) 홍영의, 1992, 「공민왕 초기 개혁정치와 정치세력의 추이(하)」 『사학연구』 43·44.

것일 수밖에 없었다. 더욱이 그러한 측근세력도 1352년(공민왕 원년)의 난으로 주축인 조일신 세력이 숙청당하면서 상당히 약화되어 있는 상태였다.

공민왕의 수종신료들은 공민왕의 외척 등과 함께 국왕 측근세력으로서 5년 개혁의 과정에서 중요한 역할을 담당했다.[75] 이는 수종신료들이 장기간에 걸친 공민왕의 몽골 숙위 기간을 함께 하면서 공민왕에 밀착해 있었고 공민왕의 군사적 기반이 되고 있었으며, 명분보다는 현재 권력 행사를 중요시하는 성향을 갖고 있었던 점과 관련된 것으로 보인다. 그러나 또 다른 한편으로 수종신료들 가운데 일부는 개혁의 과정에 참여하지 않거나 오히려 기철의 당으로 몰려 처벌당하기도 했음이 주목된다. 이는 이들이 몽골황제권을 우선시하는 성향과 관련된 것이었다고 생각된다.[76] 5년 개혁의 과정에서 보이는 이러한 수종신료들의 동향은 많은 부분을 그들에 의존하고 있던 즉위 초 공민왕 국왕권의 현실을 잘 보여준다.

한편 연저수종신 이외에 즉위 초 공민왕의 정국운용에서 중요한 역할을 했던 것은 공민왕 추대세력을 포함한 유신세력들이었다. 이들은 충목왕대 정치도감의 개혁에 참여했던 자들로, 개혁의 지속을 기대하며 공민왕을 추대한 세력이었다.[77] 공민왕은 정치의 공공성 회복 추구라는 정치노선의 측면에서 이들과 문제의식을 공유한 측면이 있었다. 그러나 그를 통해 지향하는 바에서 양자는 차이를 보였다.[78]

---

75) 민현구, 1994, 「고려 공민왕대의 '주기철공신'에 대한 검토 : 반원적 개혁정치의 주도세력」 『이기백선생고희기념 한국사학논총』(上).

76) 이익주, 1995, 앞 논문.

77) 민현구, 1981(b), 「익재 이제현의 정치활동-공민왕대를 중심으로-」 『진단학보』 51.

78) 이하 공민왕 초, 공민왕의 정치적 지향과 개혁관료들의 갈등관계와 관련한 내용은

이제현 등 유신세력이 공민왕대에 들어와 추구한 개혁정책의 구체적인 내용은 알 수 없다. 그러나 충목왕대 이들이 제안했던 개혁방안을 통해 보건대 이들의 개혁정책은 '정방 혁파(罷政房)와 녹과전 회복(復科田)'으로 압축할 수 있으며, 이는 관료체제의 안정을 궁극적 목표로 하는 것이었다. 이를 해결하기 위해서는 권문은 물론 국왕 및 국왕 측근세력 등에 의한 불법적 정치운영과 경제기반 축적을 부정하고 원칙을 준수할 제도적 장치를 마련해야 했으나, 공민왕의 개혁정책은 이와는 다른 방향으로 이루어졌다.

　　공민왕은 귀국 직후 정방을 폐지하고 전민변정도감을 설치하는 등의 개혁안을 발표했다.[79] 그러나 녹과전 문제는 언급하지 않았고 국왕의 식읍도 폐지하지 않았다. 정방 역시 실제로는 폐지되지 않았다.[80] 공민왕이 적극적으로 추진했던 정책들은 주로 국권 강화와 민생 안정, 국방력 강화 등과 관련된 것이었고, 유신세력이 주안점을 두었던 관료체제의 운영과 그 안정에 대한 정책은 충분히 제시되지 못했다.[81] 이는 앞서 즉위 초의 공민왕이 수종공신의 "간사함을 알지만 물리치지 못했던" 상황과 관련된 것이라고 생각된다.

　　주로 최연식, 1995, 「공민왕의 정치적 지향과 정치운영」『역사와 현실』15, 98~102쪽을 참조했다. 이외에도 이익주, 1996, 앞 논문, 226~228쪽을 참조할 수 있다.

79) 『高麗史節要』卷26, 恭愍王 元年 2月 ;『高麗史』卷77, 百官誌2, 諸司都監各色 田民辨正都監. 원년 개혁의 내용과 관련해서는 다음을 참조할 것. 민현구, 1989, 「공민왕의 반원적 개혁정치에 대한 일고찰 : 배경과 발단」『진단학보』68 ; 홍영의, 1990, 1992, 「공민왕 초기 개혁정치와 정치세력의 추이 : 元年·5年의 개혁방안을 중심으로(상)·(하)」『사학연구』42, 43·44 ; 김기덕, 1994, 「14세기 후반 개혁정치의 내용과 그 성격」『14세기 고려의 정치와 사회』, 민음사.

80) 공민왕 원년의 개혁안에서 폐지를 발표한 이후에도 여전히 정방에서 인사를 담당하고 있었으며(『高麗史』卷26, 恭愍王 元年 9月 戊子) 공민왕 5년의 교서에서 다시 정방 폐지를 선언했지만 이후에도 정방은 여전히 인사를 담당하고 있었다. (『高麗史』卷111, 柳濯傳)

81) 최연식, 1995, 앞 논문, 101~102쪽.

즉위 초 공민왕의 상황에서는, 국왕권의 안정을 위해 관료체제를 안정시키는 것이 필수적임을 인지하고 있었다 하더라도 이에 집중하기는 쉽지 않은 일이었을 것이다. 이는 공민왕이 정방을 폐지했을 때 조일신이 크게 반발하여 결국 정방이 복구되었던 것을 통해서도 확인할 수 있다.[82] 즉위 초 공민왕의 개혁은 정치의 공공성 회복을 추구하면서도 국왕권의 문제에 보다 치중할 수밖에 없었다. 이에 공민왕의 개혁은 정치의 공공성을 넘어선 국왕권의 문제보다는 정치의 공공성 회복 자체와 그를 통한 관료체제의 안정을 원했던 이제현 등 유신세력의 개혁정책과 차이를 보일 수밖에 없었다. 공민왕 즉위 초, 이제현이 조일신과의 관계로 수차례 사직을 청했던 것도[83] 이런 상황과 관련된 것이었다.[84]

이 시기 유신세력들에게서는 몽골을 극복하고자 하는 의지가 확인되지 않는다는 점 또한 이들이 공민왕과의 관계에서 갈등을 보인 요인이 되었다.[85] 이들은 성리학적 기반 위에 몽골을 '화(華)'로 인정하고 그에 대한 사대를 합리화하고 있었다.[86] 또한 이제현은 그 손녀가 기철의 조카와 통혼하는 등 기씨일가와 인척관계를 맺기도 했다.[87] 이런 상황에서 유신세력들은 몽골황제권을 배제하는 방식으로, 혹은 황후의

---

82) 『高麗史節要』 卷26, 恭愍王 元年 2月. 전민변정도감 문제 역시 마찬가지이다.(『高麗史』 卷77, 百官誌2, 諸司都監各色 田民辨正都監)

83) 『高麗史節要』 卷26, 恭愍王 元年 3月 ; 閏3月.

84) 최연식, 1995, 앞 논문 ; 이익주, 1995, 앞 논문.

85) 홍영의, 1990, 1992, 앞 논문 ; 최연식, 1995, 앞 논문 ; 이익주, 1996, 앞 논문, 226~228쪽 ; 채웅석, 2003, 「원간섭기 성리학자들의 화이관과 국가관」 『역사와 현실』 49.

86) 채웅석, 2003, 위 논문.

87) 민현구, 1981(a), 앞 논문, 803~804쪽. 이제현뿐 아니라, 충목왕대 개혁의 중심세력이 었던 왕후 역시 충정왕대 들어와 기씨일가와 통혼하고 있음이 주목된다.

일가에 대한 물리적 공격이라는 방식으로 이루어진 5년 개혁에 공감할 수 없었을 것으로 보인다.[88] 몽골에 대한 사대를 합리화하고 있고, 명분을 중시했던 유신들에게 그러한 방식의 개혁은 정변으로서의 성격을 가진 것이었기 때문이다.

그러나 당시 상황에서 국왕권의 확립 및 그를 바탕으로 한 내정 개혁은 몽골의 질서를 벗어나지 않고는 근본적으로 해결되기 어려운 측면이 있었다. 정치도감의 개혁 당시부터 개혁에 장애가 되었던 기씨 일가 등 부원세력은 이전 시기 부원세력들과는 달리 몽골황실과의 통혼을 통해, 그리고 황태자의 존재를 통해 몽골황제권과 직결된 존재들이었기 때문이다. 그러나 이 시기 유신세력들에게는 몽골을 극복하고자 하는 의지가 없었고, 이에 이들은 즉위 초 공민왕의 국왕권에 적극적인 지지기반이 되지 못했으며, 이후 1356년 개혁과정에서도 사실상 배제되기에 이르렀다.[89]

2) 1356년 '반원' 개혁과 이후의 권력구조

공민왕 5년(1356) 5월, 기씨일가 주살로부터 시작된 일련의 개혁은 국정 정상화를 위한 내정 개혁으로서의 의미와 국정 주도권 회복을 포함한 국왕권 재구축을 위한 권력구조 개혁으로서의 의미를 갖는 것이었다. 당시 상황에서 국정 정상화와 국왕권 재구축의 문제는 몽골과 연관되어 있었기 때문에 이 개혁은 결과적으로 '반원적 지향'을 보이면서 진행되었다. 여기에서는 공민왕 즉위 초 고려의 권력구조

---

88) 이익주, 1995, 앞 논문.
89) 민현구, 1981(b), 앞 논문 ; 1994, 앞 논문 ; 홍영의, 1990, 앞 논문.

및 공민왕 국왕권과의 관련선상에서 공민왕의 국왕권 재구축을 위한 시도로서 1356년 개혁을 이해하고, 그 발단과 지향, 결과에 대해 살펴보도록 하겠다.

1356년 개혁의 발단을 살피기 위해, 공민왕이 즉위 초에 행한 정책들에 대해 먼저 살펴볼 필요가 있다. 공민왕은 몽골에서 국왕위에 오른 후 귀국하여,[90] 직후인 1352년(공민왕 원년) 초, 변발(辮髮)과 호복(胡服)을 해제하는 한편으로[91] 방대한 내용을 담은 개혁안을 발표했다.[92] 이 두 가지 조치는 5년 개혁과 연결선상에 있는 것으로, 국왕권 구축과 관련한 즉위 초 공민왕의 현실과 지향을 잘 보여주고 있어 주목된다.

공민왕은 몽골에서 국왕위에 오른 후 이제현을 섭정승(攝政丞)·권단정동성사(權斷征東省事)로 임명해 충정왕대 권력층을 제거하는 한편으로 조일신을 통해 비목(批目)을 전달, 대규모 인사를 단행했다.[93] 그리고 원년 2월에는 정방을 혁파하고 문·무의 전주(銓注)를 전리사(典理司)와 군부사(軍簿司)로 돌렸으며, 이어 즉위교서를 반포하면서 국왕권 강화와 정치기강 확립을 골자로 하는 개혁안을 발표했다.[94] 이 개혁은 충목왕대 정치도감의 개혁을 계승한 것으로 공민왕의 고려 내정에 대한 문제의식과 해결의지를 보여주는 것이다.

그러나 한편으로 이때의 개혁은 정치도감의 개혁이 정동행성 및 부원세력의 불법적 관행 및 불법행위를 공개적으로 거론했던 것과는

---

90) 『高麗史』 卷38, 恭愍王 卽位年 12月 庚子.

91) 『高麗史節要』 卷26, 恭愍王 元年 正月.

92) 1352년(공민왕 원년) 개혁의 내용과 관련해서는 다음을 참조할 수 있다. 민현구, 1989, 앞 논문 ; 홍영의, 1990, 앞 논문 ; 1992, 앞 논문 ; 김기덕, 1994, 「14세기 후반 개혁정치의 내용과 그 성격」 『14세기 고려의 정치와 사회』, 민음사.

93) 『高麗史節要』 卷26, 恭愍王 卽位年 11月.

94) 『高麗史』 卷38, 恭愍王 元年 2月 丙子.

차이를 보였다. 이는 정치도감의 활동이 결국 기씨일가를 중심으로
하는 부원세력의 존재로 인해 실패한 경험과 공민왕의 즉위가 상당부분
그들의 지원에 기반하고 있었던 점에 기인한 것이었다.[95] 그러나 정방
혁파로 대변되는 인사의 공정성이나 전민변정사업과 같은 것들은
그것이 부원세력을 공개적 표적으로 삼지 않는다 하더라도 결국 그들의
벽에 부딪힐 수밖에 없는 것이었다.[96] 이러한 점은 즉위 초 공민왕의
중요한 정치적 기반이었던 수종신료 중심의 국왕 측근세력에 대해서도
마찬가지이다.[97]

그러나 즉위 초의 공민왕은 측근세력도, 부원세력도 안고 갈 수밖에
없었다. 이에 1352년(공민왕 원년)의 개혁은 그 의지는 보일 수 있었으되
결과를 보이기는 어려웠다.[98] 이러한 점은 그를 추대했던 유신세력들
의 실망을 통해서도 확인할 수 있다. 이색(李穡)은 1352년, 복중상서(服中
上書)를 통해 공민왕 즉위 후에도 어진 인물이 등용되지 못하고 간사한
자들이 다 제거되지 못한 상황, 한 가지 정책도 행해지지 못한 상황
등을 지적하며 그에 대한 불만을 표했다.[99] 윤택(尹澤) 역시 비슷한
시기 시사(時事)를 상소했다가 받아들여지지 않아 사직했다.[100]

한편 공민왕은 원년(1352) 정월, "변발과 호복은 선왕의 제도가 아님

---

95) 이익주, 1996, 앞 논문, 215~217쪽.
96) 이는 당시 공민왕 즉위의 기반이자 대표적 부원세력이었던 기씨일가의 구성원들이
  사사로운 이해관계와 청탁을 통해 관련 인물들을 주요 요직에 포진시키고, 토지와
  민 탈점을 행하고 있었던 점을 통해 생각할 수 있다.(『高麗史』 卷38, 恭愍王 4年
  9月 甲申 ; 卷131, 奇轍傳 ; 『高麗史』 卷39, 恭愍王 5年 6月 乙亥)
97) 이는 공민왕의 정방 혁파 조치에 대해 조일신이 강하게 반발했던 것에서 확인할
  수 있다.(『高麗史節要』 卷26, 恭愍王 元年 3月)
98) 1352년 2월에 혁파되었던 정방은 곧 복구되었던 것으로 보인다.(『高麗史』 卷38,
  恭愍王 元年 9月 戊子)
99) 『高麗史』 卷115, 李穡傳.
100) 『高麗史』 卷38, 恭愍王 元年 4月 丁巳.

니다."라는 이연종(李衍宗)의 조언을 받아들여 변발과 호복을 해제했
다.[101] 이는 기존 연구들을 통해 1356년 '반원개혁'에 선행해 공민왕의
반원의식을 확인할 수 있는 조치로 주목받아 왔다.[102] 그러나 몽골의
힘을 빌어 충정왕을 폐위시키고 즉위한 공민왕이 즉위 직후, 이런
구체적 행위를 통해 자신의 '반원의식'을 적극적으로 표출했다고 보기
는 어렵지 않을까 한다.[103]

　　그러나 그간의 고려·몽골 관계에 비추어 볼 때, 이러한 행위가 몽골과
의 관계에서 문제가 될 수 있는 행위였던 것은 사실이다. 변발과 호복은
몽골에 의해 강제된 것은 아니었지만, 세조 쿠빌라이대에 시작된 이후
매우 긴 기간 동안 유지되면서 양자관계에서 일종의 관례로 자리잡고
있었던 측면도 있기 때문이다. 이에 이 조치가 고려·몽골 관계 및 고려국
왕권에 대해 갖는 의미를 살피기 위해서는 변발·호복의 해제가 필요했던
즉위 직후 공민왕의 정치적 입장, 그리고 그것이 가능할 수 있었던

---

101) 『高麗史節要』 卷26, 恭愍王 元年 正月.
102) 민현구, 1989, 앞 논문 외 다수.
103) 변발·호복 해제의 의미와 관련, 이익주는 그것을 이른바 '세조구제' 안에서 보장되
　　었던 고려의 독립국으로서의 자주성을 회복하고자 하는 차원에서 이루어진 것으
　　로 이해하여, 이 행위가 원의 간섭 자체를 부정하는 전면적인 '반원의식'을 표출한
　　것은 아니었다고 설명했다. 더하여 그는 원의 정세변화와 더불어 공민왕의 정책이
　　전면적인 '반원'으로 전환하였다고 보고 있다.(이익주, 1996, 앞 논문, 221~223쪽)
　　변발·호복 해제에서 '반원적' 의미를 찾지 않는 것은 최근 이강한의 논의에서도
　　제기된 바 있다. 단 그는 이익주의 논의와 달리 1356년의 개혁 전, 후 모두 공민왕이
　　'세조구제' 단계의 양자관계를 지향했다고 보고 있다.(이강한, 2009, 앞 논문)
　　한편 이들의 논의에서 고려·몽골 관계를 설명하는 중요한 기준으로 제시된 '세조구
　　제'의 의미와 역할에 대해서는 최근 국내외 연구자들 간에 논쟁이 이루어지고
　　있다. '세조구제'론에 대한 반론과 그에 대한 재반론으로는 다음을 참조할 수
　　있다. 森平雅彦, 2008(b), 「事元期高麗における在來王朝體制の保全問題」 『北東アジア研究』
　　別冊1號 ; 이익주, 2011(a), 「高麗-몽골(원) 관계에서 보이는 冊封－朝貢關係 요소의
　　探究」 『13-14세기 고려·몽골 관계 탐구』(동북아역사재단·경북대학교 한중교류연
　　구원 엮음).

대내외적 상황에 대한 설명이 필요할 것으로 생각된다.

우선 공민왕이 변발과 호복을 해제한 것은 즉위 초, 기씨일가의 존재로 인해 몽골의 권위에 기대어 국왕권을 구축하는 것이 어렵게 된 상황과 관련된 것으로 생각된다. 앞서 살펴봤다시피 충렬왕이 변발과 호복을 택하고 그것을 신료들에게까지 강요했던 것은 무신집권기 이후 위축되어 있던 국왕권을 몽골황제권에 기대어 회복하기 위한 것이었다. 이는 특히 부왕 원종이 무신 임연에 의해 폐립되기까지 한 상황을 몽골의 힘을 빌어 해결하고 돌아오면서 신민들에 대한 국왕권의 우위를 상징적으로 강조할 필요가 있었던 충렬왕의 선택이었다. 고려국왕과 신료들이 변발과 호복을 하고 몽골황실을 정점으로 하는 하나의 질서 안에 실질적으로 포함되었음을 상호 인지함으로써, 고려 내에서는 그 정점에 가장 가깝게 다가가 있었던 국왕의 권위 역시 고려 내에서는 최고임을 지속적으로 상호 인지할 수 있었다.

그런데 공민왕대가 되면 몽골의 권위에 기대어 국왕권을 구축하는 것이 더 이상 유효하지 않은 상황이 되었다. 기존에는 고려왕실만이 형성하고 있었던 몽골황실과의 '특별한 관계'라는 영역에 기씨일가라는 새로운 가문이 들어오게 되었으며, 이들 가문의 위상은 몽골의 질서에서만 이야기한다면 고려왕실보다 우위에 있었다. 공민왕은 몽골의 질서와 권위를 강조하는 방법을 통해서는 고려왕실·고려국왕의 고려 내 최고권으로서의 위상을 신민에 확인시킬 수 없는, 오히려 그를 통해 기씨일가의 우위를 강조하게 되는 딜레마에 처하게 된 것이다.

위와 같은 정치적 필요성에 더해, 변발·호복 해제와 같은 '반원적' 행위가 가능했던 것은 기존 연구에서도 이야기되는 바와 같이 공민왕이 즉위 전 장기간 몽골에서 숙위생활을 하면서 이미 어느 정도 몽골의 쇠퇴상을 인지하고 있었기 때문이었던 것으로 생각된다.[104] 이와 관련해 주목되는 것이 충정왕의 문제이다. 공민왕 즉위는 충정왕을 폐위시키면서 이루어졌는데, 충정왕 폐위는 이전 시기 몽골에 의한 국왕 폐위 사례들과 유사한 과정을 거치면서도 차이를 보였다. 충정왕은 폐위 이후 몽골에 소환되지 않고 몽골 내 지역이 아닌 고려의 강화(江華)로 유배되었고,[105] 얼마 후 결국 유배지에서 독살 당했다.[106] 이러한 차이가 갖는 의미와 관련해서는 뒤에서 상세하게 살펴볼 것이지만, 여기에서 언급할 것은 이러한 차이가 당시 한인 세력의 반란 등으로 몽골 내부 사정이 혼란한 상황과 관련되어 있었다는 점, 그로 인해 고려국왕위 계승과 관련해 몽골 측에서 이전처럼 세세하게 개입하기가 어려운 상황이었다는 점이다. 이러한 몽골의 상황 속에서 즉위한 공민왕은 이전의 사례들과 달리 전왕인 충정왕의 신병을 스스로 확보할 수 있었다. 공민왕이 충정왕을 유배지에서 독살한 것은 물론 그가 스스로 몽골에 의해 다시 폐위될 수 있는 가능성을 염두에 둔 것이었지만, 몽골이 그러한 문제에까지 개입할 수 있는 여력이 없음을 이미 즉위 과정에서 확인했기에 가능한 것이 아니었을까 한다. 실제, 몽골은 이에 대해 별다른 문제를 제기하지 않았고, 공민왕의 변발·호복 해제도 이런 상황에서 단행될 수 있었던 것으로 생각된다.

한편 기씨일가의 존재로 인해 몽골의 권위에 기대어 국왕권을 구축하는 것이 어려워진 상황에서, 공민왕은 몽골 복속기 이전 고려왕실의 정통성과 정당성의 기반이 되었던 요소들, 구체적으로 태조의 권위와 불교교단의 힘에 적극적인 관심을 보였다.

---

104) 민현구, 1989, 앞 논문.
105) 『高麗史』 卷37, 恭愍王 卽位年 10月.
106) 『高麗史』 卷38, 恭愍王 元年 3月 辛亥.

귀국 후 얼마 되지 않은 원년(1352) 정월, 공민왕은 태묘(太廟)에 친제(親祭)하려 하다가 이를 반대하는 판서운관사(判書雲觀事) 강보(姜保)와 갈등을 빚은 바 있다.[107] 그의 태조 및 종묘, 국속에 대한 관심과 강조는 즉위교서에도 보이지만, 태조진전 배알 양상을 통해서도 확인할 수 있다. 태조 왕건의 동상과 그를 안치한 봉은사 태조진전이 건국시조로서 왕통(王統)의 근원이 되는 권위의 상징으로서의 측면과, 왕건이 정립하여 이제 고려의 국시화(國是化)한 거시적 정책방향의 상징으로서의 측면을 가짐은 앞서 살펴본 바와 같다.[108]

몽골 복속기에 들어와 충렬왕이 즉위 초 4년 간 연평균 1.5회 봉은사 태조진전을 방문한 이후 충렬왕대에도 태조진전 방문횟수가 줄어들었지만,[109] 충선왕~충숙왕대 국왕이 국내에 부재한 기간이 길어지는 상황과 맞물리며 국왕들의 태조진전 행차는 급격히 줄어들어, 충정왕은 그의 재위기간동안 한 차례도 태조진전에 행차하지 않았다. 그러한 가운데 공민왕이 다시 적극적으로 태조진전에 행차하기 시작한 것은 주목되는 현상이다. 공민왕의 태조진전 배알은 재위기간 동안 총 12회로 연평균 0.5회 정도 이루어졌다. 여기에서 주목되는 것은 이 가운데 1356년 개혁이 단행된 공민왕 5년 5월 이전의 봉은사 태조진전 행차가 9회에 이른다는 점이다. 이외에도 태묘에 대한 제사, 친제기사 역시 공민왕대에 특히 더 빈번하게 보인다.

---

107) 『高麗史』 卷38, 恭愍王 元年 正月 庚申.
108) 노명호, 2012, 『고려 태조 왕건의 동상 : 황제제도·고구려 문화 전통의 형상화』, 지식산업사, 235쪽.
109) 충렬왕이 재위기간동안 봉은사 태조진전에 행차한 횟수는 총 21회로 연평균 0.6회 정도가 된다. 즉위 초 4년간의 행차횟수가 6회로 연평균 1.5회임을 통해 재위 후반 행차횟수가 급격히 줄었음을 알 수 있다. 시기별 국왕들의 태조진전 행차 및 관련 제례 상황은 노명호, 2012, 위 책, 239~254쪽의 표에 잘 정리되어 있다.

태조의 존재는 왕씨용손설이나 북한에서 발견된 태조동상에서도 보이듯이 일반 백성들, 신민들에게는 단순한 국조(國祖)로서의 위상을 넘어 신성성을 가진 존재로 신앙의 대상이기도 했다. 나아가 태조는 고려왕실 정통성의 기반이 되어 그 위상을 강화하는 데에 기여해온 존재이기도 했다.110) 이에 공민왕은 그간 고려국왕권의 상당부분을 구성해온 몽골의 권위에 더 이상 기댈 수 없게 된 상황에서, 다른 가문이 개입할 여지가 없는 자체의 질서인 태조의 권위에 기대어 국왕권 재구축을 시도했던 것이 아닌가 한다. 즉 공민왕의 태조·국속 강조는 국왕의 권위를 뒷받침해줄 수 있는 요소로서의 몽골의 권위에 대한 대안으로서 선택된 측면이 강했다는 것이다.

이와 더불어 1356년 개혁이 있기 전, 공민왕과 보우(普愚)의 관계가 주목된다. 공민왕은 1347년(충목왕 3) 몽골 숙위 당시, 태자의 탄일(誕日)을 맞아 개최된 영녕사(永寧寺) 개당법회에서 그를 주관했던 보우를 처음 만났던 것으로 보인다. 이때 공민왕은 장차 고려에 돌아가 새로운 정치를 하게 된다면 보우를 스승으로 모시겠다고 했다고 한다.111)

---

110) 국왕의 즉위식이 어떤 방식으로 이루어졌는지에 대한 기록은 찾기 어렵지만 왕후, 왕세자 책봉례에 대한 기록을 볼 때 이러한 책봉례에 태묘, 경령전, 여러 능과 사당 등에 고하는 의식이 포함되어 있음은 그러한 왕실내 작위를 수여함에 있어서 그 정통성의 원천이 왕실의 조상들, 궁극적으로는 국조(國祖)인 태조에 있었음을 보여주는 것이라 할 수 있다. 한편 1993년 북한에서 발견된 태조 왕건의 동상은 그 조형에서 토속적 요소와 불상적 요소를 함께 갖추고 있었는데, 이는 당시 태조 왕건이 단순한 국조, 왕실조상으로서의 의미를 넘어 신성화한, 국가적 신앙의 대상으로서의 의미를 갖고 있었음을 보여준다.(노명호, 2012, 위 책) 태조 왕건이 국가적 신앙의 대상이었음은 연등회의 과정에 독립적으로 구성되어 있던 조진배알의식(祖眞拜謁儀式)을 통해서도 확인할 수 있다.(안지원, 2005, 『고려의 국가 불교의례와 문화-연등·팔관회와 제석도량을 중심으로』, 서울대학교출판부, 103~106쪽)

111) 維昌, 『太古普愚國師法語集』, 「太古行狀」, "玄陵爲世子加嘆久之曰, '小子若新政於高麗 則當師吾師矣.'"(최경환, 2010, 「태고보우의 인맥과 공민왕대초 정치활동」 서울대학교 교육학석사학위논문, 30쪽에서 재인용)

실제 공민왕은 즉위 직후인 1352년(공민왕 원년), 보우를 불러 자문을 구했다.[112]

이후 공민왕은 1356년 초에 보우를 다시 개경으로 불러들였다.[113] 보우는 이때부터 이듬해 1월까지 개경에 머물렀는데, 특히 공민왕 5년 2월부터 5월까지 공민왕과 빈번히 만나며 교류했던 것으로 보인다. 3월, 공민왕은 태조진전이 있는 봉은사에서 보우의 설법을 들었으며,[114] 4월에는 그를 왕사(王師)에 책봉하고 원융부(圓融府)를 세워준 후 사제(師弟)의 예를 취했고,[115] 5월에는 선교종문(禪敎宗門)의 주지(住持) 인사권을 보우에게 일임했다.[116]

공민왕의 보우에 대한 특별대우가 5년 개혁 직전에 이루어지고 있음은 이 행위들이 종교적 의미를 넘어 정치적 의미를 담고 있음을 보여준다. 이는 공민왕이 보우로 하여금 당시 난립해 있던 불교교단을 통합하도록 하고 그를 통해 그간 고려왕조를 지탱해온 불교교단의 협력을 끌어내고자 한 시도였다고 생각된다.[117] 이는 일차적으로는 친원적인 권문세족과 밀착되어 있던 불교계를 역시 기황후 세력과 밀접한 연계를 갖고 있던 보우를 통해 통제함으로써, 기씨일가 주살을 시작으로 하는 5년 개혁에 대한 반발을 무마시키고자 한 것이었다.[118]

---

112) "간사한 자를 쓰지 말라"는 보우의 조언은 이때 이루어진 것이었다.(『高麗史』 卷38, 恭愍王 元年 5月 己丑) 공민왕 즉위 후 왕사에 책봉되었던 것은 각진국사(覺眞國師) 복구(復丘)였지만 당시 그의 나이는 82세였고 1355년 입적시까지 공민왕과 대면한 적도 없었다.(최경환, 2010, 앞 논문, 36~37쪽)

113) 維昌, 『太古普愚國師法語集』, 「太古行狀」, "丙申二月 遣門下評理韓可貴請師 師臥益堅 申命判典敎李挺又請 師不屛雲蹤."(최경환, 2010, 앞 논문, 43쪽에서 재인용) ; 『高麗史』 卷39, 恭愍王 5年 2月 丙子.

114) 『高麗史』 卷39, 恭愍王 5年 3月 丙戌.

115) 『高麗史』 卷39, 恭愍王 5年 4月 癸酉 ; 戊寅.

116) 『高麗史』 卷39, 恭愍王 5年 5月 乙酉.

117) 최병헌, 1986, 「태고보우의 불교사적 위치」 『한국문화』 7 ; 최경환, 2010, 앞 논문.

또다른 한편으로 이는 태조·국속 강조와 마찬가지로, 공민왕이 그간 고려국왕의 권위를 뒷받침해 온 몽골의 권위 이외의 요소를 통해 국왕권의 사회적 명분, 정당성을 확보하고자 하는 가운데, 불교교단의 힘에 주목한 것이었다고 생각된다. 이는 당시 공민왕의 문제의식 및 지향을 이해하는 데에 중요한 부분이다.

이처럼 즉위 초 공민왕의 변발·호복 해제 및 태조·국속 강조, 그리고 보우를 통한 불교교단 통합과 같은 조치들은 공민왕이 국왕권을 구축하는 과정에서 그간 고려국왕권을 구성하고 유지해온 중요한 기반이었던 몽골의 권위를 자체적인 질서와 이념으로 대체하고자 했음을 보여준다. 이는 기씨일가의 등장과 성장으로 인해 이제 몽골의 질서와 권위가 더 이상 고려왕실의 고려내 최고권으로서의 위상을 담보해주지 못하는 구조가 형성된 상황에 기인한 것이었다.

이러한 점은 1356년 개혁에 대해서도 마찬가지로 이야기될 수 있다. 이 개혁은 몽골의 질서 아래에서 상대화한 국왕의 위상을 신민(臣民)들에게 확인시킴과 동시에 국왕 스스로 인정할 수밖에 없게 만들면서 국왕권을 제약하고 있었던 구체적 경쟁자인 기씨일가와 공민왕의 관계에서 발단한 것이었다. 보다 직접적으로, 1354년(공민왕 3) 톡토의 실각 소식으로 몽골의 쇠퇴상을 어느 정도 확인함과 동시에 기황후 및 황태자의 세력 강화를 예견하게 된 상황에서 전해진 기철의 반란소식을 발단으로 개혁이 단행된 것이었다. 즉, 이때의 개혁은 몽골황실·황제권과 연결된 고려 내 두 정치세력―가문의 충돌, 정확히는 고려왕실의 자기방어적인 공격으로서의 성격을 갖는 것이었다고 볼 수 있다.

그러나 이 개혁의 발단이 기씨일가의 존재와 그로 인해 더욱 부각된

---

118) 최경환, 2010, 위 논문.

고려국왕권의 상대화 문제에 있었다고 해서 이 개혁의 목표도 '기씨일가 제거를 통한 고려국왕권 정상화'에만 한정되는 것이었다고[119] 할 수는 없다. 이 개혁은 적극적인 '반원의식'을 바탕으로 '반원'을 위해 시작된 것은 아니었지만, 두 가지 면에서 궁극적으로 몽골의 질서를 대상으로 할 수밖에 없는 측면이 있었다.

우선 한 가지는 공민왕의 국왕권과 기씨일가의 관계 문제이다. 황후와 황태자의 일가로서 황제권과 직결되어 있었던 기씨일가의 존재는 고려왕실·고려국왕권의 상대화한 모습을 일종의 경쟁자로서 명확하게 대내외적으로 확인시키면서 공민왕의 권위를 손상시키는 존재인 동시에 공민왕의 국정운영, 개혁을 저해하는 존재이기도 했다. 그러나 공민왕은 그들의 부정과 폐해에 대해 적절한 제재를 가할 수 없었고, 이는 즉위 초 개혁을 통해 국정 정상화를 지향했던 공민왕에게 큰 부담이 되었다.

이는 물론 고려 내에서 전횡하고 있던 기씨일가의 존재로 인한 문제들이었지만, 보다 근본적인 문제는 고려국왕이 황제권과의 관계를 통해 권력을 갖게 되는, 나아가 몽골황제권과의 관계들을 통해 권력 중심이 다원적으로 발생할 수 있었던 몽골 복속기 권력구조에 있는 것이었다. 즉, 이 시기 공민왕의 국왕권을 제약했던 근본적인 요인은 기씨일가가 아닌 몽골의 질서였던 것이다. 고려 내에서 활동하고 있는 기씨 세력을 제거한다 하더라도 이미 형성되어 있는 몽골황실과 기씨일가의 관계는 공민왕이 통제할 수 있는 범위에 있지 않았으며, 몽골 복속기 권력 구조가 유지되는 이상, 그 안에서 상대화한 고려국왕권은 온전히 회복될 수 없는 것이었다. 따라서 이때의 개혁은 몽골

---

119) 이강한, 2009(a), 앞 논문.

복속기 권력구조를, 궁극적으로 몽골의 질서를 대상으로 할 수밖에
없는 측면이 있었다.

개혁이 단행된 후 남경(南京)의 터를 보도록 한 것120) 역시 이때
단행할, 혹은 단행한 일련의 개혁들이 몽골을 도발하는 성격을 가진
것으로 몽골의 공격가능성 때문이었다. 이때의 개혁들이 몽골을 도발
한 것은 이것이 그간 고려와 고려국왕권 위에, 그리고 그 내부에 강고하
게 존재하며 기능했던 몽골의, 황제의 권위를 부정하는 조치들이었기
때문이다. 이외에 지정(至正) 연호 사용 중지, 여러 군대의 만호·천호·백
호의 패 회수 조치, 쌍성총관부·동녕부에 대한 고려의 군사행위 등도
마찬가지이다.121)

다음으로, 공민왕의 개혁이 단지 '기씨일가 주살을 통한 국정주도권
회복' 단계에 그치지 않고 반원적 지향을 가질 수밖에 없었던 것은
공민왕의 기씨일가 주살을 몽골에서 어떻게 받아들일 것인가의 문제와
도 관련되며, 이는 다시 순제와 기황후·황태자 세력의 관계를 어떻게
볼 것인가의 문제와 관련된다. 순제를 중심으로 한 몽골 조정과 기황후
세력의 이해관계, 정치적 입장은 다를 수 있다.122) 하지만 권력구조의
측면에서 이들은 일체화한 존재로 봐야 할 것으로 생각된다.

황제권, 혹은 국왕권의 안정에 있어 후계의 안정적 위상은 현 황제권
을 뒷받침해주는 매우 중요한 요소이다. 물론 황태자[세자]의 세력이
지나치게 확대될 경우, 이는 현 황제권[국왕권]에 위협이 될 수 있다는
점에서 제어대상이 되며 몽골의 세조 쿠빌라이와 친킴(이는 물론 후대

---

120) 『高麗史』 卷39, 恭愍王 5年 6月 丁丑.
121) 최근 이와 관련, 이것이 반드시 '반원의지'의 소산으로 몽골을 도발하기 위한
    행위는 아니었다는 연구들이 이루어진 바 있으나,(김경록, 2007, 앞 논문 ; 이강한,
    2009(a), 앞 논문) 이러한 행위들에서 '반원의지'를 배제하기는 어려워 보인다.
122) 이강한, 2008(c), 앞 논문.

사가(史家)들의 추측이긴 하다), 고려의 충선왕과 세자 왕감(王鑑)의 관계에서 이를 확인할 수 있다. 그런데 쿠빌라이나 충선왕이 친킴, 왕감을 강력한 방식으로 제어, 제거할 수 있었던 것은 그들의 황제권, 국왕권이 그 자체로 나름대로 확고한 상태였기 때문이었다. 하지만 순제의 경우는 그 자체의 황제권이 매우 취약한 상태였기 때문에 황태자 측의 잇따른 선위시도 및 도발에도 그를 강하게 제어할 수 없는 한계를 갖고 있었다. 이후 볼라드 테무르[孛羅帖木兒]의 사례에서 보이듯이 황제와 황태자가 내부에서 갈등하는 상황에서도 황태자에 대한 외부로부터의 위협은 황제권에 대한 위협으로 간주되어 결국 볼라드 테무르는 황제에 의해 주살되었다.[123]

그런 점에서 순제와 기황후·황태자의 관계는 고려·몽골 관계를 이해하는 데에 있어서는 일체화한 존재로 봐야 할 것으로 생각된다. 이에 공민왕의 개혁이 애초에 고려 내 기씨일가만을 목표로 했다 하더라도, 몽골의 입장에서는 몽골, 몽골황제에 대한 공격으로 받아들일 수밖에 없는 부분이 있었다. 공민왕도 이를 인지하고 있었을 것이며 그러기에 공민왕으로서도 애초에 '반원'을 지향하고자 하지는 않았다 하더라도 '반원'까지 생각하지 않을 수 없었을 것으로 생각된다.

이러한 점은 공민왕 자신뿐 아니라 그에 동참했던 신료들도 인지하고 있었던 것으로 보인다. 톡토의 실각이 고려에 전해진 것은 공민왕 3년(1354) 11월이었는데, 다음해 2월, 전라도안렴사 정지상(鄭之祥)이 몽골의 어향사(御香使) 야사불화(埜思不花)를 가두는 일이 발생했다. 이 때 정지상은 "나라에서는 이미 기씨일당을 주멸하고 다시는 원을 섬기지 않기로 했다."라고 하여 1여년 후에 일어났던 개혁의 실제 경과에

---

123) 『元史』 卷206, 孛羅帖木兒傳.

대해 거의 정확하게 예측하고 있다.[124] 사료에는 그가 "속여 말했다"고 되어있지만, 전후 사정을 고려할 때 이를 글자 그대로 받아들이기란 쉽지 않다. 정지상의 언급이 자신의 추측을 말한 것이라 하더라도, 그것은 개혁의 준비 작업에 참여하지 않은 신료가 보기에도 당시 상황에서 고려가 당면한 시급한 과제가 "기씨일당을 주멸"하는 것이며, 그것은 곧 "원을 섬기지 않는 것"으로 연결됨을 보여주는 것이다.

뒤늦게 고려의 움직임에 대해 알게 된 몽골은 군대를 동원해 토벌할 것을 천명하는 등 위협을 가했다.[125] 그러나 사실상 고려를 공격할 여력이 없는 상황에서, 몽골은 공민왕 5년(1356) 7월, 공민왕에게 보내는 서한을 통해 "변방의 소란"을 도적의 행위로 규정하여 고려와의 관계를 수습하고자 했다.[126] 공민왕으로서는 몽골과의 전면전을 각오하고 그 제안을 거절하기는 어려운 상황이었다. 공민왕은 즉위 초의 내외 정세 속에서 몽골 복속기 권력구조를 청산하기 위한 개혁을 시도했으나, 이는 내부적으로 문제의식을 공유하는 세력기반도, 그를 실질적으로 지원해줄 수 있는 물리적 세력기반도 불안정한 상황에서 시도된 것이었기 때문이었다. 이에 공민왕은 서북면 병마사 인당(印瑭)을 죽임으로써 "변방의 소란"이 자신의 뜻과 관계없는 것임을 밝히고, 기씨 주살 역시 그들의 반란 모의로 인해 불가피한 상황이었음을 이야기하며 몽골과의 관계를 수습하고자 했다.[127] 그러나 이 과정을 통해 몽골의

---

124) 당시 고려인으로서 몽골황제의 총애를 받아 어향사로 고려에 온 야사불화(埜思不花)가 정지상에게 원한을 가진 홍원철의 무고를 듣고 정지상을 포박하여 욕보이자, 격분한 정지상이 그를 가두고 금패를 빼앗아 공민왕에게 고했다. 공민왕은 그를 순군옥에 가두고 금패를 야사불화에게 돌려주었다.(『高麗史節要』卷26, 恭愍王 4年 2月)

125) 『高麗史』卷39, 恭愍王 5年 6月 乙亥.

126) 『高麗史』卷39, 恭愍王 5年 7月 丁酉.

127) 『高麗史』卷39, 恭愍王 5年 7月 戊申.

세력이 약화되었음이 양자 간에 어느 정도 분명히 확인된 만큼, 그간 몽골의 세력에 상당부분 의존하여 형성되고 유지되었던 몽골 복속기 권력구조는 이후 큰 변화를 보일 수밖에 없었다.

몽골 복속기 권력구조의 특징은 몽골황제권이 권력의 정점에 위치한 가운데, 고려국왕 혹은 다른 권력 주체가 몽골황실·황제와의 관계를 통해 권력을 부여받는 것이었다. 이에 따라 고려국왕의 몽골황제의 제후로서의 위상은 고려 내에서도 실질적 의미를 갖게 되었고, 고려국왕은 몽골황실·황제와 관계를 형성한 다른 권력주체들과 경쟁을 해야 하는 상황에 놓이게 되었다. 이러한 권력구조 속에서 고려국왕이 국왕위를 계승하고 유지하는 데에는 몽골황실·황제와의 관계라는 몽골적 관계의 요소가 고려왕실 고유의 질서 못지않은 중요성을 갖게 되었다. 1356년 개혁 이후 이러한 몽골 복속기 권력구조에 발생한 변화는 크게 두 가지로 이야기할 수 있다.

우선 고려국왕 이외에 몽골황실·황제와 관계를 형성하고 그 관계를 통해 고려에서 정치력을 행사하는 세력이 사라졌다. 적어도 고려정치의 영역에서 몽골황실·황제와의 관계는 공민왕만이 형성하고 있었다. 공민왕은 5년 개혁에서 황후의 일가인 기씨일가 인물들을 비롯해 권겸, 노책 등 몽골황실·황제와 관계를 형성하고 세력을 행사하며 국왕권에 위협을 가하고 있던 세력들을 제거했다. 그러나 몽골은 이를 묵인할 수밖에 없었고, 이러한 상황에서 고려국왕 이외에 몽골황실·황제와 관계를 형성하여 권력을 부여받아 고려에서 정치력을 행사하는 세력이 다시 등장하기는 어려웠다. 몽골황제권의 권력구조의 정점으로서의 위상을 밑받침하고 있던 힘, 세력이 약화함으로써 그와의 관계가 고려의 권력구조에서 갖는 비중과 의미 역시 축소되었다고 할 수 있다.

다음으로 고려국왕, 즉 공민왕과 몽골황제권의 관계 역시 상당부분 변화했다. 물론 이 시기에도 고려국왕은 몽골황제의 제후였다. 이러한 양자 간 위계질서는 주로 형식적, 의례적인 측면에서 확인된다. 이 시기 의례상 위계질서는 고려 전기의 그것과 달리 고려 내에서도 의미를 가졌다는 점에서 몽골 복속기 의례상 위계질서의 연장으로 볼 수 있는 측면이 있다.[128] 그러나 또 다른 한편으로 이 시기 형식적, 의례적 측면에서 확인되는 몽골황제와 고려국왕 간 위계질서는 현실적인 세력관계와는 괴리되어 있었다는 점에서 몽골 복속기 의례상 위계질서가 현실적 세력관계를 그대로 반영하고 있었던 것과는 차이를 보인다. 공민왕 5년 이후, 현실 정치의 측면에서 몽골황제권이 고려국왕권에 대해 강제력을 행사할 수 있는 여지는 거의 없어졌다고 할 수 있다. 이는 공민왕 5년 개혁 당시, 공민왕이 사실상의 반란을 일으켰음에도 그를 무력으로 제압하지 못했던 상황의 연장선상에 있는 것이었다.

이러한 변화들은 공민왕 5년 개혁의 과정을 통해 몽골의 세력 약화가 상당 부분 분명해진 결과였다. 따라서 이는 고려·몽골 간의 세력관계가 변화할 경우, 다시 변화할 가능성을 갖고 있었다. 실제, 공민왕 5년 개혁을 통해 이루어진 몽골과의 관계 및 권력구조의 변화는 1359년(공민왕 8)부터 이어진 홍건적의 침입으로 인한 세력 면에서의 변동으로 인해 다시 한번 동요했다.

한편, 1356년 개혁 이후 고려와 몽골의 관계 및 고려의 정치·권력구조는 획기적인 변화를 보이면서도 이전의 경험으로부터 온전히 벗어나지 못하고 있는 측면도 안고 있었으며, 이는 이후 고려의 대외관계 및 정치에서 중요한 하나의 요소로서 영향을 미치고 있었다. 몽골과의

---

128) 최종석, 2010(a), 앞 논문 ; 2010(b), 앞 논문.

관계는 단지 외교적인 관계로서 고려의 정치에 영향을 미친 것 이상으로, 그 황제권이 고려의 정치·권력구조 안에 들어와 있으면서 고려국왕 및 신료와 작용하였다. 이 책에서 살펴본 바, 고려국왕 위상변화나 그로 인한 국왕-신료 관계 변화 등이 그러한 작용의 양상과 결과이며, 이 과정은 단지 몽골에 의해 일방적으로 강요된 것이었다기보다는 고려국왕과 신료들에 의해 적극적으로 도입되고 활용된 측면도 강했다. 따라서, 몽골과의 '외교적 관계' 변화는, 물론 당연하게도 그와 직결되어 있었던 고려의 정치·권력구조(황제권-국왕-신료 관계, 국왕-신료 관계)에 변화를 가져왔지만, 동시에 여파를 남길 수밖에 없었다. 이에 1356년 이후 고려의 대외관계와 권력구조를 총체적으로 이해하기 위해서는 1356년 개혁을 기점으로 한 변화의 측면뿐 아니라, 몽골과의 관계를 통해 이미 변화한 고려 내부의 정치적 관계와 구조들이 1356년 이후에도 상당부분 온존하고 있으면서 이후 고려의 정치와 외교에 중요한 요소로 기능하고 있었던 측면에 대해서도 주목할 필요가 있다. 이러한 측면에 대해서는 이어지는 절에서 살펴보도록 하겠다.

3. 고려·몽골 관계의 변화와 고려국왕권

1356년(공민왕 5) 개혁을 계기로 고려-몽골 관계는 일변했고, 이후 이 관계는 청산의 과정을 거치게 된다. 1356년 개혁을 '반원·자주적 역사의식의 발현'이라는 관점에서 보아왔던 대다수의 기존 연구들은 이러한 고려·몽골 관계의 변화를 고려전기의 이른바 '형식적 외교관계'로의 복귀로 보아왔다. 여기에서의 '형식적 외교관계' 혹은 '형식적 책봉-조공 관계'란, 몽골 복속기와는 달리 황제권이 고려국왕권에 대해 실질적인 책봉권을 행사하지 못하는, 혹은 그렇게 할 여지가 없는 관계, 다시 말해 고려 및 고려국왕의 제후국·제후로서의 위상이 외교적인 영역에서만 작용하는 관계라는 의미 정도로 이해할 수 있을 것이다. 그러나 1356년 개혁을 통해 고려와 몽골의 관계가 고려전기의 이른바 '형식적 외교관계'와 같은 관계로 복귀했다고 보기는 어렵다. 이는 크게 두 가지 이유에서 그러하다.

우선 한 가지는 1356년 이전의 고려-몽골 관계가 동아시아적 관계 요소와 몽골적 관계 요소가 유기적으로 결합된 것이었다는 점에 기인하는 부분이다. 비록 1356년 개혁 이후, 몽골적 관계 요소는 상당부분 탈각되지만, 그 관계의 대상이 '몽골'이었다는 점으로 인해, 이러한 몽골적 관계 요소들은 그와 유기적으로 결합해 있던 동아시아적 관계 요소 속에 잔존해 있으면서 이 시기 고려-몽골 관계의 한 특징을 이루고 있었다.

다른 한 가지는 1356년 이전의 몽골, 몽골황제권이 단지 외교의 영역에서 고려의 정치에 영향을 미치는 것 이상으로 고려 정치 내부에 깊이 들어와 있었다는 점에 기인하는 부분이다. 이에 그러한 몽골과의 관계를 기반으로 형성된 고려의 정치·권력구조는 그 관계 자체가 상당부분 청산되고 난 이후에도 다소간 변화를 보이면서도 물리적·심리적으로 남아 있었다. 그리고 이러한 상황에서 어떻게든 유지되고 있었던 '몽골'과의 '관계'는 언제든 현실적인 '간섭' 가능성을 가진 관계로서 고려에 영향을 미치고 있었다.

'고려 전기적 질서로의 복귀' 혹은 '고려 전기의 형식적 외교관계로의 복귀'와 같은 기존 연구들의 표현은 몽골의 정치적인 간섭 혹은 압제가 이루어지던 상황이 사실상 종식되었다는 점을 강조하기 위한 것으로,

'문자 그대로' 고려전기와 '동일한' 관계로의 복귀를 의미한 것은 아닐 것이다.[129] 그런데 이러한 표현과 그에 담긴 인식을 연구사적으로 독해할 때에는 기존 연구들 역시 그 관계의 경험이 1356년 이후에도 영향을 미치고 있는 측면이 있었다는 점을 '인식'하고 있었을 것이라는 점보다는, 그러한 '인식'이 구체적인 연구성과로 제시되었는지의 여부, 나아가 위와 같은 표현이 '의도치 않게' 관련한 연구동향에 미친 영향이 무엇인지의 문제에 주목해야 하는 것이 아닌가 한다. '고려 전기적 질서로의 복귀'나 '형식적 사대관계로의 복귀'라는 표현들이 주로 '국난과 그 극복'이라는 관점에서 이 시기 고려-몽골 관계 및 '반원개혁' 과 그 이후의 역사를 서술하는 가운데 그러한 서술의 결론으로서 제시되고 있는 점에서 보이듯, 기존의 연구들은 몽골 복속기와 그 이후 시기를 단절적으로 바라보는 경향이 강하다. 그 결과, 몽골과의 관계가 이후 시기에 미친 영향은 그러한 '단절'과 '극복'의 연장선상에 있는 개혁세력의 등장과 같은 부분에 집중되고, 대외관계 및 정치·권력 구조 면에서 연속성을 갖는 측면을 구체적으로 살피고자 하는 시도는 별로 이루어지지 않았다. 이러한 상황에서 위의 표현들은, 분명 단순한, 혹은 완전한 복귀를 의미하는 것은 아니라고 하더라도, 고려-몽골 관계 및 그 경험이 이후 시기의 정치 및 고려·조선·원·명 관계에 미친 영향의 구체적 양상, 혹은 그 영향이 갖는 의미 및 중요성을 학문적으로 평가하는 데에 인색했던 연구 동향을 반영하고 있음은 어느 정도 사실이라고 하겠다. 그러나 고려 말 조선 초의 정치, 외교, 사회적 변동 과정 등을 총체적으로 이해하는 데에 고려·몽골 관계의 경험이 미친 영향-'지속'[130]의 측면은 '단절'의 측면 못지않게 중요한 의미를

---

129) 이익주, 2015, 「1356년 공민왕 反元政治 再論」 『역사학보』 225.
130) 필자가 이야기하는 '지속'의 구체적인 내용은 추후의 연구들을 통해서 이야기될

갖는 것이라고 생각된다.

특정 시기의 사상(事狀)이 당연하게도 선행하는 시기의 경험을 발판으로 한다는 점을 고려할 때, 고려·몽골 관계가 1356년 이후 고려의 정치와 대외관계에 미친 영향, 여파를 살피는 데에 있어 중요한 것은 그러한 영향의 존재 여부라기보다는 그 구체적 양상일 것이다. 즉, 몽골 복속기의 그것으로부터 '지속'되는 측면과 단절되는 측면을 동시에 안고 있었던 고려 말·조선 초의 대외관계와 정치구조 등을 어떻게 총체적·구조적으로 설명해낼 수 있을 것인가가 중요한 문제가 될 것이다. 이러한 문제는 한 두 편의 논문을 통해 전체상이 설명될 수 있는 문제는 아니며 추후 다방면에서의 연구가 축적되어야 할 것이지만, 여기에서 우선 그 구체적 양상의 일부를 살펴보도록 하겠다.

이 절에서는 1356년 이후 고려·몽골 관계 및 몽골 복속기 고려·몽골 관계와 권력구조의 여파를 두 가지 문제를 통해 살펴보고자 한다. 한 가지는 1362년(공민왕 11) 기황후 세력이 공민왕을 폐위시킬 것을 시도하는 과정에서, 그들이 고려국왕으로 세운 덕흥군(德興君)의 원자로 기씨의 일족인 '기삼보노(奇三寶奴)'를 책봉한 것이 갖는 의미에 대한 문제이다. 다른 한 가지는 공민왕대 후반, 몽골 복속기 권력구조에 대한 트라우마가 명(明)과의 관계에서 보이는 다소 강박적인 '향명(向明)', '친명(親明)' 정책의 배경으로 작용하고 있었던 문제이다. 이러한 문제들은 1356년 개혁 이후의 고려·몽골관계에 대한 검토이자, 그 관계가 청산되어 가는 과정에서도 고려의 정치와 대외관계에 미친

수 있겠으나, 이러한 '지속'은 사실관계 그대로의 '지속'이라기보다는 변화를 안고 있는 지속이며, 물리적 환경에 더해 심리적 환경까지를 포함한 의미라는 섬을 일단 제시해 둔다. 오해의 소지를 피하기 위해, 이후 본문에서는 여파, 혹은 영향 등으로 표현하도록 한다.

영향, 그 여파의 구체적 양상에 대한 검토이기도 하다.

1) 기황후 세력의 공민왕 폐위 시도와 원자 기삼보노(奇三寶奴)

(1) 폐위 시도의 과정과 배경

1359년(공민왕 8) 고려에 침입한 홍건적은 1361년(공민왕 10)에 다시 침입해왔다.[131] 1361년의 2차 침입을 당해서는 국왕의 파천(播遷)이 이루어지기까지 했다.[132] 개경이 함락당하는 등 위기를 맞기도 했으나,[133] 교체된 총병관 정세운(鄭世雲) 등의 활약으로 공민왕 11년(1362) 정월, 홍건적은 격파되었다.[134] 그러나 홍건적을 평정한 직후 무장들 사이에 내분이 일어났고, 그 결과 전공을 세운 정세운, 안우(安祐), 김득배 (金得培), 이방실(李芳實) 등이 살해당하는 사건이 발생했다.[135] 이들의 공을 시기한 김용(金鏞)이 왕지(王旨)를 위조해 안우, 김득배, 이방실로 하여금 정세운을 죽이게 하고 이어 이들도 죽인 것이다.[136]

이러한 상황을 이용해, 고려인으로서 기황후의 측근인 삭사감(撊思監), 박불화(朴不花) 등에게 아첨하여 몽골에서 동지추밀원사(同知樞密院事)까지 오른 최유(崔濡)가 기황후를 설득, 공민왕 폐위를 기도했다.[137] 김용이 장수들을 살해했으니 내응이 될 것으로 믿었기 때문이다. 그는

---

131) 『高麗史』 卷39, 恭愍王 10年 冬10月 丁酉.
132) 『高麗史』 卷39, 恭愍王 10年 11月 丙寅.
133) 『高麗史』 卷39, 恭愍王 10年 11月 辛未.
134) 『高麗史』 卷40, 恭愍王 11年 正月 甲子.
135) 『高麗史』 卷40, 恭愍王 11年 正月 己巳 ; 2月 乙巳 ; 3月 丁未.
136) 『高麗史』 卷113, 安祐傳.
137) 『高麗史』 卷131, 崔濡傳.

순제에게 홍건적의 난 때에 고려가 국인(國印)을 잃어버리고 마음대로 주조하여 사용하고 있다고 거짓 보고를 했고, 이에 몽골은 덕흥군(德興君)을 고려왕으로, 기삼보노(奇三寶奴)를 원자(元子)로, 김용을 판삼사사로 삼고, 최유는 스스로 좌정승이 되어 요양성(遼陽省)의 군사를 청해 고려를 침공할 계획을 세웠다.[138]

즉, 홍건적의 침입과 뒤이은 장수들 간의 갈등으로 고려의 군사력이 약화된 상황, 그리고 국왕이 피난지에서 돌아오는 길에 측근세력이 주도한 내란을 당할 정도로 고려국왕, 왕실의 역량이 약화된 상황에서, 몽골, 기황후 세력은 몽골 복속기 권력구조 아래에서 가능했던 고려국왕 폐위를 다시 시도했던 것이다.

공민왕 11년(1362) 12월, 서북면병마사 정찬(丁贊)이 몽골황제가 덕흥군을 고려국왕으로 세운다는 소식을 전해왔고,[139] 이듬해 윤3월에는 김용의 무리들이 왕이 주행(駐幸)하고 있던 흥왕사(興王寺)의 행궁을 범한 사건이 일어났으나 곧 진압되었다.[140] 4월, 고려의 신료들은 공민왕 폐위가 부당하다는 뜻을 몽골에 전했으나,[141] 5월, 폐위를 전하는 사신이 온다는 소식이 전해졌고, 공민왕은 일단 사신을 저지하도록 했다.[142] 7월, 고려의 백관들은 국새를 가지러 온 몽골 사신을 병위(兵衛)를 장엄하게 한 채 맞이한 후, 그를 통해 공민왕 폐위가 부당함을 알리는 글을 몽골 중서성에 전했다.[143] 덕흥군을 고려왕으로 삼고

---

138) 1362년 공민왕 폐위 시도와 관련해서는 다음의 연구들이 참조된다. 민현구, 2004(b), 「新主(德興君)과 舊君(恭愍王)의 대결」『고려정치사론』, 고려대학교출판부 ; 김형수, 2005, 「恭愍王 廢立과 文益漸의 使行」『한국중세사연구』 19, 한국중세사학회.
139) 『高麗史節要』 卷27, 恭愍王 11年 12月.
140) 『高麗史』 卷40, 恭愍王 12年 閏3月 辛未.
141) 『高麗史』 卷40, 恭愍王 12年 4月 甲午.
142) 『高麗史』 卷40, 恭愍王 12年 5月 丁亥.
143) 『高麗史節要』 卷27, 恭愍王 12年 7月.

기삼보노를 원자로 삼아 요양의 군사를 풀어 호송한다는 소식이 전해지자 고려에서도 군사를 내어 서북지역을 방어하게 하는 한편 조정 신료 가운데 덕흥군과 통한 혐의가 있는 자나 김용의 무리들을 모두 처형했다.[144] 1364년(공민왕 13), 최유는 10,000여 군을 이끌고 덕흥군을 받들고 압록강을 건너 공격해 왔으나 최영(崔瑩) 등이 이를 대파했고, 10월에는 고려로 호송된 최유를 처형했다.[145] 이어 몽골에서는 사신을 보내어 공민왕의 복위를 알리는 조칙을 전해왔다.[146] 이러한 몽골, 기황후 세력에 의한 공민왕 폐위 시도의 과정과 결과는 몽골 복속기 권력구조가 변화한 가운데에서도 온전히 청산되지 않은 상황을 보여주는 한편으로 그것이 청산되어가는 과정을 보여주는 것이기도 했다.

몽골에 의한, 몽골의 정치상황에 따른 고려국왕 폐위는 공민왕대 이전에도 반복적으로 이루어져왔던 것이다. 그런데 공민왕 폐위 시도의 경과는 이전의 국왕 폐위 사례들과 두 가지 면에서 차이를 보인다. 이것은 1356년 개혁 이후 변화한 양국관계를 반영하는 것이기도 하며, 공민왕 폐위가 고려출신인 기황후 측의 정치적 행동이었음을 보여주는 것이기도 하다.

먼저 정보 전달의 문제이다. 이전 폐위 사례에서는 자의 혹은 타의로 선위한 경우 외에는 고려 측에서 사전에 그에 대한 정보를 알지 못했다. 실제로 알고 있었을 수도 있지만 적어도 사료상 그런 정황은 확인되지 않는다. 이에 비해 공민왕대의 경우는 몽골로부터 정식 사신이 오기 전에 이미 비공식적인 통로를 통해 폐위소식이 고려에 전해졌다. 그러나 몽골이 덕흥군을 고려국왕으로 삼았다는 소식이 전해진 후에도

---

144) 『高麗史』 卷40, 恭愍王 12年 5月 壬辰 ; 丙申 ; 6月 壬戌.
145) 『高麗史』 卷40, 恭愍王 13年 正月 ; 10月 壬寅 ; 11月 辛酉.
146) 『高麗史』 卷40, 恭愍王 13年 10月 辛丑.

실제 공민왕 폐위와 덕흥군 임명을 실행하는 과정은 전격적이지 못했다. 정식으로 몽골의 사신이 와서 옥새를 회수해간 것은 고려에 폐위소식이 전해진 후 6개월 정도가 지난 뒤이며, 덕흥군이 군대를 이끌고 고려로 온 것은 그로부터 다시 6개월 정도가 지난 시점이었다. 폐위를 단행하기에 앞서 고려에 너무 많은 시간을 준 것은 몽골의 입장에서 공민왕 폐위 시도가 실패한 중요한 원인 중 하나였다고 생각된다. 몽골 조정에서 공민왕 폐위가 결정된 뒤에도 몽골에서는 군사를 모집하고 덕흥군을 따를 세력을 모집하는 데에 너무 많은 시간을 소요했다. 이에 고려에서도 여러 가지 대응방안을 고려하고 군사적인 대비를 할 수 있었다.

여기에서 두 번째 차이점이 주목된다. 공민왕대 이전, 몽골이 고려의 국왕을 폐위시키고자 할 때 군사를 동원한 적은 없었다. 고려국왕의 폐위는 황제의 조서 한 통으로 이루어졌다. 이는 고려국왕에 대해서뿐 아니라 몽골의 황제가 다른 울루스, 혹은 투하(投下)의 수장을 교체하고자 한 경우에도 마찬가지였다.[147] 공민왕을 폐위시키고 덕흥군을 세우기 위해 군대를 동원했던 상황은 오히려 1269년(원종 10), 임연에 의해 원종이 폐립된 상황에서 세자 왕심(王諶, 뒤의 충렬왕)에게 군대를 대동해 보냈던 상황과 유사하다. 몽골의 입장에서 임연의 원종 폐립은 그를 국왕으로 세운 황제권에 대한 도전으로 인식되었다.[148] 이에

---

147) 예케 몽골울루스의 카안이 다른 울루스의 수장을 교체한 사례는 차가다이 울루스 수장 교체 사례에서 확인할 수 있다. 칭기스칸의 둘째 아들이자 태종 우구데이의 형인 차가다이가 죽은 후 우구데이의 뒤를 이은 몽골의 카안, 황제들은 정종 구육과 헌종 뭉케, 세조 쿠빌라이와 그와 경쟁했던 아릭부케에 이르기까지 모두가 한 차례씩 차가다이 울루스의 수장을 교체하고 있다. 그런데 수차례 있었던 차가다이 울루스 수장교체에서 카안은 칙령을 내렸을 뿐, 군대를 보내지는 않았다 자세한 내용은 라시드 앗딘 저, 김호동 역주, 2005, 『칸의 후예들』, 사계절, 238~241 쪽 참조.

정치적으로 제압되지 않는 상대를 물리력으로 제압하기 위해 몽골은 군대를 동원했다. 한편 몽골이 공민왕 폐위를 위해 군대를 동원한 것도 이례적이었지만, 고려가 그에 군사적으로 대응한 것 역시 이례적인 상황이었다.

　공민왕 폐위 시도의 과정에서 보이는 이전 시기 몽골에 의한 고려국왕 폐위 과정과의 차이점은 1356년 이후 변화한 양국관계를 반영하는 한편으로, 이 사건이 기황후 세력의 정치적 행동이었음을 보여준다. 우선 1362년 당시 고려와 몽골의 정치적 거리는 황제의 조서 한 통으로 고려국왕을 폐위시킬 수 있는 범위를 넘어서고 있었다. 그 계기가 된 것은 1356년 개혁이었다. 물론 이 개혁 이후 고려와 몽골은 각기 한발짝씩 물러서며 기존의 관계로 복귀하는 듯했지만, 양자 간의 정치적 거리는 분명 이전과는 달라졌고, 서로가 그렇게 인식하고 있었던 것으로 보인다. 이는 1356년 개혁의 과정을 통해 몽골의 세력 약화가 어느 정도 확인된 상황에서 그 세력에 의해 뒷받침되던 몽골황제의 권위 역시 이전만큼의 힘을 갖지 못하게 된 데에 기인한 것이다. 그렇기에 몽골은 1년여에 걸쳐 군대를 모으고 세력을 모았던 것이며, 고려는 폐위 소식이 전해진 후 군사적 대응을 시도할 수 있었다.

　한편, 공민왕 폐위 시도의 과정과 이전 시기 폐위 사례들의 과정 간 차이점이 보여주는 또 다른 한 가지는 사료상 분명히 나타나고 있는 것이기도 하지만 이를 일으킨 주축이 기황후 세력이었다는 점이다. 공민왕을 대신해 덕흥군을 세우면서 여러 가지 준비과정이 필요했던 것은 1356년 이후 변화한 양국관계에 기인하는 바 크지만, 다른 한편으로는 이 폐위 시도가 몽골 조정의 입장 보다는 기황후, 기씨일가

---

148)『高麗史』卷26, 元宗 10年 8月 戊戌.

의 정치적 입장을 크게 반영하고 있는 것이기 때문이었다.

이전에도 충숙·충혜왕의 경우에서처럼 몽골 내 정치세력의 변동과 맞물리면서 그들의 정치적 이해관계에 따라 고려국왕위의 교체가 이루어진 경우는 있었다. 하지만 고려 입장에서 기황후, 기씨일가는 그들이 고려 출신이라는 점에서 다른 몽골 정치세력들과는 분명한 차이를 갖고 있었다. 이들은 단순히 몽골의 핵심 정치세력으로서 고려의 정치에 간접적으로 영향을 미치는 정도가 아니라, 경우에 따라서는 '직접' 고려의 정치에 개입할 수도 있는 존재였다. 따라서 그러한 기씨일가가 고려왕실에 대한 공격을 감행하는 것은 몽골이 고려국왕위 문제에 개입하는 것과는 다른 의미를 가질 수밖에 없었다. 이에 그러한 공격이 나름의 정당성을 확보할 수 있는 바탕-세력의 결집이 우선되어야 했고, 그를 뒷받침할 수 있는 실제적인 힘-군사력이 필요했던 것이다.

이 사건이 기씨일가의 움직임과 밀접히 연관되어 있었음은 고려에서도 인지하고 있었던 것으로 보인다. 폐위소식이 전해진 후 공민왕 12년(1363) 4월, 고려의 신료들은 백관기로서(百官耆老書)라는 형식으로[149] 몽골의 어사대와 중서성, 첨사원에 각기 공민왕 폐위가 부당함을 호소하는 글을 보냈다.[150] 대상을 달리 하는 세 편의 글들은 각기 주로 다루고 있는 내용에서 차이를 보인다. 어사대에 보내는 글은 이 사건이 "아첨꾼" 최유의 참소에서 비롯된 것임을 주로 논했고, 중서성에 제출한 글은 몽골 조정에 대한 공민왕의 공, 주로 홍건적 토벌과 관한 이야기를 다루고 있다.

마지막으로 첨사원에 제출한 글에서는 공민왕의 공과 간신의 참소

---

149) 백관기로서(百官耆老書)는 국왕 유고시 또는 세부적인 사안에 대해 신료가 중국에 보낸 분서형식이다.(김경록, 2007, 앞 논문, 213쪽)

150) 『高麗史』 卷27, 恭愍王 12年 4月 甲寅.

304

등 전반적인 내용이 언급되는 가운데 글의 첫머리에 공민왕이 세자이던 시절에 대한 언급이 있다. 이는 공민왕이 "일찍이 세자로서 (중략) 단본당(端本堂)에서 태자와 함께 글을 읽었고 그의 사랑을 특히 받았으며" 충정왕을 대신해 고려왕위를 계승할 수 있었던 것도 "황태자가 모두 비호해준 은혜였다"고 하여151) 공민왕과 황태자의 특별한 관계를 강조하고 있다. 첨사원에 보낸 글에 이러한 내용이 담긴 것은 우선 첨사원이 황태자의 정무기관이기 때문이었을 것이다. 당시 고려에서 굳이 첨사원에까지 이런 글을 보내 황태자와의 관계를 강조한 것은 당시 황태자의 세력이 강화되고 있음을 의식한 측면에 더하여 공민왕 폐위 시도가 당시 몽골 조정에서의 황태자·기황후 세력의 동향과 연결되어 있는 것임을 의식한 행동이 아니었나 한다. 공민왕 폐위 시도가 기씨일가의 정치적 이해관계를 반영하고 있다는 사실, 또 그것을 고려 측에서 분명하게 인지했을 것임은 덕흥군의 원자(元子)로 임명되어 왔던 기삼보노의 존재에서 확인할 수 있다.

몽골은 공민왕을 대신해 덕흥군을 국왕으로 삼으면서 기황후의 족자(族子)인 기삼보노를 그 원자로 동행하게 했다.152) 공민왕의 대안으로 전면에 나섰던 것은 덕흥군이었지만, 당시 그의 나이가 50세 정도였음을 고려할 때 사실상 기황후 측이 공민왕의 대안으로 내세웠던 것은 기삼보노였다고 할 수 있다.153) 공민왕 폐위 시도의 과정에서

---

151) 『高麗史』 卷44, 恭愍王 12年 4月. 이 기록에서 즉위 전의 공민왕을 '세자'로 칭하고 있으나, 공민왕의 전왕인 충정왕은 어린 나이에 폐위되었으므로 아직 후사의 가능성이 있는 상황에서 굳이 자신의 숙부를 세자로 책봉했을 것으로 생각하기는 어렵다. 이러한 표현은, 그것이 후대의 기록이기도 하거니와 공민왕이 충선왕의 얼자(孽子)인 덕흥군에 비해 정통성 있는 국왕임을 강조하기 위한 것으로 생각된다.
152) 『高麗史』 卷40, 恭愍王 12年 5月 壬辰.
153) 민현구, 2004(b), 앞 논문.

보이는 '원자 기삼보노'의 존재는 두 가지 점에서 주목된다.

첫째, 기황후 세력이 공민왕 폐위를 시도하면서 그 대신으로 덕흥군을 세우는 데에 그치지 않고, 그와 친부자 관계도 아니며 고려왕실 인물도 아닌 기삼보노를 굳이 원자로 세웠다는 점이다. 둘째, 기삼보노를 고려국왕으로 세우지도, 세자로 세우지도 않았다는 점이다.

'원자(元子)'는 왕의 맏아들을 지칭하는 용어이다. 대개 원자가 '세자' 혹은 '태자'에 책봉되어 국왕위 계승 자격을 얻게 되지만, 원자가 곧 차기 국왕위 계승권자를 의미하는 것은 아니다. 그런데, 몽골 복속기에는 이러한 생물학적 관계를 표현하는 용어인 '원자'가 차기 국왕위 계승과 직결된 정치적 의미를 가진 위상을 표현하는 용어로 사용되는 용례들이 확인된다. 예컨대, 충목왕 사후 충정왕이 왕위를 계승하고자 할 때, 몽골에서는 "원자 저(眠)에게 왕위를 이을 것을 명령했다"는 『고려사』 세가의 기록이 그 한 사례이다.[154] 왕저는 충혜왕의 서자로, 그 누구의 원자도 아니었음에도, 몽골 측에서 그를 '원자'라고 칭한 것은 그가 '세자'에 책봉되지는 않았으나 왕위를 계승해야 할 인물이라는 의미인 것으로 생각된다. 이와 유사한 사례가 당시 왕저와 함께 왕위 계승후보였던 왕기, 즉 공민왕의 사례이다. 왕기는 충혜왕의 동생으로, 형인 충혜왕이 복위한 후 몽골에 숙위로 가게 되었는데, 이때 고려 신료들은 그를 '대원자(大元子)'라 칭했다고 한다.[155] 왕기 역시 사실상 '원자'가 아니었음에도 고려 신료들이 그를 '원자'라 부른 것은, 당시 그가 몽골에서 숙위 생활을 시작함으로써 국왕위 계승 후보로 인식되었던 상황과 관련된다 하겠다. 이렇게 볼 때, 공민왕 폐위 시도 당시 몽골에서 기삼보노를 덕흥군의 원자로 세운 것은

---

154) 『高麗史』 卷37, 忠定王 卽位年 5月 戊戌.
155) 『高麗史』 卷38, 恭愍王 總書 忠惠王 後2年 5月.

정황상 차기 국왕위 계승자로서 그를 동행시킨 것이라고 생각된다.

원자 기삼보노는 몽골 복속기의 권력구조 속에서 변화한 고려국왕 위상의 한 단면을 보여주는 존재라고 생각되는데, 그 존재 의미를 살펴보기 위해 기황후 세력의 공민왕 폐위 시도가 어떤 배경에서 이루어진 것이었는지에 대해 살펴보도록 하겠다. 공민왕 폐위 시도는 이를 언급한 여러 사료들에 분명하게 기록되어 있는 바, 1356년 개혁 과정에서 단행된 기씨일가 주살에 대한 보복 차원에서 이루어진 것이었 다. 이와 관련해서는 많은 기사들이 하나같이 같은 내용을 전하고 있으니, 그 대표적인 것을 들어보면 다음과 같다.

> 황제가 참소를 듣고 고려왕 바얀테무르[伯顔帖木兒, 공민왕 : 필자주]를 폐하고 타스테무르[塔思帖木兒, 덕흥군 : 필자주]를 왕으로 삼았다. (중략) 처음에 황후 기씨(奇氏)의 종족이 고려에 있으면서 총애를 믿고 교만, 횡행하여 바얀테무르가 누차 경계하였으나 깨닫지 못하므로 고려왕이 마침내 기씨 일족을 모두 죽였다. 황후가 태자에게 일러 말하기를 "네가 이미 장성하였으니 어찌 나를 위해 원수를 갚아주지 않느냐"라 하였다. 이때 고려왕의 곤제(昆弟)로 경사(京師)에 있는 자들 가운데 의논하여 타스테무르를 왕으로 세우고 기씨의 족자(族子) 삼보노(三寶奴)를 원자(元子)로 삼고 장작동지(將作同知) 최테무르[崔帖木兒, 최유 : 필자주]를 승상으로 삼아 군사 만 명을 거느리고 그 나라로 보내어 압록강에 이르렀다.[156]

다른 기록은 고려인 최유가 기황후의 원한을 이용해 공민왕 폐위를 시도했음을 보여주기도 한다.[157] 기황후의 입장에서 1356년의 개혁은 그것이 반원적인 것이었는지, 내정개혁을 위한 것이었는지의 문제가

---

156) 『元史』 卷46, 順帝 至正 22年.
157) 『高麗史節要』 卷27, 恭愍王 12年 3月.

아니라 개인적 원한의 문제였고, 이 원한은 고려가 아닌 공민왕에 대한 것이었다. 1356년 당시에는 고려와 몽골이 처해 있던 안팎의 정황상 복수를 할 수 없었지만, 정세가 변화함에 따라 기황후는 공민왕에 대한 복수를 감행했던 것이라 할 수 있다.

당시는 고려가 홍건적의 2차 침입을 막아낸 직후였다. 외침으로 국왕이 피난까지 갈 정도로 어려운 상황이었지만, 결과적으로 홍건적을 물리쳤으니 승리라는 결과만 본다면 고려와 공민왕의 입장에서는 사기충천할 수도 있는 일이었다. 그런데 전쟁 후 승리의 주역이었던 정세운, 그리고 안우 등 3원수는 김용의 획책으로 모두 죽음을 당했고, 공민왕은 피난지에서 개경으로 돌아오는 길에 흥왕사에서 난을 만나 죽음의 고비를 넘겼다. 더욱이 흥왕사 난은 공민왕의 측근 중 한 명인 김용에 의해 이루어진 것이었다. 기황후 측은 격렬한 전쟁으로 힘을 소진하고 승리에 따른 사기충천보다는 원수들의 죽음으로 인한 사기저하 상태였을 고려군, 그리고 피난갔다 돌아오다 내란을 만난 공민왕의 상황에 주목했던 것으로 보인다. 고려와 고려왕실의 역량이 상당히 약화되었다고 판단되는 상황에서, 기황후는 복수를 위해 공민왕에 대한 공격을 감행했던 것이다.

공민왕 폐위 시도가 기황후의 공민왕에 대한 원한에서 비롯된 것임은 분명하다. 그러나 이는 당시 그들에게 현실적으로 중요한 문제였던 몽골 조정에서의 황태자 세력 강화 움직임과 관련된 측면도 있었던 것으로 보인다.[158] 기황후의 공민왕에 대한 복수심만으로 이 문제를 볼 경우, 덕흥군을 고려국왕으로 임명한 후 군이 원자 기삼보노까지 동행시킨 이유는 설명하기 어렵기 때문이다. 1362년이라는 시점 또한

---

158) 이명미, 2010, 앞 논문.

절묘하다. 이는 홍건적의 2차 침입에 이어지는 시점이도 했지만 기황후 세력의 황태자 세력 강화 시도가 이루어지고 있던 시기이기도 했다. 기황후 세력은 1356년부터 1365년까지 3차례에 걸쳐 황태자에의 선위를 시도했다.[159] 1360년경 두 번째 선위시도로 시작된 황태자 세력 강화 움직임은 볼라드 테무르[孛羅帖木兒]의 정권장악으로 그 흐름이 일시 중단되기도 했으나[160] 1365년의 마지막 선위시도까지 이어지는 것이었다. 그 과정의 한가운데인 1362년에 공민왕 폐위 시도가 단행되었다.

이 문제를 이해하기 위해 먼저 기황후의 아들인 아유르시리다라의 황태자로서의 지위에 대해 살펴보자. 1339년에 태어난 황자 아유르시리다라에 대해서는 1343년부터 황태자라는 칭호가 보인다.[161] 그러나 1353년에 이르러서야 황태자(皇太子) 중서령(中書令) 추밀사(樞密使)로 삼아 금보(金寶)를 제수하고 천지, 종묘에 고하는 제사를 드렸다는 기록이 있고,[162] 책봉은 1355년에 이르러서야 이루어졌다.[163] 문종(文宗)의[164] 아들로 순제 즉위와 함께 황태자에 책봉되었던 엘투쿠스[燕帖

---

159) 첫 번째 내선시도는 1356년에 이루어졌으며(『元史』卷205, 哈麻傳) 두 번째 내선시도는 1360년경에,(『元史』卷114, 完者忽都皇后傳 ; 204, 朴不花傳) 마지막 세 번째 내선시도는 1365년에 이루어졌다.(『元史』卷114, 完者忽都皇后傳)

160) 1364년 몽골의 군벌세력 가운데 하나였던 볼라드 테무르가 정권을 장악하면서 박불화 등은 처벌되었다. 아유르시리다라는 기녕(冀寧)으로 도망가 볼라드 테무르와 대립각에 있었던 쿠쿠테무르[擴廓帖木兒]를 통해 볼라드 테무르에 대응하려 했으며 볼라드 테무르는 순제에게 기황후를 내쫓을 것을 청했으나 대답하지 않으므로 1365년 조정의 명령을 칭탁해 100일간 유폐시켰다.(『元史』卷114, 完者忽都皇后傳)

161) 『元史』卷138, 脫脫傳.『元史』本紀에서는 1349년(順帝 至正 9년) 단본당(端本堂)과 관련, 처음 그를 '황태자'로 언급한 기록이 있다.(『元史』卷42, 順帝 至正 9년 10월 丁酉)

162) 『元史』卷43, 順帝 至正 13年 6月 丁酉.

163) 『元史』卷44, 順帝 至正 15年 3月 甲午.

古思]가 1340년 사망한 이후[165] 아유르시리다라와 황태자위를 두고 경쟁할 만한 황자는 없었던 것으로 보임에도 아유르시리다라의 황태자 책봉이 지지부진했던 데에는 톡토[脫脫]의 영향도 있었던 것으로 보인다.

앞서 살펴본 바와 같이, 황태자에게 책보를 주는 문제가 논의될 때마다 톡토는 "중궁(中宮)에 아들이 있다"는 이유로 이를 미루었다.[166] 이때의 중궁은 쿵크라트 출신 바얀쿠투[伯顔忽都] 황후를 가리키는데, 『원사』에는 그의 아들로 황자 친킴[眞金]이 있었으나 두 살에 요절한 것으로 되어 있다.[167] 그의 생몰년은 확인할 수 없으나 톡토가 말한 "중궁의 아들"은 친킴을 가리키는 것으로 봐도 좋을 것이다.

후대의 기록이긴 하지만, 1364년 볼라드 테무르가 정권을 장악했을 때 아유르시리다라를 폐하고 쿵크라트 출신 황후 소생의 어린 아들인 설산(雪山)을 황태자로 세우고자 했다는 기록이 있다.[168] 설산이 1364년

---

164) 문종은 순제의 아버지인 명종(明宗)의 동생이다. 명종 사후 문종이 즉위하면서 토곤테무르[순제]는 고려에 유배되었다. 문종 사후 명종의 아들이자 토곤테무르의 동생인 영종(寧宗)이 즉위했으나 곧 사망하자, 엘테무르는 문종의 아들인 엘투쿠스로 황제위를 계승시키고자 했으나 문종의 황후인 부다시리[不答失里] 황후가 그 아들이 아직 어리다 하여 토곤테무르를 즉위시키는 대신 자신의 아들인 엘투쿠스를 황태자로 세워 무종-인종의 예에 따르게 했다.(『元史』 卷38, 順帝 即位年 11月 壬辰)

165) 기황후가 제2황후로 책립된 지 2개월만인 1340년(順帝 至元 6년) 8월에 문종의 묘주(廟主)를 철거하고 부다시리 황후와 엘투쿠스가 축출, 살해되는 사건이 발생했다.(『元史』 卷40, 順帝 至元 6年 6月 丙申) 이용범은 이 사건을 기황후 세력과 관련이 있는 것으로 보고 있다.(이용범, 1962, 앞 논문, 475~486쪽)

166) 『元史』 卷205, 哈麻傳. 1354년 실각 당시, 톡토는 합마(哈麻)에 의해 "황태자가 세워졌으나 책보 및 교묘(郊廟)의 예가 행해지지 않은 것은 톡토 형제의 뜻"이라고 참소를 당하기도 했지만 이때의 참소가 상당부분 사실에 기반한 것이었음은 앞서도 살펴본 바와 같다.

167) 『元史』 卷114, 順帝 伯顔忽都皇后傳.

168) 葉子奇 撰, 『草木子』 中華書局, 卷3上, 克謹篇 45쪽.

당시에도 아직 어린 나이였다면 1350년대 초반 황태자 책보문제가 불거졌을 때는 아직 태어나지 않았을 가능성이 높다. 그러나 설령 이때 태어났다 하더라도 아주 어린 나이였을 것으로 생각된다. 이미 황태자 아유르시리다라가 장성해 있는 상황임에도 그의 황태자로서의 지위는 유보적인 것이었고, 그것은 아직 젖먹이였지만 쿵크라트 출신 황후의 아들이 존재했기 때문이었다. 게다가 이러한 인식이 기황후 및 아유르시리다라와 상당히 우호적인 관계에 있었던 톡토의 생각이라는 점은 더욱 의미심장하다.

위의 두 사례에서는 친킴과 설산이라는, 아직은 어리지만 황태자위에 대한 강력한 경쟁대상으로서의 구체적 실체가 있었다. 그러나 그렇지 않다 하더라도 몽골황실의 가장 유력한 인족(姻族)인 쿵크라트 출신으로 데이세첸[特薛禪]의 후손이었던 바얀쿠투 황후가 제1황후로 존재하는 한 그의 소생자가 생길 수 있는 가능성은 상존했고, 이는 출신이 미천했던 기황후 및 그 아들 아유르시리다라의 황태자로서의 지위를 불안하게 했던 것으로 생각된다. 기황후 세력의 계속된 선위시도는 그러한 불안함을 해소하기 위한 움직임이었다. 실제로 1365년, 바얀쿠투 황후 사후 기황후가 제1황후로 책봉된 후에는 기황후의 지위가 안정됨과 동시에 아유르시리다라의 황태자로서의 지위도 안정되었으며, 이후 1370년 순제가 죽고 아유르시리다라가 황제위를 계승하기까지 또 다른 선위 시도는 없었다.

황태자 아유르시리다라의 지위 불안은 그 어머니인 기황후의 출신에 기인한 것이었다. 고려인 공녀 출신이었던 기황후는 황후로 책봉되는 과정에서, 그리고 책봉된 이후에도 그의 황후 지위에 대해 강력한 반대를 받아왔다. 반대의 근거는 그녀가 고려인이라는 것이었다.[169] 이때 몽골 신료들이 제기한 '세조가법(世祖家法)'이나 '불여고려공사(不

與高麗共事)'와 같은 기황후 반대의 근거들은 그 의미를 정확히 파악하기는 어려우나, 기황후와 관련되어 이야기되고 있는 것으로 볼 때 고려가 쌍방혼의 대상이 아닌 일방혼의 대상이기에 고려여인인 기씨를 황후로 들일 수 없다는 논의가 아니었을까 한다. 그러나 기황후 이전에도 고려 출신 황후가 있었고[170] 역시 일방혼의 대상이었던 위구르, 옹구트 출신 황후도 있었다.[171]

이렇게 볼 때, 당시 몽골의 신료들은 표면적으로 그가 고려인임을 근거로 기씨의 황후책립을 반대하고 있지만, 기황후가 직면했던 보다 핵심적인 한계, 문제는 그 가문의 한미함, 즉 그의 가문이 몽골과의 관계에서 고려의 대표 가문으로 인정받았던 고려왕실이 아니었으며 정치적, 사회적으로 유력한 가문도 아니었다는 점에 있었던 것으로 보인다.[172] 이러한 점은 당시 몽골의 신료들에게 부정적으로 인식되었고, 그의 황후 지위에 대한 조정 관료들의 불만은 그 아들 아유르시리다라의 황태자로서의 지위까지 불안하게 했던 것으로 보인다.

게다가 1360년 경의 시점에서 고려와 기씨가문이라는 기황후의 출신

169) 『蒙兀兒史記』 卷19, 完者忽都可敦傳 ; 『元史』 卷41, 順帝 至正 8年 ; 權衡 編, 『庚申外史』 元統 元年.
170) 李齊賢 『益齋亂藁』 卷7, 「順妃許氏墓地銘」 ; 『高麗史』 卷104, 金周鼎傳 附 金深傳 ; 『元史』 卷106, 表1, 后妃表, 仁宗.
171) 라시드 앗딘 저, 김호동 역주, 2002, 『부족지』, 사계절, 229쪽, 244쪽 ; 『元文類』 卷23, 閻復, 「駙馬高唐忠憲王碑」.
172) 인종의 황후로 기록된 달마실리[達麻實里] 황후의 경우 그의 조부 김주정은 충렬왕의 측근으로 몽골로부터 만호직을 제수받았으며, 아버지인 김심은 아버지 김주정의 만호직을 세습했고 충선왕의 측근으로 세력을 떨치고 있었다.(『高麗史』 卷104, 金周鼎傳 ; 金周鼎傳 附 金深傳) 다른 경우에도 부족관념에 따른 통혼이라는 원칙에 대해 예외적인 사례들을 보면 부족관념상으로는 통혼대상, 혹은 쌍방혼의 대상이 아니지만 그의 가문에 당대의 카안 혹은 황실과 긴밀한 관계를 맺고 있거나 몽골과의 관계에서 성지석으로나 군사적으로 유력한 지위를 점한 인물이 있는 경우는 그러한 통혼이 허용되고 있었다.

은, 고려라는 정치단위가 몽골제국 내에서 어느 정도의 중요성을 가졌는가라는 문제는 차치하고 생각하더라도, 그들에게 전혀 도움이 되는 '배경'으로 기능하고 있지 않았다. 이미 1356년 개혁 과정에서 고려에서 활동하던 기씨일족이 공민왕에 의해 제거되었기 때문이다. 이에 기황후와 황태자는 몽골 조정 내에서 세력 강화를 시도하는 과정에서, 적대적인 관계가 되어버린 그들의 출신지 고려를 자신들의 '배경'으로 전환시키는 방법, 처음부터 한미했지만 이제는 고려에서 정치적 거세까지 당한 그들의 가문을 강화시키는 방법을 통해 자신들의 약점을 보완하고자 했던 것으로 보인다. 그 구체적 방법이 공민왕 폐위 시도였다.

이는 기황후가 공민왕에 대한 대안으로 내세웠던 인물을 통해서도 확인할 수 있다. 처음 기황후는 공민왕의 대안으로 심왕(瀋王) 톡토부카[篤朵不花]를 선택했다. 톡토부카는 충숙왕·충혜왕과 대립했던 심왕 왕고(王暠)의 손자로 1354년에 심왕에 책봉되었으며, 그 이전에는 몽골에서 동궁 케식관으로 임명된 바 있었던 인물이다.[173] 기황후와 아유르시리다라는 그들과 밀착해 있었던 톡토부카를 고려국왕으로 삼아 고려라는 그들의 출신을 자신들의 '배경'으로 전환하고자 했던 것으로 생각된다. 하지만 톡토부카는 기황후 측의 제의를 받아들이지 않았고, 그 대안으로 덕흥군이 선택되었다. 그리고 기황후는 그의 일족인 기삼보노를[174] 원자로 하여 덕흥군과 함께 고려로 보냈다. 대안이긴 했지만 덕흥군과 기삼보노의 조합은 성사만 된다면 오히려 톡토부카라는

---

173) 『高麗史』 卷91, 江陽公 王滋傳 附 瀋王 王篤朵不花傳 ; 『元史』 卷42, 順帝 至正 10年 11月 丙辰 ; 『元史』 卷43, 順帝 至正 14年 9月 甲子.
174) 기삼보노에 대해서는 그가 기씨의 족자(族子)로서 덕흥군의 원자로 임명되었다는 것 외의 행적은 확인되지 않는다.

원안보다 기황후 세력에게는 더 유용한 카드가 될 수 있었다. 당장은 고려에 자신들에게 영합하는 세력을 구축한다는 목적과 함께 장기적으로 기씨일가를 고려·몽골 관계에서의 대표가문으로 격상시킬 수 있는 조합이었기 때문이다.

물론 기황후 세력이 공민왕 폐위를 시도하면서 기씨일가가 '고려왕실'이 될 것을 애초부터 목표로 한 것은 아니었다. 이는 기황후 세력이 공민왕의 대안으로 톡토부카를 먼저 생각하고 있었음을 통해서도 알 수 있다. 애초에 이들이 의도했던 것은 공민왕에 대한 복수와 함께, 자신들에게 우호적인 왕실 인물을 국왕위에 세우고자 한 것이라고 생각된다. 그러나 원자 기삼보노의 존재는 이들의 의도가 단지 공민왕 폐위에만 그치는 것은 아니었음을 보여주는 것이기도 하다. 즉, 기황후 세력의 공민왕 폐위 시도는 물론 공민왕이 개혁 과정에서 기씨를 주살한 것이 발단이 된 것이었지만, 기삼보노의 존재는 기황후 및 황태자가 몽골 조정에서 세력을 구축해가는 과정에서 자신들의 약점이었던 출신을 자신들에게 도움이 되는 '배경'으로 전환시키기 위한 일환으로 감행된 측면도 갖고 있었음을 보여준다.[175]

한편, 기삼보노를 국왕으로 세운 것도 아니고 세자로 세운 것도 아니었지만, 기삼보노의 원자 책봉은 고려왕실의 질서에서는 받아들

---

175) 최근에 발표된 연구에서 David M. Robinson 역시 이때의 공민왕 폐위 시도가 아유르시리다라에의 선위를 성사시키기 위한 기황후의 의도에서 비롯된 것임을 언급하고 있지만 공민왕 폐위 시도가 아유르시리다라의 선위에 어떤 면에서 기여할 수 있는가에 대한 설명, 즉 공민왕과 기황후, 순제의 관계를 보는 관점은 필자와 차이를 보이고 있다. 그는 기황후 세력이 순제와 대립하는 과정에서 그를 고립시키기 위한 의도로 그 동번(東蕃)인 공민왕을 폐위시키고자 한 것으로 보고 있다. 또한 순제는 1356년의 개혁에 대해 불만을 갖고 있던 중, 홍건적을 격퇴시킨 고려의 군사력에 위협을 느끼고 공민왕을 폐위시킨 것으로 보았다.(David M. Robinson, 2009, *Empire's Twilight : Northest Asia Under the Mongols*, Cambridge and London. Harvard University Press, pp.249~251)

이기 어려운 것이었다. 이는 기존의 고려·몽골 관계에서도 시도된 적이 없는 것이었다. 그렇다면 기황후 세력의 이런 시도는 어떻게 가능했던 것일까? 이는 두 가지 측면에서 이야기할 수 있을 것으로 생각된다.

첫째, 이 시기의 몽골제국, 그리고 몽골 조정의 질서가 상당히 혼란한 가운데 기황후 측의 의도가 적절한 제어를 받지 못하고 표출된 측면이다. 한인(漢人)들의 반란이 지속, 격화되는 상황에서 관군은 그들에 대한 통제력을 상실했고, 순제는 정치에 대한 관심을 잃었으며, 몽골의 관료들은 기황후와 황태자의 세력 강화 시도 속에서 황제의 친신(親臣)과 기황후 세력으로 나뉘어 세력다툼을 하고 있었다.176) 이런 상황에서 기황후 측의 사적인 의도가 적절한 제어를 받지 못하고 표출되었다고 볼 수 있다.

둘째, 이에 더해 몽골에서 관계의 대상을 인식하는 방식 역시 기황후 측의 기삼보노 원자 책봉을 가능케 했던 한 요소인 것으로 생각된다. 원자 기삼보노를 포함한 공민왕 폐위 시도는 물론 기황후 세력의 정치적 의도가 강하게 반영된 것이기는 하지만 순제의 결정이기도 했다. 최유는 기황후 측과의 조율이 끝난 후, 최종적으로 순제에게 공민왕이 홍건적 침입 당시 인장을 잃어버리고 마음대로 만들어 사용했다고 무고함으로써 순제의 허락을 받아냈다.177) 당시의 순제에게 기황후 측의 사적 의도를 제어할 수 있는 통제력이 없었다 하더라도, 그가 이를 최종적으로 허락한 것은 어느 정도 몽골의 질서에서 납득할

---

176) 이 시기 기황후 및 황태자 세력과 순제 간의 알력 및 혼란한 조정 상황과 관련해서는 다음을 참조할 수 있다. David M. Robinson, 2009, *Ibid*. Cambridge and London. Harvard University Press, pp.244~251.
177) 『高麗史』 卷131, 崔濡傳.

수 있는 부분이 있기 때문이었을 것이다.

몽골제국 초기의 사례이긴 하지만 쿵크라트의 사례는 이때 고려왕실이 처한 상황을 이해하는 데에 도움이 된다. 쿵크라트는 몽골황실의 대표적인 인족(姻族)으로, 정치적으로도 중요한 역할을 담당했다. 그런데 몽골황실과 지속적인 통혼을 했던 것은 쿵크라트 전체가 아니라 그를 대표하는 하나의 가문, 데이세첸 계열이었다. 그의 가문은 쿵크라트의 지배가문으로서 배타적으로 몽골황실과 통혼을 지속했을 뿐 아니라, 그러한 대표성을 통해 쿵크라트 전체에 대한 지배권을 유지하고 있었다. 그런데 칭기스칸 당시, 몽골과 쿵크라트가 정치적 관계를 형성하기 시작했던 시기의 상황은 달랐다.

원래 쿵크라트 본족(本族)은 테르게 에멜이라는 인물 휘하에 있었고, 데이세첸은 같은 쿵크라트 계열이긴 하지만 테르게 에멜이 이끄는 집단과는 구별되는 보스쿠르(孛思忽兒, Bosqur)씨의 수령으로 그 근거지는 본족이 근거했던 지역보다 동북, 혹은 동북동에 위치했던 것으로 이야기되고 있다.178) '보스쿠르'는 몽골어로 '배반자'라는 의미라고 한다.179) 처음 테르게 에멜이 이끄는 쿵크라트가 칭기스칸에게 항복해왔을 때, 칭기스칸은 그에게 딸을 주겠다는 제의를 했다. 그러나 테르게 에멜은 칭기스칸의 딸이 못생겼다는 이유로 그 제의를 거절했고, 칭기스칸은 그를 죽였다.180) 이것은 단순한 통혼의 문제는 아니었다. 이후

---

178) 테르게 에멜의 쿵크라트 본족(本族), 데이세첸의 보스쿠르에 대해서는 다음을 참조할 수 있다. 라시드 앗딘 저, 김호동 역주, 2002, 앞 책, 267~268쪽 ; 村上正二 譯註, 1970, 『モンゴル秘史』 1, 平凡社, 319쪽 ; 『モンゴル秘史』 2, 154쪽 ; 『金史』 卷93, 宗浩.

179) 村上正二 譯註, 1970, 『モンゴル秘史』 1, 319쪽 ; 『モンゴル秘史』 2, 154쪽 ; 『金史』 卷93, 宗浩.

180) 라시드 앗딘 저, 김호동 역주, 2002, 앞 책, 267~268쪽.

몽골제국사에서 테르게 에멜의 후손은 언급되지 않는 반면, 쿵크라트 내에서 '배반자'였던 '보스쿠르'의 수령 데이세첸의 후손들은 칭기스칸가와의 통혼을 통해 쿵크라트 전체의 지배자로 자리잡게 되었다. 여기에서 우리는 몽골제국의 질서에 속한 하나의 정치단위 내에서 세력을 분할하고 있던 두 개의 가문 가운데 오히려 열세에 있었던 가문이 몽골황실과 손을 잡음으로써 그 정치단위의 대표 가문이 될 수 있었음을 확인할 수 있다. 몽골은 일단은 기존 정치단위가 가지고 있던 질서를 존중한 위에 대표 가문과 관계를[181] 형성하고 그의 지위를 보장해주지만 그것이 확고부동한 불변의 원칙은 아니었다.

고려의 경우 역시, 몽골의 질서에서는 몽골황실과 고려왕실 사이의 관계에 문제가 생기거나 몽골황실과 보다 긴밀한 관계를 형성한 가문이 등장하는 경우, 고려왕실의 고려, 고려국왕위에 대한 권한은 흔들릴 수도 있는 것이었다. 고려국왕을 배출하는 가문인 '고려왕실'과 왕씨 고려왕실을 불가분의 관계로 보지 않고, 상황에 따라 다른 가문이 '고려왕실'이 될 수도 있다고 보는 몽골의 질서에 근거해 몽골 조정과 순제는 기황후 측의 이러한 조치를 재가했던 것이라고 생각된다. 물론 몽골 복속기에도 시도되지 않았던 이러한 시도가 이때에 와서 감행된 것은, 앞서 살펴본 바와 같이 당시 혼란한 정국 속에서 기황후 세력의 사적 의도가 적절히 제어되지 못한 점이 중요하게 작용했기 때문이었다. 다만 그러한 가운데에서도 기황후 세력이 원자 기삼보노를 구상할 수 있었던, 그리고 순제가 이를 허락했던 데에는 몽골의 질서에서 그러한 시도가 가능할 수 있다는 점도 한 가지 이유가 되었을 것으로 생각된다.

---

181) 여기에서 관계는 통혼을 의미하며 통혼은 이러한 관계의 대표적인 형태이긴 하지만 이러한 관계가 통혼에만 한정된 것은 아니었다.

그러나 기씨의 고려왕위 계승이 몽골의 질서에서 원칙적으로 가능하다 하더라도, 그를 고려가 받아들일 가능성은 사실상 없었다. 몽골의 입장에서도, 그간 한 차례도 시도되지 않았던 왕실의 교체를 이 시점에서 단행한다는 것은 명분상으로나 형세상으로나 매우 부담스러운 일이었다. 이에 기황후 측은 기삼보노를 전면에 세우지는 못하고 서자 신분이긴 했지만 고려왕실 출신인 덕흥군을 앞세웠던 것이며, '세자 기삼보노'가 아닌 '원자 기삼보노'가 그를 수행토록 했던 것으로 생각된다.

(2) 고려의 대응과 결과

몽골·기황후 세력에 의해 공민왕 폐위 시도가 이루어질 당시 고려인들은 공민왕 측에 선 자들과 덕흥군 측에 선 자들로 나누어졌다. 이들의 판단과 선택은 그들이 처한 정치공간상 문제에 결정적으로 영향을 받고, 더하여 당시의 고려·몽골 관계에 대한 개인의 판단에 따라 이루어진 것이었다고 생각된다.

이인임은 당시 상황을 "이 주상[主上, 공민왕 : 필자주]은 구군(舊君)이고 덕흥(德興)은 신주(新主)입니다. 우둔한 백성들은 그저 편안하고 배부른 것을 즐겁게 생각할 줄만 알았지 어찌 정의[正]와 부정의[邪]가 어느 편에 있는가를 알겠습니까?"라고 설명했다.[182] 그는 "우둔한 백성"에 한정해 이때의 상황이 "정의[正]와 부정의[邪]"에 대한 판단 문제가 아니라고 이야기하고 있지만, 이는 당시 대다수의 고려인 관료들의 선택에도 적용되는 문제이다. 이러한 점은 처음 폐위소식이 전해진 후 공민왕이 군사적 대응 이전에 피난을 고려했을 때 오인택이 왕의

---

182) 『高麗史』 卷126, 李仁任傳.

직접 대응을 요구하며 한 언급에서도 확인된다.

"홍적(紅賊) 난리에 남쪽으로 피난했어도 능히 성을 수복할 수 있었던 것은 적이 세상을 어지럽게 하는 악당들이었으므로, 사람마다 가슴에 분노를 품고 구름같이 모여들어 결사적으로 싸워 섬멸했던 것입니다. 그러나 덕흥은 홍적과 부류가 달라서 지나는 곳은 모두 그의 백성으로 될 것이니 전하가 일단 남으로 가면 서울 이북에서 누가 전하를 따를 것입니까? 오늘의 형편으로는 전하가 직접 나가서 싸우는 것이 상책입니다."(『高麗史』 卷114, 吳仁澤傳)

오인택은 덕흥군은 '부정의[邪]'가 아니라는 점, 당시 상황에서 공민왕과 덕흥군·기삼보노 사이에서의 선택은 어느 쪽이 정당성을 가지는가의 문제가 아니라 어느 쪽이 승세를 잡느냐의 문제임을 이야기하고 있다. 그는 민심을 이야기하고 있지만, 이는 일반 백성에만 한정된 상황판단은 아니었다고 생각된다.

극단에 있던 인물들, 예를 들어 몽골에 억류되면서도 덕흥군 측에 서지 않았던 이공수나, 고려인이면서도 공민왕 폐위를 도모했던 최유, 고려에 있으면서도 몽골의 공민왕 폐위조치에 편승하여 공민왕 시해를 도모했던 김용 같은 자들만 놓고 본다면, 공민왕 측에 선 신료들은 개인적인 이익이나 이해관계를 떠나 고려왕실의 권위를 존중하고 그를 지키기 위한, '정의[正]'를 지키기 위한 선택을 한 것이고, 덕흥군 측에 선 자들은 개인적인 이익을 위한 선택을 했다고 볼 수 있다. 이들 외 다른 신료들의 선택에도 이러한 측면이 있었던 것은 사실이지만 그들의 선택을 전적으로 '정의[正]와 부정의[邪]'에 대한 판단 문제로만 보기는 어렵다.

우선, 이들의 판단과 선택에 가장 크게 영향을 미쳤던 것은 이들이 처해 있었던 정치공간상의 문제였다고 생각된다. 예외적인 경우도 있었지만 이때 덕흥군과 기삼보노 측에 섰던 고려인들은 대부분 기존에 몽골에 있던, 혹은 이즈음에 고려에서 몽골로 간 사람들이었고, 공민왕 측에 섰던 신료들은 대개 고려 내에 있던 사람들이었다.

고려에 있던 신료들이 공민왕 측에 선 것은 물론 공민왕이 '정의'라는 판단도 작용했겠지만, 공민왕을 지지하지 않을 경우 살아남기 어려웠던 현실적 상황에서 비롯된 측면도 있었다. 공민왕 12년(1263) 5월, 공민왕은 덕흥군에게 내응했다는 이유로 밀직부사 주사충(朱思忠)을 죽였다.[183] 그가 투옥 후 무고임을 강변한 것이나 사람들이 그를 애석해 했다는 것으로 볼 때, 그가 덕흥군에게 내응했다는 것은 무고였을 가능성이 크다. 그러나 공민왕은 그를 죽였다.

또 다른 한편으로 고려에 있던 신료들이 공민왕 측에 섰던 것은 자신들의 현실적 이익, 혹은 지위의 보전과 관련된 측면도 있었던 것으로 보인다. 당시 고려인으로서 몽골에 있던 자들은 모두 덕흥군의 조정에서 관직에 임명되어 있었다.[184] 이러한 가운데 실제 덕흥군이 고려국왕으로 옹립된다면, 고려에 있던 신료들로서는 자신들의 관직이 어떻게 될 지 알 수 없는 상황이었다. 공민왕 역시 이러한 점을 의식하고 있었던 것으로 보인다. 공민왕은 몽골 측의 소식을 전한 이득춘(李得春)을 자신의 '정의'와 덕흥군의 '부정의'로 설득하고 회유하기 보다는 그가 덕흥군으로부터 받은 관직보다 더 높은 관직을 주며 회유와 협박을 함께 했다.[185]

한편, 이때 고려 신료들의 선택은 고려·몽골 관계에 대한 정세 판단과

---

183) 『高麗史』 卷40, 恭愍王 12年 5月 丙申.
184) 『高麗史節要』 卷27, 恭愍王 12年 5月.
185) 『高麗史』 卷40, 恭愍王 12年 5月 壬辰.

도 관련되었던 것으로 보인다. 주지하다시피 고려와 몽골의 관계는 1356년을 기점으로 상당한 변화를 겪었다. 이것은 질서의 변화라기보다는 세력의 변화라고 할 수 있는데, 몽골이 고려에 대해서 종주국으로서의 권위를 행사하기 위해 필요한 여러 요소들 가운데 실제적인 힘의 측면이 크게 약화되면서 생긴 변화라는 것이다. 당시 신료들의 선택은 그들이 처해있던 지리적 공간의 문제가 가장 크게 작용한 위에 고려와 몽골 관계에 대한 정세 판단, 즉 고려국왕위에 대한 전례 없던 몽골 질서의 적용시도가 1362년의 시점에서 이루어질 수 있을 것인가에 대해 어떻게 판단하는가의 문제와도 관련되었다고 생각된다.

　몽골황제가 공민왕을 폐위시키고 덕흥군을 국왕으로 삼았다는 소식이 전해졌을 때, 고려는 우선적으로 외교적 해결책을 강구했으나 그것이 여의치 않은 상황에서 곧 군사적 대응방침을 결정했다. 이 과정에서 주목되는 것은 이러한 결정이 군신회의(群臣會議)를 통해 이루어졌다는 점이다.[186] 군사적 대응방침에 대한 반대 움직임도 없었던 것은 아니지만,[187] 공민왕이 아닌 신료들이 몽골에 대해 군사적 대응을 결정했다는 점은 변화한 고려·몽골 관계에 대한 고려 신료들 일반의 인식을 보여준다는 점에서 중요하다. 위에 인용한 오인택의 언급 역시 그러하다. 그는 덕흥군을 "신주(新主)", 공민왕을 "구군(舊君)"으로 표현했지만, 이는 피난가려는 공민왕을 설득해 덕흥군과 정면대결을 하도록 하려는 것이었다.

　공민왕 13년(1364) 1월, 덕흥군이 이끄는 군대가 압록강을 넘어 공격해 왔으나 한 달이 채 되지 못해 전쟁은 고려군의 승리로 끝났다.[188]

---

186) 『高麗史』 卷40, 恭愍王 12年 5月 壬辰.
187) 군사적 대응방침이 정해진 후, 평택현 사람인 어량대(於良大) 등이 출전을 꺼려 군중을 위협하고 반란을 일으켰다.(『高麗史』 卷40, 恭愍王 12年 6月 壬戌)

이로써 몽골의 공민왕 폐위 시도가 실패했다는 점도 그렇지만, 그 과정이 군사적 대결을 통한 것이라는 점은 매우 중요하다. 이미 1356년 의 개혁 과정에서 어느 정도 확인된 몽골의 약화를 이때의 전쟁을 통해 자타가 분명히 확인할 수 있었기 때문이다. 이를 통해 몽골의 황제권이 더 이상 고려의 국왕권에 대해 강제력을 행사할 수 없음도 확인되었고, 고려국왕권은 더 이상 몽골이라는 '외부적' 요소의 강제력 에 의해 제약당하지 않게 되었다고 할 수 있다.[189]

이처럼 공민왕 폐위 시도의 과정과 결과는 1356년 이후 변화한 고려· 몽골 관계, 황제권-국왕권의 관계를 보여주었지만, 폐위 시도의 과정은 몽골 복속기를 거치면서 변화한 고려국왕 위상의 한 단면을 보여주고 있기도 하다. 몽골 복속기, 고려국왕들은 몽골황실·황제와의 관계를 통해 권력과 권위를 부여받았다. 그런 가운데 고려국왕, 고려왕실과 유사한, 혹은 강고한 관계를 형성한 인물, 가문이 고려왕실 내외에서 등장하여 고려국왕권을 상대화시켰다. 공민왕 폐위 시도의 과정에서 덕흥군의 원자로 책봉되어온 기삼보노는 고려왕실 출신이 아닌, 다른 가문 출신의 인물이 (당장은 아니지만) 고려국왕위에 도전한 사례로, 몽골 복속기를 거치면서 일 가문으로서의 성격이 부각되며 상대화한 고려국왕, 왕실 위상의 한 단면이 1356년 이후에도 일정 부분 잔존해 있던 상황을 보여주었다.

공민왕대 초반 이루어진 일련의 개혁 조치들은 기씨일가라는 구체적 경쟁자로 인해 몽골 복속기 권력구조 아래에서 상대화한 고려국왕의 위상이 부각되어 국왕의 권위와 국정주도권을 제약하는 상황과 그러한 몽골 복속기 권력구조를 청산하기 위한 공민왕의 시도와 노력을 잘

---

188) 『高麗史』 卷40, 恭愍王 13年 止月 丙戌.
189) 민현구, 2004(b), 위 논문.

보여준다. 1356년 개혁이 상당한 성과를 거둔 상황에서 단행된 1362년 기황후 세력의 공민왕 폐위 시도는 몽골 복속기 권력구조 아래에서 고려왕실의 일 가문으로서의 성격이 부각되어 그 권위가 타성(他姓)에 의해 도전받을 수 있을 정도로 약화, 변질된 단면을 보여주었다. 고려 측의 군사적 대응을 통해 이 시도가 무마됨으로써 고려국왕권은 몽골황제권의 강제력에 의한 제약을 차단시킬 수 있게 되었지만, 몽골 복속기 권력구조는 이후에도 고려의 정치와 사회에 그 여파를 남기게 되는데, 공민왕대 후반의 대외정책을 통해 그 한 측면을 살펴볼 수 있다.

2) 트라우마, 공민왕대 후반 친명정책의 배경

1369년(공민왕 18), 고려는 100여 년간 지속되었던 몽골과의 관계를 정리했고, 이듬해에는 명(明)을 새로운 사대의 대상으로 삼았다. 이는 매우 시의적절한 판단과 선택이었으며, 이에 대해 연구자들은 형세적 판단에 근거한 민첩한 외교적 결정이었다고 평가하고 있다.[190] 공민왕의 결단이 이루어지는 데에 형세에 대한 판단이 있었음은 분명한 사실이며, 후대의 관점에서 볼 때 이는 매우 정확한 상황 판단이었다. 그러나 당대의 관점에서 볼 때, 이는 다소 성급한 판단이었다고 볼여지도 있다.[191] 또한 대외관계와 관련한 공민왕대 후반의 정책들은 그에 뒤이은 우왕대의 정책들과 비교해볼 때도 그 경직성이 두드러진

---

190) 관련한 대부분의 연구들이 이때의 공민왕의 결정에 형세적 판단이 작용했음을 인정하지만, 다음의 연구가 대표적이다. 김순자, 2007, 『한국중세한중관계사』, 혜안.

191) 박원호, 2005, 「고려와 朱元璋의 첫 교섭에 관한 小考」 『북방사논총』 3 ; 이익주, 2013, 『이색의 삶과 생각』, 일조각, 139쪽 외.

다.192)

이에 형세론, 혹은 형세적 화이론(華夷論)만으로는 충분히 설명되지 않는 공민왕대 후반 친명(親明) 정책의 배경으로, 기존 연구들은 종족적 화이론을 이야기하고 있다.193) 성리학을 받아들인 고려의 신료들이 그에 내포된 종족적 화이론을 받아들였고, 이것이 전래의 몽골 등 북방민족에 대한 고려의 종족적인 반감과 결부되며 명이라는 한족(漢族) 왕조의 등장과 함께 전면으로 드러나게 된 것이 공민왕대 후반 친명정책의 한 배경이라는 것이다.

타당한 이해라고 생각되지만, 이 시기 외교와 관련한 결정에 영향을 미쳤던 고려의 몽골에 대한 종족적 반감이라는 것과 관련해서는 좀 더 설명을 요하는 부분이 있다. 이것이 단지 정서적, 감성적인 것이기만 했을까의 문제이다. 송대(宋代)의 종족적 화이관이라는 것도 북방민족과의 대립이라는 그들이 당면한 정치적 상황 속에서 형성된 것이었다. 고려에서 그것을 받아들였더라도 그것이 받아들여지고 정치적으로 작동하게 되는 고려의 현실을 설명해줄 필요가 있다. 북방민족에 대한 종족적 반감은 성리학이 들어오기 전에도 있었지만, 이전 시기의 고려는 이를 외교의 장에서 전면화한 적은 없었다. 더욱이 이때의 외교적 결정은 성리학을 받아들였던 학자신료들의 판단과 결정이기 이전에 공민왕의 결정이었다. 보다 정치현실적인 측면에서 이를 설명해줄 필요가 있다.

이러한 문제는 공민왕대 후반의 고려-명 관계를 다루는 대부분의

---

192) 이는 양 시기 사이에 보이는 화이론의 차이를 통해서도 확인할 수 있다. 관련해서는 김순자, 2007, 앞 책, 183~184쪽 참조.

193) 末松保和, 1967, 「麗末鮮初に 於ける 對明關係」『靑丘史草』1 ; 도현철, 1999, 『고려말 사대부의 정치사상연구』, 일조각, 200~201쪽 ; 이익주, 2013, 앞 책, 172~173쪽.

연구들이 공민왕대 후반 친명정책의 한 가지 배경으로 이야기하고 있는 반원의식이라는 것을 통해 어느 정도 설명될 수 있다. 그러나 기존 연구들에서는 공민왕의 반원의식을 그의 친명정책의 한 배경으로 이야기하면서도, 이것을 고려가 사대의 대상을 교체하는 그 시점의 고려·몽골 관계에서 비롯된 문제를 통해 발생한, 혹은 발생하고 있는 것으로서가 아닌, 그 이전의 관계와 경험 속에서 만들어진 것, 즉 현실적이기보다는 정서적인 반감으로 이야기하고 있는 것으로 보인다. 이는 기존의 연구들이 대체로 1356년(공민왕 5) 개혁을 기점으로 고려·몽골 관계가 청산되었으며, 더 나아가더라도 1362년 몽골의 공민왕 폐위 시도가 고려의 군사적 승리로 끝나면서 몽골의 정치적 '간섭' 가능성은 사실상 완전히 차단되었다고 보는 데에 기인한다.

누차 이야기한 바와 같이 1356년 개혁을 계기로 고려·몽골 관계가 크게 변화한 것은 사실이지만, 그 이후에도 몽골의 정치적 '간섭' 가능성이 '완전히' 차단되었던 것은 아니다. 이는 그 관계의 대상이 '몽골'이라는 점에 기인한 것으로 보이며, 이러한 고려·몽골 관계는 공민왕 국왕권의 내부적 상황들과 맞물리면서 특히 공민왕 폐위 시도 이후, 친명정책을 포함한 공민왕의 정치적 행보에 중요한 영향을 미치고 있었다고 생각된다.

이에 여기에서는 공민왕대 후반 친명정책의 배경으로 이야기되는 공민왕의 반원의식 및 몽골에 대한 종족적 반감이라는 것의 현실적인 기반으로서 1356년 이후의 고려·몽골 관계 및 그에 기반한 이 시기 권력구조의 일단에 대해 살펴보고자 한다. 이는 1356년 개혁의 성과, 그리고 1362년 몽골의 공민왕 폐위 시도가 무위로 돌아가는 과정을 통해 고려·몽골 관계 및 그에 기반한 몽골 복속기 권력구조가 청산되어 가는 가운데에서도 그것이 이후 고려의 대외관계 및 정치에 남긴 여파의 한 측면을 살피는 것이기도 하다.

(1) 1356년 덕흥군(德興君) 송환의 청이 갖는 함의

조왕(祖王) 이래로 서얼의 자식은 반드시 중이 되게 했으니, 그것은 적서(嫡庶)의 구분을 분명히 하여 왕위를 엿보는 싹을 막는 소이이옵니다. 그런데 지금 타스테무르[塔思帖木兒]라는 자가 있어 스스로 충선왕의 얼자(孽子)라 하고 일찍이 머리를 깎았는데, 장성하자 환속해 경사(京師)로 달아나 그곳에서 본국의 불령(不逞)한 무리를 모아 거짓으로 선동하고 인심을 현혹하니 이와 같은 자는 조정에 있어 어찌 조금의 이익인들 있겠습니까. 그와 그 당여를 본국으로 돌려보내 주었으면 합니다.(『高麗史節要』 卷26, 恭愍王 5年 冬10月)

위 기사는 공민왕이 1356년, 기씨일가 주살을 시작으로 한 일련의 개혁을 단행한 후 몽골에 요청했던 다섯 가지 사안 중 하나인 타스테무르[塔思帖木兒], 즉 덕흥군(德興君) 송환의 청이다. 이때 공민왕은 몽골과의 관계를 수습하면서 위의 덕흥군 송환 문제 외에 정동행성관원보거권(保擧權) 및 정동행성이문소(征東行省理問所) 폐지 문제, 만호부(萬戶府) 문제, 쌍성과 삼살 지역 문제, 사신들의 횡포 문제 등을 해결해줄 것을 요구했다.[194] 이러한 요구사항들은 몽골과의 관계에서 고려에 설치된 기관의 치폐 및 운영, 영토, 사신 문제 등 양국관계의 구조, 현안과 관련된 문제들이었으며, 이는 공민왕이 5년 개혁을 통해 해결하고자 했던 문제가 무엇이었는지를 보여주는 것이다.

그런데, 다른 요구사항들이 1356년 당시, '현재' 문제를 발생시키고 있는 사안들이었음에 비해 덕흥군 문제는 일견 다른 사안들만큼의

---

194)『高麗史節要』 卷26, 恭愍王 5年 冬10月.

무게로 '현재' 큰 문제가 되었던 것으로 보이지는 않는다. 덕흥군은 충선왕의 얼자(孽子)로 승려가 되었다가 충정왕이 폐위·유배되고 공민왕이 즉위하자 몽골로 도망갔던 인물이다.[195] 그 이전과 이후의 행적은 확인하기 어려우나, 앞서 살펴본 바와 같이 그는 이후 1362년(공민왕 11) 기황후 세력이 공민왕 폐위를 시도했을 때 공민왕을 대신해 고려국왕으로 임명되어 온 바 있었다.[196] 이 사실을 염두에 두고 본다면 1356년 덕흥군 송환의 청은 자연스럽게 이해될 수도 있지만, 이는 후대의 사실을 배제하고 당대의 관점에서 다른 요구사항들과 같은 맥락에서 살펴볼 필요가 있다.

이 문제가 고려·몽골 관계에서 갖는 함의를 파악하기 위해서는 1356년 개혁의 지향과 결과, 그에 대한 공민왕의 현실인식에 대해 살펴볼 필요가 있다. 앞 부분(4장 2절)에서 필자는 이 개혁의 반원적 지향을 주로 몽골의 질서, 권력구조 속에서 기씨일가와 고려왕실의 위상 차이 문제를 통해 설명했다. 이에 더하여, 이 개혁의 결과 및 이후 고려·몽골 관계의 변화와 그 여파를 이해하기 위해 여기에서는 1356년 개혁을 통해 극복하고자 했던 몽골 복속기 권력구조의 문제에 대해 더 살펴보도록 하겠다.

이와 관련해서 주목되는 것이 충정왕(忠定王)과 석기(釋器)의 문제이다. 먼저 충정왕의 문제를 보자. 충정왕 3년(1351) 10월, 몽골은 왕기(王祺), 즉 공민왕을 고려국왕에 책봉하고 사신을 고려에 보내 충정왕으로부터 국새를 회수해 갔다.[197] 폐위된 충정왕은 강화(江華)에 안치되었다가[198]

---

195) 『高麗史』 卷38, 恭愍王 卽位年 10月.
196) 『高麗史節要』 卷27, 恭愍王 11年 12月.
197) 『高麗史』 卷37, 恭愍王 卽位年 10月 壬午.
198) 『高麗史』 卷37, 恭愍王 卽位年 10月.

이듬해 3월, 유배지에서 독살 당했다.[199] 몽골에 의한 고려국왕의 폐위
와 즉위는 이전에도 수차례 있어왔던 바이며 충정왕 폐위와 공민왕
즉위의 과정 역시 그와 유사한 과정을 거쳐 이루어졌지만, 이 과정에서
보이는 위와 같은 후속조치들은 크게 두 가지 점에서 이전 사례들과
차이를 보인다.

첫째, 몽골이 충정왕을 폐위시킨 후 그를 몽골로 소환해 숙위시키거
나 몽골 내 지방으로 유배를 보내지 않고 고려의 강화도로 유배를
보냈다는 점이다. 충정왕 폐위 당시 공민왕은 몽골에 숙위 중이었으며
충정왕을 폐위시키고 국새를 회수해간 것이 몽골의 사신이었던 만큼,
충정왕을 강화도로 보낸 것은 사신을 통해 전해진 몽골황제의 뜻이었을
가능성이 크다.

그런데 이전 시기 몽골에 의해 폐위 혹은 유배되었던 충선왕과
충혜왕의 사례를 보자면, 이들은 폐위되었을 당시에는 모두 몽골로
소환되어 숙위기간을 다시 거친 뒤 각기 부왕이 사망한 후 복위했으며,
유배를 당했을 경우에도 그 유배지는 모두 몽골 내 지역이었다. 충선왕
은 국왕 재위시는 아니었지만 토번으로 유배된 바 있었고, 충혜왕은
유배지에 이르기 전에 사망했지만 게양현(揭陽縣)으로 유배되었다. 몽
골에서 폐위된 고려국왕을 몽골로 소환해 숙위생활을 하게 했던 것은
숙위의 취지와 관련하여, '재교육'의 의미가 컸던 것으로 보인다. 충혜
왕의 경우 1332년(충혜왕 2) 1차 폐위된 이후 숙위생활을 하다가 숙위에
충실하지 못하다는 이유로 귀환 조치된 바 있기도 하다. 유배지와
관련해서는 몽골에서는 대상자의 출신지 혹은 정치적, 부족적 기반이
되는 지역과 격절된 지역으로 유배를 보내는 것이 일반적이었다. 이는

---

199)『高麗史』卷38, 恭愍王 元年 3月 辛亥.

유배가 처벌이라는 점에 기인하는 것으로, 『원전장(元典章)』등에서 자주 보이는 색목인(色目人)과 고려인은 호광(湖廣) 지역, 한인(漢人)과 남인(南人)은 요심(遼瀋) 지역으로 유배를 보내라는 규정 등에서 이러한 측면을 확인할 수 있다.[200] 이렇게 볼 때, 딱히 몽골이 의도한 것이라고 할 수는 없더라도, 몽골 복속기 폐위 혹은 유배된 국왕에 대한 위와 같은 조치들은 결과적으로 '전왕(前王)'의 신병을 '현왕(現王)'이 장악하지 못하게 하는 한편으로 '전왕'의 복위 가능성을 남겨 둠으로써 고려의 권력중심을 이원화시키고 국왕권을 제약하는 결과를 가져왔다.

몽골이 충정왕을 몽골 내 지역이 아닌 고려의 강화로 유배 보낸 것은 당시 한인군웅의 반란 등으로 몽골 내부 상황이 여의치 않아 몽골 내 지역으로의 유배가 용이하지 않았던 데에 기인한 것일 수 있다. 그러나 이는 결과적으로 전 국왕의 신병이 사실상 현 국왕에게 넘어가게 된다는 점에서 단지 유배지 차이의 문제에 그치는 것이 아니었다. 이는 다음의 문제로 연결된다.

둘째, 공민왕이 즉위한 후 얼마 되지 않아 충정왕을 유배지에서 독살함으로써 폐위된 국왕이 즉위한 국왕에 의해 살해당했다는 점에서 이 사례는 몽골 복속기 다른 국왕위 계승분쟁 사례들과 차이를 보였다. 이때의 충정왕 독살은 공민왕의 결정이었던 것으로 보인다. 사료상 몽골이 이 문제에 개입한 정황을 확인하기 어렵거니와, 몽골이 충정왕을 독살할 이유 또한 찾기 어렵기 때문이다. 선례들을 보더라도 몽골은 몽골의 정국 변동 과정에서 정치적 숙청을 당한 충선왕도, 고려 내정에서의 문제로 폐위당한 충혜왕도 모두 유배를 보냈을 뿐, 사형에 처하지

---

200) 『元典章』卷20, 「戶部 六」 挑鈔/挑鈔再犯流遠屯種 ; 卷22, 「戶部 八」 鹽課/鹽法通例 외. 관련해서 김호동, 2008, 「高麗 後期 '色目人論'의 背景과 意義」 『역사학보』 200, 297쪽 참조.

는 않았다.

몽골 복속기에는 실질적 황제권이 존재하는 가운데, 고려국왕위 계승과정에서 분쟁이 있더라도 즉위한 국왕이 상대 세력을 처벌할 수 있는 권한을 갖지 못했고, 이는 고려 내 권력주체가 이원화하고 그를 중심으로 정국이 분열되는 결과를 가져왔다. 몽골 복속기 이전에는 국왕위 계승 과정에서 분쟁이 있었다 하더라도 일단 국왕이 즉위하고 나면 그는 계승분쟁에 연루되었던 자들의 신병처리에 대한 권한을 장악할 수 있었기 때문에 이들에 의한 정국 분열 재발 가능성은 사실상 없었다. 공민왕대와 같이, 국왕위 계승 과정에서 분쟁이나 논란이 발생한 경우 즉위한 국왕이 경쟁 세력을 유배 보냈다가 유배지에서 살해하는 방식은 몽골 복속기 이전의 사례들과 유사하다.

몽골 복속기의 다른 사례들과 차이를 보이는 충정왕 폐위 이후 후속조치들이 갖는 함의를 검토하기에 앞서 충혜왕의 서자인 석기(釋器)의 경우를 살펴보도록 하겠다. 공민왕은 즉위 직후 석기를 승려로 만들어 만덕사(滿德寺)에 보냈다.[201] 그런데 정확한 시기를 알 수는 없으나 1356년 이전의 어느 시기에 몽골에서 석기를 소환하겠다고 했고,[202] 얼마 후인 1356년 개혁 과정에서 공민왕은 전 정승(政丞) 손수경(孫守卿) 등이 그를 왕으로 추대하려 한다는 보고를 받고 연루자들을 처벌하고 석기를 제주에 보냈다. 그리고 가는 길에 그를 죽이도록 했으나 석기는 도망했다고 한다.[203]

왕실의 서얼들을 승려로 만든 것은 출신 상 하자를 갖는 이들이 왕위에 도전할 가능성을 사전에 차단하기 위한 것으로, 고려 전기

201) 『高麗史』 卷38, 恭愍王 卽位年 12月 辛卯.
202) 『高麗史』 卷91, 釋器傳.
203) 『高麗史』 卷39, 恭愍王 5年 6月 乙丑 ; 卷91, 釋器傳.

이래의 관행이었다.[204] 그런데 여기에서 주목되는 것은 공민왕 즉위 후 얼마 되지 않은 시점에 몽골에서 그를 소환했다는 점이다. 이는 이전의 관행들을 보건대 그를 몽골에 소환해 숙위, 즉 황실 친위대인 케식[怯薛]으로 두려는 의도였던 것으로 보인다. 몽골에서 다른 정치단위 수장의 자제나 친족들을 숙위로 불러들인 것은 물론 대상 정치단위의 복속을 담보하기 위한 수단으로서의 측면도 갖지만, 몽골에서의 생활을 통해 이들을 몽골 지배층으로 훈도(薰陶)하기 위한 수단이기도 했다.[205] 또한 대상자들의 입장에서는 숙위 기간 동안 몽골 정치세력들과의 교유를 통해 그 정치적 기반을 확장할 수 있었다.

이러한 점은 고려의 경우에도 마찬가지였다. 몽골은 관계 형성 초기부터 고려 종실을 투르칵[禿魯花]으로 보낼 것을 요구했다.[206] 충정왕을 제외한 몽골 복속기 고려국왕들이 즉위 전 몽골에서 숙위 과정을 거쳤던 것을 통해서 확인할 수 있듯이 몽골에서의 숙위생활은 일면 차기 국왕위 계승을 위한 '통과의례'적인 성격을 갖는 것이기도 했다.[207] 이것은 앞서 언급한 바와 같이 몽골의 숙위제도 자체가 갖는 의미에서 비롯된 것이기도 하고, 몽골황제·황실, 혹은 몽골 정치세력들과의 관계가 왕위 계승에서 중요한 의미를 갖게 된 데에서 비롯된 것이기도 했다.

그런데 사료상 확인되는 범위에서 볼 때, 고려 종실의 숙위생활과

---

204) 이정란, 2003, 「고려시대 서얼 연구」, 고려대학교 한국사학과 박사학위논문.

205) 森平雅彦, 2001, 「元朝ケシク制度と高麗王家－高麗·元關係における禿魯花の意義について」 『史學雜誌』 第110編 第2號.

206) 독로화(禿魯花)란 '질자(質子)'를 의미하는 몽골어 투르칵을 음차한 것으로, 독로화로 몽골에 간 고려왕실 인물들은 대개 몽골에서 케식, 즉 숙위에 참여했던 것으로 보인다. 관련해서는 森平雅彦, 2001, 위 논문 참조.

207) 森平雅彦, 2011, 『モンゴル帝國の覇權と朝鮮半島』, 山川出版社, 45쪽.

그의 차기 왕위 계승권자로서의 위상 간 관계, 혹은 그의 존재가 현
고려국왕에 대해 갖는 정치적 의미에는 몽골과의 관계 초반과 후반
사이에 얼마간의 변화가 확인된다. 초기 단계에서 몽골은 고려 종실을
투르칵으로 보낼 것을 요구하면서도 특정인을 지목하지는 않았으며,
이에 고려에서도 왕실 직계가 아닌 종실을 투르칵으로 보냈다. 몽골과
의 강화가 이루어지기 전인 고종 28년(1241)에 투르칵으로 갔던 영녕공
(永寧公) 왕준(王綧)과 충렬왕대 대방공(帶方公) 왕징(王澂) 및 그의 아들
중원공(中原公) 왕온(王昷) 등이 그러한 사례이다.[208] 이 가운데, 왕준은
당시 고려 측에서 왕의 아들이라고 속여서 보낸 것이었으나 이후에
사실이 밝혀졌고, 왕징은 충렬왕의 아들 왕장(王璋, 뒤의 충선왕)이
어린 상황에서 그를 대신하여 간 것이었으며, 왕온은 그 아버지를
이어 케식에 충원되었던 것이었다고 생각된다.[209] 이에 이들이 투르칵
으로 몽골에서 숙위생활을 했던 것은 왕위 계승과는 큰 관련이 없었던
것으로 보이는데, 여기에는 충렬왕대까지만 하더라도 왕전(王倎, 뒤의
원종), 왕심(王諶, 뒤의 충렬왕), 왕장의 차기 왕위계승권자로서의 위상
이 확고했던 점도 작용했을 것으로 생각된다.

　이러한 양상은 변화를 보여, 충선왕대 이후에는 몽골에서 세자와
그의 형제, 혹은 이외의 특정 종실 등을 지목해서 숙위로 불러들이고

---

208) 『高麗史節要』 卷17, 高宗 28年 4月 ; 『高麗史』 卷28, 忠烈王 元年 12月 丁未 ; 卷30,
　　忠烈王 15年 12月 庚寅.
209) 森平雅彦, 2001, 앞 논문. 森平雅彦은 몽골의 "통군사(統軍司) 및 관군만호(管軍萬戶)·천
　　호(千戶) 등"이 자제를 입조하게 하여 투르칵에 충원할 때에 아들이 없거나 연소할
　　경우 제질(弟姪)로 충원하고 아들이 15세가 되면 교체하게 했다는 『元史』의 기록(『元
　　史』 卷98, 兵志, 兵制, 中統 4年 2月)을 근거로 하여, 대방공 왕징의 투르칵 충원은
　　당시 충렬왕의 아들 왕장이 출생한 직후였던 점에 기인한 것으로 보았다. 또한
　　그의 아들 중원공 왕온의 케식 참여는 그 아버지를 잇는다는 의미로, 역시 왕위
　　계승과는 무관한 것으로 이해하였다.

있음이 주목된다. 예컨대 충선왕대에는 세자 왕감(王鑑) 외에 둘째
아들 왕도(王燾, 뒤의 충숙왕)를 함께 숙위로 불러들였으며,[210] 충혜왕이
복위한 후에는 그의 동생 왕기(王祺, 뒤의 공민왕)를 숙위로 불러들였
다.[211] 몽골에서 숙위의 대상으로 지목하고 있는 인물이 현 국왕 혹은
세자 이외에 고려 왕실 내 혈연 질서 면에서 가장 우위에 있는 인물이었
음이 주목된다.

몽골에서 이러한 고려 종실을 숙위로 불러들인 것이 반드시 잠정적으
로 그를 차기 국왕위 계승권자로 둠으로써 만약의 경우에 대비하려
했던 것인지의 여부를 분명히 확인하기는 어렵다.[212] 그러나 몽골
복속기 권력구조에 대한 경험이 장기화하고 그에 대한 이해가 깊어진
가운데, 고려의 신료들은 이렇게 몽골에 숙위로 가게 된 종실을 사실상
차기 왕위 계승권자로 인식하고 있었던 것으로 보인다. 이러한 점은
특히 충혜왕의 복위와 함께 숙위생활을 시작했던 그의 동생 왕기가
고려 신료들에 의해 '대원자(大元子)'로 칭해졌던 점에서도 확인된
다.[213] 당시 '원자'가 왕위 계승권자라는 의미를 내포하게 되었음은
앞서 살펴본 바와 같다.

---

210) 『高麗史』 卷124, 尹碩傳.
211) 『高麗史』 卷38, 恭愍王 總書 忠惠王 後2年 5月.
212) 왕기(뒤의 공민왕)가 충혜왕 복위 후 숙위로 소환되었던 것 역시 몽골이 그를
    충혜왕의 후사로 왕위를 계승시킬 것을 염두에 둔 것이었는지 분명하지 않다.
    앞서 대방공 왕징의 숙위와 유사하게, 당시 5살이었던 왕흔(王昕, 뒤의 충목왕)을
    대신해 '제질(弟姪)'로서 소환된 것이었을 가능성이 있다. 얼마 후 충혜왕이 폐위당
    했을 때 왕흔이 몽골에 있었던 것을 근거로 왕흔도 왕기와 함께 숙위에 소환되었다
    고 보기도 하지만(森平雅彦, 2001, 앞 논문) 그의 어린 나이를 고려할 때, 숙위생활이
    가능했을지는 의문이다.
213) 『高麗史』 卷38, 恭愍王 總書 忠惠王 後2年 5月. 한편 당시 고려 신료들이 왕기를
    '원자'가 아닌 '대원자'라 칭했던 것은 충혜왕의 '원자'인 왕흔이 있었기 때문이었
    던 것으로 생각된다.

이에 몽골의 숙위제도는 고려국왕권의 입장에서는 여차하면 국왕위를 대신할 수 있는 또 다른 권력주체가 항시적으로 존재하며, 고려국왕에 대한 '책봉권'을 갖고 있는 몽골황제가 그 신병을 장악하게 하는 것이라는 점에서 큰 부담이 되었다고 할 수 있다. 또한 차기 왕위 계승권자가 고려에서 세자로 책봉된 인물이라 하더라도, 그가 고려 내에 있지 않고 몽골에 있음으로 해서 현 국왕이 제어할 수 있는 범위를 벗어나 독자적으로 세력을 형성할 수 있는 가능성이 커졌으며, 실제 많은 신료들이 그를 중심으로 결집했다는 점도 국왕 입장에서는 부담이 되는 것이었다.

즉, 몽골 복속기에는 고려국왕의 위상 면에서 물론 국왕 스스로가 몽골황제에 의해 폐위될 수 있다는 결정적 차이가 있기도 했지만, 그 후계 문제와 관련해서도 이전과는 차이가 있었다. 대개의 경우 현 국왕의 장자가 세자로서 왕위를 계승했지만, 몽골황제가 실질적으로 '책봉권'을 행사하는 가운데 몽골황제·황실, 혹은 몽골 정치세력들과의 관계가 왕위 계승에서 중요한 의미를 갖게 되면서 몽골에서의 숙위생활이 왕위 계승권자로서의 자격을 구성하는 중요한 한 가지 요소가 되었기 때문이다.

또한 몽골 복속기에는 국왕위 계승분쟁과 중조(重祚)가 이어지는 가운데에서도, 폐위되거나 혹은 계승분쟁에서 패배한 국왕, 종실들이 사후에 계승분쟁 자체를 이유로 처벌, 처형당하지는 않았다. 이는 그를 추종했던 세력들에 대해서도 마찬가지였다. 그들이 황제에 대해 반역을 도모한 것이 아니며, 국왕위에 오른 인물과 정치적인 경쟁을 한 것이었기 때문이다. 이에 이들은 계속해서 복위, 혹은 즉위의 가능성을 유지한 채 또 다른 권력주체로 존재했고, 이러한 국왕 이외의 권력주체들을 중심으로 한 신료들의 결집도 지속적, 구조적으로 발생할 수밖에 없었다.

공민왕이 몽골이 소환한 석기를 보내지 않고 1356년 그를 중심으로 한 반란 모의를 구실로 관련 세력과 석기를 처벌하려 했던 것은, 물론 실제 그러한 반란 모의가 있었기 때문이었을 수도 있지만,[214] 몽골에 의해 왕위 계승권자가 잠정적으로 결정되어 또 다른 권력주체로 존재하게 되는 몽골 복속기 권력구조 자체를 극복하기 위한 것이었다고 할 수 있다. 충정왕을 유배지에서 독살한 것 역시 같은 맥락에서 이해할 수 있다. 이것은 다시 말하자면, 고려·몽골 관계와 그에 기반한 권력구조 아래에서 고려국왕이 차기 왕위 계승권자에 대한 결정권과 왕위와 관련한 가능성을 가진 다른 권력주체의 신병을 온전히 장악하지 못했던 데에서 발생한 문제를 극복하고자 한 것이었다.

한편, 이는 몽골황제권과 고려국왕권의 관계에서 비롯된 문제인 동시에 그로부터 파생된 고려국왕과 고려신료 간 관계에서 국왕 위상을 재정립하기 위한 것이기도 했다. 당시 고려국왕권의 문제는 실질적 황제권의 존재로 인해 국왕 이외의 권력주체가 발생할 수 있는 구조의 문제임과 동시에, 많은 경우 스스로 권력주체가 아닌 자들, 즉 고려의 신료들이 그러한 권력주체들을 중심으로 결집하면서 문제가 표면화하게 되는 메커니즘을 갖고 있었다. 앞서 살펴본 바, 충렬왕과 충선왕 간 중조 정국에서 신료들이 충렬왕 세력과 충선왕 세력으로 나뉘어 정쟁을 벌였던 사례나, 충숙왕대 심왕옹립운동이 충숙왕에 반대하여 그를 추종했던 정치세력에 의해 주도되었던 점 등을 통해 이러한 측면을 확인할 수 있다. 이는 국왕을 유일한 최고권으로 인정하지

---

214) 기존의 연구에서는 석기의 반역 사건이 충정왕 즉위과정에서 중요한 역할을 했던 손수경 등을 숙청하기 위해 조작된 것이었다고 보기도 한다. 관련해서는 민현구, 1981, 「고려 공민왕의 즉위배경」 『한우근박사정년기념사학논총』 참조.

않는 신료들에 대해 국왕이 마음대로 처벌할 수 없는 구조에서 비롯된 문제였다.

충정왕과 석기의 사례는 공민왕이 이미 즉위 초부터 자신의 국왕권을 안정시키고 국정주도권을 확보하기 위해서는 그가 스스로 차기 계승권자 및 경쟁 세력의 신병을 장악할 수 있어야 함을 인지하고, 이를 불가능하게 했던 몽골 복속기 권력구조를 극복하고자 했음을 보여준다. 그러나 그의 이러한 의도와 실행은 처음부터 적극적인 의지를 갖고 주도면밀하게 계획된 것이었다기보다는, 여러 상황들 속에서 그러한 형태를 띠게 된 것이었다고 생각된다. 살펴본 바와 같이, 공민왕이 충정왕을 독살시킬 수 있었던 것은 몽골이 그를 폐위시킨 후 숙위로 소환하지 않은 데 더해 몽골 내 지역이 아닌 강화로 유배를 보낸 상황, 그리고 공민왕이 이 과정 및 몽골 숙위 시절의 경험을 통해 몽골이 내부 사정으로 인해 고려 내정 문제에 적극적으로 개입하기는 어려운 상황임을 어느 정도 인지하고 있었기 때문에 가능한 것이었다. 석기의 경우 역시 충정왕 사례를 통해 몽골이 그를 소환하기는 했으나 적극적인 개입을 할 여력이 없다는 판단 하에 그 송환을 유보하다가 5년 개혁을 단행하면서 그 세력을 처단한 것이었다.

몽골 복속기 권력구조를 극복하고자 하는 공민왕의 시도가 적극적으로 표면화한 것은 1356년 개혁에서였다. 충정왕과 석기의 문제에서 보이는 고려국왕의 차기 계승권자 및 경쟁세력 신병 장악 문제가 이 개혁이 단행되는 과정에 직접적인 발단이 되었다고 보기는 어렵다. 그러나 이와 관련한 그의 문제의식은 1356년 개혁에까지 이어지는 것이었으며, 이는 공민왕이 이 개혁을 마무리하면서 몽골에 요구했던 '덕흥군 송환의 청'을 통해 확인할 수 있다.

1356년 개혁은 사실상 그 중심에 있었다고 할 수 있는 기철 세력

주살을 통해 몽골 복속기 권력구조 아래에서 상대화한 국왕 위상을 일종의 경쟁자로서 명확하게 내외적으로 확인시키면서 공민왕의 권위를 손상시키는 동시에 공민왕의 국정운영에 장애가 되고 있던 국왕 이외의 권력주체를, 그리고 그를 추종하던 많은 정치세력들을 공민왕이 몽골황제의 동의 없이 주살했다는 점에서 매우 중요한 의미를 갖는 것이었다. 그리고 그 권력주체가 몽골 황후의 일가였음에도, 몽골은 사후에도 이렇다 할 대응을 하지 못했다. 그런 점에서 이 사건은 몽골에 대해서도 그렇지만, 적극적이든 소극적이든 몽골과의 관계 및 그에 기반한 권력구조에 익숙해 있었던 고려 신료들에 대해서도 매우 충격적인 사건이었을 것으로 생각된다.

기철 세력 주살을 시작으로 고려군의 쌍성총관부, 동녕부 지역 공격 등 일련의 사태에 대해 뒤늦게 알게 된 몽골은 군대를 동원해 토벌할 것을 천명하는 등 위협을 가하기도 했으나,[215] 몽골 측이나 고려 측 모두 군사적 대결이 부담스러운 상황에서 압록강 이서 지역 공격을 주도했던 고려 측 장수인 서북면 병마사 인당(印瑞)을 희생양으로 고려와 몽골의 관계는 수습되었다.[216]

이러한 맥락에서 이 개혁을 마무리하면서 공민왕이 몽골에 요청했던 사안들 가운데 한 가지인 덕흥군 송환의 청을 바라본다면, 이것이 단지 '현재' 그가 몽골에서 문제를 일으키고 있어서 소환할 필요가 있는 개별 사안으로서의 문제가 아니라 보다 구조적인 문제와 연결되어 있는 것이었음을 확인할 수 있다. 즉위 초 공민왕의 국왕권이 처한 내외적인 상황 속에서 다소 불가피하게 단행되었던 기철 주살을 중심으로 한 1356년의 '반원적' 조치들이 몽골의 내외적 상황 속에서 큰

---

215) 『高麗史』 卷39, 恭愍王 5年 6月 乙亥.
216) 『高麗史』 卷39, 恭愍王 5年 7月 丁酉, 戊申.

파장 없이 수습된 가운데, 공민왕은 덕흥군 송환의 청을 통해 '현재' 문제를 발생시키고 있던 국왕 이외의 권력주체-기철 세력을 자의적으로 처벌하는 것을 넘어 그러한 가능성을 갖고 있는 인물의 신병까지 스스로 장악하겠다는 의지를 표현한 것이었다. 이는 충정왕과 석기의 문제를 통해 확인되는 바, 공민왕이 이미 즉위 초부터 몽골 내부의 혼란한 상황을 적극적으로 활용하면서 시도해왔던 것이다. 다만 덕흥군 송환의 청은 국왕위와 관련해 또 다른 권력주체로서 문제를 발생시킬 가능성을 갖고 있던 인물로서 고려 내에 있던 자들의 신병을 장악하는 것을 넘어 몽골에 있는 인물까지 소환을 통해 그 신병을 고려국왕이 장악하겠다는 것으로, 이는 몽골의 동의와 조치가 필요한 것이었다. 그러나 몽골은 이미 발생한 기철 세력 숙청에 대해서는 현실적인 상황 속에서 사건처리의 선후관계가 잘못되었음만을 지적하고 넘어갔으나, 덕흥군의 신병은 고려에 넘기지 않았다.

즉, 1356년 개혁을 계기로 한 고려·몽골 관계 및 그에 기반한 권력구조는 큰 폭의 변화와 함께 온전히 청산되지 못하고 유지되는 측면 또한 동시에 갖고 있었다고 할 수 있는데,[217] 이 시점에서 공민왕이 이러한 문제에 대해 어느 정도까지 인식하고 있었는지는 불분명하다. 그가 덕흥군 송환을 청했으나 그것이 이루어지지 않았다는 점에서, 공민왕 역시 이후에도 몽골 복속기 권력구조가 온전히 청산되지 못하고 여파를 가질 수 있음을 어느 정도 인식하고 있었을 가능성이 있다. 그러나 최소한 이 시점에서는, 5년 개혁 이후로도 일정정도 유지되고 있던 몽골 복속기 권력구조의 여파보다는 그 변화의 측면이 공민왕 및 고려의 신료들에게 더 큰 의미를 가졌던 것으로 보인다.

---

217) 이는 단지 형식적인 측면에서의 관계의 '지속'을 의미하는 것이 아니라 권력구조에서의 여파를 의미하는 것이다.

실제 권력구조의 측면에서 1356년의 '주기철사건'은 매우 큰 변화의 기점으로 작용했다. 이후에는 당분간 고려국왕 이외에 몽골황제권과의 관계를 통해 권력을 행사하는 주체가 나타나지 않았고 그러한 대상을 찾아 결집하여 국왕권을 위협하는 세력도 나타나지 않았다. 이 시기 공민왕의 행보에서도 몽골과의 관계 및 권력구조의 여파를 염두에 둔 조치를 찾기 어렵다.[218] 그러나 1362년에 발생한 기황후 세력의 폐위 시도를 통해, 공민왕은 이 시점의 고려·몽골 관계와 그에 내재한 몽골 복속기 권력구조의 여파를 보다 적극적으로 의식하게 되는 것으로 보인다.

(2) 1362년 공민왕 폐위 시도 이후의 정국 동향

1362년(공민왕 11)에 단행된 기황후 세력의 공민왕 폐위 시도는 양자 간 군사적 대결을 통해 무위로 돌아갔고, 이후에는 몽골이 고려국왕위의 문제에 개입할 여지는 사실상 없어졌다. 그러나 이 사건은 1356년 이전의 몽골 복속기 권력구조에 대한 기억과 맞물리면서 이후 공민왕의 행보에 적지 않은 영향을 미쳤던 것으로 생각되며, 이는 곧 공민왕대 후반 친명정책의 한 가지 배경이 되었던 것으로 보인다.

앞서 언급한 바와 같이 몽골 복속기 고려·몽골 관계는 동아시아의 전통적 국가 간 관계인 책봉-조공 관계의 요소와 개인 간·가문 간 관계를 중심으로 하는 몽골적 관계의 요소가 유기적으로 연결되어

---

218) 공민왕은 홍건적 격퇴에 몽골의 도움을 받기 위해 정동행성관을 다시 두는 조치를 취하기도 했다.(『高麗史』卷39, 恭愍王 10年 9月 癸酉) 물론 이는 홍건적 침입이라는 급박한 상황에서 이루어진 것이었지만, 공민왕이 몽골과의 관계 및 그에 기반한 권력구조의 여파를 적극적으로 의식하고 있었다면 실행하기 어려운 조치가 아니었을까 한다.

있는 것이었다. 1356년 개혁을 계기로 고려·몽골 관계는 몽골적 관계를 상당 부분 탈각한 책봉-조공 관계의 요소가 주로 형식적, 의례적인 부분에서 남게 되었다. 그런데 기황후 세력의 폐위 시도를 통해, 공민왕은 몽골과의 관계가 유지되는 이상, 그것이 표면적으로 몽골적 관계의 특성을 탈각한 '형식적' 책봉-조공관계의 요소를 중심에 둔 관계라 하더라도 이는 언제든 여건이 조성되면 몽골 복속기 권력구조를 배태했던 이전의 관계로 전환할 수 있다는 점, 혹은 여전히 그러한 관계와 권력구조를 내포하고 있는 것이었음을 보다 적극적으로 인식하게 되었던 것으로 보인다.

이때 덕흥군을 고려국왕으로, 기씨의 일족인 기삼보노(奇三寶奴)를 그의 원자(元子)로 내세운 공민왕 폐위 시도가 기황후 세력이 주도한 것으로, 1356년 당시 공민왕이 기씨일가를 주살한 것에 대한 원한과 당시 몽골 조정에서 행해지고 있던 기황후의 아들 황태자 아유르시리다라[愛猷識理達臘]의 세력 강화 움직임 속에서 발생한 것이었음은 살펴본 바와 같다. 이것은 분명 몽골황제권을 정점으로 한 권력구조 아래에서 몽골황제권과 긴밀한 관계를 형성한 다른 가문이 자신들의 이해관계 속에서 고려왕실·고려국왕을 공격한 것으로 몽골적 관계가 중요하게 작용했던 몽골 복속기 권력구조 아래에서 가능했던 시도였다. 그러나 이때의 폐위는 표면적으로 고려가 홍건적의 난 때 국인(國印)을 잃어버리고 마음대로 주조하여 사용하고 있다는 최유의 보고를 들은 몽골황제가 그러한 고려국왕의 '잘못'에 대한 처벌로 '책봉권'을 행사한 것이었다. 이에 1356년 이후에도 몽골과 관계를 유지하고 있었던 고려는 최유의 보고가 무고이며, 공민왕은 오히려 홍건적을 격퇴해 몽골에 공을 세웠음을 들어 '잘못된 정보'로 인한 폐위의 결정을 철회해준 것을 요청했을 뿐, 황제에 의한 국왕의 폐위 자체에 대해 외교적으로 문제를 제기하지는 못했고,[219] 결국 군사적인 대결을 통해 이 문제를 해결해야 했다.

그런데, 전쟁의 결과로 이 사건이 수습되는 과정에서도 몽골은 공민왕을 무고한 최유를 고려로 송환해 처벌하도록 했을 뿐, 고려 측에서 최유와 함께 송환을 요청했던 덕흥군은 송환하지 않았다. 최고권에 대한 도전은 처벌받아야 하며, 이는 재발 가능성을 방지하고 최고권을 안정시키기 위함이다. 그런데 고려국왕이 최고권이 아닌 권력구조 아래에서 국왕위 계승 분쟁은 대개 몽골황제권과의 관계를 통해 권력을 갖게 된 세력과 국왕 사이에 발생했기에, 최고권에 대한 도전이라기보다는 경쟁으로서의 성격을 가졌으며, 경우에 따라서 이는 몽골과의 관계에서 '잘못'을 행한 국왕을 대체하는 과정이었다. 이에 사후에도 국왕과 경쟁했던 다른 권력주체는 처벌되지 않았다. 몽골이 최유를 보내면서 덕흥군은 보내지 않았던 것은 앞서 1356년 당시 공민왕의 덕흥군 송환 요청에 대해 응하지 않았던 것과 마찬가지로 당시의 권력구조에서 공민왕의 사실상 최고권으로서의 위상을 인정하지 않는다는 의미였다고 이해된다.

관련하여 주목되는 것은 몽골 복속기 몽골황제의 고려국왕에 대한 '책봉권' 실질화가 기존의 동아시아적 책봉-조공 관계의 요소가 변화한 것인 측면도 갖지만, 몽골적인 관계 및 권력구조와도 연결성을 갖는다는 점이다. 즉, 고려국왕의 즉위와 폐위 과정이 몽골제국 내 정치단위의 수장들, 한문사료에서 '제후(諸侯)' 혹은 '제후왕(諸侯王)'으로 표현되는 몽골 종왕(宗王)이나 투하(投下) 수장들에 대한 임면 과정과 별다른

---

219) 이것은 황제의 국왕 폐봉이 책봉-조공 관계의 질서 속에서는 원리적으로 가능한 것이며, 몽골 복속기에는 실제로 단행되었던 것이기 때문이었다. 최종석, 2010, 앞 논문.

차이점을 보이지 않는다는 점도 고려할 필요가 있다는 것이다.[220] 고려국왕들은 몽골제국의 다른 제후 혹은 제후왕들과 유사하게, 통치영역에 대한 세습적 통치권을 보장받으면서도 개개인의 몽골황제·황실과의 관계 변화에 따라, 경우에 따라서는 그 자질 및 통치능력에 대한 황제의 판단 여하에 따라 교체되고 있었다. 물론 고려국왕의 경우 이러한 교체는 '책봉(冊封)' 및 '폐봉(廢封)'이라는 형식을 통해 이루어졌으며 이 '형식'은 고려뿐 아니라 몽골의 입장에서도 의미를 갖는 것이지만, 동시에 몽골의 입장에서 고려국왕에 대한 '책봉권' 실질화가 온전히 동아시아적 관계의 맥락 속에서 이루어진 것이 아니었다는 점에 주목할 필요가 있다. 즉, 통혼 등과 같은 전형적인 몽골적 관계의 요소가 아닌 동아시아적 관계의 한 요소인 '책봉권' 행사에도 몽골의 관계 형성방식이나 권력구조에 대한 인식이 내재되어 있었다는 것이다.

기존 연구들이 이야기하는 바와 같이 1356년 이후 고려·몽골 관계는 이전과 달리 몽골적 관계의 요소를 상당부분 탈각한 책봉-조공 관계의 요소가 주로 형식적, 의례적 측면에서 남아있는 것이었으며 특히 권력구조 면에서는 이전 시기의 고려·몽골 관계와 큰 차이를 갖는 것이었다. 그러나 이 관계에서 이른바 '책봉국'의 위치에 있었던 몽골이 그러한 '책봉-조공 관계'의 요소를 온전히 동아시아적 관계의 맥락에서만

---

220) 몽골제국의 황제가 대칸으로서 다른 울루스의 수장을 교체한 사례는 차가다이 울루스의 경우에서 확인할 수 있다. 자세한 내용은 라시드 앗딘 저, 김호동 역, 2005, 『칸의 후예들』, 사계절, 238~241쪽을 참조. 이외에도 뭉케 즉위 후 위구르의 이두쿠트가 종교적, 혹은 정치적인 과오로 인해 처벌되고 그의 동생이 이두쿠트위를 계승한 사례도 있었다. 자세한 내용은 라시드 앗딘 저, 김호동 역, 2005, 위의 책, 330쪽 ; Juvaynī/John Andrew Boyle, 1958, *The History of the World-Conqueror*, Harvard University Press, pp.48~53 참조. 이러한 사례들은 이외에도 다수 찾을 수 있다.

이해하고 있지 않았다는 점은 이 관계를 단지 고려 전기와 같은 '형식적인' 책봉-조공관계로 보기 어렵게 한다. 몽골은 외부적(고려 측) 요구나 내부적 필요, 그리고 가능성이 있는 경우 언제든 '책봉권'을 실질적으로 행사할 수 있는 '책봉국'이었다. 그리고 양자 간에는 그것이 실질적으로 행사되었던 장기간의 경험이 있었다.

그런데, 주지하다시피 이때의 공민왕 폐위 시도는 논리에 의해서가 아니라 무력 충돌의 결과 무산된 것이었다. 이에 다른 대안이 없는 상황에서 고려는 이후에도 몽골과의 관계를 유지해야 했지만, 사실상 이후 몽골에 의한 폐위 시도가 재발한다 하더라도 그것이 실현될 가능성은 희박했다고 할 수 있다. 그럼에도 불구하고 이 사건 이후 확인되는 공민왕의 행보를 통해 볼 때, 이 사건, 혹은 유사한 사건의 재발 가능성은 공민왕에게 큰 부담으로 작용했던 것으로 보이며, 이는 이 시기 공민왕의 국왕권이 갖고 있었던 내부적 문제에 기인한 것이었다고 생각된다.

관련하여 주목되는 것이 공민왕 후사의 문제이다. 공민왕은 특히 그의 재위 후반기, 후사 문제에 유난한 집착을 보였다. 공민왕은 노국공주와의 사이에서 후사를 보지 못했고, 그 사후 다른 부인들로부터도 후사를 보지 못한 가운데, 결국 신돈의 비첩인 반야(般若) 소생의 모니노(牟尼奴, 뒤의 우왕)를 자신의 아들로서 궁에 들였다. 모니노가 공민왕의 아들인지, 신돈의 아들인지 현재로서는 확인하기 어려운 면이 있지만, 그가 공민왕의 아들이 아니라는 우창비왕설(禑昌非王說)은 조선 건국세력들에 의해 조선 건국을 정당화하기 위한 논리로 제시되었고, 현재 남아있는 사료가 이들에 의해 쓰여진 것인 만큼 조작일 가능성이 높다. 그러나 우왕이 공민왕의 아들이라 하더라도 그 어머니인 반야가 신돈의 비첩으로 천출이었던 것은 사실이며, 공민왕 사후 명덕태후

등이 모니노가 아닌 다른 종실을 세우고자 했던 것도 이러한 사실에 기인한 것이었을 수 있다.

모니노의 출신에 하자가 있음은 공민왕 역시 인지하고 있었던 것으로 보인다. 이는 모니노와 출신 면에서 유사성을 갖는 석기에 대한 공민왕의 언급을 통해서도 확인할 수 있다. 1356년 당시 석기를 중심으로 한 반란세력을 처벌할 때도 그러했지만, 1373년(공민왕 22)에 발생한 석기 모반 사건에서 공민왕은 그를 사형시킨 후 교서를 통해 "석기가 서자일 뿐 아니라 단양대군집의 시비 소생"이라는 점을 적시했다.[221] 이는 그가 왕위에 오를 수 없는 신분임에도 왕위에 오를 것을 기도했음을 전제하며 그의 처형을 정당화한 발언이었다.

공민왕이 모니노의 출신 상 하자를 인지하고 있었음은 그가 모니노를 궁으로 들여온 이후에도 계속해서 후사에 집착했던 것을 통해서도 확인할 수 있다. 그가 자제위(子弟衛)의 구성원들을 이용해 비(妃)들로부터 후사를 보고자 했다는 기록은[222] 물론 기록 그대로 받아들이기 어려운 측면이 있다. 그러나 이러한 상황은 최소한 공민왕대 말까지도 후사의 문제가 공민왕에게 매우 절실한 것이었음이 내외적으로 공론화되어있던 상황을 반영하는 것이었다고 할 수 있다.

예를 들어 1373년(공민왕 22), 공민왕이 윤가관(尹可觀)에게 익비(益妃)를 간통하게 했는데 윤가관이 목숨을 걸고 거절하여 왕이 노해 그를 매질하고 폐하여 서인(庶人)으로 삼았다는 기록이 있다.[223] 공민왕이 윤가관을 매질하고 폐서인하였다는 부분은 역사적 사실일 것이다. 그러나 그 이유로 제시되어 있는 내용, 공민왕이 자제위 구성원들로

---

221) 『高麗史』 卷39, 恭愍王 5年 6月 乙亥 ; 卷44, 恭愍王 22年 12月 癸卯.
222) 『高麗史節要』 卷29, 恭愍王 22年 2月 ; 『高麗史』 卷89, 益妃 韓氏傳 ; 卷131, 洪倫傳.
223) 『高麗史節要』 卷29, 恭愍王 22年 9月.

하여금 익비를 비롯한 왕비들을 간통하도록 했다는 것은 그것이 후사를 구하기 위한 것이었던 만큼 '전언'을 통해 알려질 수는 있겠지만 한 신하를 처벌하는 공식적인 사유로서 공표될 수는 없는 내용이다. 그러나 이와 관련한 사료의 기록은 마치 그것이 공식적인 사실이며 공표된 처벌의 이유인 것처럼 서술되고 있다. 이러한 기록들은 단순히 '거짓'을 기록했다기보다는 당시 회자되고 있던 왕실과 관련한 여러 가지 확인할 수 없는 유언비어들을 사실과 구분하지 않고 기록한 것으로 보인다. 이러한 점은 신돈과 모니노의 관계를 비롯해 공민왕의 후사와 관련한 기록들에서도 마찬가지이다. 따라서 이러한 기록들을 100% 역사적 사실로 받아들이는 것은 곤란하지만, 이를 통해 당시 고려사회에 왕실과 관련한 유언비어들이 난무하고 있었던 상황을 읽어낼 수는 있을 것이다.

공민왕이 모니노를 세자로 삼은 것은 아니었지만, 비첩 소생인 그를 궁으로 들인 것은 공민왕 사후 모니노가 우왕으로 즉위하게 되는 데에 중요한 발단이 되었다. 그리고 이는 결국 고려 말 조선 건국세력의 중요한 명분 중 하나로 기능했던 우창비왕설에 결정적 원인을 제공했다.

물론 왕실에 있어 후사의 문제는 매우 중요하다. 그렇지만 후사가 없다 하더라도, 공민왕 사후 모니노의 즉위를 꺼렸던 명덕태후 등의 논의처럼 다른 종실 가운데에서 적당한 인물로 국왕위를 계승하게 할 수도 있는 문제였다. 그렇다면 모계가 천해 논란을 가져올 가능성이 농후한 모니노를 굳이 궁으로 들여오고, 자제위 문제에서 보이는 바와 같이 무리한 방법으로 후사를 얻고자 했던 공민왕의 후사에 대한 집착은 어디에서 비롯된 것이었을까?

이는 공민왕 폐위 시도를 계기로 한 것이었을 가능성이 있다. 기황후 세력의 폐위 시도 당시 결과적으로 덕흥군이 고려국왕에 옹립되었지만, 애초에 이들이 공민왕을 폐위시키고 국왕위에 세우려 했던 것은 심왕(瀋王) 톡토부카[篤朶不花]였다. 그는 충선왕의 심왕위를 계승해 충숙왕대와 충혜왕대에 걸쳐 고려국왕위에 마음을 두어 고려 정국 분열을 가져왔던 심왕 왕고(王暠)의 손자로, 그를 이어 심왕위에 오른 인물이었다. 그는 공민왕에게는 조카였으며, 기황후의 아들인 황태자 아유르시리다라가 단본당(端本堂)에 있을 때 공민왕과 함께 그의 숙위로 활동하기도 해 몽골황실과 가까운 관계를 유지하고 있었던 것으로 보인다.224) 이에 기황후 세력은 공민왕 폐위를 시도하면서 톡토부카를 고려국왕에 세우고자 했으나, 그는 "숙부가 아들이 없으니 세상을 떠난 후에 나라가 어디로 가겠는가? 지금은 숙부가 건강하신데 내가 어찌 숙부의 자리를 빼앗겠는가?"라 하며 기황후 측의 제의를 받아들이지 않았다.225) 이에 공민왕은 폐위 시도가 무위로 돌아간 후 그에게 선물을 보내고 그가 보낸 사신을 후하게 예우하기도 했다.226)

톡토부카는 기황후 세력의 공민왕 폐위 시도에 호응하지 않았고, 위에 인용한 그의 말은 기황후 세력의 제안을 거절하기 위한 것이었을 수 있다. 그런데, 공민왕에게 후사가 없었던 당시 상황에서 이는 사실을 이야기한 것이기도 했다. 심왕 톡토부카는 공민왕에게 아들이 없었던 당시 상황에서 왕실질서상 왕위 계승에서 가장 우선순위에 있었으며 몽골과도 밀접한 관계에 있는 인물이었다. 따라서 위의 말대로 공민왕 사후에 심왕이 고려국왕위를 계승하게 된다면, 이는 단지 공민왕의 아들이 아닌 다른 종실에 의해 고려국왕위가 계승된다는 것을 넘어

---

224) 『高麗史』 卷91, 江陽公 王滋傳 附 瀋王 王篤朶不花傳 ; 『元史』 卷42, 順帝 至正 10年 11月 丙辰 ; 卷43, 順帝 至正 14年 9月 甲子.
225) 『高麗史』 卷91, 江陽公 王滋傳 附 瀋王 王篤朶不花傳.
226) 『高麗史』 卷41, 恭愍王 14年 夏4月 辛丑.

몽골황제권 및 기황후 세력과 긴밀한 관계를 갖고 있으며 몽골의 제왕위(諸王位)를 갖고 있기도 했던 인물이 고려국왕위를 계승하게 되는 것이었고, 이는 곧 몽골 복속기 권력구조로의 복귀를 의미하는 것이었다. 더구나 앞서 본 바와 같이 당시 몽골과의 관계는 언제든 상황이 허락하면 1356년 이전의 관계로 복구될 가능성을 갖고 있는 것이었다. 즉, 공민왕은 폐위 시도의 과정을 통해 몽골과의 관계가 갖는 문제에 더해 심왕(瀋王)의 존재의미에 대해서도 재인식하게 되었던 것으로 보이며, 이것이 공민왕의 후사에 대한 집착을 가져온 한 가지 배경이 되었던 것이 아닌가 한다.

물론 이미 한 차례 덕흥군의 공격을 막아낸 바 있었기에 몽골이 심왕을 고려국왕으로 삼고자 하더라도 그것이 실현될 가능성은 거의 없었다고 할 수 있으며, 이에 이러한 시도가 공민왕에게 별 부담이 되지 않았을 것으로 생각할 수도 있다. 그러나 이것은 국왕이 신료들을 장악하고 있고, 국왕권의 대내적 기반이 안정적인 경우에 그러한 것이다. 그런데 기황후 세력의 공민왕 폐위사건은 공민왕 국왕권의 대내적 기반이 여전히 불안정한 상태임을 재확인시켜 주었다. 혹은 이 사건을 계기로 이러한 상황은 더 심화되었다. 이러한 상태에서 몽골이 심왕을, 혹은 다른 누군가를 고려국왕위에 세우고자 한다면, 그리고 그 해결과 정이 앞서의 경우에서처럼 다시 군사적인 대결을 동반해야 하는 것이라 면, 이는 그 성사여부를 떠나 그러한 시도 자체가 매우 부담이 될 수밖에 없었다.

실제로 공민왕 23년(1374) 9월, 몽골에서 심왕을 고려국왕으로 세웠다 는 소식이 들려왔고,[227] 그로부터 며칠 뒤 공민왕이 시해되었다.[228]

---

227) 『高麗史』 卷44, 恭愍王 23年 9月 辛巳.
228) 『高麗史』 卷44, 恭愍王 23年 9月 甲申.

그리고 얼마 후인 1375년(우왕 원년), 몽골은 공민왕이 아들이 없이 죽었다 하여 심왕 톡토부카를 고려국왕에 책봉해 보냈다.[229] 1374년의 심왕 옹립에 대한 소문이 사실이었는지, 이 소문과 공민왕 시해가 관련이 있었는지 확인하기는 어렵다. 그러나 기존 연구들은 당시 명의 압박이 강해지는 가운데 공민왕의 친명 일변도 정책에 반감을 가진, 혹은 공민왕의 개혁에 부담을 느낀 고려의 일부 정치세력들이 심왕옹립 소문에 부응해 공민왕을 시해한 것으로 보기도 한다.[230] 앞서 1362년, 덕흥군 옹립에 대한 소문이 있은 후 김용이 흥왕사에서 난을 일으켜 공민왕 시해를 기도했던 것과도 유사한 관계라 할 수 있다.

몽골이 심왕을 책봉해 보내자 고려는 만약의 경우에 대비해 군사적 대응을 준비했으나, 얼마 후 심왕이 사망함으로써 이 시도는 무위로 돌아갔다.[231] 그런데 1375년, 몽골이 심왕을 고려국왕에 세우는 과정에서 고려 재상 및 신료들의 요청이 선행했다는 점이 주목된다.[232] 즉, '책봉국' 몽골은 언제든 그 '책봉권'을 실질적으로 행사할 여지를 갖고 있었고, 공민왕의 후사가 없는 상황에서 가장 강력한 계승후보였던 심왕은 기황후 세력과 연계되어 있는 동시에 몽골의 제왕위를 갖고 있었으며, 고려의 신료들은 여전히 공민왕을 중심으로 결집해 있지 않았다.

이처럼 1356년 개혁 이후 고려·몽골 관계는 1362년 공민왕 폐위

---

229) 『高麗史節要』 卷30, 禑王 元年 正月. 공민왕 23년에서 우왕 원년에 이르는 몽골의 심왕옹립 시도와 관련해서는 김혜원, 1999, 「고려후기 藩王 연구」, 이화여자대학교 대학원 사학과 박사학위논문을 참조.

230) 丸龜金作, 1934, 「元·高麗關係の一齣-藩王に就いて」 『靑丘學叢』 18 ; 池內宏, 1918, 「高麗末於明及北元關係」 『史學雜誌』 29-1·2·3·4(1979, 『滿鮮史硏究-中世第三冊-』, 吉川弘文館에 재수록) 외.

231) 『高麗史節要』 卷30, 禑王 2年 2月.

232) 『高麗史節要』 卷30, 禑王 元年 夏4月.

시도의 과정을 통해 그것이 갖는 현실적인 가능성들이 부각되었고, 이는 공민왕 국왕권의 내부적인 상황과 맞물리면서 이후 후사 문제와 같은 공민왕의 다소 '무리한' 행보에 영향을 미쳤다. 여기에는 몽골과의 관계가 유지되고 있었다는 점에 가장 근본적인 문제가 있었다. 따라서 공민왕의 입장에서는 몽골과의 관계를 단절하는 것이 가장 절실했지만, 현실적 대안이 없는 상황에서 몽골과의 관계는 계속 유지되었다.

이러한 상황에서 공민왕 17년(1368) 9월, 명(明)이 대도(大都)를 점령했고 몽골황제와 황후가 상도(上都)로 도망갔다는 소식이 전해졌다.[233] 이에 며칠 후 공민왕은 백관에게 명해 명과 사신을 통할 문제를 논의하도록 했다.[234] 이 논의의 결과는 기록되어 있지 않지만 두 달 후인 11월, 공민왕은 예의판서(禮儀判書) 장자온(張子溫)을 오왕(吳王)에게 사신으로 보냈는데,[235] 관련 연구에 따르면 이때의 오왕은 북원(北元)의 오왕이 아니라 명 태조 주원장(朱元璋)이었다고 한다.[236] 이 사행을 통해 정세를 파악한 공민왕은 다음해 4월, 명 황제의 친서(親書)가 전해지자 5월, 몽골의 지정연호(至正年號) 사용을 정지하고 6월, 관제를 개편했으며[237] 다음해인 1370년(공민왕 19) 5월 명 황제의 책봉 조서를 받고[238] 7월, 명의 홍무연호(洪武年號) 사용을 선포했다.[239]

명이 대도를 점령했다고 하지만 몽골은 여전히 카라코룸을 중심으로 세력을 형성해 명과 대립하고 있었으며,[240] 실제 '원·명 교체'는 1388년

---

233) 『高麗史』 卷41, 恭愍王 17年 9月 乙卯.

234) 『高麗史』 卷41, 恭愍王 17年 9月 丁巳.

235) 『高麗史節要』 卷28, 恭愍王 17年 11月.

236) 박원호, 2005, 「고려와 朱元璋의 첫 교섭에 관한 小考」 『북방사논총』 3.

237) 『高麗史節要』 卷28, 恭愍王 18年 4月 ; 5月 ; 6月.

238) 『高麗史』 卷42, 恭愍王 19年 5月 甲寅.

239) 『高麗史』 卷42, 恭愍王 19年 7月 乙未.

240) 명이 대도를 점령한 이후 '북원'이 멸망하는 1388년까지 명과 몽골의 대결 양상과

'북원'이[241] 멸망하는 시점에서나 이루어졌다고 할 수 있다.[242] 이에 아직 몽골에 대한 우세가 확고하지는 않았던 초기 상황에서, 명은 고려와의 관계를 상국(上國)과 하국(下國)의 관계로 규정하지 않는 등 상당히 우호적인 태도를 보였다. 예컨대, 명이 고려에 건국을 알리며 보낸 첫 외교문서는[243] '대명황제치서고려국왕(大明皇帝致書高麗國王)' 이라 한 것에서 보이듯, 치서식(致書式) 외교문서였다. 이는 군신관계를 분명히 하는 조서(詔書)가 아니라 군신관계가 설정되어 있지 않은 국가들 간의 외교문서로 사용되는 것이었다는 점에서 주목되는데, 명을 포함하여 당시 몽골이 쇠퇴한 상황에서 새롭게 등장한 중국의 정치세력들 및 고려, 일본은 상호 간에 이러한 치서식 문서를 사용하고 있었고, 이는 아직 천자국으로서의 지위를 확고히 하지 못한 명의 입장 및 당시 동아시아 정세를 반영하는 것이었다.[244] 이 문서에서 홍무제는 고려가 역대 중국왕조에 대해 '때로는 신국(臣國), 때로는 빈국(賓國)' 관계에 있었음을 들고 고려와 통호를 원한다고 하기도 하여, 고려와의 관계 설정에 유동적인 입장을 취하고 있기도 하였다.[245]

따라서 고려 입장에서는 좀 더 여유를 갖고 명-몽골 관계의 추이를 관찰하면서 이를 활용할 수도 있었을 것이다. 명은 고려가 명의 정보를 수집하는 한편으로 나하추[納哈出] 등 몽골 세력과 연계할 가능성을 의심해 요동을 통한 사행을 금하고 3년에 한 차례만 조공사(朝貢使)를

관련해서는 윤은숙, 2010, 『몽골제국의 만주 지배사』, 소나무, 281~313쪽 참조.

241) '북원(北元)'이라는 국호는 명이 대도(大都)를 점령한 이후 상도(上都)의 몽골 정권을 지칭하는 것으로, 관련 연구에 따르면 이 칭호를 처음 사용한 것은 고려였다고 한다.(위의 책, 284쪽)

242) 박원호, 2007, 「鐵嶺衛 설치에 대한 새로운 관점」, 『한국사연구』 136.

243) 『高麗史』 卷41, 恭愍王 18年 4月 壬辰.

244) 징동훈, 2010(b), 「高麗-明 外交文書 書式의 성립과 배경」, 『한국사론』 56, 185~188쪽.

245) 김순자, 2007, 앞 책, 48~49쪽.

보내도록 하기도 했는데,[246] 이는 당시의 정세에서는 가능한 일이었으며 자연스러운 의심이었다. 그러나 공민왕은 몽골과의 관계를 단절하는 데에 신속하고 단호했고, 이후에도 몽골황제의 사신들을 살해하거나 살해를 시도하는 등 몽골과의 관계에 여지를 두지 않았다.[247] 또한 명과의 관계에서도 명 측에서 치서식 문서를 보내었음에도 불구하고 고려에서는 바로 '표문'을 보내어 신(臣)을 칭했고,[248] 이후 황제 명의의 외교문서는 군신관계에 입각한 조서로 정리되었다. 즉, 고려와 명의 관계가 군신관계로 설정된 것은 외교문서식의 측면에서 보자면, 명 측의 요구가 우선한 것이었다기보다는, 고려 측의 봉표칭신(奉表稱臣)이 선행된 것이었다고 할 수 있다.[249] 공민왕대 후반의 외교정책은 명의 대도 점령이라는 형세에서의 변화는 적극적으로 의식하면서도, 몽골이 여전히 세력을 갖고 명과 대치하고 있었던 또 다른 형세에 대해서는 의식적으로 회피하고 '원·명 교체'를 기정사실화한 가운데 이루어지고 있었다.

이 시기 공민왕의 외교적 결정에서 보이는 일종의 강박관념과도 같은 '향명(向明)'은 물론 형세적 판단이나 몽골에 대한 종족적 반감 등이 작용한 측면도 있었겠지만, 앞서 살펴본 바와 같은 몽골과의 관계가 주는 현실적인 부담을 통해 설명될 수 있는 부분이 있다고 생각된다. 즉, 1356년 이후 고려·몽골 관계는 물론 그 이전의 고려·몽골

---

246) 末松保和, 1967, 「麗末鮮初に 於ける對明關係」『靑丘史草』 1.

247) 공민왕은 아직 명의 책봉을 받기 이전인 1369년에 몽골황제의 조서를 가지고 온 사신과 일행을 모두 살해했으며, 1373년에 온 사신도 살해하려고 했으나 신하들의 만류로 그만두었다.(『高麗史節要』卷28, 恭愍王 18年 12月 ; 『高麗史』卷44, 恭愍王 22年 2月 乙亥)

248) 『高麗史』卷41, 恭愍王 18年 5月 甲辰.

249) 정동훈, 2010(b), 앞 논문, 188~189쪽.

관계와는 현격한 차이를 갖지만 그 기억 혹은 여파를 안고 있는 것이었고, 이는 역시 그 기억과 여파를 안고 있었던 공민왕 국왕권의 내부적인 상황과 맞물리면서 친명정책을 비롯한 공민왕대 후반의 정치적 행보에 영향을 미치고 있었던 것이다.

제5장
결 론

　이상 13세기 후반에서 14세기 후반에 이르는 시기, 몽골과의 관계 속에서 변화한 고려국왕 위상 문제를 통해, 동아시아적 관계 요소와 몽골적 관계 요소가 유기적으로 결합해 있던 고려·몽골 관계의 한 측면에 대해, 그리고 그러한 관계로 인해 발생한 고려의 정치·권력구조 변화 및 그 특징에 대해 살펴보았다.

　본문의 첫 번째 장인 제2장에서는 고려와 몽골의 관계가 형성되는 시기인 원종대부터 충렬왕대 전반기의 고려·몽골 관계 및 고려국왕 위상 문제를 통해 몽골 복속기 권력구조가 형성·성립되는 과정 및 그것이 고려 사회에 수용되는 초기 상황에 대해 살펴보았다.

　1절에서는 충렬왕대 이후 본격화되는 몽골 복속기 고려국왕권 위상 변화의 전조로서, 1269년(원종 10) 임연에 의한 원종 폐립 사건의 배경과 이어지는 복위의 과정 및 복위 이후 권력구조를 통해 원종대 권력구조의 변화 문제를 살펴보았다.

먼저 임연의 원종 폐립은 최씨정권 종식 이후 국왕과 김준 등 공신세력이 권력을 분점하는 가운데 국왕이 여전히 국정의 중심에 서지 못한, 결정적으로 군사권을 장악하지 못한 상황에서 이루어진 것이었다. 또 다른 한편으로 이는 임연을 포함한 고려신료들이 강화 이후 몽골과의 관계를 고려 전기 중국왕조와의 관계와 유사하게 봄으로써 몽골황제권의 고려 내정 문제에 대한 직접 개입 가능성을 상정하지 못한 결과이기도 했다.

　　그러나 세자 왕심(王諶, 뒤의 충렬왕)이 몽골에 군대의 파견과 통혼을 청해 허락받으면서, 몽골의 적극적 개입으로 원종은 복위했다. 이러한 원종 복위의 과정을 통해 국왕은 무신집권기 권력구조를 청산하고 국정의 유일한 구심점으로 설 수 있게 되었다. 그러나 고려 전기, 외교적 질서에서만 상위 권위로 존재했던 황제권이 몽골 복속기에는 고려 내에서도 실질적인 최고권으로 존재하게 되면서, 고려국왕의 제후로서의 위상은 고려 내에서도 실질적 의미를 갖게 되었고, 향후 고려의 정치권력 문제는 몽골황제권이 정점에 존재하는 가운데 그 아래에서 고려의 정치권력 가운데 누가 그에 가장 근접할 수 있는가의 문제가 되었다. 황제권에의 근접은 몽골황제·황실과의 '관계'들을 통해 이루어졌다. 이러한 '관계'에는 고려의 국왕이 황제로부터 '책봉'을 받는다고 하는, 동아시아적 관계 요소에 기반한 1 : 1의 관계도 포함되지만, 개인 간·가문 간 관계와 같이 1 : 다(多)로 형성될 수 있는 관계, 즉 몽골적 관계도 포함하고 있었다는 점이 중요하다.

　　이러한 몽골 복속기 권력구조는 원종 복위 과정을 통해 성립되었다. 그러나 이때 고려국왕과 신료들이 인지한 것은 국왕권이 황제권에 직결되어 그 권력과 권위에 기반할 수 있다는, 몽골 복속기 권력구조의 한 측면에 한정되었다. 이에 이러한 권력구조가 성립되는 과정에서 중요한 역할을 하기도 했던 충렬왕은 즉위 초반, 자신의 국왕권을 재구축하는 과정에서 그러한 몽골황실·황제권과의 관계를 적극적으로 도입하고 활용했고, 이러한 과정을 통해 '부마 정동행성승상 고려국왕'이라는 복합적 고려국왕 위상이 정립되었다.

2절에서는 충렬왕대에 고려국왕 위상을 구성하게 된 부마, 정동행성승상, 그리고 전통적 '고려국왕'의 위상들을 통해 고려국왕이 몽골황제·황실과 맺은 관계의 특징에 대해 살피고, 그 총체인 '정동행성승상 부마 고려국왕'으로서의 고려국왕 위상 변화에 대해 살펴보았다.

통혼은 몽골이 다른 정치집단과 동맹 관계를 형성하는 여러 가지 방식들 가운데 중요한 한 가지였다. 몽골황실과의 통혼관계는 그 자체로 고려국왕권에 중요한 기반이 되기도 했지만, 충렬왕은 즉위 초 일본원정 등의 문제로 국왕권을 침해하고 있던 몽골관리들 및 부원세력과의 관계에서, 그리고 원종대 후반 이후 신뢰 부재상태가 지속되고 있던 고려신료들과의 관계에서 국정주도권을 확보하기 위해 자신의 부마로서의 위상을 적극적으로 활용했다.

부마라는 황실과의 관계는 고려국왕권에 제약이 되기도 했다. 이러한 제약은 여러 방면에서 이루어졌지만, 이 책에서는 특히 고려왕실이 몽골황실의 부마가문이라는 '특별하지만 변동 가능한 관계'를 통해 권력과 권위를 행사하고 있었다는 측면에서 이루어진 제약에 주목했다. 그간 몽골의 사회구성 단위는 씨족, 혹은 부족과 같은 혈연집단으로 이해되어 왔으나, 최근 이들이 국가에 의해 규정되고 만들어진 정치적인 조직이었다는 견해가 제시되었다. 이러한 관점에서 보면 지배가문과 그 지배를 받는 집단 구성원의 관계는 몽골황실과 지배가문 간 관계가 변화함에 따라 변화할 수 있는 것이었다. 고려·몽골 관계가 진전되는 가운데 고려왕실 내외에서 국왕 이외의 인물들이 몽골황실과 통혼관계를 형성하게 되었고, 그를 통해 자신들의 정치적 기반을 확고히 하는 고려 출신 가문들이 등장하게 되었으며, 이들의 존재는 고려왕실과 몽골황실 간 통혼의 의미를 '상대화'시키면서 고려국왕권에 부담이 되었다.

1280년(충렬왕 4), 충렬왕은 2차 일본원정을 위해 설치된 정동행성의 승상에 임명되었고, 1차 일본원정을 주도하며 전횡했던 흔도(忻都)와 홍차구(洪茶丘)는 승상 충렬왕의 지휘를 받는 우승(右丞)에 임명되었다. 충렬왕의 정동행성승상 임명은 충렬왕의 적극적 의사표명에 따라 이루어진 것이었다. 이로써 최고 권위를 몽골황제에 둔, 정동행성 내에서의 위계질서가 성립되었고, 이를 통해 충렬왕은 홍차구 등을 제압할 수 있었다. '고려국왕'의 정동행성승상직 겸임으로 고려국왕은 몽골관료로서의 속성을 일부 갖게 되기도 했지만, 정동행성승상의 관료로서의 성격 역시 일부 변질되었다. 임명직이었던 행성승상직이 세습직화한 것이 그것이다. 이러한 점은 몽골 복속기 후반 심화되는 국왕위 계승분쟁의 과정에서 중요한 요소로 작용하게 된다.

정동행성승상이나 부마와 같은 요소들은 몽골 복속기에도 온전한 형식을 갖추지 못했으며 이후에는 외형적으로 고려국왕권에서 배제된다. 그러나 이들은 각기 관료로서의 속성과 부마가문으로서의 속성을 '고려국왕'·고려왕실에 투영했고, 이는 몽골 복속기의 정국에서 중요한 역할을 했다.

한편 새로운 위상들의 이입으로 그 비중이 축소되고 변화가 생기긴 했지만, '고려국왕'이라는 요소는 여전히 이 시기 고려국왕권을 구성하는 중요한 요소로서 유지되고 있었다. 충렬왕은 국왕으로서의 권력과 권위를 온전히 행사하기 위해 '부마', '정동행성승상' 등 이상을 적극적으로 활용하는 한편으로, '고려국왕'이라는 위상이 고려사회에서 갖고 있던 권위 역시 적극적으로 활용했다. '고려국왕'이라는 위상이 고려사회에서 갖고 있던 권위와 그를 정점으로 하는 통치질서는 몽골에 의해서도 활용되었다. 그러나 또 다른 한편으로, 몽골 복속기 '고려국왕'은 그 제후로서의 위상이 고려 내에서도 실질적 의미를 갖게 되었으며, 이전 시기와 같이 그 자체로 고려국왕권을 구성하지 못하게 됨으로써 그 위상이 '상대화'했고, 정동행성승상, 부마, '고려국왕' 간 상호작용의 결과, 총체로서의 고려국왕권 역시 변화했다.

이러한 세 가지 '관계'에 기반한 세 가지 위상들 간 상호작용의 결과로 발생한 몽골 복속기 고려국왕 위상의 변화를 크게 세 가지 정도로 정리해 보았다.

첫째, 국왕의 몽골황제의 제후로서의 위상이 고려 내에서도 실질적 의미를 갖게 되었다.

둘째, 몽골제국 질서 아래에서 몽골황제권과의 '관계'—다원적으로 형성될 수 있는 관계—를 통해 권력을 부여받게 됨으로써 유사한 관계를 형성한 다른 권력주체와 경쟁을 해야 하게 되었다.

셋째, 위와 같은 과정들을 통해 왕조체제 아래에서 고려왕실이 갖고 있던 혈연적 정통성의 권위의 비중이 얼마간 축소되었다.

이러한 고려국왕 위상의 '상대화' 양상은 의례 등 형식적 측면과 국왕위 계승분쟁과 같은 현실정치의 측면을 통해 확인할 수 있다. 특히 후자와 관련하여, 몽골 복속기 중조와 국왕위 계승 관련 분쟁 및 논란들은 그것이 거듭되는 과정에서 몽골 복속기 권력구조를 고려국왕과 신료들이 인지하고 활용해 나가는 과정을 보여준다. 또한 이는 몽골 복속기 고려국왕의 위상이 '고려국왕'에서 '정동행성승상 부마 고려국왕'으로 변화해 가는 양상을 세밀하게 보여주는 한편으로 그러한 변화를 가속화했다.

제3장에서는 충렬왕대 후반에서 충혜왕대에 이르는 시기에 거듭되었던 고려국왕위를 둘러싼 분쟁들의 추이에 대해, 그리고 그를 통해 확인되는 고려국왕·왕실 위상의 변화 양상에 대해 살펴보았다.

먼저 1절에서는 1298년 충렬-충선 간 국왕위 중조(重祚)를 통해, 고려 국왕과 고려신료들이 몽골 복속기 변화한 권력구조와 그 안에서의 고려국왕 위상에 대해 분명히 인식하게 되는 과정을 검토했다. 충렬왕 대 전반, 충렬왕을 주체로 일원화되어 있었던 권력구조는, 충선왕이 몽골공주와의 통혼 등을 통해 몽골과의 관계에서 주체로 등장하면서 이원화했다. 결국 충렬왕은 내외적인 압력에 의해 충선왕에게 왕위를 넘겨주었지만, 충선왕은 즉위 7개월 만에 '정치의 참월함'과 공주와의 불화를 이유로 폐위되었고, 충렬왕이 복위했다. 이는 이미 즉위한 국왕이라도, 몽골황실·황제와의 관계에서 문제가 발생할 경우 몽골황제에 의해 폐위될 수 있음을 고려국왕과 고려신료들이 확인한 최초 사례이다.

이 중조를 통해 고려의 신료들과 국왕은 몽골 복속기 이후 변화한 권력구조와 그 안에서의 국왕 위상의 전체적인 모습에 대해 정확히 인식하게 되었다. 충선왕의 존재로 인해 고려 내 권력의 정점이 이원화하고, 충선왕 폐위 과정을 통해 고려국왕의 몽골황제의 제후로서의 위상이 분명하게 드러난 가운데, 복위 후 충렬왕은 고려 내 최고권의 위상을 상실했다. 이로 인해 이후 고려 신료들은 충렬왕 지지세력과 충선왕 지지세력으로 분열하여 국왕 및 그 정치에 대한 불만을 황제 및 그 사신에의 고발이라는 방식으로 표출하기 시작했고, 충렬왕과 충선왕은 각기 자신의 지위를 유지하기 위해 공주의 개가(改嫁) 문제를 둘러싸고 매우 적극적인 정치활동을 해야 하게 되었다.

1298년 중조의 과정이 국왕의 현실인식에 미친 영향은 복위 후 충선왕의 정치를 통해 보다 분명히 확인할 수 있었다. 복위 후의 충선왕대에는 충선왕이 몽골 무종 카이샨, 인종 아유르바르와다의 적극적인 지지를 받음으로써 권력중추가 이원화하지는 않았으나, 몽골황제권과 고려국 왕권의 상하관계는 보다 분명한 형태를 띠며 나타났다. 복위 후 충선왕 은 관제개편을 포함한 제도적인 면에서 제후로서의 위상을 분명히 했다. 그와 함께 충선왕은 몽골황실·황제와의 관계 강화에 주력했는데, 이 과정에서 이전 시기 중국왕조와의 관계와는 다른 몽골과의 관계의 특징을 적극적으로 인지하고 활용했다.

우선 그는 가문 간 관계로서 통혼의 중요성을 재인식했는데, 이는 복위교서에서 보이는 '재상지종(宰相之宗)' 선정을 통해 확인할 수 있다. 충선왕이 왕실의 동성혼을 금하고 왕실과 통혼할 수 있는 15개 가문인 '재상지종'을 선정한 것은 몽골의 요구를 받아들이는 것 뿐 아니라 몽골의 혼인풍습을 적극적으로 수용하는 조치였다. 여기에는 다른 정치적 이유도 있었지만, 충선왕은 이를 통해 몽골황실과의 가문 간 관계를 공고히 하고자 한 것이었다고 생각된다. 충선왕은 복위시에도 계국대장공주와의 개별적 관계를 개선시키지는 못했다. 그러나 왕실 동성혼을 금하고 재상지종을 선정함으로써 전체적인 관계에서의 예의, 규범에 대해서는 인지했음을, 그리고 그 틀 안에서 고려왕실의 통혼을 재편하겠다는 의지를 표현한 것으로 보인다.

한편 복위 후 충선왕은 이른바 '요령통치(遙領統治)'를 시작했다. 이는 그가 중조정국을 겪으면서 자신의 권력을 유지하기 위해 몽골황제 및 황실, 정치세력과의 관계-개인 간 관계가 중요함을 인식한 결과라고 할 수 있다. 충선왕이 이러한 관계에 특히 주력한 것은, 그가 동성혼을 금하고 재상지종을 선정하기는 했으나, 공주와의 불화로 인해 황실과의 통혼이라는, 안정성과 지속성을 갖는 관계에서 공고함을 형성하는 데에 사실상 실패한 데에 일차적인 이유가 있었다. 또한 이는 그가 몽골에서 케식의 일원으로서 황제와 관계를 형성하고 몽골 정치에 참여함으로써 몽골에 체류하지 않을 수 없는 상황에 기인한 것이기도 했다. 이를 통해 충선왕은 고려 내에서 강력한 국정주도권을 행사할 수 있었지만, 이는 국왕과 신료의 관계에, 그리고 충선왕 본인과 이후 충숙왕의 국왕권에 중대한 영향을 미쳤다.

충렬-충선왕 간 중조 및 이후 국왕, 신료들의 동향에서 보이는 위와 같은 양상들은 고려국왕과 신료들이 중조의 과정을 통해 몽골 복속기 권력구조와 그 안에서의 고려국왕 위상을 정확히 인식하게 된 결과였다고 할 수 있으며, 그러한 고려국왕 위상의 변화를 가져온 고려·몽골 관계 및 그에 기반한 이 시기 고려의 권력구조가 동아시아적 관계 요소의 변화에 더하여 몽골적 관계의 요소가 부가됨으로 해서 형성된 것이었음을 보여주는 것이기도 하다.

2절에서는 충숙~충혜왕대 국왕위 관련 논란의 추이와 그 의미에 대해 살펴보았다. 충숙왕은 초기에는 충선왕의 요령통치로 인해 그 국왕권 행사에 제약을 받았고, 충선왕 실각 후에는 심왕 왕고(王暠)의 존재로 인해 권력의 정점이 이원화함으로써 국왕권이 제약받았다. 심왕옹립운동의 과정은 이 시기 고려의 신료들이 황제에 의한 국왕 폐위와 즉위를 자연스러운 것으로 받아들이고 있다는 점, 그리고 국왕위 계승과 유지에 있어 몽골황실·황제와의 관계라는 몽골적 요소를 왕실 자체의 질서 못지않게 중요한 요소로 고려하고 있음을 보여주었다. 이는 '고려국왕'의 제후로서의 위상이 실질화한 변화와 '부마'로서의 속성 이입으로 인한 국왕 위상 변화를 이 시기 고려신료들이 적극적으로 수용하고, 나아가 활용하고 있는 양상을 보여준다. 그런 점에서 충숙왕대는 몽골 복속기 권력구조와 그 안에서 상대화한 고려국왕의

위상이 고려신료들에 의해 적극적으로 인식되고 활용되고 있는 양상을
잘 보여주는 시기라고 할 수 있다.

심왕옹립운동 실패 후 그 추진세력 중 일부가 입성론(立省論-3·4차)을
제기했다. 총 7차례에 걸쳐 이루어진 입성론은 시기별로 제기양상이
변화하여, 충숙왕대 3차 입성론부터는 고려신료들에 의해 현 국왕에
대한 반대운동으로 제기되기 시작했다. 입성론은 국체와 관련된 논의
이기도 하지만, 국왕위의 관점에서 보자면 '고려국왕'이 겸함으로써
세습직으로 운용되고 있던 정동행성승상직을 임명직으로 변환시키자
는 논의로서의 성격도 갖는 것이었다. 즉, 이는 몽골 복속기 고려국왕의
세 가지 위상 가운데 정동행성승상의 위상을 부각시킴으로써 고려의
전통적 통치자인 '고려국왕'의 위상을 위축, 변화시키는 논의였다고
할 수 있다.

심왕옹립운동과 입성론이 무위로 돌아간 후 귀국한 충숙왕은 개혁을
단행했고 그 일환으로 기자사(箕子祠)에 대한 제사를 재개했다. 충숙왕
은 이를 통해 기자가 도입한 유교문화의 '충(忠)', 군신간의 명분과
의리를 강조함으로써 정치적으로 수습하기 어려웠던 정국을 수습하고
자 했던 것으로 생각된다. 이는 당시 충숙왕이 인식하고 있었던 당대의
문제가 몽골 복속기 권력구조 속 국왕 위상의 상대화와 그로 인한
국왕-신료간 관계의 문제였음을 보여주는 것이기도 했다.

입성론은 큰 호응을 얻지 못했으며 소기의 성과를 달성하지도 못했
다. 그러나 제한된 범주의 세력이지만, 고려의 정치세력들이 현 국왕에
게 불만이 있을 경우 그에 대한 반대운동으로서 입성론을 제기하기
시작했다는 것은 그 제기자들에게도, 그에 반대하거나 방관했던 여타
고려신료들에게도 중요한 정치적 경험이었을 것으로 생각된다. 그리
고 1343년(충혜왕 후4), 7차이자 마지막으로 제기된 입성론은 충혜왕

폐위라는 나름의 성과를 거두었다. 고려국왕의 위상과 관련해 이 과정에서 주목되는 것은 두 가지이다. 한 가지는 충혜왕의 '황음무도함'에도 불구하고 그를 구원하고자 하는 신료들이 있었다는 점으로, 이는 국왕위에 오른 개별 인물의 역량이나 자질과 상관없이 '국왕'이라는 지위 자체가 갖는 권위가 여전히 기능하고 있었음을 보여준다. 다른 한 가지는 부도(不道)하고 실정(失政)한 국왕이 신료들의 '반대운동' 결과로 상위의 권위에 의해 폐위될 수 있다는, 국왕권에 대한 또 다른 기준이 적용된 실례가 생겨나게 되었다는 점이다.

기철 등에 의해 제기된 7차 입성론의 과정과 결과는 충혜왕대에 더욱 심화하고 표면화한 국왕권의 사권화(私權化) 양상과 이후 본격적으로 부상하게 되는 기씨일가의 등장이라는 상황과 맞물리면서, 몽골황제의 제후로서의 '고려국왕' 위상과 정동행성승상의 관료적 속성, 부마가문이라는 '일 가문(一家門)'으로서의 속성이 적극적으로 상호작용하며 고려국왕권에 이입되어 그 위상을 변화시키는 계기가 되었던 것으로 보인다.

마지막으로 제4장에서는 1356년(공민왕 5) 개혁으로 대표되는 공민왕대 초반 국왕권 재구축 시도의 배경과 양상, 1362년(공민왕 11) 기황후세력에 의한 공민왕 폐위 시도의 배경과 결과, 그리고 이후 명과의 관계 형성 과정에서 공민왕의 정책이 보여주는 다소 강박적인 '친명' 혹은 '향명(向明)' 양상의 정치적 배경에 대한 검토 등을 통해, 공민왕대 이후 몽골과의 관계가 변화하면서 몽골 복속기 권력구조가 청산되어가는 과정과 그 여파에 대해 살펴보았다.

1절에서는 즉위 초 공민왕의 국왕권에 대해 살피기 위해, 공민왕 즉위시 지지세력이자 공민왕대 초반 정국에서 중요한 역할을 했던 기씨일가, 고려 내 유신세력, 수종공신 등의 충목왕~충정왕대 동향에 대해 살펴보았다.

먼저 기황후 책립과 황태자 출생을 통해 정치적으로 등장한 기씨일가는 충혜왕 폐위의 과정에 개입하면서 급성장했다. 이후 충목왕대 정치도감 개혁 과정에서 발생한 기삼만 옥사사건 및 그를 계기로 한 정치도감과 정동행성 간 갈등 양상은 이 시기 기철을 중심으로 한 기씨일가가 정동행성이문소를 중심으로 세력을 형성하고 있었음을 보여준다. 이들의 정치적 성장은 충정왕대에도 계속되었는데, 당시 왕위 계승에 실패하고 몽골에서 숙위 중이던 왕기(王祺), 즉 공민왕이 즉위를 준비하는 과정에서 기황후의 아들인 황태자와의 관계 구축을 시도하고 있음이 주목된다. 이는 이 시기 고려의 정치에 대한 기황후 세력의 영향력이 국왕위 계승 문제에 영향을 줄 수 있을 정도로 강화되었음과 함께, 그러한 과정을 통해 즉위한 공민왕의 시대에 적극적으로 부각되는 기씨일가와 고려왕실·고려국왕권의 구조적 갈등관계의 발단을 보여준다.

다음으로 고려 내에서 공민왕을 추대했던 세력들은 주로 개혁의 필요성에 대한 인식, 개혁을 지속하기 위한 필요에서 공민왕을 추대한 유신들이었다. 이들은 충목왕 즉위 이후, 정치도감의 정치(整治) 활동에 적극적으로 참여하기도 했는데, 이들이 지향한 개혁은 관료체계의 안정을 핵심으로 하는 것으로, 국왕권 강화를 중심에 두었던 공민왕의 개혁 지향과는 다소 일치하지 않는 면도 있었다.

또 하나의 공민왕 지지세력인 수종공신들은 10년에 이르는 공민왕의 몽골 숙위 기간동안 그를 수종하면서, 그의 국왕위 계승을 위해 각종 로비활동을 했던 인물들이었다. 이들은 공민왕과 밀착해 있었으나 그 관계는 스스로의 출세와 권력 행사를 우선시하는 측면이 강했고,

유신세력들이 지향했던 개혁에 배치되는 성향의 존재들이기도 했다.

이처럼 서로 다른 성향과 지향을 가진 정치세력들은 공민왕의 즉위라는 사안을 두고 입장을 같이 했으나, 공민왕 즉위 이후의 정국에서는 각자의 성향과 지향에 따라 다른 입장을 보이게 되었다. 공민왕대 초반, 공민왕의 국왕권 문제는 그의 즉위에 기여한 정치세력들과의 관계 속에서 어떻게 중심을 잡고 균형을 이루어내는가의 문제였다고 할 수 있다.

2절에서는 1356년(공민왕 5) 개혁을 중심으로 한 공민왕대 초반 국왕권 재구축 시도의 '반원적' 지향 및 양상의 배경을 몽골 복속기 권력구조 아래에서의 고려왕실·고려국왕권과 기씨일가 간 관계를 통해 구조적으로 살펴보았다.

우선 1356년 개혁의 발단으로서 몽골 복속기 권력구조 아래에서 상대화한 고려국왕의 위상이 기씨일가의 존재로 인해 더욱 부각된 상황을 살펴보았다. 1351년, 공민왕은 몽골공주와의 통혼과 몽골 정치세력의 지원, 결정적으로 기황후 세력의 지원으로 즉위했다. 이러한 상황에서, 공민왕 즉위 후 기씨일가의 주요 인물들은 공민왕과 대등한 관계를 형성하려는 경향을 보였다. 고려·몽골 관계가 고려왕실과 몽골 황실 간 관계로서의 성격을 상당부분 갖고 있었음을 고려할 때, 기씨일가의 등장은 양자 관계에 새로운 가문이 개입한 것이기도 했으며, 또한 이들은 이러한 관계를 바탕으로 국정정상화를 위한 공민왕의 개혁에 장애가 되기도 했다.

한편 공민왕은 국내 정치세력과의 관계에 있어서도 확고한 지지를 얻고 있지는 못한 상태였다. 즉위 초 공민왕 지지세력은 연저수종공신 세력과 충목왕대 이래 개혁정치를 주도해왔던 유신세력을 중심으로 구성되었다. 그러나 이들은 서로 다른 정치적 지향을 갖고 있는 세력이었고, 즉위 초 국왕권의 기반이 미약한 상태에서 양자를 모두 안고 갈 수밖에 없었던 공민왕은 양 세력과 각기 일정부분에서 갈등을 보일 수밖에 없었다.

공민왕은 자신의 국왕권을 재구축하는 과정에서 그간 고려국왕권의 중요한 기반이 되었던 몽골·몽골황제권의 권위를 배제하고자 하는 지향을 보였고, 이는 즉위 초의 여러 가지 정치행위들과 1356년 개혁과 정에서 확인된다. 이는 기씨일가의 등장으로 몽골·몽골황제권의 권위를 강조하는 것이 더 이상 고려국왕권의 고려내 최고권으로서의 위상을 담보해주지 못하게 된 상황, 몽골 복속기 권력구조 아래에서 상대화한 국왕 위상이 극단적으로 드러난 상황에 기인한 것이었다.

1356년 개혁은 소기의 목적을 달성했고, 이후 세력의 측면에서 고려·몽골 관계는 큰 변화를 보였다. 이러한 변화는 1362년(공민왕 11) 기황후 세력의 공민왕 폐위 시도가 군사적 대결을 동반한 가운데 고려 측의 승리로 끝나면서 더욱 확정적인 것이 되었다. 그러나 고려·몽골 관계 및 그에 기반한 권력구조는 공민왕 5년 개혁으로 많은 변화를 보인 가운데에도 그 여파를 남기며 이후 고려의 정치와 대외관계에 영향을 미치고 있었다.

3절에서는 1356년 이후 고려·몽골 관계 및 몽골 복속기 고려·몽골 관계와 권력구조의 여파를, 1362년에 기황후 세력이 공민왕을 폐위시킬 것을 시도하는 과정에서 그들이 고려국왕으로 세운 덕흥군의 원자로 기씨의 일족인 '기삼보노(奇三寶奴)'를 책봉한 것이 갖는 의미에 대한 문제, 그리고 이후에도 몽골과의 관계가 유지되는 가운데, 몽골 복속기 권력구조에 대한 트라우마가 공민왕대 후반 명(明)과의 관계에서 보이는 다소 강박적인 '향명(向明)', '친명(親明)' 정책의 배경으로 작용하고 있었던 문제를 통해 살펴보았다. 이러한 문제들은 1356년 개혁 이후의 고려·몽골관계에 대한 검토이자, 그 관계가 청산되어 가는 과정에서도 고려의 정치와 대외관계에 미친 영향, 그 여파에 대한 검토이기도 하다.

기황후 세력의 공민왕 폐위 시도는 그 과정이 전격적이지 못했다는 점, 그리고 군사력을 동원하고 있다는 점에서 이전 시기 중조사례와는 차이를 보인다. 이는 1356년 개혁 이후 변화한 양국관계의 양상을 보여주는 한편으로, 이 시도가 기황후 세력의 주도하에 이루어진 것임을 보여준다. 이때의 폐위 시도는 1356년 개혁과정에서 단행된 기씨 주살로 인한 기황후의 원한이 주된 원인이 된 것이었는데, 이 책에서는 이에 더하여 이때의 공민왕 폐위 시도가 1360년경부터 1365년까지 이어진 황태자 세력 강화 움직임의 일환으로 이루어진 측면도 있었음을 검토했다.

황태자의 불안한 지위는 모후인 기황후의 출신, 가문의 미천함에 있었고, 이 문제를 해결하기 위해 기황후 세력은 덕흥군과 함께 기씨일 가의 일원인 기삼보노를 덕흥군의 원자로 책봉해 고려로 보냈던 것이 다. 이는 당장은 아니어도 추후에 기씨일가가 고려의 왕실이 될 것을 담보하는, 그리하여 기씨일가가 고려·몽골 관계에서 고려를 대표하는 가문으로서의 위상을 갖게 될 것을 기대한 조치였다. 이러한 시도가 가능했던 것은 일차적으로 당시 제국 말기의 혼란한 상황 속에서 기황후 측의 사적인 의도가 적절한 제어를 받지 않았던 점에 기인한 것이며, 또 다른 한편으로는 고려국왕을 배출하는 가문인 '고려왕실'과 '왕씨 고려왕실'을 불가분의 관계로 보지 않고 상황에 따라 다른 가문이 '고려왕실'이 될 수도 있다고 보는 몽골의 질서에 기반한 측면도 있었다.

이에 대해 고려는 군사적 대응을 통해 저지했고, 이 시도는 실패했다. 그리고 이후 고려국왕권은 몽골황제권의 강제력에 의한 제약으로부터는 자유로워졌다. 그러나 이러한 결과에 더해 폐위 시도의 과정에서 보인 원자 기삼보노의 존재는 몽골의 질서 속에서 '부마가문'인 고려왕실의 일 가문으로서의 성격이 부각되어, 그 권위가 다른 가문[他姓]에 의해 도전받을 수 있을 정도로 약화하고 변질된 단면을 보여주는 것이기도 했다.

한편, 공민왕은 1356년의 개혁을 마무리하면서 다른 요구 사안들과 함께 덕흥군을 고려로 송환해 줄 것을 요청했다. 그는 이 '덕흥군 송환의 청'을 통해서 '현재' 자신의 국왕권에 위협이 되고 있던 기철세력을 자의적으로 주살한 것을 넘어, 향후 국왕위와 관련해 또 다른 권력주체로서 문제를 발생시킬 가능성을 갖고 있던 인물의 신병까지 스스로 장악하고자 하였다. 이는 현실정치적인 면에서 몽골황제권이 실질적 최고권이 되는 관계 및 구조를 청산하려는 요구였다.

몽골은 덕흥군을 송환하지 않았으며, 이는 고려·몽골 관계 및 그에 기반한 권력구조가 온전히 청산되지 못했음을 보여준다. 몽골과의 관계 및 그에 내재한 몽골 복속기 권력구조의 여파는 1362년 기황후 세력의 폐위 시도를 통해 현실적인 가능성으로 공민왕에 의해 재인식되었다. 공민왕 폐위 시도는 무위로 돌아갔지만, 이때의 경험을 통해 공민왕은 몽골이 '책봉국'이 되는 관계는 언제든 여건이 되면 동아시아적 관계의 요소와 몽골적 관계의 요소가 유기적으로 연결되어 있던 1356년 이전의 고려·몽골 관계로 전환이 가능하다는 사실을 보다 적극적으로 의식하게 되었던 것으로 보인다. 또한 공민왕은 이 사건을 통해 자신의 후사가 없는 상황에서 몽골과 연계되어 있던 심왕의 존재 의미를 재인식하게 되었다. 공민왕의 신료들에 대한 장악력 또한 확고하지 못한 가운데 대안이 없는 상황에서 유지되고 있던 '몽골'과의 관계는 언제든 그의 존립과 1356년 개혁의 성과를 위협할 수 있는 것이었다.

1368년(공민왕 17)에 명이 대도(大都)를 점령한 이후, 공민왕이 몽골과의 관계 단절 및 명과의 관계 형성에 다소 강박적인 모습을 보였던 것은 여러 가지 현실적인 상황에 대한 고려와 함께 '과거' 몽골과의 관계 및 권력구조에 대한 기억 및 그 관계의 여파가(내부적 상황) '현재'의 몽골과의 관계를 통해 공민왕을 압박한 결과물이었다고 생각된다.

이상 본문에서 다룬 내용들을 간략하게 정리해보았다. 마지막으로 이 책에서 미처 다루지 못하여 향후의 과제로 남겨야 할 부분을 제시하면서 책을 마무리하도록 하겠다.

먼저, 이 책에서는 몽골 복속기 고려국왕권의 문제를 주로 몽골과의 관계 속에서 검토함으로써 고려국왕권을 구성하고 그를 기능하게 하는 내부적 요소들에 대한 검토는 충분히 하지 못했다.

이 시기 몽골과의 관계에서 부가된 '정동행성승상'이나 '부마'와 같은 요소들이 고려·몽골 관계에서 중요한 의미를 갖고 있었고 고려국왕권의 변화에도 매우 중요한 요소임은 사실이지만, 이 시기 고려국왕권의 변화를 총체적으로 이해하기 위해서는 전래의 '고려국왕'이라는 요소가 이 시기에 들어와 어떤 기반에서, 어떻게 구성되고 기능하고 있었는지에 대한 깊이 있는 검토는 반드시 필요한 부분이라 할 것이다. 이러한 문제는 향후 앞선 시기의 국왕권에 대한 검토, 몽골 복속기 '고려국왕'이라는 요소와 관련된 여러 제도들에 대한 검토 및 정치세력들과 국왕권의 관계 등에 대한 보다 면밀한 검토들을 통해 더 보완해나가야 할 것으로 생각된다.

다음으로, 몽골과의 관계 속에서 이루어진 고려국왕 위상의 변화기 몽골과의 관계가 청산된 이후 시기의 국왕 위상에 어떻게 연결되는지,

이후의 정국 동향에는 어떤 영향을 미치는지 등의 문제 역시 더 많은 검토가 이루어져야 할 부분이다.

최근, 조선 초의 국가의례 및 외교제도 등을 통해 몽골 복속기 경험이 이후 시기 국왕·국가 위상에 미친 영향의 한 측면을 살펴보고자 하는 연구들이 다수 이루어지고 있다. 이러한 연구들은 명-청의 연속성을 이야기하던 기존 중국사 논의가 최근 원-명의 연속성을 이야기하는 방향으로 전개되고 있는 연구동향과 맥락을 같이 하는 동시에, 그간 몽골 복속기와 이후 시기를 단절적으로 바라보는 경향이 강했던 한국사 연구관점을 보완하는 차원에서 이루어지고 있는 것으로 보인다.

필자 역시 이러한 최근 연구동향의 문제의식에 공감하는 바이며, 이는 서론에서 서술한 바, 이 책의 문제의식 가운데 한 가지이기도 하다. 다만, 필자는 이러한 문제를 의례, 제도와 같은 형식적인 측면뿐 아니라 정치·권력구조 면에서도 이야기할 필요가 있다고 생각한다. 공민왕대 중반 이후 고려 내 정치세력 문제나 명과의 관계가 고려국왕 권에 미친 영향 등은 물론 몽골 복속기의 그것과는 차이를 보이지만, 몽골 복속기 권력구조에서 파생된 요소, 관계 및 의식 등이 잔존한 것인 측면이 있다. 이는 몽골과의 관계가 단지 외교적인 관계에만 그치지 않고 그 황제권이 고려의 정치·권력구조를 구성하게 되면서 고려 내 국왕-신료 관계를 변화시키는 한편으로 외교와 정치의 경계를 상당부분 형해화시킨 측면이 있었다는 점에서 비롯한 영향 혹은 여파라 고 할 수 있다. 다만, 고려 말 이후 고려/조선-명 관계 및 고려/조선의 정치사는 고려·몽골 관계의 여파라는 요소 외에도 고려해야 할 변수들 이 많으며, 그 여파 역시 단순하게 '연속'이라는 관점에서만 설명하기는 어렵다. 다기한 요소들 간의 작용 양상을 포함한 고려 말 대외관계와 정치사의 총체적 검토는 향후의 연구과제로 삼도록 하겠다.

1. 1차 사료

『高麗史』	『高麗史節要』	『太祖實錄』
『世宗實錄』	『東國李相國集』	『益齋亂藁』
『櫟翁稗說』	『稼亭集』	『牧隱集』
『元史』	『大元聖政國朝典章』	『庚申外史』
『蒙兀兒史記』	『秘書監志』	『金史』
『史記』	『元文類』	『草木子』

〈역주된 사료〉

김용선 역주, 2001, 『고려묘지명집성』(상)·(하), 한림대학교 아시아문화연구소.

노명호 外, 2000, 『韓國古代中世古文書硏究(上)－校勘譯註篇』, 서울대학교출판부.

라시드 앗딘 저, 김호동 역주, 2002, 『부족지』, 사계절.

라시드 앗딘 저, 김호동 역주, 2003, 『칭기스칸기』, 사계절.

라시드 앗딘 저, 김호동 역주, 2005, 『칸의 후예들』, 사계절.

여원관계사연구팀 편, 2008, 『譯註 元高麗紀事』, 선인.

유원수 역주, 2004, 『몽골비사』, 사계절.

村上正二 譯註, 1970(1~2), 1976(3), 『モンゴル秘史』 1~3, 平凡社.

Juvaynī/John Andrew Boyle, 1958, *The History of the World-Conqueror*, Harvard University Press.

W.M. Thackston, 1998, *Compendium of Chronicles*, Harvard University.

2. 연구성과

1) 한국어

① 저서

김광철, 1991, 『고려후기 세족층 연구』, 동아대학교출판부.

김당택, 1999, 『高麗의 武人政權』, 국학자료원.

김순자, 2007, 『한국중세한중관계사』, 혜안.

김영수, 2006, 『건국의 정치』, 이학사.

김창현, 1998, 『고려후기 정방연구』, 고려대학교 민족문화연구원.

김형수, 2013, 『고려후기 정책과 정치』, 지성人.

김호동, 2007, 『몽골제국과 고려』, 서울대학교출판부.

김호동, 2010, 『몽골제국과 세계사의 탄생』, 돌베개.

노명호, 2009, 『고려국가와 집단의식』, 서울대학교출판문화원.

노명호, 2012, 『고려 태조 왕건의 동상 : 황제제도·고구려 문화 전통의 형상화』, 지식산
　　　　업사.

민현구, 2004, 『고려정치사론』, 고려대학교출판부.

박재우, 2005, 『고려 국정운영의 체계와 왕권』, 신구문화사.

심재석, 2002, 『고려국왕책봉연구』, 혜안.

안지원, 2005, 『고려의 국가 불교의례와 문화-연등·팔관회와 제석도량을 중심으로』,
　　　　서울대학교출판부.

윤은숙, 2010, 『몽골제국의 만주 지배사-옷치긴 왕가의 만주 경영과 이성계의 조선
　　　　건국』, 소나무.

장동익, 1994, 『高麗後期外交史硏究』, 일조각.

정용숙, 1988, 『高麗王室 族內婚 硏究』, 새문社.

홍승기 편, 1995, 『고려무인정권연구』, 서강대학교출판부.

홍영의, 2005, 『고려말 정치사 연구』, 혜안.

블라디미르초프 저, 주채혁 역, 1990, 『몽골사회제도사』, 대한교과서주식회사

② 논문
〈박사학위논문〉
김형수, 2001(b), 「元 干涉期 高麗의 政治勢力과 政局動向」, 경북대학교 사학과 박사학위
　　　　논문(2013, 『고려후기 정책과 정치』, 지성人).

김혜원, 1999, 「고려후기 藩王 연구」, 이화여자대학교 대학원 사학과 박사학위논문.

이강한, 2007(a), 「13-14세기 高麗-元 交易의 展開와 性格」, 서울대학교 국사학과 박사학위논문.

이익주, 1996, 「高麗·元 관계의 構造와 高麗後期 政治體制」, 서울대학교 국사학과 박사학위논문.

〈일반논문〉

강성원, 1995, 「원종대의 권력구조와 정국의 변화」『역사와 현실』 17.

고병익, 1961·1962, 「麗代 征東行省의 연구」(上)·(下), 『역사학보』 14·19.

고병익, 1962, 「高麗 忠宣王의 元 武宗옹립」『역사학보』 17·18合輯.

고병익, 1969, 「蒙古·高麗의 형제맹약의 성격」『백산학보』 6.

고혜령, 1981, 「이인임 정권에 대한 일고찰」『역사학보』 91.

구범진, 1999, 「蒙元帝國期 '國王'의 政治的 位相」『서울대 동양사학과논집』 23.

국사편찬위원회 편, 1993, 「고려 무신정권」『한국사』 18.

권영국, 1994, 「14세기 전반 개혁정치의 내용과 그 성격」『14세기 고려의 정치와 사회』, 민음사.

권영국, 1994, 「원 간섭기 고려 군제의 변화」『14세기 고려의 정치와 사회』, 민음사.

권용철, 2014, 「大元帝國 末期 政局과 고려 충혜왕의 즉위, 복위, 폐위」『한국사학보』 56.

김강래, 1988, 「藩陽王에 대한 一考察」『성신사학』 6

김경록, 2007, 「공민왕대 국제정세와 대외관계의 전개양상」『역사와 현실』 64.

김광철, 1985, 「고려 충렬왕대 정치세력의 동향」『창원대학논문집』 7-1.

김광철, 1996, 「14세기초 元의 정국동향과 충선왕의 토번유배」『한국중세사연구』 3.

김구진, 1989, 「麗·元의 영토분쟁과 그 귀속문제 : 원대에 있어서 고려본토와 동녕부, 쌍성총관부, 탐라총관부의 분리정책을 중심으로」『국사관논총』 7.

김기덕, 1994, 「14세기 후반 개혁정치의 내용과 그 성격」『14세기 고려의 정치와 사회』, 민음사.

김기덕, 1997, 「고려전기의 왕위계승」『건대사학』 9.

김당택, 1991, 「충선왕의 복위교서에 보이는 '宰相之宗'에 대하여 : 소위 '權門勢族'의 구성분자와 관련하여」『역사학보』 131.

김당택, 1995, 「원간섭기말의 반원적 분위기와 고려정치사의 전개」『역사학보』 146.

김보광, 2012, 「고려 충렬왕의 케시크(怯薛, kesig) 제도 도입과 그 의도」『사학연구』 제107.

김상기, 1948, 「高麗 武人政治 機構考」『東方文化交流史論攷』, 을유문화사.

김석환, 2011, 「몽골제국의 對高麗政策의 一面」『서울대 동양사학과논집』 35.

김성준, 1958, 「麗代 元公主出身王妃의 政治的位置에 對하여」『한국여성문화논총』.

김영수, 1997, 「고려 공민왕대 초반기의 개혁정치와 반개혁정치의 대립」『한국정치연구』6.

金潤坤, 1978, 「高麗武臣政權時代의 敎定都監」『文理大學報』제11집, 영남대학교 문리과대학.

김인호, 1995, 「무인집권기 문신관료의 정치이념과 정책 : 명종 18년 詔書와 封事 10조를 중심으로」『역사와 현실』17.

김재명, 2000, 「고려후기 왕실재정의 이중적 구조-이른바 私藏의 변화과정을 중심으로-」『진단학보』89호.

김형수, 1996, 「13세기 후반 고려의 노비변정과 성격」『경북사학』19.

김형수, 2001, 「원간섭기의 國俗論과 通制論」『韓國中世社會의 諸問題』, 한국중세사학회.

김형수, 2005, 「恭愍王 廢立과 文益漸의 使行」『한국중세사연구』19.

김혜원, 1986, 「충렬왕 입원행적의 성격」『고려사의 제문제』, 삼영사.

김혜원, 1989, 「麗元王室通婚의 성립과 특징」『이대사원』24·25合.

김혜원, 1994, 「원 간섭기 立省論과 그 성격」『14세기 고려의 정치와 사회』, 민음사.

김호동, 1998, 「구육(定宗)과 그의 時代」『近世 東아시아의 國家와 社會』, 지식산업사.

김호동, 2002, 「몽골제국사 연구와 '集史'」『경북사학』25.

김호동, 2004, 「칭기스칸의 子弟分封에 대한 再檢討 : 『集史』千戶一覽의 分析을 중심으로」『중앙아시아연구』제9호.

김호동, 2008, 「高麗 後期 '色目人論'의 背景과 意義」『역사학보』200.

김호동, 2009, 「元代의 漢文實錄과 蒙文實錄 :《元史》〈本紀〉의 中國中心的 一面性의 解明을 위하여」『동양사학연구』109.

김호동, 2013, 「쿠빌라이 카안의 大臣들」『동양사학연구』, 동양사학회.

노명호, 1997, 「동명왕편과 이규보의 다원적 천하관」『진단학보』83.

노명호, 1999, 「고려시대의 다원적 천하관과 해동천자」『한국사연구』105.

노명호, 2004, 「高麗 太祖 王建 銅像의 流轉과 문화적 배경」『한국사론』50, 서울대학교 국사학과.

모리히라 마사히코(森平雅彦), 2011, 「제국 동방 변경에서 일본을 막는다」『13-14세기 고려·몽골 관계 탐구』(동북아역사재단·경북대학교 한중교류연구원 엮음)

민현구, 1968, 「辛旽의 집권과 그 정치적 성격」(上)·(下), 『歷史學報』38, 40.

민현구, 1980(a), 「李藏用小考」『한국학논총』3.

민현구, 1980(b), 「整治都監의 性格」『동방학지』23·24.

민현구, 1981(a), 「고려 공민왕의 즉위배경」『한우근박사정년기념사학논총』.

민현구, 1981(b), 「익재 이제현의 정치활동-공민왕대를 중심으로-」『진단학보』51.

민현구, 1989, 「공민왕의 반원적 개혁정치에 대한 일고찰 : 배경과 발단」『진단학보』

68.

민현구, 1992, 「고려 공민왕대 반원적 개혁정치의 전개과정」『허선도선생정년기념 한국사학논총』.

민현구, 1994, 「고려 공민왕대의 '주기철공신'에 대한 검토 : 반원적 개혁정치의 주도 세력」『이기백선생고희기념 한국사학논총』(上).

민현구, 2004(a), 「元 干涉期 고려의 정치양태－國王 不在中의 국정운영을 통해 본 王朝體制의 지속성」『고려정치사론』, 고려대학교출판부.

민현구, 2004(b), 「新主(德興君)과 舊君(恭愍王)의 대결」『고려정치사론』, 고려대학교출 판부.

민현구, 2009, 「高麗 恭愍王代 중엽의 정치적 변동」『진단학보』107.

박용운, 1994, 「고려후기의 必闍赤(필자적, 비칙치)에 대한 검토」『李基白先生古稀紀念 韓國史學論叢(上)－古代篇·高麗時代篇』.

박재우, 1993, 「고려 충선왕대 정치운영와 정치세력 동향」『한국사론』29.

박재우, 2005, 「고려군주의 국제적 위상」『한국사학보』20.

박종기, 1994, 「총론 : 14세기의 고려사회－원간섭기의 이해문제」『14세기 고려의 정치와 사회』, 민음사.

박천식, 1980, 「고려 우왕대의 정치세력의 성격과 그 추이」『전북사학』4.

박홍배, 1986, 「고려응방의 폐정 : 주로 충렬왕대를 중심으로」『경주사학』제5집.

서성호, 1993, 「숙종대 정국의 추이와 정치세력」『역사와 현실』9.

서성호, 1995, 「무인집권기 정치사의 재조명」『역사와 현실』17.

성봉현, 1997, 「林衍政權에 관한 硏究」『林衍·林衍政權 硏究』(신호철 편), 충북대학교 출판부.

송인주, 1991, 「원압제하 고려왕조의 군사조직과 그 성격」『역사교육논집』16.

신은제, 2006, 「원종·충렬왕대 전민변정사업의 성격」『한국중세사연구』21.

신은제, 2009, 「14세기 전반 원의 정국동향과 고려의 정치도감」『한국중세사연구』 26.

양의숙, 1996, 「元 간섭기 遼瀋地域 高麗人의 동향」『동국역사교육』4.

오영선, 1995, 「최씨집권기 정권의 기반과 정치운영」『역사와 현실』17.

이강한, 2007(b), 「征東行省官 闊里吉思의 고려제도 개변 시도」『한국사연구』139.

이강한, 2008(a), 「고려 충선왕의 정치개혁과 元의 영향」『한국문화』43.

이강한, 2008(b), 「高麗 忠宣王·元 武宗의 재정운용 및 정책공유」『동방학지』143.

이강한, 2008(c), 「정치도감(整治都監) 운영의 제양상에 대한 재검토」『역사와 현실』67.

이강한, 2009(a), 「공민왕 5년(1356) '반원개혁'의 재검토」『대동문화연구』65.

이강한, 2009(b), 「공민왕대 관제개편의 내용 및 의미」『역사학보』201.

이강한, 2009(c), 「고려 충숙왕의 전민변정과 상인등용」『역사와 현실』72.

이강한, 2009(d), 「고려 충혜왕대 무역정책의 내용 및 의미」『한국중세사연구』27.

이강한, 2010(a), 「1325년 箕子祠 祭祀 再開의 배경 및 의미」『한국문화』50.

이강한, 2010(b), 「고려 충숙왕대 과거제 정비의 내용과 의미」『대동문화연구』71.

이강한, 2010(c), 「'친원'과 '반원'을 넘어서 : 13~14세기사에 대한 새로운 이해」『역사와 현실』78.

이개석, 2004, 「『高麗史』元宗·忠烈王 世家 중 元朝關係記事의 註釋硏究」『東洋史學硏究』88.

이개석, 2007, 「大蒙古國-高麗 關係 연구의 재검토」『사학연구』88.

이기남, 1971, 「충선왕의 개혁과 詞林院의 설치」『역사학보』52.

이명미, 2003, 「고려·원 왕실통혼의 정치적 의미」『한국사론』49, 서울대학교 국사학과.

이명미, 2010, 「奇皇后세력의 恭愍王 폐위 시도와 고려국왕권 : 奇三寶奴 元子책봉의 의미」『역사학보』206.

이명미, 2011, 「공민왕대 초반 군주권 재구축 시도와 奇氏一家 : 1356년(공민왕 5) 개혁을 중심으로」『한국문화』53.

이명미, 2015, 「고려 말 정치·권력구조의 한 측면 - 위화도 회군 이후 창왕대 정국에서의 황제권 작용 양상을 중심으로-」『동국사학』58.

이숙경, 1989, 「李齊賢勢力의 形成과 그 役割 ; 恭愍王 前期(1351~1365) 改革政治의 推進과 관련하여」『한국사연구』64.

이승한, 1988, 「高麗 忠宣王의 瀋陽王 被封과 在元 政治活動」『전남사학』2.

이용범, 1962, 「奇皇后의 冊立과 元代의 資政院」『역사학보』17·18.

이익주, 1988, 「高麗 忠烈王代의 정치상황과 정치세력의 성격」『한국사론』18.

이익주, 1994, 「충선왕 즉위년(1298) 관제개편의 성격」『14세기 고려의 정치와 사회』, 민음사.

이익주, 1995, 「공민왕대 개혁의 추이와 신흥유신의 성장」『역사와 현실』15.

이익주, 2000, 「14세기 전반 고려·원 관계와 정치세력 동향 - 충숙왕대의 심왕옹립운동을 중심으로」『한국중세사연구』9.

이익주, 2001, 「14세기 전반 성리학 수용과 이제현의 정치활동」『전농사론』7.

이익주, 2003, 「고려후기 단군신화 기록의 시대적 배경」『문명연지』4-2.

이익주, 2009, 「고려·몽골 관계사 연구시각의 검토 : 고려·몽골 관계사에 대한 공시적, 통시적 접근」『한국중세사연구』27.

이익주, 2011(a), 「高麗-몽골(원) 관계에서 보이는 冊封-朝貢關係 요소의 探究」『13-14세기 고려·몽골 관계 탐구』(동북아역사재단·경북대학교 한중교류연구원 엮음)

이익주, 2011(b), 「세계질서와 고려·몽골관계」『동아시아 국제질서 속의 한중관계사 - 제언과 모색』, 동북아역사재단.

이익주, 2015, 「1356년 공민왕 反元政治 再論」『역사학보』 225.

이인재, 2000, 「고려후기 응방의 설치와 운영」『한국사의 구조와 전개－河炫綱교수정
　　　년기념논총』.

이정란, 2005, 「整治都監 활동에서 드러난 家 속의 개인과 그의 행동방식」『한국사학』
　　　보』 21.

이정란, 2012, 「忠烈王妃 齊國大長公主의 冊封과 그 의미」『한국인물사연구』 제18호.

이정신, 1995, 「고려 무신정권기의 敎定都監」『東西文化硏究』第6輯, 韓南大學校 東西文
　　　化硏究所.

전병무, 1993, 「고려 충혜왕의 상업활동과 재정정책」『역사와 현실』 10.

정동훈, 2010(a), 「고려 元宗·忠烈王代의 親朝 외교」 한국역사연구회 발표문.

정동훈, 2010(b), 「高麗-明 外交文書 書式의 성립과 배경」『한국사론』 56.

정동훈, 2012, 「명대의 예제 질서에서 조선국왕의 위상」『역사와 현실』 84.

정동훈, 2015, 「고려시대 사신 영접 의례의 변동과 국가 위상」 한국역사연구회 발표회
　　　발표문.

정수아, 1985, 「김준세력의 형성과 그 향배－최씨무인정권의 붕괴와 관련하여－」
　　　『동아연구』 6, 서강대학교 동아연구소.

정수아, 1993, 「무신정권의 붕괴와 그 역사적 성격」『한국사』18(국사편찬위원회
　　　편)

정용숙, 1992(a), 「元 공주출신 왕비의 등장과 정치세력의 변화」『고려시대의 后妃』,
　　　민음사.

정용숙, 1992(b), 「원간섭기 고려 정국분열의 원인에 대한 일고찰 ; 충렬·충선왕 부자
　　　의 갈등관계를 중심으로」『西巖趙恒來 교수 화갑기념 한국사학논총』, 아세아
　　　문화사.

조성산, 2009, 「조선후기 소론계의 고대사 연구와 중화주의의 변용」『역사학보』 202.

주석환, 1986, 「신돈의 집권과 실각」『사총』 30.

주채혁, 1974, 「홍복원일가와 여원관계」『사학연구』 24.

채웅석, 1990, 「12, 13세기 향촌사회의 변동과 '민'의 대응」『역사와 현실』 3.

채웅석, 1992, 「고려 중·후기 '무뢰(無賴)'와 '호협(豪俠)'의 행태와 그 성격」『역사와
　　　현실』 8.

채웅석, 1995, 「명종대 권력구조와 정치운영」『역사와 현실』 17.

채웅석, 2003, 「원간섭기 성리학자들의 화이관과 국가관」『역사와 현실』 49.

최경환, 2010, 「태고보우의 인맥과 공민왕대초 정치활동」, 서울대학교 교육학석사학
　　　위논문.

최규성, 1995, 「거란 및 여진과의 전쟁」『한국사』 15, 국사편찬위원회.

최병헌, 1986, 「태고보우의 불교사적 위치」『한국문화』 7.

최연식, 1995, 「공민왕의 정치적 지향과 정치운영」 『역사와 현실』 15.

최종석, 2010(a), 「고려시대 朝賀儀 의례구조의 변동과 국가 위상」 『한국문화』 51.

최종석, 2010(b), 「1356(공민왕 5)~1369년(공민왕 18) 고려·몽골(원) 관계의 성격 – '원 간섭기'와의 연속성을 중심으로 –」 『역사교육』 116.

추명엽, 2002, 「고려전기 '번'의식과 '동서번'의 형성」 『역사와 현실』 43.

토니노 푸지오니, 2002, 「元代 기황후의 불교후원과 그 정치적인 의의」 『보조사상』 17.

한영우, 1982, 「高麗~朝鮮前期의 箕子認識」 『한국문화』 3.

홍영의, 1990, 1992, 「공민왕 초기 개혁정치와 정치세력의 추이 : 元年·5年의 개혁방안 을 중심으로(상)·(하)」 『사학연구』 42, 43·44, 한국사학회.

2) 외국어

① 저서

本田實信, 1991, 『モンゴル時代史研究』, 東京大學出版會.

森平雅彦, 2011, 『モンゴル帝國の覇權と朝鮮半島』, 山川出版社.

森平雅彦, 2013, 『モンゴル覇權下の高麗 : 帝國秩序と王國の對応』, 名古屋大學出版會.

蒙思明, 1980, 『元代社會階級制度』, 中華書局.

李治安, 1989, 『元代分封制度研究』, 天津古籍出版社.

李治安, 2000, 『行省制度研究』, 南開大學出版社.

李治安, 2003, 『元代政治制度研究』, 人民出版社.

韓儒林, 1986, 『元朝史』 上, 人民出版社.

David Sneath, 1997, *The headless state : aristocratic orders, kinship society, & misrepresentations of nomadic inner Asia*, New York, Columbia University Press.

Michal Biran, 1997, *Qaidu and the Rise of the Independent Mongol State in Central Asia*, Curzon.

David M. Robinson, 2009, *Empire's Twilight : Northest Asia Under the Mongols*, Cambridge and London. Harvard University Press

② 논문

岡田英弘, 1959, 「元の藩王と遼陽行省」 『朝鮮學報』 14.

堀江雅明, 1982, 「モンゴル＝元朝時代の東方三ウルス研究序說」 『小野論集』.

堀江雅明, 1985, 「テムゲ·オッチギンとその子孫」 『東洋史苑』 24·25.

堀江雅明, 1990, 「ナヤンの反亂について」 『東洋史苑』 34·5(龍谷大).

北村秀人, 1964, 「高麗における征東行省について」 『朝鮮學報』 32.

北村秀人, 1966, 「高麗末における立省問題について」 『北海道大學文學部紀要』 14-1.

北村秀人, 1973, 「高麗時代の藩王についての一考察」 『人文研究』24-10, 大阪市立大.

杉山正明, 1978, 「モンゴル帝國の原像」 『東洋史研』 37-1.

杉山正明, 1982, 「クビライ政權と東方三王家」 『東洋學報』 54.

杉山正明, 2004, 「八不沙大王の令旨碑より－モンゴル諸王領の實態」 『モンゴル帝國と大元ウルス』, 京都大學學術出版會.

森平雅彦, 1998(a), 「駙馬高麗國王の成立：元朝における高麗王の地位についての豫備的考察」 『東洋學報』 79-4.

森平雅彦, 1998(b), 「高麗王位下の基礎的考察－大元ウルスの一分權勢力としての高麗王家」 『朝鮮史研究會論文集』 第36集.

森平雅彦, 2001, 「元朝ケシク制度と高麗王家－高麗・元關係における禿魯花の意義について」 『史學雜誌』 第110編 第2號.

森平雅彦, 2004, 「『賓王錄』にみる至元十年の遣元高麗使」 『東洋史研究』 第63卷 第2號.

森平雅彦, 2007, 「牒と咨のあいだ－高麗王と元中書省の往復文書」 『史淵』 第144輯.

森平雅彦, 2008(a), 「高麗王家とモンゴル皇族の通婚關係に關する覺書」 『東洋史研究』 67-3

森平雅彦, 2008(b), 「事元期 高麗における在來王朝體制の保全問題」 『北東アジア研究』 別冊1.

松田孝一, 1979, 「雲南行省の成立」 『立命館文學』 418·419·420·421.

船田善之, 1999, 「元朝治下の色目人について」 『史學雜誌』 108-9.

蕭啓慶, 1983, 「元代四大蒙古家族」 『元代史新探』, 新文豊出版公司.

岩村忍, 1968, 「判例法の實體」 『モンゴル社會經濟史の研究』, 京都大學校人文科學研究所.

奧村周司, 1979, 「高麗における八關會的秩序と國際環境」 『朝鮮史研究會論文集』 16.

奧村周司, 1984, 「使節迎接禮より見た高麗の外交姿勢－11·12世紀における對中關係の一面」 『史觀』 110.

林 謙一郎, 1996, 「元代雲南の段氏總管」 『東洋學報』 78-3.

箭內亘, 1920, 「元代の東蒙古」 『蒙古史研究』所收, 『滿鮮地理歷史研究報告』 6.

箭內亘, 1930, 「元朝社會の三階級(色目考)」 『蒙古史研究』, 刀江書院.

池內宏, 1917, 「高麗恭愍王の元に對する反抗の運動」 『東洋學報』 7-1, 東洋學術協會(『滿鮮史研究』 中世, 1979, 吉川弘文館에 재수록).

村上正二, 1993, 「元朝における投下の意義」 『モンゴル帝國史研究』, 風間書房.

海老澤哲雄, 1972, 「モンゴル帝國の東方三王家に關する諸問題」 『埼玉大學紀要 教育學部』 21.

丸龜金作, 1934, 「元·高麗關係の一齣－藩王に就いて」 『靑丘學叢』 18.

Thomas T. Allsen, 1983, "The Yüan Dynasty and the Uighurs of Turfan" *China among Equals*.(edited by Morris Rossabi), University of California.

찾아보기

저자 이명미

서울대학교 인문대학 국사학과에서 학사, 석사, 박사학위를 받았다. 서울대학교 인문대학 역사연구소, 규장각한국학연구원 등에서 연구원으로 활동하였으며, 현재는 서울대학교 인문대학 박완서기금 연구펠로우로서 연구활동 중이다.

한국중세사학회 연구총서 7

13~14세기 고려·몽골 관계 연구
정동행성승상 부마 고려국왕, 그 복합적 위상에 대한 탐구

이 명 미 지음

초판 1쇄 발행 2016년 1월 23일

펴낸이 오일주
펴낸곳 도서출판 혜안

등록번호 제22-471호
등록일자 1993년 7월 30일

주소 ⑰ 04052 서울시 마포구 와우산로 35길 3(서교동) 102호
전화 3141-3711~2
팩스 3141-3710
이메일 hyeanpub@hanmail.net

ISBN 978-89-8494-543-2 93910
값 30,000 원

이 저서는 '박완서기금 지원사업'의 지원을 받아 연구되었음.